本书为教育部哲学社会科学研究重大课题攻关项目"中国翻译话语文献整理研究与数据库建设（1840—2022）"（项目号：JZD038）子课题"中国翻译话语理论的综合研究与文献整理研究"的阶段性成果

Relevance & Interactions

Translation and the Development of
Disciplines in Modern China

关联与互动

翻译与中国近现代学科发展

（人文社科卷）

傅敬民 等 著

上海交通大学 出版社
SHANGHAI JIAO TONG UNIVERSITY PRESS

图书在版编目(CIP)数据

关联与互动:翻译与中国近现代学科发展.人文社
科卷/傅敬民等著.一上海:上海交通大学出版社,
2024.10

ISBN 978 - 7 - 313 - 30782 - 8

Ⅰ.①关… Ⅱ.①傅… Ⅲ.①人文科学-翻译学-学
科发展-中国-近现代②社会科学-翻译学-学科发展-
中国-近现代 Ⅳ.①H059

中国国家版本馆 CIP 数据核字(2024)第 107640 号

关联与互动:翻译与中国近现代学科发展(人文社科卷)
GUANLIAN YU HUDONG: FANYI YU ZHONGGUO JINXIANDAI XUEKE FAZHAN
(RENWEN SHEKE JUAN)

著　　者:傅敬民 等			
出版发行:上海交通大学出版社		地　　址:上海市番禺路 951 号
邮政编码:200030		电　　话:021 - 64071208
印　　制:上海景条印刷有限公司		经　　销:全国新华书店
开　　本:710mm×1000mm　1/16		印　　张:21.5
字　　数:348 千字		
版　　次:2024 年 10 月第 1 版		印　　次:2024 年 10 月第 1 次印刷
书　　号:ISBN 978 - 7 - 313 - 30782 - 8		
定　　价:99.00 元		

联动各科　横贯文理

——开启中国应用翻译史的书写

方梦之

　　傅敬民教授组织撰写的《关联与互动：翻译与中国近现代学科发展（人文社科卷）》，经过两三年的打磨，即将问世，可喜可贺。本书着眼于哲学、经济学、法学、教育学等学科大类的翻译史实和史论，兼顾社会学、民族学、语言学、心理学、地理学、翻译学等重要学科，对我国上述知识系统形成过程中翻译的史实、作用和翻译先哲近贤作了描述，凸显了翻译构建中国现代学科的重要学术意义，把应用翻译史的研究带入了广阔的天地，在理论上和实践上为应用翻译史的进一步研究提供了范例。

　　在多年编纂《中国译学大辞典》的过程中，我渐入译学堂奥，始知翻译史涉及的范围和取向，其深度和广度甚至超过翻译研究本身。我国近现代文理学科有西方的烙印，翻译是必经之路。应用翻译史不仅仅要记录我国各学科在发展中的翻译和在翻译中的发展，还要书写我国译者的翻译精神、翻译思想和翻译态度。翻译是积极的文化建构，是社会发展的助推器。中国在翻译西方的同时，也改变着自身。古代的佛经翻译对我国的宗教、哲学、语言等产生过积极的影响。明清以降，有识之士为了救亡图存，试图通过翻译吸纳西方文化，实现民族自立自强。到了近现代，我国的工业建设、农业改良、科技发展、社会进步，以至法制的创立与完善、市场发育与繁荣都与翻译息息相关。翻译既受时代语境的推动和制约，反过来又反映了时代，烛照后代前进的步伐。翻译史似一面镜子，让我们看到了翻译和被翻译的过去。

　　文学翻译和应用翻译是翻译事业不可偏废的两翼，也是翻译研究的两个侧面。我国翻译事业喜逢盛世。改革开放后应用翻译空前活跃，应用翻译的系统研究从无到有，拔地而起。文学翻译和文学翻译研究蓬勃发展；文学翻译史的书写和研究随之兴旺，其中，尤以 21 世纪前后的 20 余年为盛。据我不完全的统计,在这期间,光以"二十世纪文学翻译史"为题(或标题年份属 20 世纪)的著作竟多达 10 余种,不妨依笔者所见,按年份罗列如下：

- 《1949—1966 我国英美文学翻译概论》(孙致礼,1996)
- 《二十世纪中国的日本翻译文学史》(王向远,2001)
- 《五四以来我国英美文学作品译介史》(王建开,2003)
- 《中国 20 世纪外国文学翻译史》(查明建、谢天振,2004)
- 《中国 20 世纪翻译文论史纲》(张进,2007)
- 《二十世纪中国翻译文学史：近代卷》(连燕堂,2009)
- 《二十世纪中国翻译文学史：五四时期卷》(秦弓,2009)
- 《二十世纪中国翻译文学史：新时期卷》(赵稀方,2009)
- 《二十世纪中国翻译文学史：三四十年代·英法美卷》(李宪瑜,2009)
- 《二十世纪中国翻译文学史：三四十年代·俄苏卷》(李今,2009)
- 《20 世纪中国翻译思想史》(第二版)(王秉钦、王颉,2009)
- 《20 世纪下半叶中国翻译文学史：1949—1977》(王友贵,2015)
- 《20 世纪中国翻译史学史》(邹振环,2017)
- 《抗战大后方翻译文学史论》(熊辉,2018)

以上还不包括《中国翻译文学史稿》(陈玉刚,1989)等主要撰述 20 世纪的翻译文学史。翻译文学史的品种齐全,全史、简史、断代史、国别史、地方史无所不有,特别是鲁迅、林语堂、张爱玲等的人物史俯拾即是。此外,还有翻译理论史、翻译文化史、翻译思想史、翻译史学史等无不以文学翻译为重。文学翻译史数以百计。

罗列以上中国文学翻译史的目的有二：一是便于比较文学翻译史和应用翻译史的现状。作为翻译事业两翼的文学翻译和应用翻译(包括科学翻译)的历史研究,其成果判若云泥。从上列书单可见,文学翻译史的研究全面、充分,成果累累。另一方面,虽然应用翻译面广量大,近代以来译著富赡,多有译介西方文理各科的开山之作,对我国社会发展、科学进步影响甚大,但是分析和记录其翻译意义、翻译过程的专论和专著屈指可数,比较完整的应用翻译史至今阙如。其二,罗列相同主题的翻译文学史近作,是为了促进应用翻译史的研究,用以借鉴其书写形式。

　　对我来说,研究应用翻译史,或因早年从事科技翻译的情结所拨动,或为应用翻译研究对象内在逻辑使然,早有萌动,而以近十年来用力最勤。对此,我与傅敬民教授也多有切磋,深有同感。2017年,在宁波大学召开的第七届全国应用翻译研讨会上,我做了"拓展应用翻译的研究领域"的专题报告,谈了三个问题:开展应用翻译史的研究、深化应用翻译文本类型研究和跨学科研究。会上,我正式提出开展应用翻译史研究的议题,意在拓展应用翻译学的研究空间,推动应用翻译学向纵深发展,以改变翻译史研究过于偏重文学翻译的现状,扭转近百年来我国翻译史研究以文学翻译和文学翻译家为核心的做法。我认为"翻译史研究要进一步深化,必须开拓命题,挖掘与我国社会进步、经济发展、科学昌盛等密切相关的翻译史料和翻译家,呈现翻译史上被忽略、被掩蔽的史实,实现由文学翻译史向文化思想翻译史研究的转向"。①

　　翻译的品类浩瀚,翻译史的内容无比广阔。只是到了1938年,阿英的《翻译史话》问世,记述了陈冷血、林纾等文学翻译家,这才有了翻译史意义上的专著。此后,大致沿着这一脉络前行。一路走来,时至今日,文学翻译史独占鳌头,甚至有中国翻译史就是中国文学翻译史的论断。强调文学翻译在翻译研究中的重要性,强调文学翻译对于我国的文化构建和社会进步所起的作用无可非议。但是,中国翻译的史实,特别是20世纪中国翻译史不是"20世纪中国翻译文学史"能覆盖的。还原翻译历史的真相,恢复历史语境下翻译的真实场景、功能和作用,记述人文社科、科学技术翻译的史实、影响和作用具有极大的研究价值。王建开说:"中国近现代的翻译活动始终与社会各个方面紧密相连,但译史研究者多把目光放在文学等学术领域,有很大的局限。事实上,其他领域有着丰富的翻译事件,有待我们去发现。"②

　　大历史观对历史进程研究的系统性、现代性、辩证性的视角,可使应用翻译史研究向纵深发展,有利于充分挖掘翻译对我国现当代文理各科创建、发展和本土化过程的影响。尤其对各科的初始译著及其译者加以研究,对构建中国学术话语体系具有积极意义。近现代科技翻译史研究的基本方法之一是以新兴学科的初期译介为先导,以学科本土化发展为依托,从文本比较入手,以个案呈现为手段。应用翻译能接触到的副文本信息少,原著经常前无序言,后无跋语。

---

① 方梦之.翻译大国需有自创的译学话语体系[J].中国外语,2017(5):93-100.
② 王建开.翻译史研究的史料拓展:意义与方法[J].上海翻译,2007(2):56-60.

译者以传播为目的，很少留下翻译心得、翻译方法、翻译思想、翻译动机的片言只语。需要在浩如烟海的文献堆（包括学科发展史、传记、回忆录、访谈录、报刊文章、出版信息、译著等）中爬罗剔抉，发幽探微。

本书已经明白地告诉我们应用翻译的多样性、丰富性和历史性。应用翻译史与我国近现代社会发展史、经济发展史和科学发展史密切相关。它的建构与自然科学、工程技术、社会科学、人文科学各科贯通，涉及面之广，知识容量之大，实为一个概览中西、结合文史、科技的综合性重大研究项目。本著 10 余位作者学术背景多元，他们将各自领域中的研究理念和方法引入以知识翻译为关注点的学科翻译史研究。本书的开创性、示范性的意义即在此。我们期盼更多的有志者投入应用翻译史的研究，让此项研究跟上文学翻译史研究的步伐。

翻译研究空间的多维拓展

许　钧

前段时间,有机会细读了傅敬民教授与弟子孙晓蓉合作撰写的《翻译与中国学科》一文。近日,在第二届中华翻译研究青年学者论坛暨《中华译学》出版发布会上,又有机会细听了傅敬民教授关于《中国学科翻译史:应用翻译史书写需要着力的领域》的主旨报告。无论是读文章还是听报告,心里总是有一种难以抑制的激动,感觉傅敬民教授在思考、在探索的中国学科翻译史研究,意义非凡,值得深度耕耘,想再找机会与傅敬民教授进一步交流,推进该项研究。不料,傅敬民教授早已先行一步,两三年前就已经着手探索,不久前完成了书稿《关联与互动:翻译与中国近现代学科发展(人文社科卷)》,让我惊喜不已。

傅敬民教授领衔撰写的《关联与互动:翻译与中国近现代学科发展(人文社科卷)》一书,激起的是共鸣。我非常认同他的观点:"翻译与中国近现代学术生成与发展,是我国学界当下积极思考的议题之一。"这一观点的提出,是基于他和方梦之先生做出的有关判断:"我国近代以来,无论是思想变革或社会运动,还是创立学科或制造船舰,无不以社科翻译和科技翻译为先导。"①关于翻译与中国人文社会学科发展的关系问题,我也有过一些思考。在《中国翻译》2017年第2期上,我曾写过一篇文章,题目为《关于外语学科翻译成果认定的几个问题》,论述了"翻译成果的学术资源价值""翻译成果的知识创新价值"和"翻译成果的人文关怀价值"。其中,我特别提到了中国高校哲学社会科学成果评价中心所完成的一项有关哲学社会科学图书学术影响力的研究报告。这项研究工作由南京大学苏新宁教授主持,在科学的数据的支撑下,就改革开放之后中国

---

① 方梦之,傅敬民.振兴科学翻译史的研究——应用翻译研究有待拓展的领域[J].外国语,2018(3):71.

出版的人文社会科学图书的学术影响力做出了评价，出版了《中国人文社会科学图书学术影响力报告》。该报告将著作分为两类，一类是在国内出版的国外著作，另一类是国内学者撰写并在国内出版的著作。不言而喻，前者就是译著。该报告根据图书被 CSSCI 来源期刊引用的情况，在数十万种图书中收录了3 113 种，涉及 24 个学科，其中译著达 1 285 种。经过分析，报告认为"国外学术著作在我国人文社会科学领域发挥着很大的作用，产生了很大的学术影响力"①。报告还就学术译著的学术价值作了深入分析，特别指出："入选国外学术著作最多的学科是哲学（128 种），这主要来自国外大量的经典哲学著作；其次是管理学（122 种），这主要是管理学研究在我国的历史还不长，大量的国外管理理念、国外管理学经典著作对我国管理学初期起到了很大的作用，使得学者在研究中大量的参考引用国外的著作。"②关于"马克思主义、哲学和政治学"，报告特别强调"国外大量的经典著作在这些学科的研究中发挥着很大的作用，并产生着极大影响"③。在上述这些研究结论中，我们可以看到"很大""极大"这样的评价字眼，充分地证明了学术译著对我国人文学科的发展及相关学者所从事的研究工作所起到重要的推动力和学术影响力。

《关联与互动：翻译与中国近现代学科发展（人文社科卷）》一书，其意义是多重的。首先，这部新著为我们认识翻译价值拓展了新的路径。该书具有开拓之功，第一次就翻译与中国近现代学科的生成与发展的关系做了系统的研究。全书所选择的十个学科具有代表性，如社会学、法学、心理学等学科。作者在全面梳理相关学科著作汉译历程的基础上，就翻译对相关学科的影响做了令人信服的论述，让我们清晰地看到了翻译之于中国近现代学科发展所起到的具有生成性的作用与价值。其次，这部新著拓展了翻译研究的多维空间，有助于促进并深化翻译史研究、翻译家研究和各学科发展史研究。我完全同意方梦之先生的评价，认为《关联与互动：翻译与中国近现代学科发展（人文社科卷）》"开启了中国应用翻译史的书写"。在我看来，傅敬民教授推出的这部新著可以说不仅仅开启了中国应用翻译史的书写，也开启了世界范围内应用翻译史的书写。同时，我认为该书为我们研究中外学术交流史、思想交流史，提供了一个具有参照性的范例。再次，《关联与互动——翻译与中国近现代学科发展（人文社科卷）》

---

① 苏新宁. 中国人文社会科学图书学术影响力报告[M]. 北京：中国社会科学出版社，2011：10.
② 同上.
③ 同上，第 11 页.

一书对我们探索学术翻译与具有中国特色的自主知识体系的构建具有重要的启迪意义。最后，作为一个翻译学者，我充分地体会到，傅敬民教授在本书的撰写过程中，展现了一以贯之的开放性，坚持了学术译介与交流的互动性，彰显了一个翻译学者清醒的独立意识和强烈的创新精神。

前言

傅敬民

　　翻译与中国近现代学术生成与发展,是我国当下学界积极思考的议题之一。"我国近代以来,无论是思想变革或社会运动,还是创立学科或制造船舰,无不以社科翻译和科技翻译为先导"(方梦之、傅敬民,2018)。我国 17 世纪以来的学术发展在继承与发扬中国优秀传统文化资源的基础上,不可避免地借鉴与融会了西方学科思想。2016 年 5 月 17 日,习近平总书记在哲学社会科学座谈会上明确指出:中国"哲学社会科学的现实形态,是古往今来各种知识、观念、理论、方法等融通生成的结果"。① 这是对我国哲学社会科学研究现实的正确判断。

　　总体而言,我国的各门学科知识体系,大都在不同程度上奠定于西方现代化基础之上,不同程度地征用了西方学科发展模式。诚然,基于西方现代性而形成的学科知识体系,以西方实践和西方文明为基础,旨在解决西方问题,处理西方事务。以这样的知识体系来理解和指导中国的实践,必然具有局限性。中国的实践需要有中国的理论。2016 年 5 月 17 日,习近平总书记指出:我国"学科体系、学术体系、话语体系建设水平总体不高"。② 这说明我国的学科建设与国外先进水平存在着差距。2022 年 4 月 25 日,习近平总书记在中国人民大学考察时指出:"加快构建中国特色哲学社会科学,归根结底是建构中国自主的知识体系。"2022 年 10 月 16 日,习近平总书记在中国共产党第二十次全国代表大会的报告中指出:"加快构建中国特色哲学社会科学学科体系、学术体系、话语体系。"③ 由

① 习近平.在哲学社会科学工作座谈会上的讲话[M].北京:人民出版社,2016:16.
② 同上,第 7 页。
③ 习近平.高举中国特色社会主义伟大旗帜　为全面建设社会主义现代化国家而团结奋斗——在中国共产党第二十次全国代表大会上的报告[M].北京:人民出版社,2022:43.

此不难看出，知识体系与"三大体系"具有内涵与外延的关系。知识体系是学科体系、学术体系、话语体系的核心内涵；学科体系、学术体系和话语体系，构成了知识体系的具体外延。建构中国自主的知识体系是内涵，具体外延则是要"加快构建中国特色哲学社会科学学科体系、学术体系、话语体系"。其中，学科体系对应验证知识价值属性的理论体系，学科范式重构是建构中国自主学科体系的核心任务；学术体系对应知识工具属性的逻辑和方法体系，概念、理论和方法创新是建构中国自主学术体系的主要内容；话语体系面向知识使用者及以知识使用为导向的知识叙述体系，关键在于确立基于中国发展与治理的叙事逻辑和叙事方式。融合了中外知识的学科体系、学术体系和话语体系共同构成了我国近现代生成与发展的知识体系。

构建中国自主知识体系，一方面"要以中国为观照、以时代为观照，立足中国实际，解决中国问题，不断推动中华优秀传统文化创造性转化、创新性发展，不断推进知识创新、理论创新、方法创新，使中国特色哲学社会科学真正屹立于世界学术之林"[①]。这就要求我们在面对西方强势的知识体系时必须"坚守中华文化立场"。另一方面，"对国外的理论、概念、话语、方法，要有分析、有鉴别，适用的就拿来用，不适用的就不要生搬硬套。哲学社会科学要有批判精神，这是马克思主义最可贵的精神品质"[②]。其中的基本指导原则是："我们要善于融通古今中外各种资源，特别是要把握好三方面资源。一是马克思主义的资源，包括马克思主义基本原理，马克思主义中国化形成的成果及其文化形态，如党的理论和路线方针政策，中国特色社会主义道路、理论体系、制度，我国经济、政治、法律、文化、社会、生态、外交、国防、党建等领域形成的哲学社会科学思想和成果。这是中国特色哲学社会科学的主体内容，也是中国特色哲学社会科学发展的最大增量。二是中华优秀传统文化的资源，这是中国特色哲学社会科学发展十分宝贵、不可多得的资源。三是国外哲学社会科学的资源，包括世界所有国家哲学社会科学取得的积极成果，这可以成为中国特色哲学社会科学的有益滋养。"[③]

就此而言，构建中国自主知识体系以及学科体系、学术体系、话语体系，并不是要终止外来知识借鉴、吸纳和本土化磨合、会通进程，也不是拒斥与主导性

---

① https://www.ccps.gov.cn/xtt/202204/t20220425_153723.shtml?from= singlemessage.
② 习近平.在哲学社会科学工作座谈会上的讲话[M].北京：人民出版社，2016：18.
③ 同上，第16页.

知识的对话,而是要在遵循知识生产与传播规律的前提下,在坚守中国优秀传统文化和吸纳国外有益滋养的有机结合基础上,经历不同知识的交锋碰撞,确立契合我国实际的概念体系、范畴体系、理论体系,构成人类知识体系不可分割的一部分。诚然,源自不同地区、不同国家的知识,其交锋碰撞有赖于话语。话语是知识传播的载体,也是知识存在的外在形态。没有话语的呈现,谈不上不同知识的创造性转换、创新性发展,也谈不上有效传播与接受,学科和学术无以为继,更遑论概念、理论与方法真正成为知识体系中得以认可的内容。问题是,不同的语言符号作为不同话语的载体,并不具有直接的通约性。"所谓各种语言都是相通的,而对等词自然而然存在于各种语言之间,这是哲学家、语言学家和翻译理论家徒劳无功地试图驱散的一个普遍的幻觉"[1]。人们不得不承认,唯有通过翻译才能得以相互沟通与对话。一种知识,如果只是存在于某种语言中,很难真正融入其他话语体系。有些人天真地以为,掌握了一门外语并阅读外语材料,就可以自在地获得他者的知识。通过阅读,阅读者可能会获得被阅读的他者知识,但这种知识只存在于读者的脑海之中,以内部语言的思维形式存在,如果不将其转化为物质化的语言,不仅知识无所依凭,而且对于知识的谈论也缺乏具体的对象,更不要说不同知识的传播与接受。

经由各种话语的共谋,翻译在生产和传播知识方面的重要性显然被冲淡了,在强化翻译的语言符号交际功能之际,翻译的社会、文化、历史、政治等其他功能却被遮蔽了。考察中国学科研究史的相关成果,我们很容易发现,翻译的问题在不同的学科史研究中被有意或无意地悬置了。人们习惯性地将借鉴和会通国外知识视为理所当然的行为,忽视了其中所蕴含的共谋、抵抗、挪用、误识,想当然地用"等值"甚至"对等"来看待不同语言所承载的知识。然而,"人们并不是在对等词之间进行翻译,恰恰相反,人们是通过翻译在主方语言和客方语言之间的中间地带,创造着对等关系的喻说"[2]。那么,什么是主方语言和客方语言[3]之间的中间地带?如何在这中间地带创造对等关系的喻说?这本身就构成需要进一步探索的问题。这些问题却被知识生产的权威话语悄然化解了,其路径就是"用一种清晰的、对象化的方式,提示了自然世界和社会世界或

---

[1] 刘禾.跨语际实践:文学、民族文化与被译介的现代性(修订译本)[M].北京:生活・读书・新知三联书店,2008.

[2] 同上,第55页。

[3] 主方语言和客方语言分别又称"源语"和"目的语"。

多或少有些混乱的、模糊的、没有系统阐释的，甚至是无法系统阐释的体验，并通过这一表述赋予那些体验以存在的理由"①。因此，不同学科对于翻译的悬置，从其普遍性意义来说，都是历史性产物，是由历史性条件所决定的。任何学科都与其他学科保持着距离，遵循着某种区分化原则。这种区分化原则既是社会制度赋予的，也是学科自身所期待的。通过对翻译在其学科发展历史中所发挥的功能的遮蔽，学科凸显了其知识原创性和本原性，体现了该学科作为学科生成与发展的独特价值。通过将翻译问题悬置起来，其他学科将翻译所作出的贡献予以淡化。

翻译在知识生产与传播、学科建构与发展上所作出的贡献，是不能轻飘飘地一笔带过甚至搁置抹杀的。尽管其他学科，如历史学、文学、语言学，也都在不同程度上关注了翻译与其学科发展之间的关联，然而，这类学科总体上是以解构的方式将翻译作为其学科的附庸，并未以自觉地建构翻译学的方式作为出场。因此，期待其他学科来重视翻译并探讨翻译对于不同学科的贡献，显然是翻译学科一厢情愿的期盼。尽管以问题为导向的研究可以会通不同的学科，跨学科研究在以问题为导向的研究中日益强化，在解决具体问题时学科之间的界限不明朗，但就学科发展本身而言，学科之间的边际并非日益模糊，确定学科相应的边界是任何学科谋求生存与发展的必然诉求和实践。毕竟，"场是力量关系的场所（不仅仅是那些决定意义的力量），而且也是针对改变这些力量而展开的斗争的场所，因而也是无止境的变化的场所"②。任何一个场，都有自身的利益以及为了维护既有利益或争取更大利益的力量，"社会空间和占据这个空间的人群是历史斗争的产物（行动者根据他们在社会空间中所占据的地位，带着他们用以理解这个空间的精神结构参与这些历史斗争）"③。"在一个特定的场内占统治地位的那些人，占据的就是一个能使这个场朝着有利于他们的方向发展的这样一个位置，但他们必须始终同来自被统治者的'政治的'或其他方面的抵制、要求、竞争进行斗争。"④现实状况是，"场作为各种力量所处的地位之间的客观关系的一种结构，加强并引导了这些策略，这些地位的占据者通过这些策略个别地或集体地寻找保护或提高他们的地位，并企图把最优惠的等级体系

---

① 布尔迪厄.文化资本与社会炼金术[M].包亚明，译.上海：上海人民出版社，1997.

② 同上，第149页。

③ 同上，第76页。

④ 同上，第148页。

化原则加到自己的产品上去"①。这些是所有学科的理论实践逻辑。翻译学作为一个新兴的学科,显然不能置身场外,但其进路却更步履蹒跚。一方面为了维护并争取自身的权益,获得应有的话语权和学科地位,另一方面为了拓展自己的研究领域,以开放的姿态保持与其他学科的对话,翻译学需要积极主动地将与翻译有关的学术问题纳入自身的研究范畴,包括翻译与知识的生产、传播问题。

　　翻译学的一个主要领域是翻译史研究。19 世纪末以来,我国的翻译研究往往注重文学翻译,而科学翻译则遭旁落,甚至存在将文学翻译研究视为翻译研究全部的不良现象。对应于翻译史研究,文学翻译史研究成果较为丰富,而科学翻译史研究则较为薄弱。这显然不利于我国自主知识体系的建构,不利于我国学科体系、学术体系和话语体系的建构。有鉴于此,本书汇集了几位翻译研究领域对"翻译与中国学科发展"感兴趣的学者,按照各自的研究旨趣探讨相关学科与翻译之间的关系。根据我国教育部最新的学科专业分类,我国目前一共有 14 个学科门类,113 个一级学科,47 个专业学位类别。本书并非系统的中国学科史,甚至也并未严格地区分自然科学学科和人文社会学科。不过,本书在编写之初就将其视野锁定于应用翻译史料研究,特别是科学翻译史,而"研究和撰写科学翻译史,必须跟我国近现代社会经济发展史和科学发展史结合起来,特别是跟个别学科史结合起来……顺藤摸瓜,追溯学科的引进、发展和本土化过程中翻译获得的线索和事迹"②,因此,本书的研究范畴涉及以下 10 门学科:

　　　　翻译与中国社会学(撰稿人:范梦栩、马士奎)

　　　　翻译与中国民族学(撰稿人:王晶、马士奎)

　　　　翻译与中国法学(撰稿人:屈文生、韩驰)

　　　　翻译与中国语言学(撰稿人:尚新、张彩迪)

　　　　翻译与中国经济学(撰稿人:曾祥宏)

　　　　翻译与中国心理学(撰稿人:冷冰冰、王昕妍)

① 布尔迪厄.文化资本与社会炼金术[M].包亚明,译.上海:上海人民出版社,1997:147.
② 方梦之,傅敬民.振兴科学翻译史的研究——应用翻译研究有待拓展的领域[J].外国语,2018
　　(3):67-74.

翻译与中国教育学（撰稿人：张慧玉、枣彬吉）

翻译与中国地理学（撰稿人：贺爱军、侯莹莹）

翻译与中国传播学（撰稿人：吴赟、张天骄）

翻译与中国翻译学（撰稿人：傅敬民）

　　本书的编写得到了上海交通大学出版社的大力支持，冯愈副社长亲自参与了本书提纲的审定，张冠男为本书的体例审定和编辑工作付出了辛勤的劳动。上海大学外国语学院的两位在读博士研究生喻旭东和孙晓蓉参与了本书的校对工作。在此一并致谢！

　　我们希望本书能为中国学科翻译史研究起到抛砖引玉的作用，也期待有更多的学者参与中国学科翻译史的研究，为中国构建自主知识体系提供更为系统完备的研究成果。

目 录

翻译与中国社会学

在西方,社会学诞生于资本主义深刻危机的背景之下,人们寄希望于这门新的学问来认识当时的社会问题并解决尖锐的社会矛盾。传入中国的社会学同样"临危受命":19世纪末20世纪初的中国,一方面面临深重的民族危机,另一方面其传统思想和文化面临西学的强烈冲击。继承了儒家传统的中国知识分子始终关注政治,也由此将目光转向了论及公共事务的西学"社会学"。在这个由传统过渡到现代的转型时期,严复、章太炎、康有为、梁启超等人开启的中国早期社会学成了当时中国学术中的显学,对近现代中国社会发展变迁产生过重大影响,是具有公共话语权、领导中国学术乃至整个时代精神的主导学科(刘少杰,2007)。与很多当时引进的西方自然及人文学科类似,社会学正是通过翻译进入了中国。

早期社会学之所以占据如此重要的地位,对中国社会产生重大影响,与严复等人对赫伯特·斯宾塞(Herbert Spencer)进化思想的译介是密切相关的。辛亥革命之后,中国社会学进入了多元发展期,各种西方社会学流派更是不断通过翻译输入中国,影响了一代中国学者甚至国家的前途命运。尽管20世纪50年代至70年代社会学学科一度遭到取消,但是80年代学科重建后,学界再次掀起了翻译社会学著作的热潮。本章拟梳理社会学著作汉译的历程,尽可能地还原社会学跨语际旅行的历史面貌,将翻译置于当时的历史文化语境中,同时结合重点译者、译作,揭示翻译在中国现代社会学学科构建中的作用。

第一节　社会学在中国

　　西方社会学的诞生与人类社会的发展以及随之而产生的问题息息相关。可以说，在某种程度上"社会学是人类社会现代化发展的需要和产物"（杨雅彬，2001：1）。社会学的这种高度综合性以及对现实社会的关切和指导作用，使中国的有识之士从中看到了救国救民的希望。因此，社会学被引入中国是一种历史必然。

　　纵观中国历史，翻译一直是社会变革与发展的重要驱动力之一，催生了各种近现代学科在中国的建立，社会学也不例外。西方社会学批判中世纪的黑暗，同时针对新兴资本主义世界的矛盾和问题进行剖析和改进，正迎合了中国改良派的政治需要。维新派是改良运动和文化启蒙的倡导者，其代表人物康有为、梁启超、章太炎、严复等人，吸收了西方社会科学的成就，尤其重视社会学。他们从中借鉴了社会进化论和社会有机体论等西方社会学思想，并与中国传统文化中的变易思想结合在一起，使社会学成为挽救危亡和社会改良的理论工具。

　　早在甲午战争前，《万国公报》等西方传教士出版的报刊书籍中便已经对查尔斯·达尔文（Charles Darwin）、斯宾塞等人的学说有所介绍，只是这种译介数量很少且内容非常简约，比如 1886 年英国传教士艾约瑟（Joseph Edkins）翻译出版的《西学启蒙十六种》，其中《西学略述》理学卷中提到过"斯本塞"（即斯宾塞）；中国当时个别先进文人对达尔文、斯宾塞的介绍也仅限于寥寥数语（姚纯安，2006：27 - 29）。英文 sociology 一词，最早由严复译为"群学"。1895 年 3 月 4 日到 9 日间，严复于天津《直报》上发表《原强》一文，其中写道："而又有锡彭塞（今译斯宾塞）者，亦英产也，宗其理而大阐人伦之事，帜其学曰'群学'。"正式在中文中使用"社会学"一词与 sociology 相对应，并且翻译、系统介绍了西方社会学理论的，或可追溯到 1898 年于《东亚报》发表译述的韩昙首（李培林，2008：31）。① 韩氏在该刊第 1 册至第 11 册连载了斯宾塞著、涩江保编纂的《社

① 1896 年，谭嗣同撰写的《仁学》一书中提到了"群学"，也首次使用了"社会学"一词，但是李培林认为，谭氏使用此二词都是"各门学科或西方各门社会科学学科的意思"，与严复所说的"群学"和西方学科 sociology 相去甚远，因此这里称韩昙首是使用现代意义上"社会学"一词的第一人。

会学新义》,然而最后因刊物停刊而未能译完。1902 年,章太炎取得了翻译出版中国历史上第一部完整的社会学著作的殊荣。其书译自日本岸本能武太的《社会学》,也沿用了"社会学"这一术语。后来一段时期内,"群学"与"社会学"两种译法同时被学者所使用,但是最终后者在这场竞争中胜出,在现代汉语中被保留了下来。

1902 年,5 部经日语转译的社会学汉译著作①问世,是目前已知的最早的社会学著作汉译本。此后近 50 年中,社会学者以及其他知识分子译介了 700 余部各国社会学著作,不断引入社会学各个流派,中国也因此逐渐建立起独立的学科体系。然而这一趋势曾一度中断。1949 年 11 月 17 日召开的高等院校负责人会议讨论了高等教育改造方针,对文学、历史学等 7 个系的任务、基本课程和选修课程的改革方案作了规定,社会学没有列入其中,社会学界感到了危机。从 1951 年到 1952 年,高等学校进行了全面的院系调整,各校社会学系两年内逐步被撤销。至此,教学与科学研究活动被迫完全停止了(韩明谟,1996)。直至 1979 年,全国哲学社会科学规划会议筹备处主持了"社会学座谈会",会上为社会学恢复了名誉,并成立了中国社会学研究会,标志着社会学恢复与重建工作的开始(郑杭生、李迎生,2000)。因此,本章的分析将分为两部分,第一部分的截止时间节点设定在历史学研究中具有重要意义的 1949 年;第二部分的时间区间为 1949 年至 2020 年。

第二节 1949 年前社会学著作译介历程

基于目前掌握的资料,本节将采取质性和量化研究相结合的方式,呈现 1949 年前社会学汉译的概貌。主要数据来源为中国社会科学院社会研究所与南开大学社会学系合作编纂的《社会学参考书目》和北京图书馆编纂的《民国时

---

① 1902 年出版的 5 部作品分别是:《社会学》(三卷,上海作新社出版),[英]斯宾塞原作,[日]涩江保译,金鸣銮转译;《族制进化论》(上海广智书局出版),[英]斯宾塞原作,[日]有贺长雄译,转译者佚名;《原政(上编)》(四卷,上海作新社出版),[英]斯宾塞原作,日本译者未知,杨廷栋转译;《社会学》(上海广智书局出版),[日]岸本能武太著,章炳麟译;《社会改良论》(上海广智书局出版),[日]岛村满都夫著,赵必振译。另,本章所说的"转译"是指以第三方语言为中介的间接翻译,其对应的英文术语为 relay translation 或 indirect translation。

期总书目（1911—1949）社会科学总类部分》中出版于 1902—1949 年间的汉译著作，两本书目互相补充和验证。同时根据不同时期有关社会学的书目，汇总社会学汉译著作[①]的相关信息，如参考了孙本文在《当代中国社会学》一书后附的《中国社会学重要文献分类简表》中涉及的翻译书目、阎书钦《范式的引介与学科的创建》后附的《民国时期人文社会科学概论类书籍选目》中涉及的社会学译著，以及谭汝谦主编的《中国译日本书综合目录》中社会科学类的书目等。[②]

值得注意的是，社会学存在两大分支，即从孔德开始的西方社会学和从马克思开始的马克思主义社会学。自社会学在中国生根发芽、逐渐蓬勃发展以来，这两个支流也依靠翻译延伸到中国社会学的脉络中。本章将主要探索西方社会学传统输入中国的历程。

一、1949 年前社会学著作译介概貌

通过上述资料的汇总整理，共得到 1902—1949 年间社会学汉译著作的相关数据 738 条，出版数量趋势如图 1-1 及表 1-1 所示。在观察出版数据以及提炼标志性事件的基础上，结合当时的社会历史背景，并参考社会学史的发展

图 1-1　1902—1949 年间社会学汉译著作出版数量统计图

① 此处"汉译著作"指在中国公开发行的单行本及系列汉译图书的总称。中华人民共和国成立前出版情况比较复杂，很多汉译著作的原作有可能对应英美社会学的单行本著作，或论文集的节选和编辑等。

② 这些书目提供的信息并非完全准确，很多时候需要交叉印证，并利用电子资源进行查证。主要选用的电子资源有中国历史文献总库·民国时期数据库、全国图书馆参考咨询联盟、古籍网等。另外，译著出版时间以能追溯到的译作初版时间为主，不同出版社发行的同一本书只收录较早者。

分期,可以将中华人民共和国成立前的社会学著作汉译史分为四个阶段:1902—1919 年的肇始期,1920—1929 年的成长期,1930—1939 年的成熟期,以及 1940—1949 年的调整期。

表 1 - 1　各国社会学汉译著作分期统计表①　　　　　　　单位:部

原作国别②	肇始期 1902—1919	成长期 1920—1929	成熟期 1930—1939	调整期 1940—1949	总计
日本	12	76	91	13	192
美国	3	55	81	37	176
英国	10	41	54	15	120
苏/俄	0	12	23	19	54
德国	0	16	29	5	50
法国	5	6	26	10	47
其他	2	30	32	23	87
总计	32	236	336	122	726

通过 1949 年前社会学著作译介概貌,可以发现一些整体性的特征。由图 1 - 2 可见,社会学著作的最大来源国是日本,美国稍次之,这两个国家的社

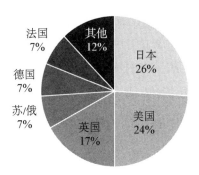

图 1 - 2　1902—1949 年间社会学汉译著作原作国别比例图

---

① 此统计不包括出版年份未知的 13 部译作。

② 由于中日语言的相似性以及中国赴日留学生数量众多,实际上很多来自其他国家的社会学著作是经过日语转译(当时也称"重译")成汉语的;也有部分法国、德国的著作通过英语转译而来。本章搜集数据中的"原作国别"指的是转译前的原作的国别。

会学作品占据译作来源一半以上。英国紧随其后,是社会学汉译著作的第三大来源。然而这一排名并不能完全反映社会学理论思想的真正来源,因为很多日本原作者也是在吸收、借鉴了西方社会学的精髓之后著书立说,只是鉴于资料所限,无法一一确认日语原作的来源。另外除俄国和苏联、德国、法国的著作以外,译作中亦包括意大利、瑞士、瑞典、奥地利、以色列等国以及国际劳工局之类的社会组织的出版物。

通过梳理社会学汉译著作的数据,还可以发现其翻译类型的多样性。首先如上文提及的,大多数译作都是从原作直接翻译而来,但是也有一部分是借助语言中转站——通常是日语或英语——完成文本旅行的。清末民初很多译作属于译述性质,即所译介的作品并非简单地从起始文本出发的意义迁移,而是一种再创作(张中良,2005:25)。同样的情况也发生在社会学著作的汉译中。译作封面、版权页中除了标注"译述""译著"以外,有些作品带有"编译""辑译""节译"等标识。独译现象最为普遍,部分译作由两人或两人以上合译,还有少数译作出版时以特定机构署名,如华通书局编译所、光启社、东方杂志社等。

从译者背景来看,只有少数人热衷于社会学研究,比较有代表性的有费孝通、潘光旦、李安宅、陶孟和、黄文山、黄石、张世文、吴泽霖、朱亦松等,他们翻译的作品往往同他们研究的领域有关。另外,当时的社会学几乎是社会科学的代名词,因此译者背景各异,有很多其他社科领域,甚至文学、政界的知名人士都曾经翻译出版过社会学译著,比如李达、郭沫若、吕叔湘、周谷城、张我军、张东荪、吴献书、高觉敷等。其中两位比较特殊的译者分别是童克圣(Leonard H. Tomkinson)和薄玉珍(Margaret H. Brown)。童克圣牧师的相关资料比较少,目前仅知他隶属于美国公谊会(Mission of the Society of Friends),由广学会批准担任联合出版社的出版干事,其夫人担任会计。他参与译述了《人类社会的究竟》(1930)。薄玉珍出生于加拿大,学生时期加入加拿大长老会妇女传教会,并于1913年被派遣至中国河南省,后辗转至上海,于1929年被派往广学会。抗日战争期间她来到成都,成了广学会的重要外籍成员,担任广学会职工委员会主席,并组织主编了期刊《女星》和《福幼报》。她在华期间和人合作编译了多部著作,如《基督教社会学概论》(1937)等(陈建明,2012)。从译者所译作品数量方面看,绝大多数译者仅仅翻译了1部著作,也有20位译者翻译出版了3部作品,7位译者翻译了4部,3位译者翻译了5部,而译著达6部的译者仅有2位。其中比较多产的译者及其重要译作可见表1-2。

表 1-2 多产译者翻译出版的重要社会学著作表

翻译出版数量	译者姓名	翻译出版的作品名称
3 部	严复	《群学肄言》《群己权界论》《社会通诠》①
	潘光旦	《自然淘汰与中华民族性》、《性的道德》、《性的教育》(再版易名为《健康教育论》)
	费孝通	《社会变迁》(与王同惠合译)、《文化论》、《人文类型》
	郭沫若	《社会组织与社会革命》《社会科学原理》《人类展望》
	许德珩	《唯物史观与社会学》《社会学方法论》《家族进化论》
4 部	钟兆麟	《文化进化论》《社会变动论》《社会思想史》《社会人类学概论》
	张资平	《社会学纲要》、《文化社会学概论》、《近世社会思想史纲》、《文化社会学》(与杨逸棠合译)
	黄文山	《当代社会学学说》、《德国系统的社会学》、《社会法则》、《到自由之路》(第二译者)
	阮有秋	《社会统计论》《马尔莎斯人口论》《人类行动之社会学》《社会问题体系》
5 部	高希圣	《现代社会生活》、《妇女自觉史》、《妇女问题讲话》(与郭真合译)、《社会学说体系(上下)》(与李芝真合译)、《社会进化之铁则(上下)》(与唐仁合译)
	施存统	《世界社会史》、《社会进化论》、《社会革命》、《工会运动的理论与实际》(与钟复光合译)、《近代社会思想史要》(与钟复光合译)
6 部	李达	《社会问题总览》、《产儿制限论》、《女性中心说》、《妇女问题与妇女运动》、《理论与实践的社会科学根本问题》、《社会科学概论》(与钱铁如合译)

  上海长期扮演着出版业的中心角色,同时也是社会学译作出版最多的城市。政治上,上海的地位虽不及北京、南京,但是往往成为政治变革的重要阵地,还设有全国最大的租界,拥有其他城市不可比拟的较为宽松的政治和文化环境。文化上,也正是由于租界的辟设,西方国家开始利用上海的出版条件宣传西学,促成了上海各种出版机构的壮大。经济上,上海工商业的发展为其出

---

① 关于严复译的《天演论》是否属于社会学作品,学界尚未达成共识。本研究遵循所选书目的界定,未将其收入。

版业提供了引进技术革新的强大动力，新的印刷方式层出不穷，客观上促成了上海印刷业的突出地位（邹振环，2000）。此外，北京、南京等城市的出版机构也为国外社会学著作的汉译作出了贡献，尤其是商务印书馆的重庆、长沙、香港分厂，在日本侵华战争期间承担起了不少出版任务（张煜明，1994：311）。从出版机构来看，商务印书馆、中华书局和世界书局无疑是当时出版业的三大巨头，对社会学汉译著作与其他类型的出版作品来说皆是如此。此外，中小书局在出版社会学译著中也扮演了不可忽视的角色，比如神州国光社、昆仑书店、光明书局、华通书局、新生命书局、大江书铺等。无论是纯商业性质的出版社，还是某些具有政治背景或学术团体特色的出版公司，都曾经出版过适应当时形势的社科书籍，尤其是社会学译作（王余光、吴永贵，2008）。

从起始文本的角度来看，就目前能够掌握的原作信息而言，复译①次数最多的原作是英国哲学家伯特兰·罗素（Bertrand Russell）所著的《婚姻与道德》（*Marriage and Morals*），共有 4 个复译本，分别是野庐译的《婚姻革命》（1930）、陶季良等译的《科学的性道德》（1931）、李惟远译的《婚姻与道德》（1935）、程希亮译的《结婚与道德》（1940）。其次，美国的埃默里·博加德斯②（Emory Bogardus）所著的《社会思想史》（*A History of Social Thought*）、林恩·桑代克（Lynn Thorndike）所著的《世界文化史》（*A Short History of Civilization*）、英国爱德华·加本特（Edward Carpenter）所著的《爱的成年》（*Love's Coming-of-Age*），以及英国的玛丽·司托浦司（Marie Stopes）所著的《结婚的爱》（*Married Love*）及其续集《永恒的爱》（*Enduring Passion*），均有 3 个中文复译版本，全部由不同的译者翻译完成。从原作者的角度来看，最受欢迎的学者是罗素和同样来自英国的性学家哈夫洛克·霭理士（Havelock Ellis），两人的书各被译 11 次；其次，英国司托浦司的著作被译 10 次；美国查尔斯·爱尔乌德（Charles Ellwood）的著作被译 8 次，紧随其后；而斯宾塞的著作被译 7 次；美国玛格丽特·山格尔夫人（Mrs. Margaret Sanger）的著作被译

---

① 民国时期以来的文献中，复译与重译的概念往往有所混淆。本章中，"重译"是相对于译者自己的"初译"而言的，指同一译者对于自己过去曾翻译过的作品进行的再次翻译，对应英文术语 self-retranslation，包括对以往译文的修订、润色或补遗等；而"复译"则是相对于他人的"首译/原译"而言的，指译者对他人曾翻译过的作品进行的再次翻译，对应英文术语 retranslation by others。

② 民国时期曾被不同译者译为鲍茄德斯、波格达斯、鲍嘉图等。

5 次。

接下来将对四个阶段进行更具体的解读。

二、1949 年前社会学著作汉译阶段性分析

(一) 肇始期(1902—1919)

19 世纪末之前,中文语境中并没有现代意义上的"社会"这一概念,但实际上在中国学术传统中,尤其是晚清今文经学中蕴含了很多与社会学相同的基本原则和基本方法(刘少杰,2007)。除了中国古代思想和传统学术的给养外,西方社会学理论更为直接地影响了中国社会学的形成和发展。西方社会学理论传入中国有两条路径:一是由欧美直接输入的"西学"途径;二是取道日本,从日文著作/译作辗转进入中国的"东学"途径。最早传入中国的社会学理论来自英国实证社会学代表人物斯宾塞。严复通过直接翻译斯宾塞的《群学肄言》,成了引领西方社会学理论旅行的先驱。[①] 而另一方面,社会学史界比较公认的第一部完整介绍社会学的译著是章太炎所译的日本学者岸本能武太所著的《社会学》,该书于 1902 年 8 月 23 日由上海广智书局发行(孙本文,1948/2011;韩明汉,1987;郑杭生、李迎生,2000 等)。

一般认为,严复是首位从英语原作直接译介斯宾塞社会学学说的译者。其所译的《群学肄言》的一部分,于 1897 年 11 月至 1898 年 1 月之间刊行。他将斯宾塞原作的第一章"Our Need of It"以《斯宾塞尔劝学篇》的"第一篇:论群学不可缓"为题,连载于《国闻汇编》第 1、3、4 册。全书至 1902 年译完。1902 年,《劝学篇》更名为《群学》,由杭州译印局印刷,史学斋发行,其内容即《群学肄言》的第一章"砭愚"。至 1903 年 4 月,上海文明编译书局出版了《群学肄言》全书(邓希泉,2003)。

严复还有两部译作可归类为社会学:一是 1903 年出版的约翰·穆勒(John Mill)所著的《群己权界论》(*On Liberty*);二是 1904 年出版的爱德华·甄克思(Edward Jenks)所著的《社会通诠》(*The Study of Sociology*)。虽然这两部作品实际并不属于现代意义上的社会学著作,但是在当时的社会语境下,社会学

[①] 早在 1882 年,中国传教士颜永京将史本守(即斯宾塞)的 *What Knowledge Is of Most Worth* 一文译为"肄业要览",发表于《格致汇编》上,次年由上海美华书馆出版。其中他将 Sociology 译为"民景学",但是该文并非主要介绍斯宾塞的社会学理论。

的含义更为包容，有时接近"社会科学"的语义，很多政治、法律、历史类的作品也被划在其中。另外值得一提的是，虽然严复仍然坚持使用"群学"翻译Sociology，但是他在这两部书里也逐渐开始使用日译词"社会"。只是严复在使用两个词时有意区分了这两个不同的概念。在他看来，"社会"是更具概括性的概念，是一种"有法度规范的'群'"（黄克武、韩承桦，2013：118－120）。

肇始期分别译出了有贺长雄三部以斯宾塞思想为底本的专论。第一部是1902年出版的《族制进化论》，由佚名者译自有贺氏《社会学》的其中一部，大抵据斯宾塞的《社会性原理》和穆尔根的《古代社会》等书辑译而成（孙本文，1948/2011：16）。《新民丛报》对该书给出很高评价，称该书"所据英国鸿哲斯宾塞原本，而多引东方之例以证之，有志理者不可不研究也"（佚名，1902：10）。第二部是1903年广智书局出版的《人群进化论》，由麦仲华译出，包括"人群发生、人群发达、国家盛衰三篇"，前两篇"本英国硕学斯宾塞尔之说"，后一篇为日本学者有贺长雄的观点，并且兼具"大家之哲理而折衷之""译文雅洁，尤为深切著明"（顾燮光，2014：328）。第三部是1915年商务印书馆出版的《社会进化论》，之前由麦仲华执笔在《清议报》上刊登过连载，后由萨端译成单行本发行。该书旨在探讨"人事变迁"与"国势消长"之主题（顾燮光，2014：329），在《浙江潮》和《东方杂志》的广告中受到很高评价（韩承桦，2013：48）。

肇始期还有两部译作比较特殊——《全地五大洲女俗通考》（*Women in All Lands or China's Place Among the Nations*）和《改良家政小史》（*The Home Makers*），均由广学会出版发行。广学会前身是1884年成立的"同文书会"（The Society for the Diffusion of Christian and General Knowledge Among the Chinese），后于1887年由英美基督教新教传教士、外交人员和外国商人在上海联合创办。广学会是清末至民国时期最大的基督教新教在华出版机构，创办了数份近代报刊，出版了大量书籍，并兴办学堂、组织学会等。虽然初创时旨在传教，但也在传播西方的政治经济、自然科学、社会文化等方面贡献卓著，有力推动了中国近代的政治变革和社会思想解放（吴雪玲，2009：106－110）。

《全地五大洲女俗通考》卷帙浩繁，共十集二十一卷，由美国传教士林乐知（Young John Allen）编纂，其华人助手任廷旭（基督教名任保罗）译述。该书出版前曾有许多篇章在《万国公报》上连载，1903年成书后在广学会统计其最畅销的书籍中高居第二位（王树槐，1981：272）。作者林乐知是历史上工作最为卓著的来华传教士之一，他不仅在传教方面做了很多努力，还集商人、翻译、作家、教育家、报业人等多重身份于一身。他创办了数份报纸，其中就包括刊登了该作的《万国公报》。该书的成功还要归功于他的华人助手任廷旭。他乃吴江（今江苏苏州）同里人，字申甫，号困学居士。1883年，他与林乐知订交，因中英文皆善，后从林氏编《万国公报》，任主笔，与林氏合作尤多，也曾与李提摩太（Timothy Richard）合作译书或独立译成多部书。林氏在《全地五大洲女俗通考》序中曾赞扬他"身历外洋，见闻真确"，且"华英文理俱优"，因此"助译之功居多"。林氏尤其欣赏他"生平撰著好作浅语，期于尽人可读"（林乐知，1903：1），因此他的译笔正好符合林氏对语言浅显、易于传播的要求。该书从传教士视角出发，对各国与中国古今文明文化、风俗习惯、宗教制度、地理历史等一一罗列对比，倡导女权，尤其是女子的教育权，内容翔实，包罗万象，堪称"一部世界妇女史"（卢明玉，2009：99），对促进男女平等、妇女思想的解放有一定作用。

《改良家政小史》出版于1918年，作者是美国美以美会（The Methodist Episcopal Church）传教士亮乐月（Laura M. White）。她1887年来华，在南京创办汇文女校，1912—1929年期间受李提摩太邀请，担任中国第一份由书局出版的中文妇女刊物《女铎报》第一任主笔，在华期间著述、翻译成果颇丰。亮乐月创作的《改良家政小史》一书"以母亲应具之学识及技能写出小说，并以中国人及风景为背景，说出在中国的基督化家庭生活的故事。全书共分九章，指示妇女们如何勤力，如何俭省，如何尽本分，方得在家政上和教育上求进步，是做母亲的不可不读的一本书"（转引自宋莉华，2012：96-97）。该书由南京汇文女校的学生袁玉英译述，她曾经是亮乐月的学生，后来成了职业编辑、译者。两人合作译述的《圣迹抉微》（Scenes from Ben-Hur and Other Tales of the Christ）等长篇作品，都曾在《女铎报》连载。

在肇始期，社会学汉译著作的数量不多，但是在清末民初这个特殊的历史节点上仍然呈现出比较显著的特点，大致可以归纳如下：

第一，译述过程中，对原作的删节、改写较多。严复的译作对这一点体现得尤为明显。以《群学肄言》为例，严复一方面删除了很多细节内容，比如大段的法文引文等，并未翻译；另一方面，严复的译文中出现了很多原著中并无对应关系的内容，约占总篇幅的四分之一。这些添加的内容主要包括有关欧洲科学史上的一些人物、事件、典故等，以方便中国读者理解。严复译书还有一大特点：在行文之间补充有关中国的一些事例和评价（王宪明，2018：252-255）。究其原因,严复翻译的目的并非单纯介绍社会学这一西方理论,从而在中国建立起这一现代学科;他主要从其政治目的出发,将荀子的"群"之思想与斯宾塞的理论糅合到一起,劝诫晚清的各方改革者能够审慎持重,从学问出发谈革新之策。这种目的性极强的翻译往往对原作的改写也更甚。

第二,一些原著由传教士结合中国国情撰写,后与国人合作翻译。比如《全地五大洲女俗通考》和《改良家政小史》,原作者都是来华后开始撰写原作,并以中国的现实情况为蓝本,与国外的情形进行对比,从而令读者产生兴趣,也起到一定开启民智的作用。传教士主导下出版的书籍行文浅白,力求通俗易懂,以达到最佳的传播效果;这些作品往往并非理论性社会学著作,而更近似于社会科学通俗读物。

第三,以上所述两种特点也决定了该时期的社会学译作普遍政治性、思想性强,学术性弱的特点。清末的确已经有新式学堂开设了社会学课程,国内急需新式教科书,于是出版社也紧跟形势出版了一批社会学学术书籍,但是这些教科书往往迻译和改编自日本学者的著述(杜成宪等,1998)。另一方面,如前所述,本阶段社会学著作的译者在选择翻译的原本时具有很强的目的性:他们的目的往往不在于推广社会学这门来自西洋的学问,而在于通过翻译表达政治理想或启迪思想。这些社会学译作往往政治性很强,而学术性略显不足。

第四,综合来看,这一阶段直接译自英美的著作明显少于以日语为中介的译书,社会学汉译同样如此。很多西方国家的社会学作品均经过日语著作中转,占到全部数量的一半以上。当时赴日留学的热潮为翻译储备了大量翻译人才,留学生们也就地取材大量翻译日文书籍。康有为特撰《广译日本书设立京师译书局折》,大力提倡翻译日籍。他的理由主要有:日文与中文同文,翻译更容易;日本已经将欧美书籍择要译出,直接译日文书省时省力;翻译日文可以节省经费、事半功倍等(黎难秋,1996)。这种通过以日语为中介翻译西书的态势一直持续到 1911 年前后(范祥涛,2006),但是随着国际形势的变化以及只译日籍的弊端日益凸显,直接迻译西书才多了起来。

(二) 成长期(1920—1929)

20 世纪 20 年代,社会学在中国发展较为迅速,传播较为广泛,其最具关键性意义的因素之一是高等院校社会学系的建立(阎明,2004)。与国人的办学尝试相比,清末民初的社会学学科实践过程中,教会,尤其是美国教会起着更为重要的作用。教会大学中最早开设社会学课程的是上海圣约翰大学(后改名为圣约翰大学)。1905 年,美国教士孟嘉德(Arthur Mann)开设社会学课程,采用沃尔特·白芝浩(Walter Bagehot)的《物理与政治》(*Physics and Politics*)作为课本(罗国芬,2017)。1913 年,沪江大学首次由传教士葛学溥(Daniel H. Kulp Ⅱ)创立社会学系,并由美国布朗大学的著名教授白克令(H. S. Bucklin)、狄莱(James Q. Dealey)等短期来华任教。这些美国教师通常使用的都是英语教材。此外,1922 年燕京大学也成立了社会学系,美国学者步济时(John Burgess)担任系主任。一直到 20 年代中后期,推动社会学教育和研究的几乎都是以美籍传教士为主的外国学者,可以说,这门学科就是借由美国传教团体建立起来的(蔡毓骢,1931),甚至被称为"美国传教士社会学"(Wong, 1979)。

　　但是这种以传教士为主的社会学传播,问题也十分明显。由外国传教士和学者主讲的社会学,教学方式完全西化,并且使用英语授课,教材几乎都是外语原版书,与中国情况的适切性值得商榷,语言的隔阂也增加了学生的学习负担。许仕廉在回顾燕京大学社会学系的教学工作时曾指出,"班级里有一半以上的学生不是把美国的教材当作社会学论文,而是当作文学写作来阅读"(许秒发,1984:42)。当然,就客观效果而言,使用原版教材也有优点,比如学生在教师指导下对国外社会学著作的研习也是一种西学传播途径(李喜所等,2000)。但是,原版英文教材并不能完全满足学生以及社会上的进步青年对社会学理论了解和研究的迫切需要。因此,随着高校中社会学课程设置的扩展及社会学专业系科的建立,社会学在当时得到了更为广泛的认可,由此催生了更多社会学译作。尤其在五四运动之后,"社会"一词渐渐流行起来(王汎森,1996)。一些学者将社会和民国初年的政治状况联系在一起,把当时的政治黑暗乃至一切问题统统归咎于社会,因此,"社会改造"的思潮成了当时的主流。当时爱国进步人士和普通民众都更加关注社会问题,对社会学,尤其是社会改造相关的书籍、译作十分感兴趣,甚至视读此类书、谈论此类问题为"时髦"(易君左,1920)。这种对社会学知识的追求也是 20 世纪 20 年代社会学译作数量上升的原因之一。

　　此外,在五四运动的影响下,中国女性自我意识开始觉醒,积极追求个性独立解放和恋爱婚姻自由。1922 年 4 月,美国节育运动的倡导者山格尔夫人应邀在北京大学讲学,校长蔡元培亲自主持报告会,胡适担任翻译。自此之后很长一段时间内,优生、节育等理念广为传播,成为"并蒂连理"的两大运动(陈长蘅,1930)。妇女解放成为报纸、杂志热衷讨论的话题之一,妇女题材的社会学译著也层出不穷。山格尔夫人的作品尤其受到关注,20 世纪 20 年代的 10 年间,共出版了 5 部其作品的汉译单行本。其中 3 部①[即《家庭性教育实施法》(1922)、《女子应有的知识》(1925)、《结婚的幸福》(1929)]附有译者序言之类的文字,均提及山格尔夫人及她的事业、她的名作在当时的中国广为人知,享有很高声誉。这说明当时国人对优生与节育专家的仰慕和对这些方面社会问题的关注,从客观上促进了社会学著作的翻译和出版。

20 世纪初出版的社会学理论概论著作中,爱尔乌德所著的《社会学及现代社会问题》(*Sociology and Modern Social Problems*,1910)、博加德斯所著的《社会科学概论》(*Introduction to the Social Sciences*,1913)、弗兰克·白克马(Frank Blackmar)与约翰·季灵(John Gillin)合著的《社会学大纲》(*Outlines of Sociology*,1915)、爱德华·海逸史(Edward Hayes)所著的《社会学研究绪论》(*An Introduction to the Study of Sociology*,1915)等都比较受中国学者的关注,也相继被译成中文,如瞿世英将博加德斯的书译为《社会学概论》。有时,一部著作还有多个复译本,如白克马与季灵的这部著作共有 3 个汉译本,陶乐勤译为《社会学原理》(1924 年,新文化书店),周谷城译为《社会学大纲》(1933 年,大东书局),吴泽霖与夫人陆德音译为《社会学大纲》(1935 年,世界书局)。海逸史的《社会学研究绪论》由赵卓甫译为《社会学纲要》(1931 年,百城书局),但在此之前,德普和延年编辑的《社会学入门》(1924 年,世界书局)、朱亦松编著的《社会学原理》(1928 年,商务印书馆)②都是参考该书而成。孙本文曾经点评说,德普和延年所编之书恐怕是国人自著社会学的第一部,但是借鉴了很多国外的素材(孙本文,1948/2011)。上述重要作品均来自美国的学者,因此知识结构大致遵从美国学界的框架。其中有几部译作影响尤为显著。

其一是赵作雄译、爱尔乌德著的《社会学及现代社会问题》(1920)。爱尔乌德是两次世界大战期间美国顶尖的社会学家,也是心理学派的代表人物。在中国,这本书是迻译美国社会学之始,文字简明,阐述了社会学的领域、性质以及近代各种社会问题,是"初学入门最佳之书",中译本"亦风行一时"(孙本文,1948/2011:25)。可以说,对于稍知社会学的国人来说,此书影响甚大。自此之后,"社会心理交互论即被中国学界奉为圭臬"(阎书钦,2013:110)。此书在1928 年已经出版发行 9 版,1932 年"一·二八事变"(民国出版物中多称其为

---

① 另外两部分别是《节育主义》(1925)和《性教育的示儿编》(1929)。

② 这里提到的两本书并未计算为汉译社会学译作,主要是因为二者有相当一部分创作成分,且在封面、版权页等副文本中标记为编辑/著。

"国难")后至 1933 年再发行两版,足见其风行程度。

其二为瞿世英译、博加德斯著的《社会学概论》。博加德斯是社会心理学家,美国社会学泰斗。在汉译博加德斯的这部名著时,博加德斯专门为此汉译本作序。在译者序中,瞿世英介绍说,该译稿原本于 1920 年完成,经燕京大学和平民大学采为课本,后来博加德斯寄来了序言,又写信索要译本,于是才单独成书出版。瞿氏申明,由于翻译该书的目的是做教科书,所以为方便教授,颇有删节,因此"可以说是译释的体裁",每章的题目也有改动,比如将原文的"影响于社会之经济生活"改为了"社会与经济",以求简要明晰(瞿世英,1929:2)。1925 年,该书由商务印书馆出版,是当时新学制高级中学教科书,1929 年已经重印 5 次,在当时颇为流行。

重要的社会学汉译著作之三是易家钺译、爱尔乌德著的《家庭问题》。商务印书馆发行该书时,不同版本封面标识不尽相同。1920 年,标"易家钺编";1921 年,标"爱尔华特著,易家钺译";1926 年,标"易家钺编译"。所有版本的内容几乎相同,开篇"凡例"中均写道,该书共十篇,其中一至五篇译自爱尔华特(即爱尔乌德)的《社会学及现代社会问题》中四至八章①,六、七两篇译自美国社会学家埃尔西·帕森斯②(Elsie Parsons)所著《家庭》(*The Family*)中第十讲和第十三讲,八、九两篇译自有名的法国人类学者查理·利托尔诺③所著的(*The Evolution of Marriage*)中的第二章第三节和第二十章全部,第十篇则来源于日本女流作家山田所主持的月刊杂志《妇人与新社会》四月号论文,可知将易氏该译本划为编译或辑译较为合适。该书扼要地叙述了欧美家庭的婚姻状况、离婚情况以及妇女生活的情形,在五四运动后知识分子普遍关注社会问题的时代背景下,对青年男女了解西方家庭及其婚姻观念有较大影响。可以说,这部书正是"为适应时代的需要而迻译者"(孙本文,1948/2011:87)。易家钺本人也致力于研究家庭制度与家庭问题,自撰相关著作数本,成了当时国内研究家庭问题的专门学者,因此翻译该书时理解更为透彻,编译时的选材也独具慧眼。1926 年印行 6 版,国难后又发行 2 版,足见此书之畅销。

这一时期,路易斯·摩尔根(Lewis Morgan)阐释社会历史演化过程的巨

---

① 该书初版于 9 月,前述赵作雄译《社会学及现代社会问题》初版于 12 月,两本译作有重合部分,赵译为全译本。

② 1920 年易加钺在《家庭问题》中将其译为"泊松"。

③ 1920 年易加钺在《家庭问题》中将其译为"刘托讷"。

著 *Ancient Society* 也被译介到中国。20 世纪 20 年代初，随着欧美近代民族学、考古学、文化人类学的知识传入中国，中国学者对中国原始社会史研究的眼界拓宽了，尤其是美国学者摩尔根的早期进化论对中国史研究影响深远。包括蔡和森、杨贤江、吕振羽、郭沫若、范文澜、翦伯赞、李亚农、杨东莼等在内的史学家，都对摩尔根的古代史研究模式加以吸收和利用。其中最有代表性的两部著作之一是蔡和森所"著"的《社会进化史》。该书 1924 年 5 月由上海民智书局出版，虽然标明独著，实际上却是披着介绍摩尔根《古代社会》的外衣，对马克思主义学说的汇编（王建国，2014）。二是《古代社会》一书的直接汉译。1929—1930 年，杨东莼与张栗原合译了该书，由上海昆仑书店分上下两册发行，是《古代社会》在中国的第一个全译本，根据 1877 年和 1907 年两个英语版本以及 1924 年的日译本译出。1935 年 12 月，两位译者对该译本作了若干修订，商务印书馆将其作为"汉译世界名著"丛书之一再次出版，同时还收录至该馆编印发行的"万有文库"。1957 年 9 月，民族学家冯汉骥修改校订该译本，并附录长篇"校后记"，由三联书店出版。1977 年，正值《古代社会》一书出版 100 周年，商务印书馆出版了杨东莼、马雍、马巨的新译本。该译本参考了更多原文版本，并冠有"译者前言"和"摩尔根传略"。虽然之后译者刘峰也曾独立翻译过《古代社会》（1999），但 1977 年这一译本基本成为该作的经典中文范本，多次在不同出版社再版。

　　以上 4 例虽然不能涵盖 20 世纪 20 年代的所有主题，但仍然可以在某种程度上代表社会学著作汉译成长期的几种风潮。其一，整个社会学学科体系受美国社会学影响巨大，译出了多部美国社会学家的理论性著作，如《社会心理学》［*An Introduction to Social Psychology*，爱尔乌德著，金本基译，1922 年由商务印书馆出版］、《应用教育社会学》［*An Introduction to Educational Sociology*，美国沃尔特·史密斯（Walter Smith）著，陈启天译，1925 年由中华书局出版］。其二，学界尤其关注社会问题和社会改革，因而催生了多部相关译作，如《社会改造原理》［*Principles of Social Reconstruction*，罗素著，余家菊译，1920 年由晨报社出版］、《主要社会问题》［*Major Social Problem*，美国鲁道夫·M. 拜得（Rudolph M. Binder）著，杨廉译，1928 年由商务印书馆出版］。其三，当时的社会运动也促使人们更加关注妇女和家庭问题，一大批相关译著应运而生，如《妇女与家庭》［*Woman and Home*，美国奥里森·马尔滕（Orison Marden）著，高尔松、高尔柏合译，1925 年由商务印书馆出版］、《女子与知识》

[*Hypatia; Or, Woman and Knowledge*,朵拉·罗素(Dora Russell)著,林玉堂译,1929年由北新书局出版]。此外,在社会学著作汉译的肇始期,受到当时社会背景以及斯宾塞等人学说的影响,大都重视社会进化的理论,在20年代这种热潮仍然有所延续,相关译作有《社会进化论》[*The Evolution of the Great Society*,美国哈里·巴恩斯(Harry Barnes)著,王斐逊译,1929年由新生命书局出版]。

(三)成熟期(1930—1939)

20世纪20年代的中国社会学处于移植时期,学科建制主要由美国传教士主导,无论教师、教材还是资金,都受到美国社会学界的重要影响。即便是中国学者在一些城市或农村开展的社会调查,也不过是对西方社会学理论和方法的套用。而从20年代晚期开始,大学社会学系的中国教师开始逐渐取代外国教师,传授西方社会学的任务也转由中国人承担。这些主持中国社会学课程和社会学系工作的中国学者大多具有留美学术背景。并且随着社会学学科在中国成熟起来,这种趋势也更加明显。孙本文1947年12月曾经针对中国大学社会学研究教学队伍的背景做过一项调查,当时全国各高校的社会学教师(包括教授、副教授、讲师)共有131位,其中有过留学经历的多达107人,其中留美出身者71人。这些留美学者通过他们的教学和研究引进了更多美国社会学学说。可以说,从30年代到40年代后期,美国社会学对中国社会学的影响已经"从有形的人力、财力的依赖,开始转变为无形的学术范型的影响"(萧新煌,1987:337)。

美国传教士进行社会学教学时,往往直接使用国外原版教材,留美学者开设的社会学课程同样如此。如1934年,潘光旦在清华大学任教期间主讲社会思想史,大体以皮蒂里姆·A.索罗金(Pitirim A. Sorokin)的《当代社会学理论》(*Contemporary Sociological Theories*)原著为体系进行授课(鲲西,1999:130);吴文藻回忆他30年代初在燕京大学的教学工作时提到,当时他担任了"西洋社会思想史""家庭社会学""人类学"3门课的教学工作,而3门课都采用了英文教材。为了帮助学生理解,每门课他又自编一本中文教材,并且每年都根据教学情况加以改进(吴文藻,1998:10)。1931年4月27日,《申报》刊载了蔡元培对于"国化教科书问题"的意见。他指出当时自然科学和社会科学普遍使用外文教科书,认为这只是"不得已的过渡办法";使用外国文教本主要存在浪费时间,与脑力、与国情不符,不利于普及教育等弊病。因此他提出当务之急有3件:各科名词之统一规定;外国书籍之大量迻译;各种必需的教科书之编辑

（高平叔，1988：42‒43）。鉴于学生的实际困难和学者的提倡，不少出版社赞助译者翻译了时下流行的社会学教材以及重要的理论书籍，以供学生和学者参考。

近代学科的发展体现在学者个人的研究成果与学科体制的建设工作两方面。20 年代高等院校建立社会学系，可以视为学科体制构建的开端。30 年代前后，越来越多的社会学学者学成归国，引导学生由直接使用英文教科书逐渐改为使用专家编纂的中文教材，并且开始与其他社会科学的同仁共同探讨"如何将西方移植过来的理论与方法运用于中国社会的实际研究并在研究中探索本学科'本土化'的发展道路"（许刘英，2019：57）。这种对中国社会学自我认同的追求，可以说是中国社会学家摸索社会学中国化进程的开端。最早提出社会学"中国化"这一概念的是孙本文（1932：19），他认为以前翻译的名著缺乏系统性，在实现社会学中国化的基础工作中，有系统地介绍世界名著和欧美重要学说及方法首当其冲。此外，厘定译名、编辑社会学词典、编纂大学社会学教科书及其参考书也是极为重要的基础工作。

这一时期的译著也从某种程度上回应了孙本文的倡议。由图 1‒1 和表 1‒1 可见，30 年代社会学著作译介达到了前所未有的高峰。此外，这一时期社会学名著的迻译紧跟西方，尤其是美英两国的社会学进展。随着最早引入中国的以斯宾塞与富兰克林·H. 吉丁斯（Franklin H. Giddings）为代表的社会进化论学派和后来以爱尔乌德、勒庞（Le Bon）、威廉·麦独孤（William McDougall）等为代表的心理学派渐渐淡出学术舞台中心，中国学者更多地把目光转向美国新兴的社会学理论。20 世纪初，美国文化学派兴起，于是国内译介了威廉·F. 乌格朋（William F. Ogburn）的《社会变迁》（1935）；英国功能学派流行，于是李安宅、林振镛、费孝通等翻译了勃洛尼斯拉夫·马林诺夫斯基的著作；关于人口、优生等人与环境关系的学说流传甚广，于是阮有秋翻译了布川静渊的《马尔莎斯人口论》（1928），潘光旦翻译了埃尔斯沃思·亨廷顿（Ellsworth Huntington）的《自然淘汰与中华民族性》（1929）。但是中国社会学者并没有停留在理论的移植上，而是在此基础上继承发展，提出自己的创见，比如社会学家黄文山在译介国外社会学著作的基础上，创立了独树一帜的文化学。可见，民国社会学界通过翻译与英美社会学研究范式接轨，并将西方的社会学理论兼收并蓄，融汇创新，在引入各家理论之时，又尝试沟通各家理论（阎书钦，2013：125）。

　　另一方面,与国际学者的交流互动也在客观上促进了这些学者的作品在中国的译介。当时很多在高等院校任教的美国传教士和留学归来的学生成了与国外大学联系的桥梁,因此很多著名西方学者都曾来华访问和讲学。其中比较有影响力的有芝加哥学派的社会学家罗伯特·帕克(Robert Park)、英国哲学家罗素、美国哲学家约翰·杜威(John Dewey)、英国经济史学家理查德·H.托尼(Richard H. Tawney)、美国农村社会学家凯尼恩·L.巴特菲尔德(Kenyon L. Butterfield)、美国人口问题专家沃伦·S.汤普森(Warren S. Thompson)等(King & Wang, 1978)。这些专家学者的很多作品借访华的东风引起了中国学界的关注,从而迅速被译介出版,比如上文提到的亨廷顿1923年到访中国后,潘光旦受到触动,迻译了他的部分作品,并加以阐发;多位译者共译了《派克社会学论文集》(燕京大学社会学会,1933年);吴之椿译出托尼著《近代工业社会的病理》(商务印书馆,1928年);陈浴春译出汤普森著《世界人口之危机》(民智书局,1934年)等。总而言之,中国社会学学科发展的黄金期为国际学界之间的交流创造了良好条件,也是20世纪30年代社会学著作汉译的催化剂之一。

　　此外,社会学译著数量的增加与当时出版业的繁荣也是息息相关的。首先,20世纪20年代政治、经济、文化、社会整体比较稳定,为这一时期出版业的兴盛提供了良好的外部环境,再加上出版业本身的蓬勃发展,大书局持续扩张,小书局不断涌现,共同造就了继五四运动之后的第二次出版高峰,史称"民国出版业的黄金十年"(吴永贵,2008:94)。上海仍然是全国出版业的中心。除了出版界三大巨头——商务印书馆、中华书局和世界书局以外,20年代末30年代初还有众多小型书局落户上海。上海出版业雄厚的技术力量、巨大的出版规模和图书市场的繁荣,以及本身相对宽松的政治文化环境造就了上海出版业在全国的中心地位,另外当时翻译的主体——归国留学生集聚上海也是原因之一。学成归来的吕叔湘、赵元任、余家菊、潘光旦、李安宅、张东荪等人纷纷来到上海寓居。这些以留学生为主体的社会学著作翻译力量,语言水平和知识结构明显优于清末民初的译者,因此打破了传教士口授、中国人笔述的翻译方式和大多靠日文为中介转译西学的局面;另一方面,译者与学者的身份相融合,具有比较高的专业素养和文字功底,使得翻译质量也得到了显著提升(邹振环,2000:196-204)。出版界兴盛的另一标志是各种丛书的编纂。有学者根据民国时期出版物的目录作过不完全统计,民国时期丛书总数在6 300种以上,20年代末到日本侵华战争前达到丛书出版量的高峰（贾鸿雁，2002）。其中影响力比较大的包含社会学汉译著作的丛书主要有商务印书馆的"百科小丛书""汉译世界名著丛书""万有文库""大学丛书"；中华书局 1930 年开始出版的《社会科学丛书》等。这些丛书的策划出版从某种程度上刺激了社会学著作的汉译活动。此外，社会学界学术活动的踊跃，如中国社会学社的成立、《社会学刊》的创刊，也对社会学著作的翻译出版起到了推动作用。

（四）调整期（1940—1949）

国内社会学史研究者虽然措辞不尽相同，不过普遍认为 20 世纪 30 年代末至 1949 年前这段时期是中国社会学发展比较成熟的时期（杨雅彬，1987；韩明汉，1987；陈树德，1989 等）；国外学者也认为二战之前，中国是除北美和西欧之外，社会学发展最繁荣的地方（Freedman，1962）。可以说，1949 年前，在由西方输入的庞杂的现代社会科学体系中，社会学"几乎是唯一一门既可以与西方学界基本保持同步，又在不断地实现学术研究本土化的学科"（陆远，2019：22）。在中国社会学步入正轨的这个过程中，西方社会学著作的汉译占有相当重要的地位（郑杭生、王万俊，2000：117 - 118）。可以说，西方社会学著作的汉译是中国社会学发展的基础，两者是互相成就的。

日本侵华战争在某种程度上打断了这种迅猛的发展趋势，社会的动荡一度造成社会学汉译著作出版数量急剧下降。但在战争最艰难的相持阶段，1940 年社会部的成立成了中国社会学发展的契机。该机构成立后，由隶属国民党中央党部改为隶属国民政府行政院，将当时"中国社会学界部分学者与政府的合作关系推向高潮"（陆远，2019：125）。像孙本文这样的社会学者，不仅能够在学术上有所作为，甚至可能实现兼济天下的入世抱负。比如孙本文长期在中央大学社会学系担任要职，并担任国立编译馆社会学名词审查委员会主任。从 1932 年成立国立编译馆起，各门学科译名审定、统一的工作陆续展开，每一门学科的名词审定工作都由该学科专家组成团队合作完成。就社会学而言，名词审查委员会由孙本文担任主任委员，还包括吴文藻、吴景超、吴泽霖、陶孟和、陈达、许德珩、费孝通、潘光旦、黄文山等 24 位成员，几乎囊括了当时最优秀的社会学者。1945 年《社会学名词》一书由正中书局出版发行，可以说是社会学汉译近 50 年来对译名翻译的一次总结。虽然这仅是一本正文 28 页的小册子，但是早在 1937 年便已开始筹备工作，由该馆编译董兆孚和全增祜两人搜集材料、从事编订，又特邀孙本文主持、高达观编审，数年后才完稿。之后该书送交委员会各委员处审查,并于 1941 年在重庆中央图书馆由教育部主持召开了审查会议,逐字校勘和讨论,最后才补充整理成定稿,共计 1 818 条目。这些词条最后交由教育部审定,1941 年明令公布,直至 1945 年出版成书。该书代表着社会学译名问题在国家层面最权威的总结和认可。

许多术语从进入中文语境到慢慢固定形成比较稳定的译法之前,都经历过一个演变的过程。以美国社会学家爱德华·罗斯(Edward Ross)提出的"social control"这一术语为例,吴泽霖在其著作《社会约制》(1930)中第一次系统地介绍了罗斯的这一概念。他在序言中提到,这一术语以前一向译为"社会制裁"或"社会控制",但他在翻译的过程中替换为"社会约制",因为他认为之前的译法有一种以上临下的意思,但是社会是交互作用的产物,广义的 social control 不只是片面的,还应该是互相的。在《社会学名词汉译商榷》中,孙本文(1930:132)给出的推荐译法为"社会约制",在括号中备注了两个其他常用译法"(社会)控制、制裁",说明他对吴泽霖的译法比较推崇。在《社会学大纲》中,余天休(1931)将西方社会学的这一概念又翻译为"社会的求治"或"群治"。虽然后来朱亦松曾专门撰文探讨该术语的译法,认为将其译为"社会导驭"更合适(朱亦松,1948:12-14),但经由教育部审定的《社会学名词汉译表》将这一术语确定为"社会控制;社会约制"并得到了普遍认可。目前来看,"社会控制"已经成了当代中国学术界最主流的用法。《社会学名词》在社会学汉译史上的里程碑作用可见一斑——其确定的许多译名一直沿用至今,建构了如今中国社会学的话语体系。

但是社会学学科的发展契机整体上并未对社会学汉译起正面的刺激作用,这一时期仅有的几部有分量的社会学译作几乎是昙花一现,其他的大部分作品在学术性和经典性上都远低于二三十年代的水准。究其原因,40 年代的社会学,一方面出现了与社会部紧密互动的发展契机,另一方面也显现了"边缘化"的颓势。如果说中国社会学在 20 年代和 30 年代初被视为一门"显学",是研究所有社会现象的总论,30 年代后期却降为与政治学、经济学、心理学、法学等学科并列的学问,失去了原有的中心地位。无论是在中国还是西方都出现了这样一种现象,即社会学学科化程度持续提高,一些重要的研究内容被分化出去,其地位和影响却随之下降。从社会学的汉译活动中也可以看出这种趋势。社会学刚刚译入中国之时,一批学者从综合性视野出发,以中国社会作为考察对象探求整体上的解决方案。他们后来也许并未被视为社会学家,但是他们的思想、译著所产生的影响远超出学界，在整个中国社会引起了巨大反响。然而随着社会学家的产生，他们的社会学专业水平显然是不断提高了，但是他们的视角却囿于某些理论流派或者社会生活的某些方面、某些区域，因而脱离了某些更具普遍性的社会问题，忽视了在思想理论上对社会这个整体的关注和思考。因此 1949 年前社会学汉译活动后期，译作的专业化（主要指理论著作）、局部化特征更为显著，但对现实的影响力和解释力开始衰弱。既然一门关注社会的学科的社会影响力逐渐下降，其相关译作数量的减少也就不足为奇了。

最后值得一提的是，西方社会学传播至中国的同时，在中国生根发芽获得新发展的社会学也传播到西方，比如费孝通曾经将自己的论文《禄村农田》和学生张子毅的《易村手工业》《玉村农业和商业》编译成英语，集结成书（*Earthbound China*，1945，University of Chicago Press），将社会学家史国衡的《昆厂劳工》与许烺光合作编译为 *China Enters the Machine Age*（1944，Harvard University Press）。两书经由美国权威出版社出版后均产生了比较大的反响，成为"中国学术走向英语世界的里程碑"（顾钧，2015）。陈达用英文撰写的社会学著作 *Population in Modern China*（1946，University of Chicago Press）和 *Emigrant Communities in South China*（1939，Oxford University Press）是探讨粤闽籍东南亚华侨与中国本地社会之联系的开山之作，在中外学术界都产生了一定影响。还有许多中国社会学学者当时的英文著作至今仍行销海外市场，如杨懋春用英文所著的 *A Chinese Village: Taitou, Shantung Province*（1945，Columbia University Press）[1]等。这些在西方学界产生过影响的中国社会学成果加深了西方对中国社会学的理解，促进了理论在世界范围的沟通交流。其中，翻译作为理论在不同环境中达成沟通的媒介，作出了不可估量的贡献。

第三节　1949 年后的社会学著作汉译

1949 年之前，我国已经初步建立了较为完备的社会学学科体系，高等院校

---

[1] 该书可能更偏向于人类学，类似的还有许烺光（Hsu, Francis L.K. *Magic and Science in Western Yunnan: A Study of the Introduction of Modern Medicine in a Rustic Community* [M]. New York: The Pacific Relations, 1943）和林耀华（Lin, Yueh-hwa. *The Golden Wing: A Sociological Study of Chinese Familism* [M]. New York: Oxford University Press, 1948）的著作。

拥有独立的社会学专业和课程设置,也积累了一定的经典西方社会学译著。中华人民共和国成立之初,我国高等院校由于受到苏联高等学校制度的影响而进行了学科调整,各校社会学系被撤销,社会学学者遭到批判,命运维艰。不可避免地,社会学著作的汉译也几乎停滞。然而在被取消的 20 余年中,中国社会学并非完全中断,因为其很多研究领域继续在其他学科延伸,比如在社会学和人类学基础上形成的民族学。事实上,中国社会科学院民族研究所以及中央、地方民族院校中的教学和科研人员都是原来从事社会学研究的。

1978 年召开的十一届三中全会重新确立了党实事求是的思想路线,就此拉开了中国社会科学事业重建的序幕。1979 年,全国哲学社会科学规划会议筹备处主持的"社会学座谈会"正式为社会学恢复了名誉,中国社会学终于开始了重建的进程。从此之后,社会学著作的汉译和出版日渐活跃,尤其在 21 世纪,不仅达到又一高峰,也步入了对外译介的新阶段。

一、1949 年后社会学著作汉译简况

根据社会学汉译作品的出版情况以及社会学学科发展轨迹,1949 年之后的西方社会学著作汉译可以大致分为三个阶段:1949 年后近 30 年的抑制期、80 年代后 30 年的重建期、2010—2020 年的开拓期。

自从社会学系在各所高等院校被撤销,社会学学术科研活动基本陷于停滞。虽然商务印书馆曾编制了《翻译和出版外国哲学社会科学重要著作十年(1963—1973)规划(草案)》(高崧,1992:448‑451),其中包括社会学门类,但是其后不久就停顿了,西学输入仅断断续续、有限制地进行,因此 1949 年后 30 年的抑制期,社会学著作的译介凤毛麟角,比如张师竹复译了罗素的名著《社会改造原理》(1959)①,费孝通翻译了美国行为科学管理代表人物乔治·埃尔顿·梅欧(George Elton Mayo)的《工业文明的社会问题》(1964)。此外,这一时期的译介也充分体现了当时苏联学界以及政治气候对中国社会学界的影响。1950—1978 年间只产出了 12 部译作,其中 4 部译自苏联,其他来自美、英等国的论著多在标题中注明"资产阶级社会学",称其为资料选辑或对其内容加以批评。正如这一时期的文学翻译,集体署名和化名比较普遍(马士奎,2003),一些社会学著作也是以"翻译组"或"研究所"署名出版的,比如《资产阶级社会学资

---

① 该作曾经在 1920 年由王岫庐和余家菊分别翻译出版。

料选辑》的第 1 辑就是由上海社会科学院国际问题研究所译制出版的，共涉及 10 位译者和 3 位审校者，并在前言中称该书"系内部读物"。后来第 2 辑至 5 辑在版权页和封面上依然标注"哲学研究编辑部编"，扉页上标记为一位译者独译，并以化名署名。

20 世纪 80 年代的重建期，随着各个高等学校社会学教育相继恢复，社会学著作的汉译也逐渐增长。起初的几年仍然受苏联学界影响较大，这一时期目前所知的最早的译作是《社会学与现时代》第一卷（1979 年，中国人民大学出版社），并于次年出版第二卷，原作均来自苏联科学院社会学研究所编著的书目。经过几年的沉淀，社会学译作开始更加多元化，数量也急剧上升，译介国家不仅有苏联、美国、英国、日本等具有深厚社会学传统的国家，还选取了澳大利亚、荷兰、瑞士、奥地利、瑞典、保加利亚等国学者的作品。

除了数量的增长之外，这一时期国外社会学著作的译介选择还经历了由浅入深、由间接到直接、由"回溯性"到"同步性"（张琢，1998：472）的过程。首先，很多西方社会学理论是通过苏联、日本等国学者的转手介绍而被译入中国的，让中国学者能够尽快对社会学过去几十年来的发展有一个全景式的了解，比如上海译文出版社出版了苏联的科恩主编的《十九世纪至二十世纪初资产阶级社会学史》（1982），北京大学出版社出版了日本学者福武直的《世界各国社会学概况》（1982）。其后，在社会学史上占有重要地位的理论流派及其代表性学者被更为系统地介绍过来，包括这些学者的代表作全译本的引进与复译。比如法国著名社会学家埃米尔·涂尔干，早在 1949 年前他的著作已有多个译本，在 1949 年之后又陆续有复译本推出，尤其是他的四大代表性著作，多位译者都对其进行了译介（见表 1-3）。多家出版社展开了对社会学名家原著以及这些名家的专门研究性著作的整理、编选和翻译工作，比如德国社会学家马克斯·韦伯的作品集 12 卷（2004—2007 年间出版）以及他的传记和相关研究。标志着国外社会学译介活动达到新高度的是，译介作品越来越贴近西方学术研究的热点，由之前的回溯性的经典引介，发展为渐趋同步的前沿展示。比如 90 年代的社会理论明星英国社会学家安东尼·吉登斯（Anthony Giddens）的著作、后现代主义理论与社会研究等议题，都有不少译介。此外，社会学不同的学科分支领域，譬如历史社会学、环境社会学、消费社会学等，也不断被译入中国，丰富了中国学者的理论视野。

表 1-3 涂尔干四部代表作之译介情况(孙中兴,2018)①

原作名	De la division du travail social	Les Règles de la méthode sociologique	Le Suicide	Les Formes élémentaires de la vie religieuse : le système totémique en Australie
原作出版时间	1893	1895	1897	1912
现通用中文名	《社会分工论》	《社会学方法的规则》	《自杀论》	《宗教生活的基本形式》
第一个译本的译者	王力	许德珩	钟旭辉、马磊、林庆新	渠东、汲喆
第一个译本出版时间	1935【法文】	1924【法文】	1988	1999
第二个译本的译者	渠东	胡伟	冯韵文	林宗锦、彭守义
第二个译本出版时间	2000	1988	1996	1999【法文】
第三个译本的译者	石磊	狄玉明	谢佩芸、舒云	
第三个译本出版时间	2016	1995【法文】	2016	

＊注有【法文】的译本为从法语原作直接译为中文,其他均从英文译本译为中文。

　　学科的发展往往和学界高质量期刊的建设相互促进,互相成就。在国外社会学理论译介方面作出最突出贡献的学术刊物是《国外社会学》。该刊物 1983 年创刊时名为《国外社会学参考资料》,1986 年更名为《国外社会学》,自 2005 年起以书代刊,每年出版《社会理论》一辑,直至 2009 年停刊共出版 5 期。该刊物以传播、交流、讨论国外社会理论为主,不仅译介了欧美的前沿研究力作,也收录过来自韩国、德国、法国等各国学者的译文。早在 20 世纪 90 年代初,这本期刊就翻译引介了社会网络理论、布尔迪厄的社会学理论等当下仍然较为流行的理论。这本期刊的一些论文后来又被筛选编辑在《二十世纪西方社会理论文选》四卷本中出版。另外一部期刊《国际社会科学杂志》也在西方社会学理论译介中起到一定作用。该杂志于 1949 年由联合国教科文组织创办,是一部综合

---

① 此表格未包括在中国台湾出版的版本。

性社会科学期刊（季刊），使用英语、法语、德语、俄语、中文、西班牙语6种语言在世界范围内发行，其中文版创刊于1983年，并由中国社会科学杂志社负责翻译、编辑、出版。该杂志最突出的特色是每期围绕一个话题展开，这些话题通常具有现实性、针对性和普遍性，而该期刊载的译文也会与这个话题相关。比如1993年第3期以"历史社会学"为主题，刊登了美国社会学者的论文《理性选择理论和历史社会学》、法国社会学者的论文《比较分析与历史社会学》等一系列相关文章。同样译介了国外当代社科领域一大批新理论和新思潮的期刊还有《现代外国哲学社会科学文摘》。该刊物创刊于1958年，虽然曾于"文化大革命"期间停刊十余年，仍然是中国社科领域历史最长的期刊之一①。它不仅追踪国外社会科学发展动态，尤其是最新的研究动态和焦点问题，更鼓励展示原创成果，以激发中西学术的交流与争鸣。以上提到的几部期刊所刊载的译文，特点一是时效性很强，或是当时学界的前沿理论，或与当时中国社会和学界关注的问题十分契合，因此影响力较大；特点二是通常由社会学学者从事翻译，他们对该专业领域理解更透彻，从而在国外理论的中文表达方面通常更为精当，这是其他译者难以企及的。

新时期社会学汉译工作的另一个标志性成就是系列译丛的出版。中华人民共和国成立前商务印书馆就出版过"汉译世界名著丛书""万有文库""大学丛书"等包含社会学汉译著作的丛书。在20世纪80年代起的重建期，商务印书馆重新推出了"汉译世界学术名著丛书"共20辑877种，其中社会学经典汉译著作数十部，既有民国时期译本的重印，也有新时期新译者的复译或者首译。此外，商务印书馆还出版了专门的"社会学名著译丛"等。其他出版社同样纷纷出版了相关丛书，如北京大学出版社的"社会学译丛"、中国人民大学出版社的"社会学译丛·经典教材系列"、译林出版社的"人文与社会译丛"、浙江人民出版社的"现代社会学比较研究丛书"等。这些丛书不断扩充，将各国学者的经典著作引进国内，是中国社会学界对国外理论译介的系统化尝试。

国外社会学著作的译介不仅拓宽了中国社会学者的视野，也促使他们重新审视中国社会学，并且再度明确了社会学"中国化"的议题。一些学者开始意识到，如果只是一味引进国外的社会学作品，从某种程度上来说，可能对中国社会

---

① 2000年该刊更名为《国外社会科学文摘》；2019年3月，与《国外社会科学前沿》合并为现在的《国外社会科学前沿》。

学本身的发展是一种桎梏。2010 年之后的开拓期,社会学著作译介仍然持续高速发展,翻译的作品数以千计,但对于中国社会学来说更为重要的是,国家社会科学基金于 2010 年起设立了中华学术外译项目,推动中国哲学社会科学走向世界。这一项目资助了一批社会学优秀研究成果以外文形式在国外权威出版机构出版,有效增进了世界对当代中国和中国社会学的了解,已成为推动中国社会学走出去的一个重要平台。截至 2020 年,该项目共资助了 82 项中国社会学著作的外译(表 1-4),占到所有立项的 8%(吕秋莎,2021:27),涉及英文、法文、德文、日文、俄文、阿拉伯文、西班牙文、波斯文等多个语种。中国社会学经历了从世界汲取养分到反哺世界的转变,两个过程均通过翻译得以实现。

表 1-4　中华学术外译项目社会学立项统计表①

年份	2010	2011	2012	2013	2014	2015	2016	2017	2018	2019	2020	总计
立项数量	1	4	6	5	6	4	14	13	7	11	11	82

二、1949 年后社会学著作汉译特点

20 世纪 70 年代末,社会学学科恢复和重建后,社会学译介事业也迈入了新时代,与 1949 年前国外社会学著作的汉译相比,既有很多相同之处,也具有以下特点:

第一,对知名学者、经典学派的著作引进更加系统全面,并且重视与之相关的最新研究成果。比如早在 1987 年和 1988 年,四川人民出版社和三联书店就翻译出版了马克斯·韦伯的同名传记,后来广西师范大学出版社于 2004 年至 2007 年出版了中国台湾历史学者康乐与其妻简惠美合译的马克斯·韦伯的作品集 12 卷,其他出版社也陆续翻译出版了其他与韦伯相关的读物,比如《马克斯·韦伯与经济社会学思想》(2007,商务印书馆)、《社会学的理论逻辑:理论综合的古典尝试:马克斯·韦伯》(2012,商务印书馆)、《马克斯·韦伯的〈经济与社会〉评论指针》(2014,三联书店)、《资本主义与现代社会理论对马克思、涂尔干和韦伯著作的分析》(2018,上海译文出版社)、《解析马克斯·韦伯新教伦理与资本主义精神》(2019,上海外语教育出版社)、《韦伯的比较历史社会学今探》(2020,上海人民出版社)等。这种全方位的译介为国内研究韦伯的学者提供了

① 数据来自国家社科基金项目数据库,网址为 http://fz.people.com.cn/skygb/sk/index.php/index/。

丰富翔实的参考材料。

第二，对于翻译底本的选择更加考究，并且相比之前的编译、节译，全译是更加普遍的现象。比如吉登斯的名著《社会学》是很多高校社会学专业学生的教材，该书首个中文全译本由北京大学出版社于 2003 年出版（赵旭东等译），当时采用的翻译底本是原书的第 4 版。由于原作者不断修订、完善原作，后续又由北京大学出版社邀请不同译者翻译出版了第 5 版（李康译，2009）、第 7 版（赵旭东译，2015）和第 8 版（李康译，2018）。又如，韦伯的成名作《新教伦理与资本主义精神》原本已有 1987 年三联书店推出的第一个中文全译本（于晓、陈维纲等译）和 2005 年广西师范大学出版社的另一全译本（康乐、简惠美译），但是社会科学文献出版社组织翻译并于 2010 年再次出版该作。其原因是之前的译本底本来自塔尔科特·帕森斯（Talcott Parsons）早年的英文译本（1930），而最新汉译本是根据美国当代社会学家斯蒂芬·卡尔伯格（Stephen Kalberg）2002 年新版英文译本并参照德文原文翻译的（苏国勋，2010）。此外，虽然也有很多民国年间出版过的经典译作在这一时期不断重印，但也有一部分译作由于各种原因，如译文质量不理想或者不再适应时代要求等，被新的译者重新翻译出版。比如 1930 年曾经由上海民智书局出版的涂尔干著、崔载阳译的《教育道德论》，在 2001 年又由上海人民出版社推出了陈光金、沈杰、朱谐汉翻译的版本。这些都体现了新时期国外社会学著作译介精益求精、与时俱进的态度。

第三，不少该领域学者承担了译介国外社会学著作的工作，翻译与研究相辅相成。这些译者往往有社会学研究背景，因此在译介过程中更能够从专业知识角度考虑术语的表达、精确和一致性问题。具有这样特点的译者不胜枚举，比如翻译过多部涂尔干作品的渠敬东①和汲喆，前者为北京大学社会学系教授，后者任教于法国国立东方语言文明学院，两人的研究主题也涉及涂尔干学派。当然，由于语言背景的差异，渠敬东主要是从涂尔干作品的英译本转译为中文，而汲喆多为从法语直接翻译。另有译作颇丰的李康，先后毕业于复旦大学和北京大学，现为北京大学社会学系教授，译有布尔迪厄的《反思社会学导引》(1998)、吉登斯的《社会的构成》(1998)和《社会学》(2009)、涂尔干的《教育思想的演进》(2002)等。陈一筠原本毕业于北京大学俄罗斯语言文学系，后考入中国社会科学院开始从事社会学研究，并在费孝通领导的社会学研究所担任

---

① 前期，渠敬东教授的译著均署名为"渠东"。

《国外社会学》的主编,其间翻译和主编了《发展社会学》《苏联社会学》《城市化与城市社会学》《婚姻家庭与现代社会》等 10 多本著作。这些专业学者的译本往往历久弥新,不断重印,为广大学子和研究者所用。

第四,汉译作品主题紧跟社会问题和热点,突显社会学的现实关怀。社会学可以分为理论社会学与应用社会学,社会学汉译也对两方面都有所观照,这一点是贯穿社会学汉译史始终的特点之一。改革开放以来,中国在经济与社会的高速发展过程中呈现新的形势,因此译者也将目光放在了具有现实性、针对性和普遍性的话题上,并通过翻译将社会学的各个分支引入中国,这些话题涵盖了城市、教育、全球化、家庭、妇女、青年、农民等方方面面。20 世纪二三十年代中国早期社会学的繁荣时期,曾产生过许多有关家庭研究的译著,比如上一节提到的易家钺翻译的《家庭问题》。新时期的译者也延续并发扬了这一关注点,并且通过译著引进了家庭社会学理论,相关作品有《婚姻家庭与现代社会:苏联家庭社会学概览》(1986,光明日报出版社)、《婚姻与家庭模式的选择》(1990,四川大学出版社)、《情爱关系中的选择:婚姻家庭社会学入门》(2009,北京大学出版社)、《当代家庭社会学》(2012,天津人民出版社)、《看不见的女人:家庭事务社会学》(2020,南京大学出版社)等。这些作品的引进一方面促进了公众对这些社会问题的思考,另一方面也推动了相关领域的研究。中国学者在借鉴、消化西方学术成果的同时,密切结合中国实际,推动着社会学的中国化进程。

第四节　社会学译介与中国社会学学科构建

中国翻译史上出现过三次高潮,第一次始于东汉,佛经翻译对中国文化的影响深远持久;第二次高潮出现在明朝末年,基督教传教士将大量西方的科学著述译介到中国,涉及欧洲的科学技术、自然(主要是天文学和数学)、人文(修辞学和哲学)等方面,促进了国人现代化的觉醒;第三次高潮紧随鸦片战争而至,中国知识分子成为翻译的主体,试图通过引进西方的学说、文化和制度达到救亡图存的政治理想。社会学正是在这一背景下传入中国的。19 世纪末 20 世纪初,近代中国面临前所未有的社会、政治巨变,有识之士通过翻译,将西方社会学作为一剂改造社会、挽救危亡的良方介绍给国人。实际上不只是社会学,中国近代的学科的发展大致上都经历了两个阶段:首先是通过翻译引进和吸收西方的学科体系,在中国形成该学科的雏形;接着则是该学科的精英意识到西方理论对中国社会实际解释能力不足,进而追求利用舶来的理论结合中国现实,形成具有本土特色的知识体系与方法论。这两个环节相辅相成,促成了近代中国学术的"中国化"。

从清末到 1920 年前后的这一时期,中国社会学从翻译中诞生,依托翻译发展。从学科名的确定到术语的通行,这一阶段是社会学这一学科在中国扎根的起始。早在 1891 年,康有为就在广州长兴里的万木草堂讲学,梁启超将群学列入了学堂章程;1906 年,清政府建立的高等学府京师法政学堂首次将社会学纳入一年级政治研究课和学堂章程中①,章太炎、严复等人也通过译著的方式将社会学引入了中国。但是当时的译者普遍缺乏学科意识。他们汉译社会学著作的目的,并非真正建立完整的学科体系,而更像是其政治理念的延伸。

社会学真正走入学校教育,最早的有据可查的记录是 1905 年上海圣约翰大学开设的社会学课,由美国孟嘉德教士任教,采用白芝浩的《物理与政治》作为课本。此后,美国教会扶植了一批开设社会学课程的高等院校,并设立了社会学系,教师也都是美国人。因此 20 世纪 20 年代至 30 年代间,美国社会学对中国社会学产生了显著影响,且教材往往直接沿用美国教科书。但是由于当时学生普遍英文水平不高,这种英文教科书反而不利于学生学习。直到 20 年代末,社会学课程和社会学系的工作才逐渐转由中国学者主持。由于庚子赔款的资助,中国政府先后组织了两批中国留学生赴美学习,他们学成归国后很多人成了社会学界的骨干。再加上五四运动后留学潮的推波助澜,也有很多有志青年留法留苏,将这些国家的社会学传统"搬运"到中国,使得输入中国的社会学变得更加多元,比如留美生带来的实证社会学和文化社会学,留法留苏生引进的马克思主义社会学等。为了向更多的人推广他们所推崇的学派,也为了迎合时代发展的潮流,20 世纪 20 年代出现了社会学著作翻译的热潮,涉及社会学的各个分支流派。这些译介活动奠定了中国社会学学科发展的基础。

如果说之前的社会学以移植西方为主,30 年代则见证了中国化社会学的诞生。首先社会学教学发展蓬勃,教师队伍绝大多数都是中国人,并且在一众中国社会学家的努力下组织了区域性社会学专业协会"东南社会学会",1930

---

① 仅见于章程中记载的要求,至于课程是否开设、授课内容、所用教材等则无法确定。

年在此基础上成立了全国性的协会"中国社会学社",定期出版刊物《社会学刊》,不时刊载对西方社会学的介绍和评论。由于社会学学科建设步入正轨,西方社会学著作的翻译也丰富起来,当时流行的各个学派均有译作出版。然而正因为学科发展取得了长足的进步,学者们开始思考中国社会学的前途,意识到仅对西方社会学理论进行简单移植是行不通的,必须同中国实际结合起来才能解决中国的问题,于是提出了"社会学中国化"的主张。该主张的其中一项工作就是更加有选择性地、系统性地译介西方社会学理论。在这种背景下,再加上出版界黄金期的推波助澜,30 年代的社会学汉译,无论是从翻译作品的数量和质量、原本的权威性,还是从译者的专业水平等方面衡量,都达到 1949 年前的顶峰。30 年代末,以孙本文为首的数位社会学家受国立编译馆之邀,全面厘订了《社会学术语中译表》,并于 1945 年由教育部颁布,基本奠定了现代社会学术语的雏形。更重要的是,很多学成归来的学者在引进西方社会学理念的同时,不断发扬创新,逐渐开创了具有鲜明特色的社会学中国学派。

　　新中国成立后,社会学学科发展一度陷入停滞,中国社会学也进入了近 30 年的蛰伏期。直到 1978 年后,全国上下展开关于检验真理标准问题的大讨论,开启了中国社会学的恢复与重建进程。1979 年,全国哲学社会科学规划会议筹备处主持召开了"社会学座谈会",会上为社会学恢复了名誉,并成立了中国社会学研究会,这标志着社会学恢复与重建工作的开始。自此之后,中国社会学重获生机,社会学著作的翻译工作也迅速恢复。一方面通过各类学术期刊译介国外理论学派,另一方面更为全面、系统、及时地引进国外社会学理论学派及相关著作,为推动我国社会学学科恢复重建与发展做出了贡献。近十几年来,随着中国社会学学科的不断发展、成熟,学者们开始反思对西方社会理论与方法的过度依赖,积极推动社会学中国化的探索。2010 年,中华学术外译项目进一步搭建了反映中国社会学学术前沿、传播当代中国价值观念的平台。

结　语

　　现代社会学是一门起源于西方的人文学科,中国社会学的发轫直接得益于翻译。从 1895 年严复第一次译介社会学思想,1902 年第一部社会学译著出版,到如今每年数以百计的社会学译作进入读者视野,中国社会学及社会学著作的汉译历经曲折，又不断发展。一方面，西方社会学的各个理论流派通过翻译进入中国，促进了中国社会学的学科建设；另一方面，中国社会学界不仅吸收借鉴西方理论，也不断强化批判意识，积极思考如何将中国国情与之相结合，推动形成具有中国特色的社会学学派。在社会学汉译的百年历史中，诞生了很多影响学科建设、改变社会发展进程的译作，涌现了一批胸怀理想的译者和学者，值得翻译史研究者继续深入挖掘。同时，在新时期，如何将中国社会学的先进理论、概念、方法译介到世界，进一步促进中外学术交流与对话，增强中国学术的国际影响力和国际话语权，也将成为学界的新课题。

— 参考文献 —

[1] 蔡毓骢. 中国社会学发展史上的四个时期[J]. 社会学刊，1931(3)：1 - 33.

[2] 陈建明. 抗日战争时期广学会在西南地区的活动[J]. 西南民族大学学报（人文社会科学版），2012,33(6)：212 - 218.

[3] 陈树德. 中国社会学的历史反思[J]. 社会学研究，1989(4)：1 - 11.

[4] 陈长蘅. 三民主义与人口政策[M]. 上海：商务印书馆，1930.

[5] 邓希泉.《群学肄言》的发表和出版时间及英文原著辨析[J]. 社会，2003(4)：23 - 25 + 45.

[6] 杜成宪，崔运武，王伦信. 中国教育史学九十年[M]. 上海：华东师范大学出版社，1998.

[7] 范祥涛. 科学翻译影响下的文化变迁[M]. 上海：上海译文出版社，2006：64.

[8] 高平叔. 蔡元培全集·第六卷(1931—1935)[M]. 北京：中华书局，1988：42 - 43.

[9] 高崧.《汉译世界学术名著丛书》书外缀语[G]//高崧等编选. 商务印书馆. 北京：商务印书馆，1992：447 - 453.

[10] 顾钧. 二战中费孝通的美国之行[N]. 中华读书报. 2015 - 06 - 24(17).

[11] 顾燮光. 译书经眼录[G]//熊月之主编. 晚清新学书目提要. 上海：上海书店出版社，2014：219 - 376.

[12] 韩承桦. 审重咨学：严复翻译《群学肄言》之研究[M]. 台北：五南图书出版股份有限公司，2013.

[13] 韩明汉. 中国社会学史[M]. 天津：天津人民出版社，1987.

[14] 韩明谟. 中国社会学一百年[J]. 社会科学战线，1996(1)：1 - 10.

[15] 黄克武，韩承桦. 晚清社会学的翻译及其影响：以严复与章炳麟的译作为例[G]//沙培德，张嘉哲主编. 近代中国新知识的建构. 台北："中央"研究院，2013：111 - 177.

[16] 贾鸿雁. 民国时期丛书出版述略[J]. 图书馆理论与实践，2002(6)：63 - 66.

[17] 鲲西. 记潘光旦师[G]//潘乃穆等编. 中和位育——潘光旦百年诞辰纪念集. 北京：中国人民大学出版社，1999：411 - 416.

[18] 黎难秋. 中国科学翻译史料[M]. 合肥：中国科学技术大学出版社，1996.

[19] 李培林. 社会学与中国社会[M]. 北京:社会科学文献出版社,2008.

[20] 李喜所,刘集林,等. 近代中国的留美教育[M]. 天津:天津古籍出版社,2000.

[21] 林乐知. 全地五大洲女俗通考·第1集[M]. 上海:广学会,1903.

[22] 刘少杰. 中国社会学的发端与扩展[M]. 北京:中国人民大学出版社,2007.

[23] 卢明玉. 林乐知《全地五大洲女俗通考》对妇女解放思想的引介[J]. 甘肃社会科学,2009(6):99-102.

[24] 陆远. 传承与断裂:剧变中的中国社会学与社会学家[M]. 北京:商务印书馆,2019.

[25] 罗国芬. 中国社会学课程开设先驱者史实考略[J]. 上海理工大学学报(社会科学版),2017,39(1):64-68.

[26] 吕秋莎. 中华学术外译项目助力中国学术著作走出去——基于中华学术外译项目2010—2020年的统计分析[J]. 出版参考,2021(11):26-32.

[27] 马士奎. 文革期间的外国文学翻译[J]. 中国翻译,2003(3):67-71.

[28] 欧阳哲生. 中国现代学术经典·严复卷[M]. 石家庄:河北教育出版社,1996.

[29] 瞿世英. 序[G]//[美]鲍格度,瞿世英,译. 社会学概论. 上海:商务印书馆,1929:1-2.

[30] 宋莉华. 美以美会传教士亮乐月的小说创作与翻译[J]. 上海师范大学学报(哲学社会科学版),2012,41(3):94-101.

[31] 苏国勋.《新教伦理与资本主义精神》中文新译本译者感言[N]. 中华读书报. 2010-08-18(9).

[32] 孙本文. 当代中国社会学[M]. 北京:商务印书馆,2011[1948].

[33] 孙本文. 社会学名词汉译商榷[J]. 社会研究,1930,1(3):128-139.

[34] 孙本文. 中国社会学之过去现在及将来[G]//中国社会学社编. 世界人口问题. 上海:世界书局,1932:1-20.

[35] 孙中兴. 百年来涂尔干四大名著的中文翻译:知识社会学的探讨[J]. 社会理论学报,2018,21(1):1-44.

[36] 王汎森. 傅斯年早期的"造社会"论——从两份未刊残稿谈起[J]. 中国文化,1996(2):203-212.

[37] 王建国. 马克思主义在中国传播的独特路径——蔡和森《社会进化史》文本构成解析[J]. 马克思主义研究,2014(4):33-39.

[38] 王树槐. 清季的广学会[G]//林治平主编. 近代中国与基督教论文集. 台北:宇宙光出版社,1981:231-272.

[39] 王宪明. 严复群学及军事政治思想研究[M]. 北京:清华大学出版社,2018.

[40] 王余光,吴永贵. 中国出版通史·民国卷[M]. 北京:中国书籍出版社,2008.

[41] 吴文藻. 我的自传[G]//吴文藻,冰心. 有了爱就有了一切. 南京:江苏文艺出版社,1998:3-24.

[42] 吴雪玲. 广学会与晚清西学传播[J]. 东岳论丛,2009,30(8):106-110.

[43] 吴永贵. 中国出版史·下(近代卷)[M]. 长沙:湖南大学出版社,2008.

[44] 吴泽霖. 社会约制[M]. 上海:世界书局,1930.

[45] 萧新煌. 三十年来台湾的社会学:历史与结构的探讨[G]//赖泽涵主编. 三十年来我国人文及社会科学之回顾与展望. 台北:东大图书股份有限公司,1987:327-390.

[46] 许刘英. 近代中国教育社会学"本土化"的兴起、进展与实践——基于学术史的考察
[J]. 南京师大学报（社会科学版），2019(1)：55 - 63.

[47] 许妙发. 论孙本文在旧中国社会学界的作用和影响[J]. 社会，1984(1)：43 - 46.

[48] 阎明. 一门学科和与一个时代：社会学在中国[M]. 北京：清华大学出版社，2004.

[49] 阎书钦. 民国学界对美国社会学理论的选择与融合：对民国时期社会学中国化一个侧
面的考察[J]. 近代史学刊，2013(00)：107 - 126.

[50] 杨雅彬. 中国社会学史[M]. 济南：山东人民出版社，1987.

[51] 杨雅彬. 近代中国社会学（上）[M]. 北京：中国社会科学出版社，2001.

[52] 姚纯安. 社会学在近代中国的进程（1895—1919）[M]. 北京：生活·读书·新知三联书
店，2006.

[53] 佚名. 新书出版广告[N]. 新民丛报. 1902(10)：10.

[54] 易君左. 社会改造与新思潮[G]//辽宁大学哲学系中国哲学史研究室编. 中国现代哲学
史资料汇编·第 1 集第 1 册. 沈阳：辽宁大学哲学系，1981：46 - 49.

[55] 张煜明. 中国出版史[M]. 武汉：武汉出版社，1994.

[56] 张中良. 五四时期的翻译文学[M]. 台北：秀威咨询科技股份有限公司，2005.

[57] 张琢. 当代中国社会学[M]. 北京：中国社会科学出版社，1998.

[58] 郑杭生，李迎生. 中国社会学史新编[M]. 北京：高等教育出版社，2000.

[59] 郑杭生，王万俊. 二十世纪中国的社会学本土化[M]. 北京：党建读物出版社，2000.

[60] 朱亦松. 一个社会学上基本概念之检讨[J]. 社会学刊，1948，6：12 - 14.

[61] 邹振环. 20 世纪上海翻译出版与文化变迁[M]. 南宁：广西教育出版社，2000.

[62] FREEDMAN M. Sociology in and of China [J]. The British Journal of Sociology,
1962, 13(2)：106 - 116.

[63] KING A Y, WANG T. The development and death of Chinese academic sociology: A
chapter in the sociology of sociology [J]. Modern Asian Studies, 1978, 12(1)：37 - 58.

[64] WONG S. Sociology and Socialism in Contemporary China [M]. London, Boston &
Henley: Routledge and Kegan Paul, 1979.

第二章

翻译与中国民族学

民族学①(Ethnology)是"以民族为研究对象的学科,它把民族这一族体作为整体进行全面考察,研究民族的起源、发展以及消亡的过程,研究各族体的生产力和生产关系、经济基础和上层建筑"(林耀华,1986:321)。19世纪中叶,民族学作为一门独立学科诞生于西方,西方民族学先后形成许多不同的流派,如进化论派、历史学派、法国社会学派、功能学派等。萌芽于马克思和恩格斯时代的马克思主义民族学也是世界民族学的重要组成部分(虎有泽、贾东海,2017:257)。

随着西学东渐的浪潮,20世纪初民族学传入中国,在中国旧译为"民种学""人种学""人种志学""民族志学"等,1909年始译为"民族学",1926年由蔡元培提倡后逐渐形成一门独立学科。在我国这样一个统一的多民族国家,民族现象的复杂性、民族问题的重要性,以及民族研究的时代性,为民族学研究提供了丰沃的土壤,"民族学人适应时代呼唤,响应国家需要,在调查研究、人才培养、学科建设、政策咨询、学术交流等领域辛勤耕耘,产出了很多有影响的重大成果,为发展我国哲学社会科学事业做出了很大贡献"(王延中,2017:5)。民族学已发展成为最具中国特色的哲学社会科学专业领域之一②(王延中,2021:152),也

---

① 民族学和人类学(Anthropology)关系错综复杂,其区别和联系一直困扰学界,莫衷一是。本章遵循民族学学科史主流观点,在研究中将"文化人类学""社会人类学"及"社会文化人类学"视为民族学同义词。

② 据我国教育部公布的《普通高等学校本科专业目录(2020年版)》,"民族学"为类属于"法学"大类下的一级学科,专业代码为 030401。参见中华人民共和国教育部政府门户网站(moe.gov.cn)。

是习近平总书记 2016 年 5 月 17 日在哲学社会科学工作座谈会讲话①中提出要大力发展的重要学科之一。

　　作为从西方舶来的近代新兴学科，从引进到借鉴，由效仿到本土化，中国民族学自诞生之初就与翻译有着千丝万缕的联系，其发展路径在较大程度上有赖于翻译。本章致力于探讨 20 世纪初至今百余年来②，翻译在中国民族学创立及发展中的作为和贡献。中国民族学百余年发展历程，道路坎坷，几度兴衰，与之关联的翻译活动也随着历史语境变化和学科发展而升腾跌宕。本章拟分为 1903—1949 年、1950—1977 年和 1978 年以来三个历史阶段，分阶段考察翻译与中国民族学的关联与互动。

第一节　翻译与中国民族学的创立及早期发展（1903—1949）

　　自 1903 年首部民族学汉译著作问世，至 1949 年中华人民共和国成立，这一阶段的翻译活动在民族学传入中国的百余年历史中都是浓墨重彩的一笔。这期间见证了中国民族学思想的启蒙、学科的创立和初步本土化发展。

　　据统计，1903—1949 年间翻译出版的民族学汉译著作单行本共计 120 部③，通过整理 120 部汉译著作（单行本）初版的出版年份，可发现此时期民族学译著出版态势大致呈现为三个阶段（图 2 - 1）。第一阶段为 1903 年至 20 年代后期的持平低潮期。在首部民族学译著问世之后的 20 余年间，每年出版的民族学译著维持在较低的数量。对进化论思想的介绍是这一阶段译著的一大主题，这与进化论思潮当时在中国广受推崇有关。第二阶段是 20 年代末到 30

---

① 习近平总书记在讲话中明确提出亟待发展的 11 个哲学社会科学学科：哲学、历史学、经济学、政治学、法学、社会学、民族学、新闻学、人口学、宗教学、心理学。（习近平，2016）。
② 本章研究所涉时间范围始于 1903 年，其标志是首部民族学汉译著作《民种学》的出版发行，止于 2022 年；所涉地理范围仅限于中国内地（大陆）出版的民族学汉译著作，因中国香港、澳门及台湾地区翻译活动的社会环境与中国内地（大陆）在较长时期内有明显区别，因此本研究暂未将港澳台地区的民族学翻译活动列入考察范围。
③ 本节主要统计数据源自王晶、马士奎的文章《20 世纪上半期民族学著作汉译脉络考辨》。

年代中后期的高峰期。到了民族学作为独立学科在中国诞生的 1928 年[1]，译著出版数量明显上升，这一上升势头持续至 1937 年，并于 1930 年出现单年出版 12 部译著的峰值。第三阶段为 1938—1949 年的下行波动期。受抗日战争和后续战事的影响，1937 年后民族学译著出版数量急剧萎缩，并呈现轻微波动。基于译著出版数量曲线特征，结合政治历史分期，并参考学科史分期，本节将 1903—1949 年间的民族学著作汉译活动分为肇始期（1903—1927）、繁盛期（1928—1937）和衰退期（1938—1949）三个阶段。

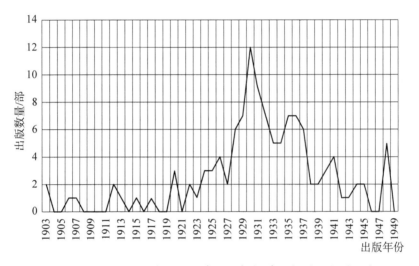

图 2-1　1903—1949 年间民族学汉译著作（单行本）出版数量曲线

　　120 部民族学译著译自英、日、俄、法、德 5 种语言，英、日、美三国是最主要的原作来源国。其中，英、美是真正的最大原作来源国，译自日本的情况相对复杂，因为很多日本作者也是在吸收、借鉴西方民族学的精髓后著书立说，只能说日本在西方民族学输入中国的过程中扮演过重要角色。译著主题集中于民族学理论、普通民族学、民族学史、原始社会文化演进史、民族文化功能研究、民族史及民族志几大板块。翻译主体完全由中国译者构成，摆脱了此前中国在西学引进中对外来翻译助力的依赖。除从事民族学研究的专业学者外，广大的文人、从事其他社会科学学科研究的学者、政治活动家、社会活动家、教育家、翻译家都加入了民族学著作汉译的译者队伍，其中也包含一些中国共产党党员。

---

[1] 中国民族学史主流观点认为中国民族学诞生于 1928 年，以专门研究机构的建立和民族学田野调查的开展为标志（王建民，1997:118-122）。

一、肇始期：翻译与学科概念传播（1903—1927）

19 世纪末 20 世纪初，中国社会经历了多次前所未有的震荡。西方的坚船利炮不仅轰开了清朝国门，唤醒了沉睡的国人，也带来了文化的传播。西方的学术、思想、科学技术知识一并涌入中国，对中国传统文化和社会思想产生了巨大影响。甲午战争之后，西方列强在中国掀起的瓜分狂潮使得中国知识分子感受到了深刻的民族危机，"强国保种"的民族情绪在晚清帝国陈腐的肌体之上滋生起来。严复《天演论》一书的出版恰逢其时，一时间"物竞天择、适者生存""保种、保群、自强进化之公理"席卷整个中国，成为新的时代精神。在进化论广为传播之后，中国的知识分子将更多的目光转移到人种问题上，将进化论与人种分类理论相结合成为中国 19 世纪末 20 世纪初非常流行的方法。进化论认为生物发展的动力在于"物竞"和"天择"，而人类社会也和自然界一样遵从"物竞天择、适者生存"的丛林法则。纵观人类的发展史，就是不同种族、群体之间为了存种而不断争斗、优胜劣汰的过程。这样一套论述体系充分解释了西方列强在非洲、美洲的殖民行为，并且激发起国人的危机感和竞争保种意识。面对中国积贫积弱、列强紧逼的局面，强国保种成为最紧迫的民族任务。在这样的历史语境下，最初一批包含着进化论思想、人种优劣等级、人种起源等学科知识的民族学著作译入中国。

第一部作为民族学专著译介进入中国的是德国民族学家迈克尔·哈伯兰（Michael Haberlandt）的作品 *Volkerkunde*①（王建民，1997：73 - 74）。林纾与魏易据其英译本译出，书名译为《民种学》（图 2 - 2），1903 年由北京大学堂官书局出版，用作京师大学堂人种学课程的教本或主要参考书。《民种学》分为上、下两卷。上卷从民族学基本概念讲起，叙述了民族学的历史、民族发展的内外因素、民族的生活习俗、生产技术、社会制度的变化和形成以及文化的起源与发展等。下卷根据当时最新的民族志对所划分的世界七大类人种进行了简略的介绍，主要探讨人类的种族差异。《民种学》是西方民族学引进中国的开端，对于中国民族学具有开创性意义，翻译家林纾也由此成为中国系统译介西方民族学理论第一人。

20 世纪初期，中国民族学还处于思想的准备和萌芽阶段，学者们尚未专注

---

① 德文中的 Volkerkunde 即为"民族学"。

图2-2 《民种学》(1903)封面和封底

于民族学研究和实践。在外来侵略的威胁之下,人们更关心国家前途、种族命运、社会改革等问题,民族学知识更多是启蒙的材料和斗争的武器。蕴含着进化论思想、种族概念、原始社会及家族演变史的通识类民族学著作成为译介的主流(表2-1、表2-2),由此带来了学科概念,如"民族""种族""进化""野蛮""文明"等的广泛传播。

表2-1 1903—1927年间出版的关于进化论思想及"民族""种族"概念译著

译作名	译者	出版年份	出版机构	原作者	原作名	原作国别
《人种志》	林楷青	1903	闽学会	鸟居龙藏	日文题不详	日本
《天演浅说》	俞松笠	1920	商务印书馆	约瑟夫·麦凯伯 (Joseph McCabe)	*The ABC of Evolution*	英国
《进化与人生》	刘文典	1920	商务印书馆	丘浅次郎	日文题不详	日本
《进化:从星云到人类》	郑太朴	1922	商务印书馆	约瑟夫·麦凯伯	*Evolution: From Nebula to Man*	英国
《暹罗》	陈清泉	1923	商务印书馆	山口武	日文题不详	日本

续 表

译作名	译者	出版年份	出版机构	原作者	原作名	原作国别
《人类之过去现在及未来》	上官垚登	1924	商务印书馆	丘浅次郎	日文题不详	日本
《人的研究》	周太玄	1924	中华书局	佛利野德	*Personalite Biologique de l' Homme*	法国

表 2-2　1903—1927 年间出版的关于"野蛮""文明"概念译著

译作名	译者	出版年份	出版机构	原作者	原作名	原作国别
《荒古原人史》	吴敬恒	1912	文明书局	约瑟夫·麦凯伯	*Prehistoric Man*	英国
《人类的故事》	沈性仁（女）	1925	商务印书馆	亨德里克·房龙（Hendrik Vanloon）	*The Story of Mankind*	美国
《蛮性的遗留》	李小峰	1925	北新书局	约翰·霍华德·摩耳（John Howard Moore）	*Savage Survivals*	美国
《世界性的风俗谈》	胡仲持	1926	光华书局	哈惠洛克·蔼利思（Havelock Ellis）	*Studies in the Psychology of Sex*	美国
《宗教的出生与长成》	江绍原	1926	商务印书馆	G. F. 摩耳（G. F. Moore）	*The Origin and Growth of Religion*	美国
《原人》	伍况甫	1927	商务印书馆	J. A. 汤姆逊（J. A. Thomson）	*What Is Man*	英国

19 世纪末 20 世纪初，一些来华西人将他们到中国调研的民族和文化方面的情况通过游记、方志、调查报告等多种形式记录下来，编撰成书并在国外出版，其中一些比较有价值或在当时有一定影响力的著作汉译之后又在中国出版（表 2-3）。其时，国人译介来华西人早期的民族学著作多是自省、自强之举。外国人士尚且不辞辛劳、不畏艰险考察中国并有专著出版，国人却在这些方面缺乏论著，此般难堪令人汗颜，因而愤而译之，以补资料缺憾并学习模仿。

表 2-3　1903—1927 年间出版的来华西人民族学著作汉译作品

译作名	译者	出版年份	出版机构	原作者	原作名	原作国别
《满洲调查记》	富士英	1906	不详	冈田雄一郎	日文题不详	日本
《西藏》	四川西藏调查会	1907	四川西藏调查会(成都)	太田保一郎	日文题不详	日本
《蒙古史》(二卷)	欧阳瑞骅	1912	上海江南图书馆	河野元三	日文题不详	日本
《蒙古及蒙古人》	中华民国北洋法政学会	1913	北洋法政学会	婆兹德奈夜夫	俄文题不详	俄国
《丁格尔步行中国游记》	陈曾谷	1915	商务印书馆	埃德温·丁格尔(Edwin John Dingle)	*Across China on Foot: Life in the Interior and the Reform Movement*	英国
《东北亚搜访记》	汤尔和	1926	商务印书馆	鸟居龙藏	*Travels in Northeast Asia*(日文题不详)	日本

　　民族学著作汉译肇始时期,学术性专著的引进较为零星,这一时期理论方法类的民族学译作共有 4 部(表 2-4),其中既有汉译之后用作教材的通论类专著《民种学》和《人类与文化进步史》,又有民族学研究方法类作品。这些译著成为民族学之后能够在中国发展成为独立学科的基础。

表 2-4　1903—1927 年间出版的理论与方法类民族学译著

译作名	译者	出版年份	出版机构	原作者	原作名	原作国别
《民种学》	林纾、魏易	1903	北京大学堂官书局	哈伯兰	*Volkerkunde*(据 J. H. Loewe 英译本 *Ethnology* 译出)	德国
《社会进化史》	陶孟和、沈怡、梁纶才	1924	商务印书馆	米勒利尔	*Phasen der Kultur*(据雷克女士英译本 *The History of Social Development* 译出)	德国

译作名	译者	出版年份	出版机构	原作者	原作名	原作国别
《社会学方法论》	许德珩	1925	商务印书馆	杜尔干	*Les règles de la méthode sociologique*	法国
《人类与文化进步史》	宫廷璋	1926	商务印书馆	爱德华·伯内特·泰勒（Edward Burnett Tylor）	*Anthropology: An Introduction to the Study of Man and Civilization*	英国

纵观这一阶段的译作，虽然数量不多，但在特殊历史语境下仍呈现出比较显著的特点，大致可归结如下：

第一，翻译目的在于输入新思想或借鉴其思想意义，学科意识薄弱。整体而言，肇始期民族学著作汉译活动始终围绕救国启蒙的主题，呈现以启蒙开智为主的通俗性特点。翻译的著作以科普性、功用性为主体，翻译尤为明显地承担着救亡启蒙的历史思考，打上了经世致用的底色。多数学者的学术关注与中国彼时的民族问题和社会危机密切相关，集中于中国社会发展和东西方文化选择，以及民族学研究的人种、族性、原始社会与文化、家庭制度发展史等问题。包括民族学在内的社会科学翻译作为一种国民国家建设手段，体现出较强的政治参与性。民族学知识成为政治斗争的附属和理论准备。

这一阶段，系统的民族学研究专著所占比例甚少，译者多选择较为简略和概括性的原著，或根据此类原著翻译改写，学术目标不突出，翻译活动的学术性略显不足。换言之，这一阶段译作的学术性较弱，而出于"开民智"的通俗性凸显。

第二，受到晚清时期不讲求忠实翻译风气的影响，以意译或译述为主要翻译方式，翻译中的增删改写、编译较多。甚至基于探寻某一社会问题解决之道的目的，由译者汇集多部原作，根据大意编译而成。这种目的性极强、"为我所用"的翻译，对原作的改写往往更甚。

第三，这一阶段，中国学者对这门学科接触时间较短，认识尚浅，译名多有不统一，仅学科名称就有"民种学""人种学""民族学"等不同译法。"这与其他殖民地和第三世界国家类似，同一个学科，虽然都是来自西方，却有多国的不同界定方法甚至名称"（杨圣敏，2009：16）。这种情况的出现不能完全归因于翻译。在当时的西方，特别是英、美和欧洲大陆各国之间，对民族学的内涵和分类还没有完全统一的规范，各有自己的界定、分类法和命名（美国称之为"文化人类学"，英国称之为"社会人类学"，德国和法国分别称之为"民族学"和"民俗学"）。中国学者或是因为留学于某一国家①，或是因为只通晓某一种外文，往往各自采纳某一种解释。并且，多数译者并非学科专业人士，翻译也往往不够翔实和准确，有的译文出现片面甚至错误的解释。

这一时期的翻译对学科创立起到了举足轻重的作用。通过翻译，中国学人将民族学学科概念和相关知识不断引介进来，为该学科在中国诞生奠定了全面的基础。

通识类民族学著作的汉译以普通的中国知识分子为目标读者，使得西方民族学研究成果获得初步但广泛的传播，对于活跃中国当时的学术思想起了积极作用，带来学科概念的传播，也为中国民族学建立做了思想上的启蒙。这些译著为国人理解自我与外部提供了新的可能，人们开始以新的视角来重新审视自我所在的世界，逐渐接受了一些新的知识，对进化论有了较为普遍的了解。尤其是进化论与民族学人种学说在中国的译介和传播，为清末民初的知识分子们提供的不仅是专业知识的丰富、词汇上的更新，更是带来了中国知识分子历史观和世界观的改变，为他们提供了一种理解自身、理解世界的参照体系，并为他们寻求救国保种提供了理论依据。同时，通过翻译的传播，中国知识分子们也初步知道了进化、民族、种族、文明、野蛮、母系、父权、图腾、私有制等现代民族学概念。中国知识阶层基于引进的新知识，将其与中国传统文化中关于人类发展的解释和中国丰富的古代民族文献资料结合起来，尝试解释中国历史和文化，认清现实问题并寻求社会改良的途径和方向。

来华西人早期民族学研究中对中国各民族与文化的记录，对西方了解中国起到了重要作用。这些著作的汉译对中国民族学的早期萌芽主要有两个方面的影响。一是为很多初涉民族学的中国学者提供了一种研究范式。他们研究中国民族问题就是由研读和模仿这些著作开始的，部分学者还学习、吸纳了外国学者的理论和研究方法，甚至将这些理论与方法推而广之，用以分析中国的民族问题。二是激发了一些民族主义意识较强的中国学者的自强精神。外国人士克服各种困难对中国各民族的状况进行实地考察并出版了不少著作，而生活在文明古国的国人对自己的国家、同胞却缺乏深刻的认识，写不出有影响的

---

① 留学制度是催生国外民族学著作汉译传统的重要因素之一，一些早期旅居欧美的中国学者成为译介国外民族学著作的先驱和中坚力量。

论著,这种令人耻辱的不合理状态让阅读到这些译作的有为青年如坐针毡,他们力求通过实际行动加以改变。因而,可以说,来华西人早期民族学著作的汉译对中国民族学的萌发产生过积极且切实的影响。

这一阶段几本有关民族学研究方法和理论认识著作的汉译本成为民族学之后能够在中国发展为独立学科的起步基础。尤其是用作中学教科书和京师大学堂"人种"学科主要参考书的两部译作,为国内学科人才的培养和学科概念的传播发挥了直接且重要的作用,对于学科人才的准备作用难以小觑。较为专业的学科方法论著作也被引入,数量虽少,但每一部都备受重视,其引进的科学的学科研究方法论为学科的起步和发展提供了推动力量。

综上,在清末民初救亡图存的宏大叙事下,肇始期的民族学译著带来了学科概念传播和民族学观点介绍,总体上对社会起到了启蒙开智的作用。它们不仅提供了社会变革的指导理论、道德准则、科学知识和文化手段,而且使得中国知识分子在对人类社会与文化的认识上有了新的飞跃。这一阶段的翻译主要承担了知识传播功能,学科概念得以广泛传播,为新学科创立和发展奠定了思想基础,创造了条件,是中国民族学建立的前期基础之一。

二、繁盛期:翻译与学科制度迁移(1928—1937)

上一阶段的翻译活动带来了民族学学科概念的传播和理论的初步介绍,为中国民族学的建立提供了重要的前期基础。1928 年,中央研究院社会科学研究所民族学组等几个民族学专业研究机构的建立以及民族学最早的田野调查的启动,标志着中国民族学作为独立学科诞生(王建民,1997:122)。学科的创立,表明中国民族学已从早期的进化论、人种学的思想启蒙转化为一个具有学科体制的知识体系。这一知识体系首先就需要继续从西方的民族学著述中寻求理论支撑,翻译因而成为学科建构的最主要途径之一。在这一阶段,对民族学各学派的理论和方法进行较多的介绍,全面了解和熟悉各学派的理论和方法,是学科发展初期的内在要求。

此外,北伐战争胜利之后,国民政府定都南京,虽然没有完全消除军阀混战的局面,但相较之前割据纷争的混战状况略有改善。相对平稳的社会环境为这一阶段民族学著作的汉译出版提供了条件。

20 世纪 20 年代末至 30 年代,中国民族学家和许多学者、翻译家对大量西方民族学原著进行了译介,译著数量较之上一阶段出现激增,作品数量众多,内容丰富。该时期,西方民族学各主流学派著作、马克思主义民族理论原著、民族文化研究著作,以及西方学者所著的中国民族志作品都得以译介。

对于新诞生的学科而言,对西方民族学理论和方法进行较多的介绍是学科建立之后的基础工作。这一阶段,对于西方民族学各主流学派的理论观点均有介绍,进化论派、美国历史学派和英国功能学派的著作,包括日本民族学家的著作都陆续得以汉译出版。这一阶段出版的西方民族学各学派汉译著作共有 25部,较之前一阶段仅有 4 部民族学理论方法类汉译著作的状况明显提升。其中进化论派译作 18 部,美国历史学派译作 4 部,英国功能学派译作 3 部。可见学科创立后,迁移学科制度成为主要需求,对西方民族学各学派理论与方法的译介成为翻译主流。可以说,学科创立前,民族学著作翻译活动以传播知识为主要目标,在学科创立后,明显转向以迁移学科完整理论体系为主要任务。

其中,进化论派著作翻译仍独占鳌头,一是缘于《天演论》后进化论思潮在中国的延续影响力,二是因为进化论派在西方出现得最早,尽管进入 20 世纪20 年代已经式微,但长时期积累的影响力仍然持续,这一学派学者及他们留下的著作数量也远超其他相对年轻的学派,因而进入中国的作品数量也相应最多。

美国民族学家路易斯·亨利·摩尔根(Lewis Henry Morgan)的《古代社会》(*Ancient Society; or, Researches in the Lines of Human Progress from Savagery to Civilization*,1877)是进化论派最有影响力的著作之一。这部科学著作最早从民族学角度研究人类原始社会发展史,标志着"民族学成为一门独立的社会科学"(杨堃,2018:68),得到了中外学界的高度评价。马克思研读此书后大为赞赏,写下了十分详细的摘录和批语,即《摩尔根〈古代社会〉一书摘要》①。恩格斯在此摘要基础上完成了马克思主义民族理论经典著作《家庭、私有制和国家的起源——就路易斯·亨利·摩尔根的研究成果而作》(1884)(以下简称《起源》)。作为恩格斯《起源》的基础和主要参考书,《古代社会》因此被视为"马克思主义民族学的主要来源"(杨堃,1978:33)。

《古代社会》被译为多种语言,第一个中文全译本是杨东莼、张栗原合译的版本,分为上、下两册,1929 年和 1930 年由上海昆仑书店出版(图 2 - 3),1935年校改后上海商务印书馆将其列入"汉译世界名著"出版,收入"万有文库",

---

① 该摘要以英语和德语写成,1927 年首次发表的版本收录于俄文版《马克思恩格斯全集》。

1950年分3册再版。20世纪50年代，受"全面学习苏联"影响，翻译引进的民族学著作基本是"苏维埃学派"及少量其他社会主义国家的论著，英美和西方其他国家学者的论著遭受批判和拒斥，唯一的例外恐怕就是这部《古代社会》。1957年，冯汉骥以纽约通行英文本为底本，参照杨东莼、张栗原译本校译后的新译本由北京三联书店出版。1971年，商务印书馆将冯汉骥译本重印再版；1975年，北京中华书局再版，译者署名为"杨东莼、张栗原、冯汉骥"。1977年，《古代社会》原作出版100周年之际，商务印书馆出版了译者署名为"杨东莼、马雍、马巨"的新汉译本，此译本以1964年怀特编印本为底本，参照1877年伦敦英文原版本重新翻译出版。此后涌现出多个汉译版本，成为影响最大的进化论派民族学汉译著作之一。

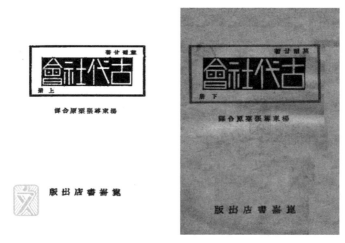

图2-3 《古代社会》第一个中文全译本（上、下册）封面书影

伴随1927年之后马克思主义传播的大潮，马克思主义民族理论原著和一些介绍马克思主义社会理论的著作也译入中国（表2-5）。恩格斯民族理论经典名著《起源》出现了杨贤江（署名李膺扬）翻译的第一个中文全译本，书名译为《家族私有财产及国家之起源》，1929年由上海新生命书局出版后大受欢迎，至1937年共重印了7版。恩格斯在此书中运用辩证唯物主义与历史唯物主义的观点，对家庭、私有制、国家等重要社会因素和社会发展进程进行科学考察，其研究指向人类发展的史前阶段，在一定程度上填补了马克思主义理论关于该发展阶段研究的空白，因此被誉为"马克思主义民族学第一名著"（杨堃，2018：116）。这一名著的中文全译本在大革命失败后的中国出版，为处在历史转折关

头的人们探索中国社会的过去、现在和将来提供了正确的思想理论指导。它第一次系统地将马克思主义民族理论引入中国民族学界，深刻地影响了中国民族学的发展方向。

表 2-5 1928—1937 年间出版的马克思主义民族理论汉译著作

译作名	译者	出版年份	出版机构	原作者	原作名	原作国别
《马克斯的民族社会及国家概念》	朱应祺、朱应会	1928	泰东图书局	库诺夫	*Die Marxsche Geschichts, Gesellschaft und Statstheorie*	德国
《马克思主义的人种由来说》	陆一远	1928	春潮书局	恩格斯	*The Part Played by Labor in the Transition from Ape to Man*	德国
《家族、私有财产及国家之起源》	李膺扬（杨贤江）	1929	新生命书店	恩格斯	*Der Ursprung der Famili, des Privateigentums und des Staats*（据 Ernest Untermann 英译本译出）	德国
《社会形式发展史》	陆一远	1929	江南书店	不详	不详	不详
《马克斯家族发展过程》	朱应祺、朱应会	1930	泰东图书局	库诺夫	*Die Marxsche Geschichts, Gesellschaft und Statstheorie*	德国
《从猿到人》	成嵩	1930	泰东图书局	恩格斯	*The Part Played by Labor in the Transition from Ape to Man*	德国
《家族进化论》	许楚生	1930	大东书局	沙尔·费勒克	*Histoire de la Famille*	法国
《社会进化与生物进化》	钟复光（女）	1933	神州国光社	安东尼·潘涅库克①（Antonie Pannekoek）	英文题不详	英国
《经济通史》卷一	吴觉先（武剑西）	1936	商务印书馆	库诺夫	*Allgemeine Wirtschaftsgeschichte*	德国

---

① 1933 年钟复光所译《社会进化与生物进化》中作者译名为"班纳科克"。

恩格斯民族理论经典长文《劳动在从猿到人转变过程中的作用》也出现了两个汉译本。以亨利希·库诺夫（Heinrich Cunow）著作汉译本为主体的"马克斯研究丛书"在当时影响很大，库诺夫名著《经济通史》也出现了高质量汉译本，成为我国第一部经济民族学译著。

民族社会形态、婚姻家庭与亲属制度、原始宗教文化等问题一直是民族学重要的研究内容，相关主题的著作仍大量汉译出版。整体上，此类翻译仍然延续了上一阶段开启民智的译介动机。翻译选材也仍与这一时期社会问题和社会需求密切关联，诸如人类起源与原始文化、社会制度发展史、家庭制度、妇女问题等主题的著作依然成为译介重点。

中国学人继续翻译了国外学者有关中国民族志/史的作品，以此自察、自省并模仿学习，译著数量较上一阶段有大幅增加。其中，藏学译作多达 6 部（表 2-6），一方面反映出国外学者对西藏地区民族文化的特别关注，同时，此类作品的汉译也体现出国人对于西方帝国觊觎西藏的警觉之心。

表 2-6　1928—1937 年间出版的藏学汉译作品

译作名	译者	出版年份	出版机构	原作者	原作名	原作国别
《西藏人民的生活》	刘光炎	1929	民智书局	查尔斯·柏尔（Charles Bell）	*The People of Tibet*	英国
《西藏游记》	唐开斌	1931	商务印书馆	青木文教	日文题不详	日本
《西藏风俗志》	汪今鸾	1931	商务印书馆	仁青拉姆	*We Tibetans*	英国
《与西藏人同居记》	王绶	1931	商务印书馆	露西·C. 芮哈特（Lusie C. Rijhunt）	*With the Tibetan in the Tent and Temple*	美国
《西藏之社会生活及其风俗》	胡求真	1933	北平西北书局	仁青拉姆	*We Tibetans*	英国
《西藏志》	董之学（董维键）、傅勤家（女）	1936	商务印书馆	查尔斯·柏尔	*The People of Tibet*	英国

作为一门"舶来"学科,中国民族学在建构学科体系和学术规范模式的起步阶段,势必需要全面迁移国外民族学的理论和方法。许多学者,包括一些翻译家和从事其他社会科学研究的专家在这一时期对国外民族学原著进行了大量译介,加之民国时期出版业的繁荣,民族学译著成倍增长,迎来了民族学著作汉译的蓬勃局面。

这一时期的翻译活动活跃,且在其自身发展中又形成了新的面貌和特色。要而言之,有如下几点。

第一,对西方民族学各学派的译介更加完备。尽管这一时期民族学著作汉译活动也难脱民国时期翻译分散、自流的特点,但通过民族学家和社会各界译者的努力,西方民族学主要学派理论都得到了介绍,至此,西方民族学四大主流学派——进化论派、法国社会学派①、历史学派和英国功能学派著作均译介进入中国。西方民族学各学派理论思想能够跨语言迁移进入中国,翻译毋庸置疑是最大的功臣。

第二,学科意识强化,其突出表现是开始重视学术专著和理论性作品的翻译。与前期偏重普通入门书形成鲜明对比,这一阶段的翻译偏重学术性较强的理论专著,在著作选择的权威性、学派的广泛性、知识的系统性等方面都有了明显的进步。翻译质量也明显提高,民族学科翻译人才的数量远超上一阶段,译者如潘光旦、李安宅、林惠祥、费孝通等,多为中国早期著名的民族学家和社会学家。民族学著作汉译活动从最初的启迪民智转向学科建设,走上了一条从政治化到学术化的道路。

第三,具有中国共产党党员身份的译者对马克思主义民族理论著作的翻译成为一大特色。随着共产主义思想在五四运动之后影响扩大,翻译的政治性凸显为具体的阶级性,译者的阶级立场、社会身份以及目的性决定着翻译对象的选择。"中国共产党的许多早期发起人都有翻译背景,他们以翻译为武器发起革命,进而深度介入革命活动"(岳峰,2021:43-44)。一批早期的中国共产党党员,如杨贤江、胡愈之、钟复光、武剑西等人,选择翻译马克思主义民族理论经典著作。虽然此类译著数量不算很多,但多为名篇名著,影响较大,促进了马克思主义民族理论与中国实践的结合,也为我国马克思主义民族学的发展奠定了良好的基础。

---

① 该学派代表人物杜尔干的《社会学方法论》(汉译本)1925年出版,见表2-4。

第四,翻译忠实程度的提升和翻译文体(主要指语言)的通俗化走向。受到五四运动以来翻译风气转变的影响,这一阶段翻译方法也变化较大。五四运动与晚清翻译的差异,既在忠实,也在白话(赵稀方,2018:119)。较之上一阶段,民族学著作翻译严谨、忠实了许多,对原文不再任意删改,意译者仍居多,但也出现了直译。在翻译文体上亦有变化,译文从先前的文言逐步转向浅近的文言,再到白话文体,译文的总趋势是朝着通俗化的走向行进。

然而,由于翻译者众多,学术背景不同,外语水平也参差不齐,尤其是多数译者缺乏足够的民族学专业知识,在一些作品的翻译中,仍然存在着专业概念模糊、术语翻译不当、缺乏必要的术语引注、对民族学资料缺乏理解与消化、理论论述部分晦涩难懂等不足。

对于初生的中国民族学,对西方学科制度进行较多的介绍是学科建立之后的基础工作,也是学科发展初期必然经历的阶段。这些译介活动为进一步明确学科学术研究中的规范和概念、掌握研究方法、丰富研究理论都产生了重要作用。

通过大量译介西方民族学各学派著作,实现了对西方民族学理论体系多学派、全方位的迁移,这也是学科发展初期处于理论选择过程中必然经历的阶段。这项学科创立后的基础工作为“舶来”学科的早期发展作出了很大贡献。西方民族学各学派理论与研究方法成为中国民族学发展的重要基础。

“初生萌芽的中国民族学主要以西方理论为指导……同时也受到马克思主义民族理论的影响”(张继焦、吴玥,2021:37)。马克思主义民族理论著作通过翻译陆续进入中国,多部恩格斯名著汉译及第一部经济民族学汉译著作出版,译介成果不斐,为处于历史转折关头的人们提供了正确的思想理论指导,也深刻影响了中国民族学的发展方向。

通过译介民族文化研究著作,中国民族学在发展初期吸纳了西方民族学重要研究领域的理论思想。这些汉译活动也与这一阶段中国社会问题和社会需求密切关联,服务于吸收外来思想以解决中国社会问题的目标。

与此同时,中国学人仍继续翻译外国学者所著中国民族志/史作品,通过“他者”审视“自我”。观“他者”眼中之“自我”之识及“他者”研究“自我”之法,对于本国民族的定义、建构和研究大有裨益。

综上,在汉译活动繁盛时期,通过翻译基本完成了西方民族学学科制度的介绍和主流学派理论及研究方法的迁移,中国民族学进入发展初期,各项工作逐步展开。1934年12月16日,中国民族学会在南京中央大学中山院举办成立大会,这一全国性专业研究学术团体的成立"标志着中国民族学学科的成熟度,说明民族学在中国已经有了初步的发展"(王建民,1997:187)。

综上,1928年中国民族学创立后,翻译在整体上承担了迁移学科制度的任务。以中国民族学创立为分界,翻译活动从传播学科概念转向迁移西方民族学学科制度,并以此为基础建构中国民族学理论基础和学科体系。大量译介西方民族学各学派著作成为学科建立之后的基础工作,也是学科发展初期处于理论选择过程中必然经历的阶段。这些译介对进一步明确学术研究中的规范和概念、掌握研究方法、丰富研究理论都产生了重要作用。正如民族学家王铭铭(2005:30)指出的,"在这当中,西学的翻译(当然其中很多经过日本的过滤而来),对我们学科建设起着非常重要的作用"。这一阶段,中国民族学与翻译的关联尤其紧密,这也成为当时中国民族学的一个重大特征。

三、衰退期:翻译与学科本土化发展(1938—1949)

1937年抗日战争全面爆发是中国民族学发展史上的重大转折点。一方面,日军入侵使原来集中在东部的民族学教学、研究机构和人员被迫向西部转移,中国大部分民族学教学、研究机构内迁至西南地区。客观上,民族学在中国的分布地域大大延伸了,加之地处少数民族聚集边疆地区的地理便利,广泛而深入的田野工作得以开展,在研究队伍、研究成果的质量和数量等方面都有可喜的进展。从学科发展上,抗日战争时期是20世纪前半期中国民族学发展的一个黄金时期(王建民,1997:215)。经过1937年之后十余年的本土化努力,到20世纪40年代,中国民族学"已经发展为国际民族学界一支初具特色并引人注目的新生力量"(杨圣敏、胡鸿保,2012:42)。但另一方面,长期的战事严重冲击了译介活动及其成果的出版,民族学著作汉译活动迅速凋零,其译介出版呈现颓势。

除战事影响外,还有一些因素影响了民族学翻译活动。首先是新兴学科发展规律的影响。"当本土文化吸收了外来知识,开始在新知识的框架里作出贡献时,翻译的作用就相应减低了"(孔慧怡,2005:141)。中国民族学逐渐由初期的引用和模仿西方理论,转变为在理论指导下积极解决中国实际问题,开始了学科本土化的探索。这一阶段,通过翻译迁移国外民族学知识不再是学科发展重心,随着对西方各学派理论引介高潮的过去,译介潮水暂时回落。第二,受战势所逼西迁的民族学家利用便利的地理位置积极开展广泛的田野调查，而留在沦陷区的研究人员限于现实条件只能从事中国古史所载民族学资料的研究。从事翻译的民族学家减少，译著数量随之下降。此外，20 世纪 40 年代后期，国内政治局势动荡不定，经济形势每况愈下，很多学者为生活问题所困扰，无暇学术，还有一批民族学家随国民党退走台湾，造成大陆部分研究机构工作终止。

这一阶段，在长期的战争影响、学科发展调整以及 20 世纪 40 年代后期不利的外界环境等多重冲击下，民族学著作汉译寥若晨星，不复当年盛况。西方民族学理论与方法类著作的译介出版可谓零星，其中还有部分译作是在上一阶段翻译完成的，因战事延误数年方在此阶段出版。此前一直盛行的进化论派著作在此阶段译介为零，而历史学派成为此阶段译介最多的学派，这与 20 世纪三四十年代西方民族学进化论派式微，历史学派流行的情况一致。

中国功能学派一直与国外学界保持较为紧密的联系，西方功能学派的最新研究成果往往能很快译介进入中国。1940 年，费孝通身处空袭警报声不断的昆明赶译 1938 年出版的功能学派新作——雷蒙德·弗斯（Raymond Firth）的《人文类型》，以填补云南大学社会学系教材的缺乏（孟航，2011：258）。布罗尼斯拉夫·马林诺夫斯基的《文化论》尚未正式发表之时，费孝通即依据作者交予吴文藻的手稿开始翻译，甚至出现了中文版先于英文版发表的特殊现象（费孝通，1995：54）。《文化论》是马林诺夫斯基在民族学一般理论方面的第一部著作，也是他的功能主义理论比较全面和系统的总结。这部译著"首次将'功能学派'基本理论介绍到中国"（马士奎、徐丽莎，2017：58）。以吴文藻为代表的一批中国民族学家正是借鉴了英国功能学派的理论，逐渐形成了具有长期影响力的"中国功能学派"。《文化论》的翻译出版解决了当时国内社会学、民族学教学资料不足的燃眉之急，对民族学教育在中国的开展大有裨益。费孝通本人也从翻译《文化论》中获益。20 世纪 40 年代初，费孝通在潘光旦主持的西南联大研究院兼课，"根据翻译的马林诺夫斯基《文化论》的内容，开了一门'文化论'的课"（孟航，2011：232），可见翻译对他本人的教学也有促进作用。

抗战时期东南地区沦陷，西部地区成为后方，人们普遍感受到外来侵略的威胁和边疆地区的重要，全国对边疆问题更为重视，共有 3 部中国边疆研究著作翻译出版（表 2-7）。此类译著一方面为边疆研究提供范式参考，如"台氏之著此书，有其欧西人之治学态度，事事皆求之于实证，非以空言相尚"（张君劢，1941：5）；另一方面，激励国人自强，希望国人能取法于他人之长。抗日战争结束之后,国内关注焦点从"抗战"转向"建国",边疆问题让位于东部重建工作,边疆研究著作汉译逐渐停滞。

表 2-7 1938—1949 年出版的中国边疆研究汉译著作

译作名	译者	出版年份	出版机构	原作者	原作名	原作国别
《中缅之交》	伍况甫	1939	商务印书馆	美特福夫人(Beatrix Metford)	*Where China Meets Burma, Life and Travel in the Burma-China Border-land*	英国
《云南各夷族及其语言研究》	张君劢	1941	商务印书馆	H. R. 戴维斯(H. R. Davies)	*Yunnan, the Link Between Indian and the Yangtze*	英国
《中国的边疆》	赵敏求	1941	正中书局	欧文·拉铁摩尔(Owen Latimore)	*Inner Asian Frontiers of China*	美国

在翻译活动整体衰退的背景下,马克思主义民族理论著作汉译却保持了之前的翻译势头。"抗日战争时期和解放战争时期,马克思主义翻译更加规模化,对党的各类路线形成的指导意义也更加明显"(卓翔等,2022:47)。这一阶段,共有6部马克思主义民族理论著作汉译本出版(表2-8),前述恩格斯民族理论两部名著都出现了新译本,斯大林民族理论著作《论民族问题》首个汉译本于1939年在中国面世,为中国共产党在西北地区处理民族问题提供了及时的参考。

表 2-8 1938—1949 年出版的马克思主义民族理论汉译著作

译作名	译者	出版年份	出版机构	原作者	原作名	原作国别
《家族私有财产及国家之起源》	不详	1938	明华出版社	恩格斯	*Der Ursprung der Famili, des Privateigentums und des Staats*	德国
《论民族问题》	张仲实	1939	生活书店	斯大林	俄文名不详	苏联

译作名	译者	出版年份	出版机构	原作者	原作名	原作国别
《家族私有财产及国家之起源》	张仲实	1941	重庆学术出版社	恩格斯	*Der Ursprung der Famili, des Privat-eigentums und des Staats*	德国
《从猿到人》	曹葆华 于光远	1948	延安解放社	恩格斯	*The Part Played by Labor in the Transition from Ape to Man*	德国
《从猿到人》	什之	1948	大众出版社	M. 伊林、E. 谢加尔	俄文名不详	苏联
《论民族问题》	不详	1948	东北书店	斯大林	俄文名不详	苏联

这一阶段,此前蓬勃开展的民族学著作汉译活动急速衰退进入颓势,由于译作数量稀少,很难形成明显的影响,但也并非毫无裨益。通过翻译,中国民族学界保持了与国际民族学界的交流,翻译活动本身也在不断适应学科调整的需求。

译介的几部西方民族学专著仍为国内民族学的发展输送养分,延续着与西方学界的交流。在这一阶段,功能学派和历史学派著作首次从数量上超越了进化论派,反映出西方民族学发展态势。

在全面抗战时期边疆研究受到关注的大背景下,中国边疆民族研究译著应运而生。虽然数量不多,但因其原作者或原作影响力较大,几部译作都得到了较多关注。它们一方面为这一时期的边疆研究添砖加瓦,另一方面为此类研究提供了较有价值的国际视角参考。

在译介整体颓势中,马克思主义民族理论著作汉译保持着一定的翻译数量。这一时期出现了几位马列著作专业译者,如张仲实、曹葆华、于光远等,因而也带来了高质量的新译本。苏联领袖斯大林民族理论著作也首次汉译出版。这些译介活动带来的影响至少有两个。

一是 20 世纪 40 年代初期,中国共产党到达陕北后,为团结和动员少数民众投入抗日斗争,组织力量调研后撰写了两部有关回族和蒙古族的专著。从内容上,这两部专著属于民族学著作,其理论依据来源于马克思主义民族理论,不可排除马克思主义民族理论译著带来的影响。

二是进化论及马克思主义民族理论著作的译介对日后中国大陆的民族学工作者接受马克思主义观点,以新的观点和方法研究中国的民族问题均有直接的影响。20 世纪 50 年代初,就有一批中国民族学者写出了运用马克思主义分析民族学问题的文章,如林耀华的著作《从猿到人的研究》(1951)、杨堃的论文《试论恩格斯关于劳动创造人类的学说》(1957)等。这个时期,经过全国院校调整中的思想改造和机构重组,中国民族学"被改造为马克思主义民族学",或称为"马克思主义民族问题学说"(胡鸿保,2006:121),其中不可能不受到之前多部马克思主义民族理论译著的影响。

许多学者在接受西方学术思想影响之后,试图将西方民族学理论应用于中国,就中国的社会实际进行分析,提出较为符合中国现实的见解,开始了民族学中国化的探索。在吸收西方民族学各学派观点和理论的基础上,中国民族学逐渐发展形成多种学术倾向或学派。

吴文藻、李安宅、费孝通、林耀华等人受功能学派影响较大,组成了以吴文藻为代表的"中国功能学派"。中国功能学派学者重视民族学的应用性质,提倡运用民族学观点和方法,研究、解决中国民族与社会的实际问题。研究主题也采取了以实际问题为主的选择,并且主张将民族学和社会学结合起来进行研究。此外,他们与国际民族学界联系较多,一些国外最新研究成果迅速被他们译介进入中国。此派最主要的缺陷是没有能够重视纵向的历史发展变化的研究,即历时研究不足。

以黄文山、孙本文为代表的一些民族学家受美国历史学派的影响较大,他们重视文化研究,甚至提出将文化作为独立的研究对象,力图从理论上建构起一种综合的学问,称之为"文化学"。"中国文化学派"主张以民族学家研究原始社会的方法及其研究结论来分析现代社会文化,探究社会现象。其学术特点是重视学科体系构筑,但理论规划多于实际田野调查工作,理论体系说服力不足。

当时中国民族学界影响最大的是将进化论派和其他学派理论与方法结合起来形成的"中国历史学派",以林惠祥、杨成志等民族学家为代表。他们以进化论为主要理论观点,采用法国民族学派收集资料的方法,且吸纳美国历史学派的研究框架和步骤。与中国功能学派不同的是,他们注重史学研究,大量利用中国古代民族志资料,重视运用民族学各种理论和方法解释中国历史材料,并解决中华民族文化历史难题。中国历史学派在当时阵容较大,但参差不齐,论著水平高低悬殊。

通过翻译迁移国外民族学思想理论,是民族学中国化得以进行的前提条件。所谓的"中国化"或"本土化",首先是在西方民族学学术思想介绍和引进中国的前提下进行的,是把本来非中国化的东西中国化。本土学派的发展和翻译活动并非同步进行,而是先有翻译,再有本土学派和学说。译介西方民族学各学派理论与方法,成为中国各学派理论和观点的奠基石。

综上,中国民族学创立前,翻译带来了学科概念的传播,奠定了学科创立的思想基础。早期译介的有关民族学研究方法和理论认识的著作也成为学科在中国起步的基础。1928年中国民族学创立后,翻译在整体上承担了迁移学科制度的任务。大量译介西方民族学各学派著作成为学科建立之后的基础工作,也是学科发展初期处于理论选择过程中必然经历的阶段。这些译介对进一步明确学术研究中的规范和概念、掌握研究方法、丰富研究理论都产生了重要作用。学科初步建成后,翻译为其本土化探索提供了必要的前提条件。翻译在中国民族学创立和发展初期起到了至关重要的作用,倘若没有翻译这个媒介,民族学或难以在中国立足。对于"舶来"的中国民族学,其学科萌芽、学科体系的初期建构,以及学科本土化发展都立于翻译工作基础之上。

"西方的民族学历来划分为马克思主义民族学和西方传统民族学两大体系"(杨圣敏,2018:11)。整体来说,1949年之前,移植自西方的中国民族学主要向西方传统民族学诸学派学习,通过翻译引进西方民族学理论思想,并依托于西方民族学界的各种理论学派,建立起独立学科并有了初步的本土化发展。同时,多部马克思主义民族理论译著也对中国民族学有所影响,奠定了1949年之后学科转向的基础。

第二节　翻译与中国民族学的转向(1950—1977)

1949年新中国成立后,民族学翻译活动仍然持续,但从翻译选材到翻译方式等方面都与之前存在明显区别。不同于文、史、哲等传统学科,民族学等近代学科诞生于西方国家,对于中国而言是西方社会的舶来品。于是,在社会主义政权下,中国民族学面临着重新定位的严峻考验,民族学著作汉译出版也进入了另一个新阶段。本节聚焦新中国前期(1950—1977),考察这一阶段的民族学著作汉译活动及其与中国民族学的关联。

新中国成立后,通过民族识别和社会历史调查工作,中国民族学经历了学科发展中的一段辉煌时间。作为一个统一的多民族国家,新中国政府民族政策的创立、理论建构,以及民族资料的搜集与整理,都需要民族学工作者的参与。学者们参与民族调查与研究工作受到政府的倚重和社会的重视。从 1950 年开始,民族学家协助政府开展了连续 14 年的全国范围民族识别和 8 年的少数民族社会历史调查,对全国各少数民族的社会性质进行了全面的综合研究并得出了初步结论。这些工作为新中国民族政策的制定和此后的民族研究工作打下了坚实的基础,作出了突出贡献。

然而作为西方舶来学科,学科本身的建设受到限制。1949 年后,中国加入以苏联为首的社会主义阵营,高等教育也不例外。参照苏联的学科分类,民族学作为历史学的一部分得以保留,但当时整个学科基础理论框架都建立于引进的西方民族学理论之上,因此,首先对西方民族学理论进行了彻底的批判,包括对西方民族学体系,以及旧社会受西方教育的教师头脑中的旧思想、旧观念的批判。在彻底批判了旧中国的"资产阶级民族学"之后,20 世纪 50 年代,中国民族学经历了一场大规模的转向,苏联模式的民族学逐渐取代过去以欧美学术传统影响为主的民族学。通过采用苏联模式的学科划分、翻译苏联民族学教材和著作,邀请苏联民族学家到中国讲学等方式,中国民族学彻底转变为苏维埃学派,并与西方民族学界割断了联系和交流,对西方各学派采取排斥的态度。1958 年中苏关系开始恶化后,原来被视为学习榜样的苏联民族学被视为"修正主义民族学"而遭受批判。60 年代初,"民族研究"完全取代了民族学。1966 年后,民族学被宣判为"资产阶级学科",在"民族研究"名义下进行的一些学科的教学和研究活动也完全停止。

这一时期的学科翻译活动明显受到政治因素制约,体现出鲜明的时代特点,并随学科沉浮而跌宕起伏。其中,最具代表性的两波翻译为 20 世纪 50 年代对苏联民族学的集中汉译活动,以及 20 世纪 70 年代我国与西方外交关系缓和后逐渐复苏的翻译活动。

一、20 世纪 50 年代译介苏联民族学与中国民族学"苏维埃化"

1952 年全国院系调整后不久,高等教育部提出"苏联经验中国化"口号,在全国高等院校中，依照苏联模式开展各项工作。当时在民族学界也提出：

> 学习苏联民族学的先进经验，对于发展我国的民族学研究，有着重要的意义……苏联民族学关于族别问题，社会性质问题，少数民族向社会主义过渡问题，社会主义民族形成问题，世界民族志和苏联工人、农民的文化与生活等问题的研究，对于我们都是有参考价值的。（苏克勤，1958：7）

民族学界学习苏联的第一步即是翻译苏联的民族学教材和相关著作。据统计，仅 1949—1955 年间，中国就出版了约 3 000 部苏联书籍，共发行约 2 000 万册（Orleans, 1987：189），其中就包括大量的民族学著作。

期刊杂志是苏联民族学汉译作品发表的主要阵地之一。1954 年，中央民族事务委员会创办《民族问题译丛》①，在推进民族研究工作方面起到了积极作用。期刊以介绍苏联的民族学、民族理论方面的研究成果为主，以"供内部的研究与参考"（中央民族事务委员会参事室，1954：封二）。刊载内容"全系苏联学者、专家的论著，有的选自国内报章期刊，有的是自己译的，出处均见译文末尾"（同上），并选译了一些苏联民族学专业杂志上的文章。译文主题涵盖普通民族学理论，有关民族起源、形成、发展的理论阐述，以及对苏联境内一些民族的研究。重要的译文有托尔斯托夫的《苏联民族学的任务》《苏联民族学发展的总结和前景》、奥·柯斯文的《关于原始历史的分期问题》等。从发表的时间来看，译文总体上能够较为及时地追随苏联民族学发展的前沿，引介苏联民族学者最新发表的论文和研究动态。此外，一些以翻译苏联学者论著为主的杂志，如《史学译丛》《历史译丛》等，也经常发表民族形成、民族起源方面的译文。

除期刊译文外，一些苏联民族学汉译著作单行本也陆续出版（表 2 - 9）。当时中国民族学专业的基本教材大多来自这些苏联民族学汉译著作，如《普通民族学概论》《苏维埃民族学的发展》《为帝国主义服务的英美民族学》《原始文化史纲》《资产阶级民族学批判译文集》《什么是民族学》等，均用作教科书。民族出版社也将《民族问题译丛》中一些重要文章印发为单行本单独出版。此外，中国科学院民族研究所还组织翻译了一些与中国古代北方民族和中国东北、西

---

① 此刊创办时为季刊；1955 年，此刊改由中央民族学院研究部继续编辑，并改为双月刊；1957 年，改为月刊。

北、新疆地区的少数民族有关的论文,汇编为《民族史译文集》,1959 年由科学出版社出版。

表 2-9　20 世纪 50、60 年代出版的苏联民族学汉译著作(单行本)

译作名	译者	出版年份	出版机构	原作者
《论社会主义民族的形成》	严信民	1954	民族出版社	吉姆
《论苏联北方各族人民越过资本主义过渡到社会主义的问题》	蔡国华	1955	民族出版社	雅库波夫斯卡娅等
《苏联社会主义民族的形成与发展》	清河	1955	时代出版社	柯兹洛夫
《原始文化史纲》	张锡彤	1955	生活·读书·新知三联书店	奥·柯斯文
《苏维埃民族学的发展》	历史研究编辑部	1956	科学出版社	托尔斯托夫
《资产阶级民族学批判译文集》	文种	1956	生活·读书·新知三联书店	布琴诺夫等
《为帝国主义服务的英美民族学》	中央民族学院民族问题译丛编译室	1958	民族出版社	托尔斯托夫
《什么是民族学》	不详	1958	民族出版社	姆·格·列文
《苏联民族学研究史》	梅林、罗致平	1958	民族出版社	托卡列夫、托尔斯托夫
《民族史译文集》	中国科学院民族研究所	1959	科学出版社	不详
《普通民族学概论(第 1 册)》	周为铮、金天明、吴玉	1960	科学出版社	托尔斯托夫等
《非洲各族人民》	党凤德等	1960	生活·读书·新知三联书店	奥尔德罗格、波铁辛
《美洲印第安人》	史国纲	1960	生活·读书·新知三联书店	苏联科学院米克鲁霍-马克来民族学研究所

除苏联民族学外，一些其他社会主义国家民族研究和民族问题的相关论著也得到译介，《民族问题译丛》成为这些译文最主要的发表阵地。如介绍罗马尼亚人民共和国解决民族问题的文章《罗马尼亚人民共和国民族问题的解决》等；介绍捷克斯洛伐克有关民族问题理论和民族学发展状况的著作《人民民主的捷克斯洛伐克共和国民族问题的解决》、文章《捷克斯洛伐克的民族问题》《捷克斯洛伐克民族问题的解决》《十年来捷克斯洛伐克的民族学（1945—1955）》等；介绍波兰民族发展的文章《论波兰部族的形成与发展》等；介绍当时民主德国民族与民族学理论的文章《从部落到国家》《从信号鼓到报纸》《德国民族学的若干问题》等；介绍蒙古民族学和民族学家的文章《论落后的国家向社会主义发展的非资本主义道路》《论落后国家跳过资本主义向社会主义发展的道路》等；介绍朝鲜民族形成相关理论的文章《朝鲜民族的形成》等；介绍越南民族学理论的文章《越南民主共和国越北自治区》《越南劳动党的民族工作》《现代越南历史科学中越南古代史的若干问题》等。20世纪五六十年代，中国与上述社会主义国家人员交往较少，通过翻译，中国民族学界得以初步了解这些社会主义国家民族学研究的状况。

总的说来，20世纪50年代对苏联民族学的集中译介是当时翻译"红色经典"①语境下的产物，也是"红色经典"翻译的重要组成部分。这一阶段的翻译活动为中国民族学深深地打上了苏联的烙印，产生了短期效应和长远影响。

短期来看，通过一段时间的集中翻译，中国民族学界开始逐渐了解、学习并运用苏联民族学解决当时国内的实际问题。20世纪上半叶，除马长寿等人翻译和编写过几篇关于苏联民族学的文章外，中国民族学界对苏联民族学较为生疏。50年代，学者们通过大量译介和突击式学习，很快熟悉了苏联民族学并表示崇拜不已："俄国无论是革命前或苏联时期，这一科学（民族学）的理论水平，远为世界其他各国所不及。"（中央民族学院研究部，1955：126）苏联民族学论著的汉译对中国民族学界解决现实问题提供了诸多启发和参考。例如，讨论民族识别的理论文章《民族自觉是确定民族成分的标志》及其他关于民族起源和形成问题的译文对中国当时正在进行的民族识别工作具有理论和实践启发意义。《民族问题译丛》刊出的原始社会文化研究文章，如《"原始社会"绪言》《关于原始历史的分期问题》《论氏族和部落在历史上的关系》，对中国原始社会史研究

---

① "红色经典"指1949年之后国内影响广泛的苏联的翻译作品（廖七一，2017：36）。

有所帮助。在讨论民族博物馆的建立事宜时,中国民族学家认为:"首先,我们应该学习苏联民族博物馆的先进经验和成就。"(杨成志,1956:5)博物馆科学工作研究所筹备处编译的《苏联博物馆学基础》(1957)对于民族博物馆建立的目标和任务,以及具体的物品搜集、整理、鉴定、科学记录、保管、展览、群众工作等一般理论和方法的认识都有很大启发和指导意义。20 世纪 50 年代,中国民族学界能够很快围绕政府的民族工作发挥重要作用并作出贡献,与从苏联民族学译著中学习到的理论和方法不无关联。

大量译介苏联民族学论著对中国民族学的长远影响可归结为三个方面。

首先,对建立中国马克思主义民族学的影响。马克思主义民族理论在中国新民主主义革命之初就与西方各民族学流派一同传入中国,对宣传马克思主义起了一定作用,但当时马克思主义民族学尚未在中国建立。20 世纪 50 年代中国民族学界通过翻译等途径学习了苏联模式之后,真正确立了马克思主义,尤其是辩证唯物主义和历史唯物主义为我国民族研究的指导思想。在民族识别、少数民族社会历史调查等民族工作和研究中,马克思主义民族学理论进一步得以运用和发扬,进而促进了中国马克思主义民族学的建立和发展。美国人类学家顾定国(Gregory E. Guldin)认为苏联对中国民族学所作出的最重要贡献,就是教给了中国一个将马克思主义与民族学结合起来运用的模式(顾定国,2000:158)。苏联民族学的译介成果对中国马克思主义民族学的建立有着润泽和启迪之功。

其次,对中国民族学学科建设的影响。中国民族学在学科建设方面受到了苏联模式的重大影响。美、英学科划分法将人类学分为四个分支,即民族学(文化人类学)、语言学、考古学和体质人类学。而苏联学科体系中,人类学仅指体质人类学,被划分为生物学学科门类,专业领域很小,民族学专业一般设置于历史系。于是参照苏联模式,在中国学科分类中,原有的体质人类学因基础薄弱被撤销,民族学被划归至历史学下的一个分支。这种划分方式给中国民族学留下了长期影响。1978 年后中国民族学起步重建时,"对相关学科领域的界定遵循的基本上还是苏联框架:人类学仅指体质人类学,文化人类学仍然等同民族研究,考古学在研究所和大学里的设置还都在历史学科之下"(杨圣敏、胡鸿保,2012:66)。哪怕国家对外政策发生了改变,苏联模式却基本未受国家外交的影响而保留下来。此外,当时中国民族学专业的基础教材大多译自苏联教科书,苏联民族学对中国民族学学科建设的影响难以小觑。

最后，对中国民族学理论体系的影响。通过集中译介，苏联民族学理论被中国民族学界学习、吸收，在其影响下，中国学者的理论倾向与苏联学者渐渐趋同。受苏联民族学理论的影响，民族学的定位由社会科学转为历史科学，著名学者杨堃当时也把民族学解释为"新兴的历史科学"，说它是"专门研究民族共同体发展规律的科学"（杨堃，1964：6）。在原始社会史研究方面，苏联理论的影响尤为突出。《原始文化史纲》成为中国民族学界"20世纪50—60年代的主要参考书"（杨圣敏、胡鸿保，2012：62），原始社会史研究被视为"阐明历史唯物主义的基本理论的一个基础"（林耀华，1984：32），备受重视。70年代末学科开始重建时，原始社会史研究是民族学中率先涌现丰硕成果的分支领域，与之前多年的研究积累不无关系。

但不可否认，这一时期的译介活动局限于苏联民族学和少数其他社会主义国家民族学，对于中国民族学自身发展带来一定的不利影响。"一边倒"的翻译活动使得中国民族学界完全失去了对社会主义阵营以外学界的了解和联系。历史证明西方民族学是整个学科无法缺少的重要组成部分，将其一概批评为"资产阶级民族学"的简单化做法缺乏学理依据，对学科发展更是不利。

受到政治因素和国家意识形态影响，这一时期的译者主体性明显失落和弱化。在译者署名权方面，从20世纪50年代延伸至70中后期，出现了大量的"集体性译者文本、化名译者文本甚至无译者文本"（马士奎，2007：54-60），民族学著作汉译者也不例外，译者署名权几乎消解。在翻译选材和原作解读方面，译者主体性也基本丧失，译者处于服务并服从于意识形态的从属地位，所译作品高度统一，完全来自以苏联为首的社会主义国家阵营。译者不再通过写序、跋等方式发表翻译历程、翻译策略等方面的心得、感悟，对作品的解读基本由编辑或出版社承担。译作的前言、序、跋等副文本部分高度政治化，作品评价几乎都要与社会主义意识形态相关联，"批评主要关注的是政治思想内容"（廖七一，2017：45），学术批评处于失语状态。

二、20世纪70年代中后期逐渐复苏的翻译活动

1966年之后，民族学教学和研究活动完全停止，与之相关的翻译活动也彻底停滞，直至1972年中美建交打破政治层面的坚冰，中国民族学发展随之出现转机。1972—1973年间，中央民族学院研究部一些学术代表人物被允许接待外国同行并介绍中国民族研究的情况，吴文藻、费孝通还同冰心、邝平章、李文

瑾、陈观胜等人被委派翻译了一批英文资料。与此同时,中国民族学教学、研究工作以及一些规模不大的田野调查工作也在缓慢、逐步地恢复。70 年代中后期,当时的民族学家已经为恢复学科、重建正常的教学秩序、培养后继人才而积极行动。

吴文藻、费孝通等人翻译的资料中,有些是与民族学关联性不强的"应时而译",如理查德·M. 尼克松(Richard M. Nixon)的《六次危机》(1972—1973),卡尔顿·海斯(Carlton Hayes)、帕克·穆恩(Parker Moon)和约翰·韦兰(John Wayland)的《世界史》(1974—1975),赫伯特·韦尔斯(Herbert Wells)的《世界史纲——生物和人类的简明史》(1982)等。其余是与民族学相关的资料,如费孝通、张锡彤、陈观胜、李培茱 4 人合译了美国学者泽夫·卡茨(Z. Katz)编著的民族学研究工具书《苏联主要民族手册》(1982),主要介绍了苏联 17 个主要民族的情况。当时还将一些编译资料,如与中苏边界有关的民族、历史和地理资料,沙俄侵华史,国外民族情况,中国侨民等资料汇编为《民族问题资料摘译》,以中央民族学院研究部的名义内部刊印,1976—1980 年间共发行了 13 期。此外,民族学者们还为国家的外交、边界谈判工作编译了大量有关边疆地区历史、民族等方面的资料。

1966—1976 年,翻译活动中"集体翻译蔚然成风"(马士奎,2007:46)。当时,这种集体译者署名方式也是为官方所赞赏和提倡的。民族学翻译活动中,"中央民族学院研究室"成为这批民族学汉译资料中最为常见的译者署名。由于吴文藻、费孝通、冰心等翻译名家的参与,翻译质量也还可以得到保证。

综上,1949 年之后,中国民族学经过一场脱胎换骨的改变,与西方学界完全切断了联系,并彻底抛弃了此前从西方学来的各学派理论,完全倒向苏维埃民族学派。翻译活动跟随学科一起转向,翻译选材由西方民族学转为苏联民族学。受到强烈的政治因素制约和时代影响,翻译活动整体上较为单一。这一时期对苏联民族学的集中译介对中国民族学的发展产生了深远影响。

第三节 翻译与中国民族学的重建及
繁荣发展(1978 年以来)

1978 年党的十一届三中全会召开,标志着中国历史进入改革开放的新时代。与之同步，中国民族学也迎来了学科的新生与春天。1978 年 5 月第五届全国人民代表大会上，《政府工作报告》重新提出民族学这一学科名称，民族学恢复工作开始列入议事日程。其后几年，"中国民族研究学会""中国民族学研究会"等学术团体和学术机构陆续成立，过去被否定的学术规范被重新认识，旧有成果开始整理，中国民族学开始全面恢复。

20 世纪 80 年代，中国民族学教学、研究机构相继恢复、重建，十余所高校建立了民族学系、学院或研究所等机构，几十所高校开设了民族学课程，相关期刊、杂志专栏也建立起来。切断联系近 30 年后，中国民族学又逐渐恢复了与西方民族学界的交流，国外民族学著作大量翻译出版，国内学者撰写的民族学著作和教材也陆续推出。

20 世纪 90 年代，民族学界积极参与到中国当前各种社会问题的调查研究之中，中国民族学获得了更快的发展，从引介国外理论方法为主发展到初步的创新性研究，研究领域也拓展到了几乎所有民族学界现有的各分支学科中。

进入 21 世纪以来，中国民族学研究受到政府和社会更多的重视和支持。胡锦涛（2004）提出要学习民族学等有关民族问题的知识，不断开拓民族研究工作新局面；习近平（2016）提出"加快构建新时代中国特色民族学"。改革开放以来发展至今，中国民族学与国际学术界的交流更加密切，已经能够与主流的国际学术界进行平等讨论和对话，在学术上初步形成自己较鲜明的特点，民族学中国学派正在形成，中国民族学进入"百年来发展的黄金时期"（杨圣敏、胡鸿保，2012：43）。

恢复译介国外民族学经典著作，同时引进和介绍国外更新的理论方法，是中国民族学重新加入国际学术对话的必要前提，也是学科恢复与重建必不可少的要求。这一时期，相应的翻译活动也形成几波高潮，推动并助力于学科的恢复重建与繁荣发展。

一、翻译与学科恢复及重建：改革开放至 20 世纪末

20 世纪 80 年代，中国民族学逐步恢复了与国外学术界的联系。一些学者呼吁民族学恢复发展的一项重要任务是占有西方民族学的大量资料，提出对西方民族学资料要介绍、要补课（转引自王建民等，1998：422）。费孝通也明确指出："我们的学者需要'补课',我们的学科底子薄弱,在这样一个瞬息即变的世界里,我们所掌握的研究办法能否适应研究对象? 适应了研究对象又能否提出有深度、有历史感的看法?"(费孝通,2000:16)费孝通所说的学科底子薄弱主要指作为舶来学科,中国民族学在学科理论和研究方法上缺乏积累,加之与西方学术界切断联系多年,急切需要以各种方式学习、介绍和跟踪国际民族学界理论的发展。所谓的"补课"就是要集中介绍、翻译和评介国外民族学的经典理论和著作,补上特殊历史时期所落下的功课。经过20余年的努力,至20世纪末,民族学著作汉译活动活跃,大量的国外学术论著译介出版,"补课"取得了一定的成效。这一阶段翻译的作品大致有三类:一是教科书类;二是苏联、日本学者的民族学著作以及西方民族学经典名著;三是早期旅居欧美学者的英文著作。

(一) 教科书翻译

20世纪80年代,通论类和教科书类著作是中国民族学恢复初期译介的重点。辽宁人民出版社出版了两批"人与文化"丛书,共推出9部译著。该丛书多选取美国当代民族学家、人类学家编著的大学教材,如美国人类学家罗杰·M.基辛(Roger M. Keesing)的《文化·社会·个人》(1988,甘华鸣译)通过对文化人类学若干理论问题的系统阐述,探讨了文化、社会和个人的相互关系。菲利普·K.博克(Philip K. Bock)的《多元文化与社会进步》(1988,余兴安等译)是现代西方文化人类学代表作,书中以大量实地调查资料为基础,从种族、文化、社会、语言、行为、观念意识、技术工具等方面全方位考察了人类文化的演进与发展,以及恩伯夫妇(Carol R. Ember & Melvin Ember)的《文化的变异——现代文化人类学通论》(1988,杜杉杉译)、弗雷德·普洛格(Fred Plog)和丹尼尔·G.贝茨(Daniel G. Bates)的《文化演进与人类行为》(1988,吴爱明、邓勇译)等。这些美国大学教材的汉译出版,为中国学者,尤其是民族学、人类学专业的本科生和研究生提供了颇有价值的参考资料,对刚刚恢复的学科人才培养大有裨益。

影响较大的教科书译本还有《当代人类学》(1987,王铭铭等译)、《文化与社会学引论》(1991,王卓君、吕迺基译)、《现代文化人类学》(1988,周星译)等。《当代人类学》系统地介绍了人类学的基本原理、学科体系、基础知识、研究对象等,集诸学派所长,并将概论与原著、田野调查报告有机结合在一起,是美国当时广为采用的人类学教材之一。尽管存在一些争议①，这一知名教科书译本在改革开放初期仍有助于中国读者及时了解西方人类学、民族学理论。

（二）苏联、日本学者民族学著作及西方民族学经典名著的汉译

承接 20 世纪 50 年代翻译苏联学者论著的惯性和余绪，仍有为数不少的苏联民族学论著被汉译出版。如中国社会科学院民族研究所、中央民族学院民族研究所编选的两部《民族学译文集》（1987—1990）共收录了 39 篇译自苏联、美国、法国、日本、荷兰等国学者的民族学研究文章，其中，来自苏联学者的文章共有 21 篇，占据半壁江山。一些苏联民族学汉译著作单行本也陆续出版，如托卡列夫的《外国民族学史》（1983，汤正方译）、谢苗诺夫的《婚姻和家庭的起源》（1983，蔡俊生译）、勃罗姆列伊的《民族与民族学》（1985，李振锡、刘宇端译）、佩尔希茨等的《世界原始社会史》（1987，贺国安、王培英、汪连兴译）、切博克萨罗夫和切博科萨罗波娃合著的《民族·种族·文化》（1989，赵俊智、李天明译）、罗金斯基和列文合著的《人类学》（1993，王培英译）等。这些译著的出版对中国民族学体系的重新建立有着重要影响。

中国民族学重建之初，亟待汲取西方民族学研究成果养分。恰逢 20 世纪 80 年代中期国内兴起"文化热"，出版社纷纷推出相关书籍。民族学者与翻译家们也重整旗鼓，跃跃欲试，翻译出版了一大批民族学著作。其中一些原著选择具有专业眼光，一些图书的翻译质量较好。这一波民族学著作汉译高潮不仅开阔了中国民族学者的眼界，也对民族学知识普及起了积极的推进作用。

浙江人民出版社的"世界文化丛书"和"比较文化丛书"、光明日报出版社的"现代文化丛书"、华夏出版社的"二十世纪文库"，都收录了一批日本、西方民族学译著。山东人民出版社邀请杨堃、林耀华、陈永龄、宋蜀华等著名民族学家组成顾问委员会，组织编译了"文化人类学名著译丛"。这些民族学汉译著作的出版（表 2－10）对民族学知识的普及产生了积极影响。大批西方民族学经典著作通过翻译进入中国，长期以来只在学科史中被提及的许多经典名著直接呈现在中国读者面前。

---

① 谢国先（2018）指出该译本涉及不正当使用及较多误译，并统计了在 630 余页译文中，误译有 600 余处。

表 2 - 10　20 世纪 80、90 年代出版的部分日本、西方民族学汉译著作

出版机构及收入丛书名称	译作名	译者	出版年份	原作者	原作名	原作国别
浙江人民出版社"世界文化丛书"	《菊花与刀——日本文化的诸模式》	孙志民、马小鹤、朱理胜	1987	鲁思·本尼迪克特（Ruth Benedict）	*The Chrysanthemum and the Sword: Patterns of Japanese Culture*	美国
浙江人民出版社"比较文化丛书"	《文化与进化》	韩建军、商戈令	1987	托马斯·G.哈定（Thomas G. Harding）等	*Evolution and Culture*	美国
	《萨摩亚人的成年——为西方文明所作的原始人类的青年心理研究》	周晓虹、李姚军	1988	玛格丽特·米德（Margaret Mead）	*Coming of Age in Samoa*	美国
	《三个原始部落的性别和气质》	宋践等	1988	玛格丽特·米德	*Sex and Temperaments in Three Primitive Societies*	美国
	《文化与自我——东西方人的透视》	任鹰等	1988	安东尼·J.马塞勒（Anthony J. Massella）	*Culture and Self: Asian and Western Perspective*	美国
光明日报出版社"现代文化丛书"	《裸猿》	周兴亚、阎肖锋、武国强	1988	德斯蒙德·莫里斯（Desmond Morris）	*Naked Ape*	美国
	《代沟》	曾胡	1988	米德	*Generation Gap*	美国
	《骑马民族国家》	张承志	1988	江上波夫	日文题不详	日本
华夏出版社"二十世纪文库"	《文化模式》	何锡章、黄欢	1987	鲁思·本尼迪克特	*Patterns of Culture*	美国
	《文化的起源》	黄晴	1988	马文·哈里斯（Marvin Harris）	*Cannibals and Kings: The Origins of Culture*	美国

续 表

出版机构及收入丛书名称	译作名	译者	出版年份	原作者	原作名	原作国别
	《文化唯物主义》	张海洋、王曼萍	1989	马文·哈里斯	*Cultural Materialism: The Struggle for a Science of Culture*	美国
	《马克思主义与人类学》	冯利等	1988	莫里斯·布洛克(Maurice Bloch)	*Marxism and Anthropology*	英国
	《文化进化论》	黄宝玮等	1992	埃尔曼·塞维斯(Elman R. Service)	*Cultural Evolutionism: Theory in Practice*	美国
山东人民出版社"文化人类学名著译丛"	《社会人类学方法》	夏建中	1988	拉德克利夫·布朗(A. R. Radcliffe-Brown)	*Method in Social Anthropology*	英国
	《心理学与民俗学》	张颖凡、汪宁红	1988	罗伯特·马雷特(Robert R. Marett)	*Psychology and Folklore*	英国
	《文化的科学——人类与文明研究》	沈原、黄克克、黄玲伊	1988	莱斯利·怀特(Leslie A. White)	*The Science of Culture: A Study of Men and Civilization*	美国
	《人类学史》	廖泗友、冯志彬	1988	阿尔弗雷德·哈登(Alfred C. Haddon)	*History of Anthropology*	英国

英国文化人类学奠基人、古典进化论主要代表人物爱德华·泰勒(Edward Tylor, 1832—1917)最重要的代表作《原始文化》(*Primitive Culture*)首个汉译本(1988,蔡江浓译)终于得以和中国读者见面。泰勒的作品早在 20 世纪 20 年代就已进入中国[1],但标志着泰勒毕生研究事业的顶峰、被视为文化人类学开山之作的《原始文化》直到 1988 年才与中国读者见面。书中泰勒以进化论为理论基础,引证大量的民族学材料,对原始人类的精神文化现象,尤其是宗教信仰等问题,进行了深入的开创性研究。这部力作的汉译出版也从一个侧面反映出

---

[1] 商务印书馆 1926 年出版的《人类与文化进步史》(见表 2-4)用作高级中学教材。

这一时期"补课"翻译的成效,一些先前被遗漏的西方民族学重要著作被陆续翻译出来与中国读者见面。

(三) 早期旅居欧美学者英文著作的汉译

一些老一代中国民族学家早期旅居欧美,他们在国外求学或教学时用英文写就并在海外出版的著作也陆续有了汉译本(表 2 - 11)。这些学者多数以英文撰写了中国题材的民族学论著,如《中国的犯罪问题与社会变迁的关系》《江村经济》《金翼:中国家族制度的社会学研究》《中国民族的形成》。此类作品回归汉语语言形态,可视为学术翻译中的"无根回译"①。

表 2 - 11　20 世纪八九十年代出版的早期旅居欧美学者英文著作汉译本

原作者	原作名	译作名	译者	出版机构	出版年份
严景耀	*Crime in Relation to Social Change in China* (1934)	《中国的犯罪问题与社会变迁的关系》	吴祯	北京大学出版社	1986
费孝通	*Peasant Life in China* (1939)	《江村经济》	戴可景	江苏人民出版社	1986
林耀华	*Golden Wings: A Sociological Study of Chinese Familism* (1947)	《金翼:中国家族制度的社会学研究》	庄孔韶、林余成	北京三联书店	1989
吴景超	*Chinatown: A Study of Symbiosis and Assimilation* (1928)	《唐人街:共生与同化》	筑生	天津人民出版社	1991
吴泽霖	*Attitude Towards Negroes, Jews and Orientals in the United States* (1927)	《美国人对黑人、犹太人和东方人的态度》	傅愫斐、张乃华	中央民族学院出版社	1992
李济	*The Formation of the Chinese People* (1928)	《中国民族的形成》	李光谟、胡鸿保、张海洋	河北教育出版社	1996

① "无根回译"(rootless back translation)为王宏印命名并界定的特殊文学翻译类型,指中国题材的非汉语文学作品回归汉语语言形态的过程(王宏印,2009:236)。

原作者	原作名	译作名	译者	出版机构	出版年份
许烺光（美籍华人）	*Americans & Chinese: Passage to Differences*（1981）	《美国人与中国人：两种生活方式比较》	彭凯平、刘文静等	华夏出版社	1989
	Clan, Caste and Club（1962）	《宗族·种姓·俱乐部》	薛刚		1990

这类著作经由翻译又进入中国民族学界及广大的中国读者群体，对中国民族学的学术重构颇为重要。一方面，接受过西方系统学术训练的老一代民族学家盛年时期的作品为当前的青年民族学者提供了可资借鉴的研究范式和良好的学术示范。另一方面，这些汉译作品一定程度上又激发了年轻一代民族学者对于汉人社区或村落民族志研究与写作的兴趣，催生了一些"追踪调查"类的博士论文。

总的来说，翻译活动对于中国民族学的恢复与重建至关重要。改革开放后的 20 余年间，趁着 80 年代思想解放带来的"文化热"等外部环境的变化，以及学科重建对于国外民族学理论引介的内部需求加大，中国民族学界恢复了与西方民族学界的联系，国外民族学著作汉译活动又活跃起来，形成了一波翻译高潮。译介的多部美国及日本的民族学大学教材不但对于重建初期的中国民族学人才培养大有裨益，对中国学者也很有启发。90 年代以后，中国学者也开始编写出版本专业的教科书，如林耀华主编的《民族学通论》（1990，中央民族学院出版社）、周光大主编的《民族学概论》（1992，广西民族出版社）等。

这一时期，苏维埃学派对中国的影响力减弱，西方民族学理论又成为中国民族学恢复和重建过程中主要的借鉴对象。中国学者及广大读者通过大批的西方民族学汉译著作，重新开始接触并了解西方民族学界诸学派的理论和研究成果。这些译著为学科重建提供了及时的滋养，并有助于中国民族学逐渐摆脱对苏维埃学派的单一依附。承接前一阶段的影响和余绪，苏联民族学论著汉译活动并未停止，仍然为恢复中的学科提供了学科体系重建的诸多启发和参考。

多部中国学者早期以英文写就的名著汉译之后在中国出版，为年轻一代民族学家提供了学术研究范式的参考，推进了中国民族学学术重构。通过 20 余年翻译"补课"活动，中国民族学得以重建并逐步发展。

二、翻译与学科繁荣发展：20 世纪末—21 世纪初

20 世纪 90 年代中期以后，随着学科加速发展，中国民族学界引进国外学术理论的步伐明显加快。较之前一时期，一方面，对西方民族学理论的译介更为系统；另一方面，在借鉴并反思西方理论之时，中国民族研究与一系列国家政策的结合越发紧密，紧扣中华民族伟大复兴和中央民族工作会议精神，更多地转向中国民族问题与社会问题研究，本土问题导向更加突出。

通过前述翻译活动"补课"，中国民族学界逐渐能够跟踪国际学界最新的发展方向。21 世纪前 20 年，中国民族学进入追求理论创新与构建中国学派的日益强化时期（张继焦，2021：43），中国本土经验研究与理论探索深化，各类分支学科理论和方法兴起，中国民族学逐渐形成学术研究上的本土特色，国际影响力逐步增强，民族学中国学派正在形成。

（一）世纪之交的翻译高潮

20 世纪 90 年代中期以来，全国各地出版机构的译著丛书选题常涉及民族学，民族学汉译著作大量涌现，国外民族学论著译介又形成一波高潮。

这一时期翻译选材原本大多选取的是西方民族学现代经典或近年海外影响重大的专著。据初步统计（表 2 - 12），世纪之交短短的一二十年间，已经出版了至少 95 部民族学汉译著作（单行本），译介主题丰富，译介学派广泛，且涉及英、美、法、德、日、俄以及东欧国家，各种理论流派应接不暇。其中既有西方民族学经典著作，如 1922 年功能学派奠基经典著作——马林诺夫斯基的《西太平洋的航海者》（2002，梁永佳、李绍明译）和布朗的《安达曼岛民》（2005，梁粤译），又有国外学者的当代著作，如受后现代主义思潮影响的著作爱德华·W.萨义德（Edward W. Said）1978 年的《东方学》（1999，王宇根译）、克利福德·格尔茨（Clifford Geertz）1973 年的《文化的解释》（1999，纳日碧力戈等译）等。

表 2 - 12　20 世纪末—21 世纪初出版的民族学汉译著作统计数据（不完全统计）

出版机构	丛书名称	民族学译著出版数量
生活·读书·新知三联书店	"学术前沿丛书"	6
中央编译出版社	"新世纪学术译丛""民族主义研究译丛"	8

出版机构	丛书名称	民族学译著出版数量
上海人民出版社	"东方编译所译丛""社会与文化丛书""社会理论译丛""袖珍经典"	15
上海译文出版社	"二十世纪西方哲学译丛""复旦—哈佛当代人类学丛书"	5
中央民族大学出版社	"人类学名著译丛""民族学人类学译丛"	7
华夏出版社	"现代人类学经典译丛""西方人类学新教材译丛"	10
广西师范大学出版社	"原始文化经典译丛""现代人类学经典译丛"	7
民族出版社	"国外人类学名著译丛"	5
中国人民大学出版社	"列维-斯特劳斯文集""当代世界学术名著·人类学系列"	10
商务印书馆	"汉译世界名著学术丛书""汉译人类学名著丛书""人类学视野译丛"	15
江苏人民出版社	"海外中国研究丛书"	5
云南大学出版社	"云南大学民族学文库"	2
合计		95

华夏出版社的"西方人类学新教材译丛"难能可贵地出版了冷门专业的 5 部教材(表 2-13)。这套教材所选的原本是当时西方最新出版的专著,并且已经不再局限于"概论"类作品,而是深入到了民族学、人类学的理论、历史和研究方法方面,对相关领域学生有较好的借鉴意义,出版后不久就在学界产生了一定影响。

表 2-13　21 世纪初华夏出版社"西方人类学新教材译丛"民族学教材译著

译作名	译者	出版年份	原作者	原作名	原作国别
《社会文化人类学的关键概念》	鲍雯妍、张亚辉等	2005	奈杰尔·拉波特(Nigel Rapport)、乔安娜·奥弗林(Joanna Overing)	*Social and Cultural Anthropology: The Key Concepts* (2000)	英国

续　表

译作名	译者	出版年份	原作者	原作名	原作国别
《他者的眼光——人类学理论入门》	蒙养山人	2005	罗伯特·莱顿（Robert Layton）	*An Introduction to Theory in Anthropology*（1997）	英国
《什么是人类常识——社会和文化领域中的人类学理论实践》	刘珩、石毅、李昌银	2005	麦克尔·赫兹菲尔德（Michael Herzfeld）	*Anthropology: Theoretical Practice in Culture and Society*（2001）	美国
《人类学定位——田野科学的界限与基础》	骆建建、袁同凯、郭立新等	2005	阿克希尔·古塔（Akhil Gupta）、詹姆斯·弗格森（James Ferguson）	*Anthropology Locations: Boundaries and Grounds of a Field Science*（1997）	美国
《人类学历史与理论》	王建民、刘源、许丹等	2006	阿兰·巴纳德（Alan Barnard）	*History and Theory in Anthropology*（2000）	英国

英国功能学派对中国民族学影响颇大，其著作也不断被译介进入中国，但作为其奠基标志的两部著作——《西太平洋的航海者》和《安达曼岛民》直至 21 世纪才有汉译本。这两部"该译未译"的作品汉译出版后，弥补了国内学界一大遗憾。中央民族大学出版社"人类学名著译丛"总序中开宗明义地写道："这套丛书的目标很明确：就是要把目前该译而没有人译的人类学名著，不论新旧，一本儿一本儿，忠实地翻译成中文并设法出版，以此来弥补人类学传统在中国的断层和缺环，为中国的人类学教学和研究提供借鉴。"（《人类学名著译丛》编委会，1999：1）想必这也是当时许多相关译丛编者、译者虽未直接言明却努力践行的翻译选材立场。通过各方的通力合作，民族学著作汉译取得很大成效，已经逐步接近这一崇高目标。

（二）翻译与民族学各分支学科的建立

中国民族学重新恢复之后，在整理旧有成果的同时，学者们也在逐渐拓展新的研究领域。20 世纪 90 年中期以后，一些分支学科纷纷建立起来。分支学科的建立过程和整个学科的建立如出一辙，也都大致经历了从引进到借鉴，由效仿到本土化的过程。翻译在其中同样发挥重要作用，有的分支学科翻译活动甚至可追溯至 20 世纪初期。

　　作为民族学一个分支,宗教人类学形成于 19 世纪后半期的英国,其建立标志是 1871 年泰勒《原始文化》的出版。20 世纪初,一批宗教人类学作品已经在中国学人的努力下进入中国,如美国摩耳的《宗教的出生与长成》(1926,江绍原译)、詹姆斯·乔治·弗雷泽(James George Frazer)的《金枝》(*The Golden Bough*)节译本——《交感巫术的心理学》(1931,李安宅译)①及马林诺夫斯基两篇论文编译而成的《巫术科学宗教与神话》(1936,李安宅译)等。20 世纪 50—70 年代,我国宗教人类学研究陷入停顿,直至 80 年代后半期才开始逐渐恢复和发展。1988 年,宗教人类学奠基之作《原始文化》汉译本终于得以出版,一批在西方有较大影响的宗教人类学论著也陆续汉译出版,如加里·特朗普(Garry Trumpf)的《宗教起源探索》(1995,孙善玲、代强译)、埃文斯·普理查德(Evans Pritchard)的《原始宗教理论》(2001,孙尚扬译)和《阿赞德人的巫术、神谕和魔法》(2006,覃俐俐译)等。相关学者在吸收了西方宗教人类学理论之后,开始理论探讨及以田野调查为基础的实证考察,研究成果迭出,推动了宗教人类学在中国的发展。

　　法律人类学是运用社会人类学理论和方法对法律问题进行解释和研究的学科,是社会人类学和法学的一门交叉学科。1926 年,马林诺夫斯基的《原始社会的犯罪与习俗》(*Crime and Custom in Savage Society*)一书的出版被视为现代法律人类学开始的标志。这部著作很快汉译进入中国,书名译为《蛮族社会之犯罪与风俗》,1930 年由上海华通书局出版,当时在学界就产生了一定的影响力。我国初期的法律人类学研究就是从对西方法律人类学相关理论和概念的译介开始的。早期的译介工作较为零散,20 世纪 80 年代中后期,一批法律人类学著作陆续翻译出版,如 E. 埃德蒙斯·霍贝尔(E. Adamson Hoebel)的《原始人的法》(1992,严存生等译)、格尔茨的《地方性知识》(2000,王海龙、张家瑄译)等,在学术界产生了较大影响。中国法律人类学研究正是在这些辛苦且必要的译介工作基础上逐渐发展起来的。

　　发展至今,国际民族学界所出现的分支学科基本都已能在中国寻到踪迹,包括经济人类学、教育人类学、生态人类学、影视人类学、都市人类学、民族心理

---

① 此汉译本被邹振环(1996)列入"影响中国近代社会的一百种译作",也是唯一入选的民族学译著。

学等。可以说,每一个分支学科的建立和发展都离不开对国外对应分支学科理论与方法的译介与借鉴——其建立离不开最初的译介活动所引进的理论方法,其壮大离不开翻译带来的持续滋养。

总体来说,改革开放至今 40 余年的翻译活动,实际上是继 20 世纪初开始的大量译介西方民族学著作的热潮之后,再次大规模地引进作为完整系统的西方民族学理论和方法。对国外民族学论著,尤其是西方民族学论著的译介工作取得了很好的成绩,大量经典著述及最新研究成果相继翻译出版。译介的学派广泛,专著以欧美学者居多,也有日本民族学家的作品,苏联和俄罗斯学者的著作比重明显下降。翻译选材方面,前期倾向经典著作,一些"该译未译"的经典之作被查缺补漏地翻译出来,后期逐步转向翻译一些当代新作。

在学者们的不懈努力下,中国民族学重获新生。学科重建初期的译介活动和 20 世纪末开始的翻译高潮,大量翻译引进了国外民族学经典著作及最新研究成果,极大地拓宽了国内民族学界的研究视野,更新了研究观念和研究方法。毫无疑问,译介国外民族学理论方法是中国民族学学科恢复及重建过程中不可跨越的阶段。

从大量翻译出版的民族学著述中得到滋养和启发,中国学者的研究成果也不断涌现,推进了学科发展。多位具有民族学著作翻译经历的学者都编撰出有影响力的论著,如王铭铭的《社会人类学与中国研究》(生活·读书·新知三联书店,1997)、纳日碧力戈的《现代背景下的族群建构》(云南教育出版社,2000)、潘蛟主编的《中国社会文化学/民族学百年文选》(知识产权出版社,2009)等。

改革开放以来,专业学者能够依照其学术视野选择翻译原本,译介主体以中国民族学者居多,翻译质量也整体较高。从"译序"或"译者记"来看,许多编者或译者对原著乃至有关学术背景作了精当的评论,尽管部分还带有一些历史印记,但总体可见这些年来翻译"补课"的成效以及中国民族学思想的进步。

其中也有一些值得注意的问题。一是虽然各出版社都推出了系列丛书,但整体计划性、协调性不足。大量翻译出版的民族学著作中重复译本较多,有的名著多个出版社竞相出版,造成了一定的资源浪费。二是或出于经济效益考量,民族学汉译著作被出版社归入"人类学""文化人类学""社会与文化"丛书名下,这样似乎更容易为一般读者认同。这反映出学科认知方面的矛盾。一方面,学科公众形象宣传力度不足,民族学在普通读者群体中的认可度有待提高。另一方面,即便是中央民族大学出版社这样属于"民族"系统的出版机构也将

"民族学译丛"冠以"人类学译丛"的名号，这在一定程度上又削弱了民族学的社会影响力。

结　语

回顾中国民族学发展百年历史，我们可以清晰地看到一个高潮与低谷交织的曲折过程。这门学科 20 世纪之初从西方引进，20 世纪 20—30 年代初步成为较为完整的学科，经过十余年的本土化努力，20 世纪 40 年代已发展成为国际民族学界一支初具特色并引人注目的新生力量。1949 年之后，中国民族学经历脱胎换骨的改变，与西方学界完全切断了联系，并且抛弃了此前从西方学来的各学派理论，完全倒向苏维埃民族学派。1960 年以后，又与苏联民族学界断绝联系，作为一个学科似乎已经走到了尽头，濒临消失。1978 年后，民族学作为一个学科重获新生，学科逐步恢复、重建。步入 21 世纪，民族学研究受到政府和社会更大的重视和支持，中国民族学在学术上已初步形成较鲜明的特点，民族学中国学派正在形成。

作为一门舶来学科，中国民族学发展史与翻译有着千丝万缕的学脉关联。1949 年之前，中国民族学界主要通过译介西方民族学著作向西方民族学诸学派学习，依附于西方民族学界的各种理论学派。翻译带来了学科概念传播、学科制度迁移及学科本土化发展。1949 年之后，中国民族学改为追随苏联民族学，通过翻译了解、熟悉、学习苏维埃学派，并经历转向，将自身转变为苏维埃学派的一支。1978 年之后，通过翻译"补课"，更加整体而系统地介绍西方民族学理论方法，跟踪国外最新研究成果，实现了学科重建，各分支学科基本建立。进入 21 世纪，中国民族学迎来繁荣发展，在学术研究上形成本土特色，"新时代中国特色民族学"正在建设。可以说，中国民族学从萌芽、创立、本土化发展，到转向、重建，再到新时代繁荣发展都立于翻译工作的基础之上。

考辨民族学著作在中国的百余年翻译脉络，有助于呈现中国民族学所历经的历史环境变化，更好地探明学科诞生和发展的历程，更清晰地呈现其发展脉络。同时，考察翻译与中国民族学的关联和互动，也更能彰显翻译研究的跨学科性，以及翻译对中国民族学创立和发展所做的贡献，从而提高翻译研究作为一门严谨学术学科的认受性及地位。

— 参考文献 —

［1］费孝通. 从马林诺斯基老师学习文化论的体会［J］. 北京大学学报（哲学社会科学版），1995(6)：53-71.

［2］费孝通. 21 世纪人类学面临的新挑战［J］. 广西民族学院学报（哲学社会科学版），2000(5)：8-12,16.

［3］顾定国. 中国人类学逸史——从马林诺夫斯基到莫斯科到毛泽东［M］. 胡鸿保，周燕，译. 北京：社会科学文献出版社，2000.

［4］胡鸿保. 中国人类学史［M］. 北京：中国人民大学出版社，2006.

［5］胡锦涛在中共中央政治局第十六次集体学习时强调：做好新形势下的民族工作促进各民族共同繁荣进步［N］. 人民日报，2004-10-23(1).

［6］虎有泽，贾东海. 世界民族学史(1800—2000)［M］. 北京：中国社会科学出版社，2017.

［7］孔慧怡. 重写翻译史［M］. 香港：香港中文大学翻译研究中心，2005.

［8］廖七一. "十七年"批评话语与翻译"红色经典"［J］. 中国比较文学，2017(3)：35-48.

［9］林耀华. 原始社会史［M］. 北京：中华书局，1984.

［10］林耀华. 民族学［C］//中国大百科全书总编辑委员会民族卷编辑委员会主编. 中国大百科全书·民族卷. 上海：中国大百科全书出版社，1986：321.

［11］马士奎. 中国当代文学翻译研究(1966—1976)［M］. 北京：中央民族大学出版社，2007.

［12］马士奎，徐丽莎. 费孝通的翻译实践和翻译思想［J］. 上海翻译，2017(2)：58-62.

［13］孟航. 中国民族学人类学社会学史(1900—1949)［M］. 北京：人民出版社，2011.

［14］《人类学名著译丛》编委会. 丛书总序［M］//布朗. 原始社会的结构与功能. 潘蛟，等，译. 北京：中央民族大学出版社，1999：1-3.

［15］苏克勤. 在民族研究中拔掉白旗插上红旗［J］. 民族研究，1958(2)：6-9.

［16］王宏印. 文学翻译批判概论［M］. 北京：中国人民大学出版社，2009.

［17］王建民. 中国民族学史上卷(1903—1949)［M］. 昆明：云南教育出版社，1997.

［18］王建民，张海洋，胡鸿保. 中国民族学史下卷(1950—1997)［M］. 昆明：云南教育出版社，1998.

［19］王晶，马士奎. 20 世纪上半期民族学著作汉译脉络考辨［J］. 上海翻译，2023(2)：60-66.

［20］王铭铭. 西学"中国化"的历史困境［M］. 桂林：广西师范大学出版社，2005.

［21］王延中. 民族学理论研究与学科建设的若干问题［J］. 中央民族大学学报（哲学社会科学版），2017(4)：5-14.

［22］王延中. 新中国民族学与人类学研究 70 年［M］. 北京：中国社会科学出版社，2021.

［23］习近平在哲学社会科学工作座谈会上的讲话［N］. 人民日报，2016-05-19(2).

［24］谢国先.《当代人类学》的误译与滥用［J］. 三峡论坛（三峡文学·理论版）. 2018(4)：46-51.

［25］杨成志. 关于民族博物馆发展问题［G］//中央民族学院研究部档案，1956-03-20：5.

[26] 杨堃. 关于民族和民族共同体的几个问题——兼与牙含章同志和方德昭同志商榷[J]. 学术研究（社会科学版），1964(1)：5 - 28.

[27] 杨堃. 从摩尔根的《古代社会》到恩格斯的《家庭、私有制和国家的起源》[J]. 北京师范大学学报（人文社会科学版），1978(6)：21 - 34.

[28] 杨堃. 民族学概论[M]. 昆明：云南大学出版社，2018.

[29] 杨圣敏. 中国民族学的百年回顾与新时代的总结[J]. 西北民族研究，2009(2)：14 - 38.

[30] 杨圣敏，胡鸿保. 中国民族学六十年：1949—2010[M]. 北京：中央民族大学出版社，2012.

[31] 杨圣敏. 中国民族学社会学界 69 年前的反思及其当代意义[J]. 民族研究，2018(1)：9 - 17.

[32] 岳峰. 红色翻译史概述[J]. 当代外语研究，2021(4)：42 - 49.

[33] 张继焦，吴玥. 中国民族研究的重大转变：从借用国外理论到建构中国学派[J]. 西北民族大学学报（哲学社会科学版），2021(2)：36 - 47.

[34] 台维斯. 云南各夷族及其语言研究[M]. 张君劢，译. 长沙：商务印书馆，1941：1 - 9.

[35] 赵稀方. 翻译与现代中国[M]. 上海：复旦大学出版社，2018.

[36] 中央民族事务委员会参事室编. 民族问题译丛（第一辑）[C]. 内部参考资料，1954.

[37] 中央民族学院研究部. 编后记[J]. 民族问题译丛，1955(4)：125 - 128.

[38] 邹振环. 影响中国近代社会的一百种译作[M]. 北京：中国对外翻译出版公司，1996.

[39] 卓翔，林旭，王立非. 中国马克思主义翻译百年回顾与启示[J]. 中国翻译，2022(4)：45 - 53.

[40] FREEDMAN M. Sociology in China: a Brief Survey [J]. The China Quarterly, 1962, (10)：166 - 173.

[41] ORLEANS A. Soviet Influence on China's Higher Education [C]//HAYHOE R, BASTID M. (eds.) Armonk, NY: M. E. Sharpe, 1987：184 - 198.

翻译与中国法学

▪ 本章导读 ▪

在社会变局和"西学东渐"的推动下,中国传统学术在清末民初时期开始转向分科设学,即近代中国的知识体系自清末民国开始从经史子集等"四部之学"转型为文理法农工商医等"七科之学"(左玉河,2003:2)。在近代以来中国学科体系转型过程中,"西学"翻译对中国诸多学科的近代性启蒙与培育发生重要影响,与中国近代化的进程具有"历史共生性"(魏向清,2023)。在这一经由西学翻译推动知识变迁的历史进程中,"法科"作为"七科"中的一科,在"西法东渐"活动,尤其是在对西方法学知识的翻译(translation)和阐释(interpretation)的过程(即"西法东译"活动)中,实现了由中国"古代法学"向"近代法学"的知识转型。① 尤值一提的是,这一转型过程是与西方社会的炮舰外交和话语暴力相伴发生的。一些殖民史研究的学者将其称为"法律帝国主义"(legal imperialism)的话语实践(Kayaoğlu, 2010; Ruskola, 2013)。

可以说,中国近代对西方法律文明的继受,很大程度上依托于对西方法学著述的翻译,近代中国法科的学科体系、学术体系和话语体系也在译者有意或无意之下与西方法学靠拢。西方法政概念经由法律翻译进入中国近代的法学知识生产,并成为塑造中国法学体系的智识来源,近代中国法学也由此被评价为"翻译法学"(何勤华,2004)、"汉字化的西方法学"(陈金钊,2017)或"西方法学的中国表达"(舒国滢,2018)。套用周伟驰(2018:2)的话来说,②"西法东渐"

① 直至今日,我们在"七科"基础上,形成了具有中国特色的"十四科"学科体系。
② 周伟驰的原话是"西学东渐是一个翻译的过程"。

是一个翻译的过程。法学在中国近代的知识转型以翻译为枢纽,渐次发生。从这个角度来看,相比于"西法东渐","西法东译"似乎更加适合来描述近代中国法学体系的构建及转型。

近代中国学科知识的成长构成全球范围内文化迁移之一环(章清,2019:1)。有学者提出从全球史的视角观察法律史,其本质是一种规范性知识的翻译史(Duve,2022),这也符合我们对于近代中西方法律文明交流与冲突的判断。近代中国法学学科体系的建构与本土化成为规范性知识跨地域与跨文化流动的表征。法学译者除了作为法律人参与到规范性知识的生产中,同样也充当信息跨域流动与互鉴的传递者,参与到规范性知识的全球流通当中。

从翻译史的角度观察,近代中国法律翻译大体上经历了四个时期(见表3-1),这与近代中国对西方规范性知识的继受和改造的历程大体相符。

表3-1　近代中国法律翻译经历的四个时期(屈文生、石伟,2007)

翻译阶段	主　要　特　征
肇始阶段 (1840年前后—19世纪60年代)	以国际法为主要翻译对象,兼及英美国家的法律制度;虽为近代法律翻译的开端,但影响不大,西方法学知识并未得到广泛传播
洋务运动时期 (19世纪60年代—19世纪90年代)	仍以国际法为主要翻译对象,兼及国际私法和国内立法,成立专门的国家翻译机构,是有组织翻译行为之嚆矢。开创由学生翻译并由教习校定,或直接由外国教习翻译的翻译模式,突破传统"口译+笔受"模式。国际法成为一门专门知识
变法修律时期 (19世纪90年代—20世纪20年代)	以日本法学知识和西方国家法典为主要翻译对象,翻译主体转变为归国留学生(主要是留日学生)。配合变法修律的需要,法律翻译类逐渐齐全,突出宪政类、商法类书籍翻译。官方翻译的实用主义倾向明显,翻译的质量较以往大为提高,翻译的影响极大。近代中国法学的知识积累初具规模
民国法律体系建设时期 (20世纪20年代—1949年前后)	没有绝对的翻译对象,英美法和大陆法的翻译并重。突出强调对翻译成果的转化与批判,中国法学开始对翻译成果进行本土化改造,六法体系逐渐形成,经改造的中国法学知识外译重新进入规范性知识的全球环流过程当中

讨论翻译与法学的关联与互动这一主题,离不开对于翻译与法学的学科体系、学术体系与话语体系等"三大体系"和中国自主法学知识体系之关系的研

究。本章主要关注其中的"学科体系",兼及中国自主法学知识体系问题。① 一般而言,学科体系的建设大体会历经三个阶段,即术语系统的搭建、学术知识的生产和学科体系的形成(阎学通,2022)。我们的研究认为,近代以来的法律翻译起到了推动中国法制近代化、重塑中国法律的作用。没有对国外宪法、法律、法规、规章及法学著作的翻译,就没有中国近代的法律术语系统、法学学术知识的生产、法学学科体系的形成(屈文生,2018:832)。

第一节 术语翻译与近代法学学科体系的语料基础

术语是人类的思维和语言工具,这种工具借助于与单义的符号相对应的概念系统,实现对于对象客体的描述(费尔伯,2011:319)。一门学科提出的每一种新见解都包含着对这门学科之术语的革命(恩格斯,2001:32)。从这个意义上讲,建构术语系统是表述学科知识的前提条件,是建构学科体系的语料基础。近代中国法学学科体系建设的首要问题因此是术语系统建设的问题,术语翻译也就成为法学学科形成的关键路径。

一、新术语的创制

西方国家的法律术语随着法学论著、立法文本的翻译进入中国人的语言系统。近代中国的"西法东译"肇始于 1839 年,最早进入中国的是一批与万国法(law of nations)或国际法(international law)有关的术语。是年,林则徐组织美国在粤传教士伯驾(Peter Parker)和中国人袁德辉将瑞士法学家滑达尔(今译"瓦特尔")的国际法学著作《万国法》(*Le Droit des Gens*)节译为《各国律例》,后收入魏源《海国图志》。虽在此前传教士所创办的报刊②以及传教士所编纂的某些词典中,亦零星可见法律术语,但《各国律例》的译介所具有的标志性在于,它是西方法学术语在法学学科框架之内成系统向中文世界译介之嚆

---

① 学科体系是"三大体系"的基础,是学术创新的根本依托,同时也是话语创新的重要载体(中国社会科学院科研局"三大体系"建设研究课题组,2022:150)。

② 如《察世俗每月统记传》(*Chinese Monthly Magazine*)和《东西洋考每月统记传》(*Eastern and Western Monthly Magazine*)等。

矢，其中如"走私""立法"等袁译术语至今仍在使用（屈文生，2012a：43）。

19世纪中后叶，通过翻译进入中文的法学术语更具规模和体系化。1864年，美国来华传教士丁韪良（W. A. P. Martin）将美国实证主义国际法学家亨利·惠顿（Henry Wheaton）的《国际法原理》（*Elements of International Law*）一书译入中文，并定名为《万国公法》，该书系统性地创造了一套与国际法上主要英文法律术语相对应的汉语译词（鲁纳，2008：81）。据学者考证，丁韪良创造的汉字法律术语成为此一时期国际法移植的重要支撑（何勤华，2001）。日本学者藤本健一（2017）将《万国公法》一书中出现的法律术语区分为既存术语、新造术语以及转用术语三类，并考证认为其中至少有44个新造术语和17个转用术语是由丁氏所创造。表3-2（整理自藤本健一，2017）中所展示的是丁韪良所创造的汉语国际法术语。其中主权（sovereignty）、权利（right）、法院（court）、人民（subject）、国会（parliament）、司法之权（judicial power）等译名的翻译颇具匠心，沿用至今。

表3-2　丁译国际法新术语举隅

音译术语	伯里玺天德、虎哥（人名，其为荷兰著名国际法学家，今译"格劳秀斯"）、日耳曼……
既存术语	律法、律例、辞讼、法制、治罪、法外、代理、典押、断讼、中立、案件、被告、不法、查封、偿还、定案、非法、俘虏、公战、国权、国土、故杀、稽查、谋杀、入籍、审理、审讯、私产……
新造术语	常约、初拟、大法院、代办者、地方法院、地方法院条规、罚款、法院、公师、公约、国约、海案、海法、恒约、和权、护约、君约、内公法、内国法、全权、上法院、上权、擅约、司海法院、私条、私战、特权、特约、外法、外公法、万国公法、万国律例、下法院、小法院、性法、刑权、原告者、原权、约据、约款、越权、战利法院、战权、嘱遗
转用术语	初审、动物（今译"动产"）、法师、法堂、公法、国法、局外、理法、内法、权利、审权、司法、私权、天法、责任、植物（今译"不动产"）、主权

此外，在很大程度上，这一时期丁译术语对日本近代早期国际法继受也产生了重要影响。诸如"海峡""海面""五大洲""自主""半球""炮台""公约""特使""分立"等术语实际上都是源于1864年丁译《万国公法》（陈力卫，2019：116）。值得一提的是，当下已经不再使用的某些丁译术语在当时对日本曾产生重要影响，例如"性法"（natural law，今译"自然法"）。直至1877年井上操在出

版博瓦索纳德主讲的《性法讲义》(*Cours de Droit Naturel*)时,仍保留这种用法(池田真朗,1982)。

这里再举国际法中几例重要术语译入中文的经典例子。比如丁韪良在创造"管辖"对应于 jurisdiction 后,又以"不归地方管辖"来翻译 immunity(今译"豁免")和 extraterritoriality(今译"治外法权")两词(Svarverud, 2007:104)。有趣的是,丁氏译法虽未对二者加以区分,似乎有违翻译的译名"同一律"准则,但却属实能将二者在国际法上与管辖的关系建立起来并解释得比较清楚。尤其后者的翻译,恰恰根植于威斯特伐利亚体系(Westphalian system)所确立的属地化管辖秩序。今日来看,许多学者笼统批判的所谓"治外法权"(实则是单边治外法权),就是超越属地秩序使特定的人或事物"不归地方管辖"的帝国秩序(屈文生,2021:48)。

但丁译术语中,绝大多数被同时期和后世的译者放弃和修正。这在同文馆设立后所主导的系列国际法译著中即有体现。例如丁译术语中的"植物"(real property)和"动物"(personal property),就在 1877 年汪凤藻等人翻译吴尔玺(Theodore Dwight Woolsey)所著的《公法便览》(*Introduction to the Study of International Law*)中改译为"恒产"和"行产"。再如丁译术语中的"法师"(jurisconsult),也在《公法便览》中被改译为"公法家"和"律法家",且改译后的译名也在此后被逐渐固定了下来(藤本健一,2017:90)。

总体来看,早期法学著述的翻译中,往往由外籍译者直接进行翻译,但其结果往往艰涩难懂;或者采用"西人口述,中人笔录"的模式。然而,这种归化翻译的方式又常常受到"徇华文而失西义,徇西文而梗华读"的批评。即便是京师同文馆所创设的翻译校订模式,也因未能理想地传递出法律术语的法律与文化意涵而饱受诟病(屈文生、万立,2021),由此创造的诸多术语也最终淘汰。但无可否认的是,这些术语不仅创造了一批近代中文国际法词语,深刻影响了中国的国际法术语体系,而且还具有明显的外溢效应,为近代中国法学中其他部门法的术语体系的创立提供了基础。这些新词第一次在两个不同的语言和知识系统,以及两种截然不同的话语体系之间建立起了初步的虚拟对等关系,并构成起码的可译性(刘禾,2009:147)。同时这些术语也作为文化产品输出至日本,对日本法学近代化产生影响,并最终以"和制法律汉语"的形式重新引入中国,成为法律汉译的重要介质,推动法概念的跨语际实践(屈文生,2012b)。

二、以"和制汉语"为媒介的术语翻译

近代早期的法学论著和立法文本翻译对法学术语体系具有明显的创造性与建构性,但终因中西方文化背景迥异,加之中外皆通之译才缺乏,这一时期创造的术语经常产生术语概念与其描述的对象之间的剥离(费尔伯,2011)。这种情况直至 19 世纪末 20 世纪初才有所改变。彼时,随着清末民初留学生(尤其是留日学生)的回流,翻译法律的译者主体力量从外国人变成了通习不同语言的中国留学生,他们引入了"和制汉语"①法律译词。

在这一时期引入的诸多"和制汉语"法律术语中,最重要的一批术语由日本翻译家箕作麟祥创造,并经由翻译进入中国。但需说明的是,箕译术语中许多是通过借用中国古代法典中的汉字词等方法而创制的法律译词。而中国近代法律术语创制的过程中,之所以选择"和制法律汉词",盖因日本"系同文之邦,其法律博士,多有能读我会典律例者,且风土人情,与我相近,取资较易"。及至变法修律前后,沈家本感叹"今日法律名词,其学说之最新者,大抵出于西方而译自东国"(沈家本,2015:126)。

在这一时期,日本法律法规、法律辞书、法学书籍、报纸及法学讲义中的法律词语成为近代汉译法律词语的最主要外来语渊源(屈文生,2012b)。其中,具有代表性的译词当属"国际法"这例译入语。该词本源于丁译术语"万国公法",后传入日本。1873 年,箕作麟祥在翻译 *Introduction to the Study of International Law*(即前述汪凤藻等人在 1877 年所译的《公法便览》)时,首次将 international law 译为"國際法"(国际法),该书名被译为《国际法(又名万国公法)》。这意味着,日本在丁译"万国公法"之外创造性地翻译出了另一个术语——"国际法"。可以发现,日本在比较长的一段时间内同时使用上述二译名,并未以"国际法"立刻取代"万国公法"等译名。此后,随着晚清留日学生在对日本国际法著作的汉译,"国际法"一词便传入中国。

除"国际法"一词外,许多《万国公法》中的丁译术语在经日本学者改造或改译后,回流到中文中,成为汉语世界国际法学术语体系的关键词。例如在大築拙藏的《惠顿氏万国公法》译本中,丁译术语中的"责任"(obligation)被改译为

---

① 所谓"和制汉语"是指清末以降,以成规模和成系统的态势涌入中文的表达相关概念的约定性语言符号,换言之,它是指那些源自日文的外来语。

"義務"(义务),并对义务和责任两例术语做出了明确区分,丁译术语中的"上房"(upper house)和"下房"(lower house)被改造为"上議院"(上议院)和"下議院"(下议院)等,这些术语经由日语回流至汉语中并被保留至今(陈力卫,2019:127-129)。同时,由于万国公法(或国际法)的译著中往往涉及对于西方国家政治体制和法律制度的介绍,因此在汉语法政术语中,有不少是源于国际法翻译中使用的"和制汉语"译例。以当时留日学生所创办的《译书汇编》为例,杨廷栋翻译的《民约论》(即卢梭的《社会契约论》)就使用了诸如"义务""平等""革命""民法"等"和制汉语"法律名词(陈力卫,2019:133;邸国义,2021:116-211)。

除国际法术语外,其他"和制汉语"法律名词也在很大程度上为中国近代法学学科提供了相当的语料基础。这在很大程度上是对日本立法文本翻译的结果。以上海商务印书馆1907年出版的《法规解字》(其为《新译日本法规大全》的副产品)为例,其中就已经收录大量民法、刑法、诉讼法术语,且它们中的绝大多数在当下的中文法学术语体系中仍在使用。① 如表3-3(整理自钱恂、董鸿祎,2007)所示:

表3-3 《法规解字》中的法律术语举隅

民法商法	不动产、不当利得、不可分债务、不可抗力、主物、事务所、事业年度、优先权、催告、债权、债权担保、债权让渡、债务者、系争权利、代理人、代位、代理商、偿还请求权、保佐、保险料(金)、保险责任准备金、保证债务、免除、公法人、共益费用、准备金、准禁治产、别除权、动产、动产质、占有、占有权、受取、取消、取得时效、反对给付、商标、商号、商行为、同顺位、单独行为、合成物、合资会社、场所、地役权、地上权、心证、意思表示、所有权、所得税、扶养、抵当权、时效、时效中断、时效完成、期间、期日、有偿行为、有体物、有偿契约、未成年、本权、法人、法律行为、法定利息、法定代理人、清算、混同、添付、物权、特定物、特有财产、用益者、留置权、监事、禁治产、委托、私权、善意之第三者、处分、证券、预告登记、责任准备金、质权、财产处分、追认、连带债务、违约金、除斥、双务契约
刑法②	伪造、假出狱、定役、宣告、教唆者、未遂犯、决斗罪、现行犯、监视、继续犯罪、罚金

---

① 我国内地(大陆)未获继续使用的许多"和制汉语"在我国香港特别行政区的双语立法和我国台湾地区的立法中仍继续使用,如"禁治产者""保佐"等概念仍出现在我国台湾地区的"民法"当中。有些概念经过改造以后,在我国当下的法律术语中仍然存在,如将日语"会社"改造为"公司"后,仍有"株式会社"等说法。

② 有关和制汉语刑法名词,黄源盛(2016)做出了极为细致的梳理和讨论。

续　表

诉讼法	不变期间、上告、中间判决、主参加、仲裁人、仲裁手续、仲裁契约、假住所、假处分、假执行、供托、代言人、保释、公诉、公证人、公正证书、分割之诉、共同诉讼人、再审、判决主文、占有之诉、原状回复、参加人、受理、反诉、口头辩论、和解、和解契约、告诉、执行、大赦、妨诉抗辩、对质、对席判决、抗辩、收益、本诉、本权之诉、民事原告人、确定判决、裁决书、裁判管辖权、诉状、诉讼能力、诉讼代理人、证人、证据抗辩、起诉、除权判决
其他法律术语	条件、住所、住所地法、但书、保税仓库、入籍、公布、公开、公权、公署、出生、列席、动议、取缔、居所地法、所在地法、效力、最惠国、理事、委任、竞合、众议员、义务、能力、船籍港、行为地法、表决、让渡、贵族院、通货

日本法学所创造的诸多术语也并未被近代中国法学全盘继受，包括"后见人"（今译"监护人"）、"裁判所"（今译"法院"）等许多"和制汉语"术语，或因与中国既有的法律名词相冲突，或是输给了英美等国留学生对法律术语的创造性翻译，在引入中国以后终未得用（屈文生，2012b：127）。

三、术语竞赛与术语体系创建的主体性

"和制汉语"也在很大程度上对当时既有的术语产生了冲击，甚至与后来中国学者自行翻译的法政术语形成竞赛态势。这一历史现象被后世学人称为"新名词之战"（黄克武，2008），反映出两种甚至多种不同语言体系中出现的法律术语之间存在更迭、互竞和共存。同时，在单义符号与对象客体的对应化过程中，最终往往只有一个合适的表述能够得到知识界的接受，这一过程正是学科术语体系创建的过程。

术语更迭最为典型的例证便是"国际法"译词的演变过程，即其从"各国律例"—"万国公法"—"公法"—"交涉法"直至"国际法"的过程（屈文生、龚茁，2024）。其间，每个译名都曾获得过青睐，而至于选择哪个名称，选择这一名称表达什么样的意涵，当中所展现的恰是中文使用者对于术语名称选择的考量。以从"律例"到"公法"的译名为例，law of nations 被早期译者归化或类比为中国传统社会既有的"律例"——"律"是指不可被轻易改变的经典，"例"则是因时制宜的立法，包括"事例""条例""则例"等；而在丁韪良的改造下——丁韪良于1864年以"万国公法"一词翻译"international law"，终以《万国公法》之名取代之前拟定的《各国律例》，意在强调其"系诸国通行者，非一国所得私也"，蕴含有超越国别法的"公法"观念（惠顿，2003：1）。从"律例"到"万国公法"的转变虽然

表面上只是译名的变化，但背后却是一次重大的知识类型突破，表明 19 世纪 60 年代的中国认识到国际法是适用于各国之间的通行规范(李富鹏，2019)，对西方国际秩序和世界秩序亦产生了较为深入的理解(Lee，2018)。

及至 20 世纪 20 年代，穗积陈重提出"丁韪良将'international law'译为'万国公法'，如今已被箕作麟祥博士于 1873 年创造的术语'国际法'所取代"(徐中约，2018：200 - 201)。这一对译由清末民初留日学生最先接受，并在中文的"交涉法"与日文的"國際法"之间建立起对等关系。而此时，中国知识界少受"自然国际法"影响，并逐渐接受"国际法者，乃各国相互间之法，非驾乎各国之上之法也"(岑德彰，1935：ii)的"实证国际法"观念。在这样的背景下，所谓"公法"的译名自然而然地遭到摒弃。可以说，在 international law 这一术语中文对等译名的选择上，如此更迭方式反映出的是中国知识界对国际法的认知不断深化。

需要指出的是，在出现知识断层(epistemic rupture)的情况下，不同翻译术语之间常呈现互竞关系。比较典型的是严复翻译的新名词与"和制汉语"名词之间的互竞。例如，在严复看来，right 与"权利"之间并不对等，并直指其谬误在于"以霸译王"，换言之，是将具有正面意义的术语译为了具有负面意义的词，遂将其改为单字译名"直"或"职"(黄克武，2008：28)。但在"新学者不能读古书，而老生又不解西籍"的时代条件下，严译术语也终究没能逃过自然选择的淘汰过程。即便如此，在这场"物竞天择，适者生存"的法律术语译名竞赛中，也并不完全是"和制汉语"占尽先机，在自主创译的术语与日译术语形成错峰以后，许多自主翻译的法律新名词也随着法律实践活动取得了权威性，被保留下来(屈文生，2013：97)。

但仍值得一提的是，清季创制的各种术语之间，也并非完全是迭代或互竞关系，二者还可共存。与"仲裁"(arbitration)有关的一组术语就是一个典型例证。"仲裁人""仲裁契约""仲裁手续"等术语虽然在这一波浪潮中就已传入中国，但作为"和制汉语"译词的"仲裁"和由西语直接翻译过来的"公断"就长期处于共存状态，尤其在清末民国的中国。早先，卫三畏(S. W. Williams)曾将其译为"定意"(卫三畏，1844：8)，但该词后长期被译为"公正""公断"等(箱田惠子，2021)，①清末中美交往史上著名的"熙尔控杨泰记案"(*Hill v. Ta Kee*)最初就

---

① 对应地，今译"仲裁员"(arbitrator)被译为"公正人""公断人"等。

是由美国驻沪领事法庭组织"会同公断"或称"会断"(屈文生,2023a),在庭审记录中记载为"公正"和"公断"(Hill v. Ta Kee, 1875:8/20)。民国时期,官方用语中也多用"公断"一词,直白明了者如《商事公断处章程》(1912 年)和《民事公断暂行条例》(1921 年),但一些报刊资料和民间团体常常使用"仲裁"一词。1955 年我国台湾地区成立了"仲裁协会",但在 1958 年缔结《承认与执行外国仲裁裁决公约》(即《纽约公约》)时,中文的作准文本使用的仍是"公断裁决"的说法,1987 年中华人民共和国加入该公约时,又将条约作准文本中的"公断"改为了"仲裁"。自此,在当代中国的法学用语中,"仲裁"几乎完全取代了"公断",与英语中的术语 arbitration 确立了对等性。

从这一角度来讲,翻译法律的实质是相同或不相同的法律意义在两种异质的法律文化与法律语言间的转换,或是法律概念在两种陌生的法律场景间发生的转移(屈文生,2012b:122)。因此,术语翻译本身不仅仅是西方法学知识诸元素从西方向东方的流通,从某种程度上讲,更是塑造中国近代法学术语体系的关键工具,近代中国法律人对于译名则在不断补充、修正、完善和扬弃(陈颐,2013)。20 世纪 20 年代,伴随着西方法学知识的不断涌入和法学教育的渐次展开,西式立法与司法等法律实践活动成为常态。术语的符号、概念与客观对象之间建立起稳定的对应关系,中国近代法学的术语系统基本定形。

第二节　知识翻译与近代中国法学学科体系的智识基础

中国近代法学学科建设中,术语翻译从来就不是与知识翻译割裂开的。术语是用于表述客观知识的基础性工具,术语的翻译往往蕴于对法典、著述、讲义和辞书等法学知识的翻译之中,因而,法学学科体系的语料基础与智识基础之间往往也是密不可分的。尽管中国近代法学知识翻译一直都以实用为导向,但在翻译过程中也有意或无意走向分科化和体系化的道路。在近代中国法学学科体系构建过程中,既有从外文文献直接进行的翻译,也有中文学术群体自行撰写的图书、创办的期刊、大学教育中的讲义,甚至是留洋学生回国以后在大学课堂上的传授等。后者包含对西方法学知识元素的翻译或转写,在一定程度上也构成知识翻译的一部分,是近代中国法学学科体系的智识资源(intellectual resources)。

一、"从一种法理进入另一种法理"

中国近代法学知识的继受总体来讲经历了从师西洋到师东洋,再到东西并举的基本历程。近代中国对外国法的大规模的法律汉译肇始于19世纪60年代洋务运动以后,特别是京师同文馆成立以后(屈文生、石伟,2007:59)。彼时,法律翻译具有强烈的实用主义目标导向,在中西法律交涉的过程中,尤其是在立约、修约及相关照会往来时,中方亟须国际法知识的加持,在翻译内容的选择上也就仅仅以学习西洋国家间的交往规则为限,并不打算也不可能重建国际法和各部门法(陈颐,2013:69)。因此,1902年变法修律前,法律翻译的对象主要是欧洲国际法的著作。

这一时期翻译的欧洲国际法著作除前述《各国律例》《万国公法》和《公法便览》外,丁韪良和京师同文馆的学生还翻译了瑞士法学家步伦(Johann C. Bluntschli,也译为"伯伦知理"等)的《公法会通》(1880年)、爱德华·霍尔(Edward Hall)的《公法新编》(1899年)等,时任京师同文馆英文教习的傅兰雅(John Fryer)还翻译了《公法总论》《各国交涉公法论》《各国交涉便法论》等。最能体现这一时期法学翻译实用主义导向的译著当属《星轺指掌》,①不仅如"参赞、总领事、国书、护照"等外交术语保留至今,而且成为清末外交实践中的重要智识来源,在郭嵩焘、曾纪泽、薛福成等使团出使之前,都阅读此书了解西方近代外交制度、惯例和礼仪(傅德元,2006:78-79)。1815年维也纳会议以后形成的欧洲国家间交往的国际秩序随着翻译进入晚清知识演化进程中。通过上述著作的翻译,晚清中国基本上熟识欧洲国际法规则,并就此参与到国际法实践当中。

值得一提的是,作为帝国话语"正义"的工具,翻译本身具有明显的建构性,自我构建与"他者"构建也是相伴产生的。在国际法知识生产与环流的过程中,丁韪良所著的《中国古世公法论略》(*Traces of International Law in Ancient China*)反映出这一时期翻译所具有的自我建构与"他者"建构的双重属性。

一方面,国际法知识向中国的流动,是为了在理论上证成欧洲国际法的特殊性,进而使近代中国"从一种法理进入另一种法理",即从朝贡体系进入欧洲

---

① 该书原作者为查尔斯·马顿斯(Charles de Martens),中文版最早刊行于1876年,由同文馆学员联芳、庆常翻译初稿,经总教习、美国传教士丁韪良校核定稿。

公法体系，最终进入"由西方人建立的世界秩序"之中（杨国强，2020：144 - 145）。通过国际法翻译，译者希望破除清季中国自我中心的国际观念。欧洲国际法知识强调欧洲社会的共同历史，利用国际法规则创制主体中非西方因素的阙如，来确证东方社会在国际法规范中的"边缘"（periphery）地位，并将东方社会建构为"他者"。但另一方面，在文明推广的过程中，由于半殖民地具有的所谓"有限主权"，西方社会无法通过各种"财产化"手段，①直接完成对非欧洲国家的"文明化"。因此，西方社会想要维持眼下优先地位，就必须取得东方社会的共情，建构"我们"。为使中国在理念和制度上接受国际法，丁韪良就建构出一个"中国古代就存在类似于近代欧美国际法的国与国之间交往规则"的观念（赖骏楠，2023），只有这样才能削弱欧洲社会与非欧洲社会尖锐的二元对立。

这一点早在丁韪良翻译《万国公法》时就有所体现。在丁译本中，对有关实证国际法的删节，以及使用"公法"这一译名，都反映出丁韪良"试图抹杀西方国际法学界在这个问题上的重大分歧，并按照自己的理解和意愿将中国人引向对基督教的、自然法的、正义的、普遍的万民法的认识"（赖骏楠，2015：121）。但问题在于，通过大众传播所形成社群、共同的身份与文化，可以使西方社会不需要再动用武力和强制，而是通过东方社会的自我东方化，就可以完成霸权的控制（林学忠，2019：193；Liu，2004：120）。西方社会正是通过翻译，完成了自我与"他者"的建构。

尽管在 20 世纪以前，中国法学知识翻译少见除国际法以外的其他学科翻译，但各国法学知识的流通却从未在近代中国消失。魏源的《海国图志》、徐继畲的《瀛环志略》，以及梁廷枏的《海国四说》都在不同程度上对欧美国家的法律制度进行译介（李贵连，2018：211 - 216）。1880 年，同文馆教习比利干（Anatole Adrien Billequin）将《法国律例》译为中文，几乎包揽了宪法之外的法国的主要法律，是中国历史上第一部由官方组织系统翻译的外国法典（屈文生、石伟，2007：59；陈颐，2013：69 - 70），也是中国接受西方其他法政知识之嚆矢，但这并没有受到中国知识界的太多关注，翻译西洋国家法律的浪花很快就被"翻译东洋"的浪潮所淹没。

1895 年中日甲午战争战败，《马关条约》的签订让清廷很快意识到，译介国

---

① 早期国际法是成就欧洲国家对殖民地"财产化"的理论基础，发现论、无主地论、无主领土论和优先权论先后成为确证"财产化"的理论依据（万立，2023）。

际法并不能使清廷扭转乾坤。中国与西方之间(甚至是中国与日本之间)的差异本就不在于国际法知识,官方的国际法翻译也基本终结于 1898 年前后(李富鹏,2019:93)。换言之,当时清廷面临的关键问题不只是如何交涉,更重要的是如何变法以改良国家政治经济体制。1902 年 5 月,清廷颁布上谕,沈家本、伍廷芳受命参酌各国法律,开启了中国近代的法律改革;同年 9 月,《马凯条约》订立,其中规定"与各西国律例改同一律",英国即允弃治外法权,[①]这不仅成为民国时期法律外译的主要动机(屈文生、万立,2019:97 - 98),也是中国近代法学知识翻译阶段性转型的动因。受这些因素的影响,近代中国法学的知识翻译从重点译介国际法转向译介各西方国家国内的部门法,加之留日学生的大量回流,"师东洋以师西洋"成为一条中国法学知识更新的捷径,翻译对象也从欧美转向近邻日本,是为"翻译东洋"。

这一时期,"日译新书狂浪排空般涌来"(熊月之,1994:673),通过检视清末民国时期各种法典翻译和著述翻译(陈颐,2013;俞江,2005;田涛、李祝环,2000),可以发现多数译著都来源于日本。就连原本译自西洋的国际法学,在这一时期也都取诸东洋。留日学生翻译了诸如今西恒太郎、有贺长雄、美浓布达吉、中村进午等人有关平时国际公法和战时国际公法的著作。但总体而言,这一时期"翻译东洋"的主要目的在于如何挽救危局,巩固清政府的统治地位。

二、译介公法以明确政治国家的基本制度

清末预备立宪的进程中,两次出洋考察团最终将考察宪政的对象定位在德日一脉。有关宪政秩序的规范性知识从德国流向日本,再经日本改造流入晚清中国。高田早苗、小野梓、福泽谕吉、有贺长雄等早稻田"实证学派"的国家学著作,笕克彦、美浓部达吉等东京帝国大学"国家学派"的国法学著作,都经由留日学生译介到中国来,逐渐成为中国近代国家形态构造的思想基础(李富鹏,2021;史洪智,2014)。

清末中国的立宪运动直接受到这些著作(特别是后期"国家学派"的国法学著作)的影响,尤其是法政大学专为留日学生开设法政速成科。当时给留日清朝学生开设国法学与宪法学课程的教员正是笕克彦、美浓部达吉、清水澄、野村

[①]《马凯条约》第 12 款规定:"中国深欲整顿本国律例,以期与各西国律例改同一律,英国允愿尽力协助以成此举。一俟查悉中国律例情形,及其审断办法,及一切相关事宜皆臻妥善,英国即允弃其治外法权"(王铁崖,1959:109)。

浩一、冈博士等人(孙家红,2015:40-41)。这些学者的学说、观点和著作成为清末立宪辩论中的关键素材。有学者研究指出,梁启超与陈天华、汪兆铭、胡汉民等人之间关于"开明专制"的激烈论战,其主要依据就脱胎于笕克彦的"意力合成说",以及他关于中国自古以来就是开明专制的分析(李富鹏,2021:121)。更有趣的是,笕克彦的观点为当时争论的"国民程度"问题的论战双方都提供了理论依据(赖骏楠,2018:178-179)。

但这一时期"翻译东洋"并不代表没有西洋法学,尤其是有关基础法学理论和国家建构理论的传入。相反,孟德斯鸠、步伦、斯宾塞等欧美学者的著作也在这一时期盛行,例如严复翻译的孟德斯鸠《法意》(1909)正是"翻译东洋"时期的重要译著。但由于东洋法制的回流,以及清廷对变法修律的迫切需要,这些取诸西洋政治理论与法律思想著述过于抽象,也过于晦涩,其带来的影响远不及日本宪法、法学教科书、法学讲义等具象的法律知识所带来的影响之大。加之朝廷当中留日派人士占据大多数(陈颐,2013),即便对欧美国家法律体系进行系统的译介,也无法直接发挥其效用。

东洋法学知识对近代中国法学的智识基础带来重要影响,还发生在其他法学领域。清水澄和织田万的著作成为近代中国理解行政观念的渊源;木尾虎之助、牧野英一、冈田朝太郎的著作也推动了近代意义上的刑法学、监狱学和犯罪学的成长;高木丰三、丰岛直通、松室致、板仓松太郎的著作和学说推动了中国诉讼法学的诞生。这样的例子不胜枚举(何勤华,2006;孙家红,2015)。

相较于对日本学者著作的翻译,对变法修律产生更为直接影响的,应该是这一时期法典翻译。法典翻译引入的规范性知识转而推动变法修律。面对时间紧、任务重的修律工作,这一时期法典翻译以日本法为主的倾向,与主持修订法律馆的沈家本确立的以日语为知识通路的策略有着密切关联。留日学生群体在官方和民间的法典翻译中都扮演着重要角色(李富鹏,2019)。在官方法典翻译中,修订法律馆在1904—1909年六年时间内翻译日本法16部,居于所有国家之首。在民间法典翻译中,以商务印书馆在1907年和1911年分别出版的《新译日本法规大全》和《日本六法》为典型代表(陈颐,2013),随后辅以《德国六法》和《法国六法》的出版,欧陆国家的六法体系就经由日本传入中国。法典翻译在中国生产了大量的规范性知识,所带来的直接影响是,有关大陆国家"六法体系"的规范化知识进入法律编修的进程中,进而改良了中国古代以来的传统律例系统,也在很大程度上丰富了近代中国法学的知识结构。

三、译介私法以保障民权

沈家本变法修律以"参酌各国法律""务期中外通行"为基本目标和重要任务。从中英《南京条约》开始,保障在华外籍人士的财产权就是缔结条约的主要目的之一。中英《南京条约》第 1 条就规定:

> 嗣后大清大皇帝、大英君主永存平和,所属华英人民彼此友睦,各往他国必受该国保佑,身家全安。
>
> There shall henceforward be Peace and Friendship between Her Majesty the Queen of the United Kingdom of Great Britain and Ireland, and His Majesty the Emperor of China, and between their respective Subjects, who shall enjoy full security and protection for their persons and property within the Dominions of the other.

此后,类似的规定一直存在于中外条约当中,对于外国人权利,特别是人身权利和财产权利的保护,是被置于中外条约交涉中首要位置的。

在约翰·威斯特莱克(John Westlake)看来,西方国家在东方社会创设治外法权的"理据"在于,管辖权的不平等性是建立在个人平等的基础之上的,欧洲国家为了使其国民在本国和外国得到平等待遇,就必须使本国国民在外国也要接受本国法的保护(Westlake, 1910:318 - 319)。这在司法程序上表现为"领事裁判权"和一定程度的"公使裁判权"以及后来的英美等国驻近代中国专门法院法官的"法官裁判权"等(屈文生,2023b),在实体法上就表现为适应资本主义社会的民商事法律。① 因此可以说,对于治外法权的行权主体而言,清季民商事法律的变革才是他们的重点关照对象,因为这直接关系到殖民帝国商业利益能否实现的问题。

近代中国民商法知识译入中国,大体上肇始于 1880 年比利干翻译的《法国律例》。与国内公法知识主要依托于日本的著述学说译介不同,民商法知识最直接的来源是译介列国法律。1903 年清政府设立了商部,商部下设的律学馆

---

① 此亦为当时环境使然,资本主义经济快速发展在产权保护上提出了更高的要求,1883 年订立的《保护公约产权巴黎公约》和 1886 年订立的《保护文学和艺术作品伯尔尼公约》就是典型例证。清末中国已经颁布的民商事立法中,就有 1910 年的《大清著作权律》(李琛,2021)。

主要职责就是翻译外国商律各书兼及路矿律、招工律、保险律、报律并各国条约（李秀清，2001：127）。1904年以后，以德日民商法律为代表的法典及论著逐渐增多，仅修订法律馆一家官方机构就翻译了德国、日本、瑞士、奥地利、俄罗斯等大陆法系国家法典（陈颐，2013）。日本商法、德国海商法、日本民法、日本票据法、美国破产法、德国破产法等有关商法的知识也进入修订法律馆（李秀清，2001）。此后，《德国六法》和《法国六法》的翻译更为近代中国的民商法知识提供给养。

实践表明，私法知识体系的变革远比公法知识体系的变革更加顺利，尤其在商事立法中，似少见宪政制度和刑事法律变革中遇到激烈争论和重重阻碍。清廷的有识之士也同样认为，"诚以修订全国律例，乃更定商律之提纲，更定商律为收回治外法权之要领。然非参考各国通律，斟酌尽善，恐外人不能遵守"。清廷于1903年颁行《钦定大清商律》，1906年颁行《大清破产律》，1910年工农商部又提出了《大清商律草案》，这几部商事立法中都能看到明显的翻译并参照德日立法的痕迹。

当然，西方国家的民商法学说著述也对近代中国私法知识体系的变革产生了较大的影响。这一方面表现在理论输入。富井政章、梅谦次郎、志田钾太郎的著作，以及乾政彦、松波仁一郎的讲义，松冈义正、岩谷孙藏在京师法政学堂和京师大学堂的教学活动推动了中国民法学的诞生（何勤华，2006；韩策，2013）。此外，《泰西民法志》《美国民法考》等西洋民商法著作也为近代中国民商法理论提供了多元视角。另一方面，外国学者也直接参与到近代中国法律制定的过程中，在参与到中国法律实践进程中时，不可避免地基于起草者本人的思维方式、本国法律的起草技术、法律原则和术语体系，而其所经手的法律材料烙上特定法律体系的印记（Gutteridge，1946：182）。这本身就是对规范性知识的阐释，也是西方法学知识通过"翻译"和进一步解释向中国环流的进程。例如1908年《大清民律草案》就是由日本法学家松冈义正和志田钾太郎协同调查，并由松冈义正起草了总则、物权和债权三编（李秀清，2001）。及至民国时期，法国法学家宝道、爱斯嘉拉都参与过《中华民国民法》的制定（张生，2015）。美国法学家古德诺（F. J. Goodnow）、罗炳吉（C. S. Lobingier）、庞德（Roscoe Pound）等，也都相继参与到民国时期的立法进程当中（何勤华，2006；朱明哲，2018；陈霓珊，2018）。在译介私法的进程中，译者最为明显地展现出规范性知识跨域流动使者与规范性知识生产者的双重身份。

在初步完成近代中国法学知识更新以后,尤其是 1928 年民国政府开始建立自己的"六法体系"以后,法学翻译不再突出明显的实用主义特征,而是走上了主动翻译、全面翻译和批判翻译的道路。翻译的对象日趋多元化,学科门类也逐渐精细化。仅举王云五在 1929 年至 1937 年出版的"万有文库"中的译著即可说明这一问题。该套丛书尤其强调知识的创造性生产,[①]有关西学内容的译著都是精心挑选,并请如岑德彰、雷沛鸿、周鲠生等享誉中外的学者进行翻译。诸如奥本海的《平时国际法》《战时及中立国际法》、格劳秀斯的《国际法典》、穗积陈重的《法律进化论》、狄骥的《现代国家法》、戴雪的《英宪精义》等都是这一时期法学翻译的产物。总的来说,民国时期法学翻译的著作堪称汗牛充栋,这些著作大多为中国近代法学知识体系的构建添砖加瓦。

第三节 翻译与近代中国法学学科体系的形成

中国近代法学各主要学科的术语与知识很大程度上通过翻译生成。但法学术语和法学知识的翻译与生成并不等于法学学科体系的形成。法学翻译是一回事,法律移植与本土化是另一回事。事实上,近代中国法学体系的构建不可能仅靠翻译就实现,翻译只是万里长征的第一步。法学知识体系是一个复杂的、多种逻辑结合的体系。例如,立法的构成基本单位是宪法、法律、行政法规、地方性法规自治条例单行条例规章以及规范性文件等;法学概念的构成基本单位则是法律术语和词汇;等等。可以说,法学知识生产主要依靠法学家和立法者;但法学知识的跨域传播和交流互鉴仍主要靠翻译者。

近代法学学科体系的设立很大程度上依托于法学教育事业的发展、法学家的科学研究、法律工作者的立法司法和法律服务实践等。但无论如何,对于近代中国法学学科体系的设立而言,翻译是实实在在的第一步。

与法学术语翻译和法学知识翻译同步,近代中国法学各分支学科开始在京师同文馆萌芽并获得成长。京师同文馆是近代中国官方成立的第一家讲授法学知识的学校,但限于当时引入的西方法政知识并不多,在学科科目上只系统

---

① 该套丛书中有关新学和西学的内容也基本上都是商务印书馆约请人新撰写的。从出版史的角度来看,这套丛书既是近代社会文献学意义上的文化整理,也是现代知识的生产与创新的表现形式(朱琳,2017:121)。

开设了"万国公法"一门课程。汉译国际法著作径直被指定为同文馆的教材并列入课程清单，如同文馆 1876 年公布的八年课程表中，就将丁译《万国公法》《星轺指掌》《公法便览》等部分汉译国际法著作列为第七年的课程（高时良、黄仁贤，1992:92）。受同文馆的影响，自洋务运动始，国际法课程陆续于上海广方言馆、福建西学学堂、天津中西学堂、山西味经书院、通艺学堂、保定畿辅学堂、上海育才书塾、山西崇实书院等开设，中国国际法学科就此诞生。

此后，随着"翻译东洋"的开展，清政府也仿照东洋创办了新式学校和法政学堂，留日学生回国后也将在日本学习的讲义进行编译整理，成为中国早期法科教育的重要资源。学校（堂）在课程设置的过程中已经开始运用翻译形成的各种学科资料，并对这些学科资料加以整合，形成了法学学科的初级形态。伴随着变法修律的进行和中国诸法律的制定，法学学科也不断完善和发展，对法学知识的整理更具本土化和系统性特征，近代中国法学各分科也渐次形成。

这种学科知识的分化在戊戌前后的学堂教育中初见端倪。1895 年天津中西学堂创办时，就已将大清律例、法律通论、罗马律例、英国合同法、英国罪犯律、商务律例等法学科目纳入学堂章程之中（徐彪，2005:364）。1898 年成立的湖南时务学堂在其章程中列明"公法学"作为专门之学，在学堂功课详细章程中解释为"宪法民律刑律之类为内公法，交涉公约约章之类为外公法"，其课程阅读的材料中除前述国际法的内容外还包括《佐治刍言》①《公法便览》《希腊志略》《罗马志略》《法国律例》《英律全书》等（汤志钧等，2007:343 - 349）。而这一时期之所以能够形成学堂法学教育，与前述翻译过来的学科资料之间具有密切的联系，学堂开设的课程基本上都是这一时期法律翻译的产物。

此一时期，与学堂教育改革同步进行的是国家人才选拔途径，即科举考试的改制。在 1905 年正式废除科举考试以前，中央和地方政府就对科举考试的内容进行大规模改革。光绪二十四年（1898 年），清廷发布上谕，要求地方改革乡会试制度，大幅降低了四书五经的考察比例，取而代之的是中国政治史事和各国政治艺学（汤志钧等，2007:77）。光绪二十七年（1901 年），礼部会同政务处奏请变通科举事宜，其中就说明各国政治艺学策论考察的范围极其广泛，学校、财赋、商务、兵制、公法、刑律、天文、地理等，都在其涵盖范围之中（刘龙心，

---

① 在章程中还特意注明"此书为内公法之书"，对于修习掌故门的学生，"必须读宪法书，仍不为古法所蔽"。

2007)。据学者统计,在1902—1904年科举考试155个策问问题中,经济(23)、外交(15)、国际法(9)、法律(12)、军事(15)、货币(21)、政治(14)和贸易(16)的题目众多,而对经济、货币和贸易等问题的考察中也多少带有与法律有关的因素(阿梅龙,2013:210-213)。

此后,1905年发布《修订大臣订定法律学堂章程》,其中明确规定三年制学生要学习的课程主要包括大清律及唐明律、现行法制及历代法制沿革、法学通论、国法学、罗马法、刑法、民法、宪法、商法、民事诉讼法、刑事诉讼法、裁判所编制法、国际公法、诉讼实习、行政法、监狱法、大清公司律、国际私法、大清破产律等;而即便是速成科也是从前述内容中择要学习(潘懋元、刘海峰,2007:134-135)。直隶法政学堂和京师法政学堂也类似(徐彪,2005:365)。当时开设的这些课程所使用的教材和讲义往往由留日学生自行撰写,他们将在日本学习的法政知识加以转化,[①]或者直接编译日本著作;而法政学堂的授课教师除留日学生外,主要由修订法律馆的日本法律顾问担任,如冈田朝太郎、松冈义正、志田钾太郎、梅谦次郎等(何勤华,2006)。对于这些学者对于法政知识的转述,也可以描述为一种知识流动过程中的"翻译"。这些内容也以一定的形式固定下来,最典型的就是由熊元楷、熊元翰、熊元襄编辑整理的《京师法律学堂笔记》。

从这一时期开始,近代中国法学已经开始由零散的知识翻译走向学科整合的道路,虽然学科内部的知识未必形成一种整全性的体系,但已经具备对学问进行分门别类的特征。有趣的是,在法学学科形成之初,就带有一些法律比较和批判反思的色彩,当然这未必是对"翻译法学"有意识的反思,也可能是对旧制不舍。在早期的学校和学堂教育中,学生往往还要修习一些中国古代法律的课程,如唐明律、大清律等。对这些知识的研习往往意味着西式法政知识存在本土化思考的可能性,民国时期对中国法律传统的赓续在一定程度上也是翻译学科资料与传统学科资料交融的结果。

民国时期,随着法律翻译和法学教育的进一步融合发展,法学学科划分也逐渐结构化和体系化。1912年中华民国教育部发布《法政专门学校规程》,是首个以国家名义对法政分科的规定。《规程》规定,法律科共设必修课十二门(宪法、行政法、罗马法、刑法、民法、商法、破产法、刑事诉讼法、民事诉讼法、国际公

---

① 典型例证如当时清末在日留学的学生曾参与日本法政大学清国留学生法政速成科,根据他们整理下来的笔记出版了《法政大学速成科讲义录》(陈健、李冲,2012)。

法、国际私法和外国语),选修课五门(刑事政策、法制史、比较法制史、财政学和法理学)。民国时期设立的国立或私立法政学校基本都是按照这一分科设置法学学科(潘懋元、刘海峰,2007:489–505),北洋大学和山西大学还专门开设英吉利法一门必修课程供学生了解研习英美法律制度之用。有趣的是,民国政府在进行学制改革以前,也大量参考了日本的学制,就连民国时期中国的学科划分和学校制度都是翻译的产物(舒新城,1928:195–198)。

结　语

翻译在建构近代中国法学学科体系的过程中发挥了重要作用。对于法学翻译与近代中国法学的关系,法学家何勤华曾有"中国近代法学的模仿色彩很浓,接受外国法学的影响强烈,在某种程度上甚至可以称其为'翻译法学'"的重要判断。西方法学在中国的翻译传播为近代中国的法学知识转型和当代中国所需的法治之理提供了重要支撑。近代中国法学知识体系的初创是经由法学翻译而确立的——如果不使用近代译词和概念,不管是法律实务界还是法学理论界都很难表达出想要表达的意思,很难构建起近代中国法学知识体系。但是,长此以往,整个中国法学知识体系皆建立在"汉字化的西方法学"之上(陈金钊,2017),这就提醒我们应当重新思考翻译与中国自主的法学知识体系构建的关系。

尽管法律史在很大程度上可以归纳为规范性知识的翻译史,但这绝不意味着规范性知识在全球范围内的环流和在法律移植国家的继受过程只是一个知识单向涵化的过程(秦亚青,2023),中国法律的近代化绝不能简单等同于中国法律的西方化,而是利用西方法政知识的汉译学科资料对中国法学学科体系改造的过程。翻译是知识生产和流通的重要手段,但翻译并不等于知识自主性的丧失。在中国法学学科体系建构的过程中,国家翻译所体现出的政治性和主体性,以及对法学知识体系建构的作用与反作用,是重新思考学科知识自主性问题的重要推手,对这一问题的反思有助于学科体系拓展、学术体系深化以及话语体系创新。

站在后殖民主义的立场上看,翻译在知识建构中具有两方面的作用。一方面,翻译无疑是帝国的工具(Niranjana, 1992),由翻译引发的知识符码交换

(exchange of tokens)正是加剧中国传统法律与近代法律发生断裂和冲突的因素(沙培德、张哲嘉,2013:9),由此在清季中国产生两种不同的法学学科体系。但与此同时,翻译也是抵抗帝国话语的工具(许钧,2023),两种不同知识系统在碰撞过程中,必然产生不同于任何一种单一知识形态的知识系统。在近代中国的场域下,帝国主义列强始终没能垄断对中国的表述能力,中国精英与官员仍然以强大的生命力表述自身。正是这种话语权力的对立与平衡,成为塑造"传统中国法"与"近代中国法"话语二元对立的原因(沙培德、张哲嘉,2013:9 – 10)。

没有哪一个学科的思想发展不是以翻译的方式呈现出来的(杨枫,2021:2)。近代中国法学的学科体系、学术体系与话语体系的创立,以及西方社会对中国新法学理论的认知,正是在一次又一次的知识回流和环流当中实现的。例如民国时期,北洋政府司法部"法典编纂会""翻译法律会""调查法权委员会"(Commission on Extraterritoriality in China)等官方机构组织着力进行法典翻译(Report,1926),大理院曾委托法学家郑天锡(F. T. Cheng)将《大理院判例要旨汇览正集》翻译成英文(Supreme Court,1923),中国学者也积极在欧美法学期刊上发表有关中国法的文章(Wu,1921/1930;Li,2008;Zhang,2013),这当中不仅包含着中国法律改革的成果,反映出清末变法修律以来新确立的法律制度与司法状况,同时也包含着中国习惯法的融通、改造及其在新的法律体系中新的生长(De Montmorency,1920)。尽管这一时期的法律外译带有明显的废除治外法权的目标,但法律外译的成果促成了中国近代法学的知识更新,也使经过西方法律"改造"后的中国法以其特有的知识形态重新进入规范性知识的世界环流当中,仍不失为中国近代反法律东方主义的重要话语实践(屈文生、万立,2019;屈文生、徐琨捷,2023)。

当下,中国法学面临的知识自主性不足,但这并不能完全归咎于近代法律翻译给中国法律秩序所带来的冲击和影响;在很大程度上,如何利用翻译表达中国法学话语、重塑中国法律形象仍然是翻译跨学科实践中需要关心的问题。这就提醒我们构建自主的中国法学知识体系不能仅靠翻译,但离不开翻译。一方面,构建自主的法学知识体系需要参照物,参照物的引入仍要靠翻译。另一方面,构建中的自主的法学知识体系需要对外传播,对外传播离不开翻译。要从认识论(epistemology)的角度,挖掘利用好本土资源,同时认真对待翻译在知识旅行中的建构作用。翻译从来和权力与话语紧密联系,翻译显然不只是符码的交换。我们之所以要构建自主的中国法学知识体系,目的在于遏制单边主义的逆流,阻断美国法全球化或全球法的美国化。

面对"三千年未有之大变局"(李鸿章语),近代中国从一种法理进入了另一种法理。回望历史,可以发现中国近代史上的法学知识变迁和历史进程的转型是经由翻译推动实现的。"翻译与大变局"是个什么样关系? 对于这一问题,我们能够给出的初步答案是,翻译是破局的药方。越是大变局,越有大翻译,译者越在场。构建自主的新时代中国特色法学知识体系,翻译可以发挥更突出的作用。翻译不生产知识,但也不是简单的知识搬运,而是一股可以充分推动"共同知识文本"的确立与流通的重要力量。

注:感谢华东政法大学万立副教授和浙江工商大学龚茁副教授对本章初稿的修订和补充。

— 参考文献 —

[1] 阿梅龙. 晚清科举制度与西学东渐[A]. //沙培德,张哲嘉. 近代中国新知识的建构[C]. 台北:"中央研究院",2013.

[2] 岑德彰. 弁言[A]. //[德]L. Oppenheim. 奥本海国际法—平时[M]. 岑德彰译. 长沙:商务印书馆,1935.

[3] 陈健,李冲. 日本《法政大学速成科讲义录》学术价值评析[J]. 历史档案,2012(4):131 - 138.

[4] 陈力卫. 东往东来:近代中日之间的语词概念[M]. 北京:社会科学文献出版社,2019.

[5] 陈颐. 清末民国时期法典翻译序说[J]. 法学,2013(8):68 - 86.

[6] 陈金钊. "西方法学在中国"及中国法学学术转型[J]. 济南大学学报(社会科学版),2017(2):9 - 12.

[7] 陈霓珊. 民国民事立法中的"保守"与"激进"——基于爱斯嘉拉本土化立法方案的考察[J]. 近代史研究,2018(3):141 - 154.

[8] 傅德元.《星轺指掌》与晚清外交的近代化[J]. 北京师范大学学报(社会科学版),2006(6):74 - 81.

[9] 高时良,黄仁贤. 中国近代教育史资料汇编:洋务运动时期教育[M]. 上海:上海教育出版社,2007.

[10] 韩策. 师乎? 生乎? 留学生教习在京师大学堂进士馆的境遇[J]. 清华大学学报(哲学社会科学版),2013(3):28 - 37.

[11] 何勤华.《万国公法》与清末国际法[J]. 法学研究,2001(5):137 - 148.

[12] 何勤华. 法科留学生与中国近代法学[J]. 法学论坛,2004(6):82 - 90.

[13] 何勤华. 中国法学史(第三卷)[M]. 北京:法律出版社,2006.

[14] 黄克武. 新名词之战:清末严复译语与和制汉语的竞赛[J]. "中央研究院"近代史研究所集刊,2008,62:1-42.

[15] 黄源盛. 法律继受与法律语言的转换——以晚清《大清新刑律》的立法为例[J]. 政大法学评论,2016,145:199-255.

[16] 赖骏楠. 国际法与晚清中国:文本、事件与政治[M]. 上海:上海人民出版社,2015.

[17] 赖骏楠. 清末《新民丛报》与《民报》论战中的"国民"议题[J]. 法学研究,2018(4):171-187.

[18] 赖骏楠. "文明论"视野下的晚清中国及其对外关系——以《中国评论》为考察对象[A]. //李秀清. 镜中观法:《中国评论》与十九世纪晚期西方视野中的中国法[C]. 北京:商务印书馆,2023.

[19] 李琛. 近代中国著作权法之体系选择小考[J]. 中国版权,2021(6):38-45.

[20] 李富鹏. 改造"律例"——晚清法律翻译的语言、观念与知识范式的近代转化[J]. 政法论坛,2019(5):87-99.

[21] 李富鹏. 宪法知识的全球流动——以德日国法学文献的清末翻译为中心[J]. 中国法律评论,2021(6):111-122.

[22] 李贵连. 1902:中国法的转型[M]. 桂林:广西师范大学出版社,2018.

[23] 林学忠. 从万国公法到公法外交:晚清国际法的传入、诠释与应用[M]. 上海:上海古籍出版社,2019.

[24] 刘禾. 帝国的话语政治:从近代中西冲突看现代世界秩序的形成[M]. 杨立华等译. 北京:生活·读书·新知三联书店,2009.

[25] 刘龙心. 从科举到学堂——策论与晚清的知识转型(1901—1905)[J]. "中央研究院"近代史研究所集刊,2007,58:105-139.

[26] 潘懋元,刘海峰. 中国近代教育史资料汇编:高等教育[M]. 上海:上海教育出版社,2007.

[27] 钱恂,董鸿祎. 新译日本法规大全(点校本):法规解字[M]. 何勤华,点校. 北京:商务印书馆,2007.

[28] 秦亚青. 知识涵化与社会知识再生产——以中国国际关系理论发展路径为例[J]. 世界经济与政治,2023(1):3-24.

[29] 屈文生. 早期英文法律词语的汉译研究——以19世纪中叶前后若干传教士著译书为考察对象[J]. 中国翻译,2012a(1):40-46.

[30] 屈文生. 和制汉语法律新名词在近代中国的翻译与传播——以清末民初若干法律辞书收录的词条为例[J]. 学术研究,2012b(11):122-129.

[31] 屈文生. 从词典出发:法律术语译名统一与规范化的翻译史研究[M]. 上海:上海人民出版社,2013.

[32] 屈文生. 翻译史研究的面向与方法[J]. 外语教学与研究,2018(6):830-836.

[33] 屈文生. 从治外法权到域外规治——以管辖理论为视角[J]. 中国社会科学,2021(4):44-66.

[34] 屈文生. "熙尔控杨泰记案"华英合璧全案刻本探赜[J]. 学术月刊,2023a(1):191-207.

[35] 屈文生. 作为上诉机构的总理衙门与美国驻京公使——以"熙尔控杨泰记"上诉案为中心[J]. 中外法学,2023b(2):501 - 520.

[36] 屈文生,龚茁. 翻译与近代中国国际法学的知识发展[J]. 上海翻译,2024(2):67 - 74.

[37] 屈文生,石伟. 论我国近代法律翻译的几个时期[J]. 上海翻译,2007(4):58 - 62.

[38] 屈文生,万立. "五四"时期的法律外译及其意义[J]. 外国语,2019(5):96 - 103.

[39] 屈文生,万立. 全权、常驻公使与钦差——津约谈判前后的中英职衔对等与邦交平等翻译问题[J]. 学术月刊,2020(6):162 - 177.

[40] 屈文生,万立. 王韬的西学与中学翻译身份、认知与实践[J]. 北京行政学院学报,2021(3):114 - 121.

[41] 屈文生,徐琨捷. 法律知识的全球环流与中国法形象的重塑——以北洋时期《大理院判例要旨汇览正集》英译为中心[J]. 探索与争鸣,2023(10):81 - 92.

[42] 沙培德,张哲嘉. 现代中国知识:全球化与在地化[A]. //沙培德,张哲嘉. 近代中国新知识的建构[C]. 台北:"中央"研究院,2013.

[43] 史洪智. 日本法学博士与近代中国资料辑要(1898—1919)[M]. 上海:上海人民出版社,2014.

[44] 舒国滢. 中国法学之问题——中国法律知识谱系的梳理[J]. 清华法学,2018(3):5 - 25.

[45] 舒新城. 近代中国教育史料(第四期)[M]. 北京:中华书局,1928.

[46] 孙家红. 西方·日本·中国法[A]. //法政速成科讲义录[M]. 桂林:广西师范大学出版社,2015.

[47] 汤志钧等. 中国近代教育史资料汇编:戊戌时期教育[M]. 上海:上海教育出版社,2007.

[48] 田涛,李祝环. 清末翻译外国法学书籍评述[J]. 中外法学,2000(3):355 - 371.

[49] 万立. 近代早期的国际法理论与欧洲殖民帝国对殖民地的"财产化"[J]. 世界历史,2023(1):25 - 39.

[50] 魏向清. 术语翻译助推学科体系建设[N]. 中国社会科学报,2023 - 08 - 09(4).

[51] 邬国义. 《民约论》早期译本合编与资料辑刊[M]. 上海:上海古籍出版社,2021.

[52] 熊月之. 西学东渐与晚清社会[M]. 上海:上海人民出版社,1994.

[53] 徐彪. 论清末新式法学教育对中国近代法学的影响[J]. 环球法律评论,2005(3):362 - 371.

[54] 许钧. 翻译史研究的任务——基于《不平等与不对等》的思考[J]. 外语教学与研究,2023(3):420 - 429.

[55] 阎学通. 学术知识专业化:国际关系研究的学科建设方向[J]. 国际政治科学,2022(4):iii - x.

[56] 杨枫. 知识翻译学宣言[J]. 当代外语研究,2021(5):2.

[57] 杨国强. 衰世与西法:晚清中国的旧邦新命和社会脱榫[M]. 桂林:广西师范大学出版社,2020.

[58] 俞江. 清末民法学的输入与传播[J]. 法学研究,2000(6):140 - 149.

[59] 俞江. 清末法学书目备考(1901—1911)[A]. //何勤华. 法律文明史研究(第二卷)[C]. 北京:商务印书馆,2005.

[60] 章清. 会通中西——近代中国知识转型的基调及其变奏[M]. 北京:社会科学文献出版

社,2019.

[61] 张生.民国民法典的制定:复合立法机构的组织与运作[J].比较法研究,2015(3):45-55.

[62] 中国社会科学院科研局"三大体系"建设研究课题组.中国特色哲学社会科学"三大体系"建设进程评价:理论与实践探析[J].中国社会科学评价,2022(1):148-156.

[63] 周伟驰.总序[A].//李提摩太.列国变通兴盛记[M].广州:南方日报出版社,2018.

[64] 朱琳.规模化知识整理与普及:《万有文库》的知识社会史考察[J].出版科学,2019(6):120-124.

[65] 朱明哲.中国近代法制变革与欧洲中心主义法律观——以宝道为切入点[J].比较法研究,2018(1):155-170.

[66] 左玉河.从四部之学到七科之学:学术分科与近代中国知识系统之创建[M].上海:上海书店出版社,2004.

[67] [德]恩格斯.英文版序言[A].//中共中央马克思恩格斯列宁斯大林著作编译局.马克思恩格斯全集(第44卷)[C].北京:人民出版社,2001.

[68] [挪威]鲁纳.改变中国的国际定位观:晚清时期国际法引进的意义[J].施清婧,译.南京大学学报,2008(4):77-84.

[69] [奥地利]费尔伯.术语学、知识论和知识技术[M].邱碧华,译.北京:商务印书馆,2011.

[70] [美]惠顿.万国公法[M].丁韪良译,何勤华点校.北京:中国政法大学出版社,2003.

[71] [美]徐中约.中国进入国际大家庭[M].屈文生,译.北京:商务印书馆,2018.

[72] [美]卫三畏.英华韵府历阶[M].澳门:香山书院,1844.

[73] DUUE T. Legal history as a history of the translation of knowledge of normativity [J/OL]. MPILHLT Research Paper Series, 2022(16). https://ssrn. com/abstract = 4229323.

[74] GUTTERIDGE H C. Comparative Law: An Introduction to the Comparative Method of Legal Research and Study [M]. Cambridge: Cambridge University Press, 1946.

[75] KAYAO ĞLU T. Legal Imperialism: Sovereignty and Extraterritoriality in Japan, the Ottoman Empire, and China [M]. New York: Cambridge University Press, 2010.

[76] LEE D. Chinese translation of international law and the articulation of European political concepts into "Fanshu (藩属)" in the late Qing period [J]. Korean Studies of Modern Chinese History, 2018,80:1-42.

[77] LI X. John C. H. Wu at the University of Michigan School of Law [J]. Journal of Legal Education, 2008,58(4):545-563.

[78] LIU L. The Clash of Empires: the Invention of China in Modern World Making [M]. Cambridge: Harvard University Press, 2004.

[79] DE MONTMORECY G. Private law in China [J]. Journal of Comparative Legislation and International Law, 3rd Series, 1920,2(3):283-289.

[80] NIRANJANA T. Sitting Translation: History, Post-structuralism, and the Colonial Context [M]. Berkeley: University of California Press, 1992.

[81] RUSKOLA T. Legal Orientalism: China, the United States and Modern Law [M].

Cambridge: Harvard University Press, 2013.

［82］ SVARVERUD R. International Law as World Order in Late Imperial China ［M］. Leiden: Brill, 2007.

［83］ WESTLAKE J. International Law ［M］. Cambridge: Cambridge University Press, 1910.

［84］ WU, JOHN C H. Readings from ancient Chinese codes and other sources of Chinese law and legal ideas ［J］. Michigan Law Review, 1921, 19(5): 502 – 536.

［85］ WU, JOHN C H. The problem of extraterritoriality in China ［J］. American Society of International Law Proceedings, 1930, 24(6): 182 – 193.

［86］ ZHANG X, JOHN C H. Wu and his comparative law pursuit ［J］. International Journal of Legal Information, 2013, 41(2): 196 – 221.

［87］ Hill v. Ta Kee, minutes of the court including pleadings and arguments of counsel in English and Chinese ［Z］. Shanghai: American Presbyterian Mission Press, 1875.

［88］ Report of the commission on extraterritoriality in China, Peking, September 16, 1926 ［M］. Washington: Government Printing Office, 1926.

［89］ The Supreme Court. The Chinese Supreme Court Decisions ［M］. Cheng F T (trans.), Peking: The Commission on Extraterritoriality, 1923.

［90］ 箱田恵子. 清末中国の新聞・雑誌にみる仲裁裁判観[J]. 史窓, 2021, 78: 47 – 74.

［91］ 藤本健一. 丁韪良の法律新語—《萬國公法》からの変遷を中心に[J]. 語学教育研究論叢, 2017, 35: 79 – 92.

［92］ 池田真朗. ボアソナード「自然法講義（性法講義）」の再検討[J]. 法學研究：法律・政治・社會, 1982, 55: 1 – 32.

翻译与中国语言学

● 本章导读 ●

中国传统语文学的研究门类为小学,即音韵、文字与训诂,是建立在"字"的基础上进行的音、形、义层面的研究。19 世纪中期,西方侵华战争迫使国门打开,国内开启了一系列救亡图存的爱国运动,以知识分子为代表的群体走上维新之路。在"师夷长技以制夷"的呼声下,西方的科学技术、历史文化、地理知识、政治制度等通过翻译涌进中国。自此,西方学术思想不断传入中国,中国学术步入"西学东渐"的阶段,在语言学研究领域体现为引进西方的语言学研究理念与方法,并通过翻译和模仿开启了建构汉语语法的进程。在翻译的"助推器"作用下,中国语言学的现代性程度日益深化,构建出一系列蕴含西方学科特色的中国现代语言学研究范式。陆俭明(2007:97)指出,"从《马氏文通》至今,中国国内汉语语法研究中所用到的理论方法,基本上都是国外借鉴来的。"陈平(2017a:42)亦表明:"我们现在学习和研究的现代语言学主要是西学,所有重要的理论、概念、方法基本上都是从西方引进的。"

而"引进"在很大程度上是"翻译"的过程。在这一发展历程中,翻译充当着推进西方学术思想国内传播的中流砥柱,将中国语言学研究推上了西方语言学的发展轨道。然而,翻译在中国语言学建构和发展过程中到底发挥了怎样的作用? 这一问题尚未引起学界的深刻反思,尚未出现系统而深入的探讨。鉴于此,本章依托 100 多年来中国语言学史上代表性的语言学家及其著述,阐述中国现代语言学如何在翻译的作用下兴起、发展与成熟,如何通过术语与概念的译训、基要著作的译介、思想理论与研究方法的译述等方式建构中国现代语言学的理论大厦,以及从该历史进程中获得了哪些有益的启示及教训。

第一节　"翻译""借鉴"与"引进"

在中国语言学的发展历程中,国内语言学界在对西方语言学理论和方法的"翻译""借鉴"与"引进"中步入现代性道路。如果将"翻译"置于中国语言学发展的背景之下,则是通过跨语言的实践活动将西方语言学的原理方法引入中国语言研究实践之中,是西方学术思想"中国化"的基础。"借鉴",是通过对照中西方语言学体系,模仿西方语言学研究中的"模式""体系""方法",借以推进中国语言学研究。"引进"则是"翻译"与"借鉴"的动机所在,在比较中西方语言特征的基础上,将适用于汉语语法的西方语言学理念、思路方法等纳入汉语语法研究体系。其中,"引进"是目的,"借鉴"是思路,"翻译"是手段。

一、"翻译"的三种形态

翻译体现为"译训""译介"和"译述"三种形态。"译训"(trans-taking)是指对西方概念、术语、表达成分的直接翻译与撷取,作为新成分直接引入汉语语法研究①。例如,《马氏文通》(马建忠,1898/2012)一书以"葛郎玛"音译"Grammar",说道"此书在泰西名为'葛郎玛'",书中意译西文语法中的词类概念,构建出文言中的词类划分体系,文中的词类从最小至最大单位,均能在西文中找到逐一对应的概念。例如,"名"字(英 noun;法 nom)的下属单位为公名(英:material noun;法:noms concrets)、群名(英:collective noun;法:noms collectifs)、通名(英:abstract noun;法:noms abstraits)、专名(英:proper noun;法:nom propre);"静"字(英:adjective;法:adjectif)的下属单位为象静(英:adjectives;法:adjectif)、滋静(英:numerals;法:numéral)。黎锦熙(1924)直译构词法中的词头(prefix)、语根(root)、语尾(suffix)、兼词(phrase),又意译句法中的衡分(parallelism)、从属(subordination)、分句(clause)、混合复句

---

① 这里的"训"借用中国传统小学研究里的"训诂"之"训"。用通俗的语言解释词义叫"训";用当代的话解释古代的语言叫"诂"。翻译领域的研究里尚无专门术语用来指概念、术语、表达成分的翻译,这里借用"译训"一词表示用汉语解释英语中的概念。

（complex sentence），这在当时为汉语语法分析带来全新的思路。此外，《马氏文通》将"指名代字"分为"指所语者"和"指前文者"。"指所语者"便译自英语"personal pronoun"，法语"pronom personel"；"指前文者"下又有"重指代字"，"重指代字"译自英语"reflexive pronoun"。类似由翻译引进的术语包括："发语者""与语者""所为语者"译自"first person""second person""third person"；"逐指代字"包括"每"和"各"，分别译自英语"indefinite pronoun"中的"every"和"each"；助动词"能""可""足"译自英语"can""could""may"；"互指代字"译自英语"reciprocal pronoun"；"约指代字"包括"有"和"无"，分别译自英语"one、some"和"nobody、nothing"或者法语"certains、certaines"和"nul personne"。胡壮麟（2019：3 - 90）在描写语言的定义特征时，所运用的"任意性"（arbitrariness）、"二层性"（duality）、"创造性"（creativity）、"移位性"（displacement）；描写语言的功能时，所运用的"人际功能"（interpersonal）、"施为功能"（performative）、"寒暄交谈"（phatic communion）；描述构词法时，所运用的"截搭"（blending）、"逆构"（backformation）、"截短"（clipping）、"缩略"（acronym）；描述语义关系时，所运用的"同义关系"（synonymy）、"反义关系"（antonymy）、"上下义关系"（hyponymy）等概念均由译训而来。

　　"译介"（trans-posing）是对源语文本内容以目的语表达形式进行重新创作，以便更好地适应目的语和目的语文化的需要①，侧重通过西方语言学基要著作的译介，帮助国内语言学者运用其中的核心思想分析汉语语法现象。例如，布龙菲尔德的《语言论》（Bloomfield，1914）、萨丕尔的《语言论——言语研究导论》（Sapir，1921）、房德里耶斯的《语言》（Vendryes，1921）、叶斯柏森的《语法哲学》（Jespersen，1924）、高本汉的《汉语的本质和历史》（Bernhard，1946）等西方语言学与语法学基要著作经译介，逐渐成为建构中国语言学大厦的思想源泉，如王力（1943）、高名凯（1948）、黎锦熙（1924）、赵元任（1968）、马庆株（1992/1998）等学者的著述均采用了布龙菲尔德的"直接成分分析法"。此外，《论人类语言结构的差异及其对人类精神发展的影响》（洪堡特，1836）、《语言学是一门科学》（萨丕尔，1929）、《论语言、思维和现实：沃尔夫文集》（沃尔夫，1956）、《语言作为一门科学：新的思维与交流方式，强调语言调研，极大推动科

———————————

① 这里的"译介"是指在翻译过程中侧重对原著作的目的语转换、移植甚至再造，比如吕叔湘的译作《汉语口语语法》不只是语言转换的问题，实际上也是将原著移植和再造的结果。

学发展》(沃尔夫,1940)、《语言动物:人类语言能力全貌》(泰勒,2016)等语言学著作的译介,将语言世界观理念引入语言学研究之中,为中国现代语言学开辟了全新的研究视角。

"译述"(trans-rendering)是以翻译与描述的方式引进语言学家及其思想,语言学家与译者个人的核心思想共同构成了全新的翻译理论,纳入汉语语法研究之中,形成具有中国特色的具体化语言学理论①。例如,对西方语言学流派中的结构主义/描写主义、功能主义、语言世界观,以及"转换生成语法""普遍唯理观点"等语言学思想的译述也为汉语研究带来了全新的思路,如赵元任(1948/1968)译述了结构主义流派,王力(1943/1944)译述了功能主义流派,徐烈炯(1988/2009)译述了"转换生成语法"等。这些理论流派和研究思想的译述在现代语言学的发展中发挥着根基性作用,是建构起中国语言学学术体系的片片砖瓦。

二、"借鉴"的三个维度

"借鉴"是策略,指跟别的人或事相对照,以便取长补短或吸取教训。从"对照"的方面来看,大致可以分为借鉴理念、借鉴框架和借鉴方法三个维度。

理念的借鉴往往体现在开展相关研究的指导性原则层面。比如,《马氏文通》深受法国波特·罗瓦雅尔教派的《普遍唯理语法》(Arnauld & Lancelot,1660)中普遍语法理念的影响,认为表达思维的语言具有普遍性,强调语法的普世原则。按照"普世性"理念,马建忠认为"各国皆有本国之葛郎玛,大旨相似,所异者音韵与字形耳",经由"博引旁证,互相比拟,因其当然,求其所同所异之所以然"(1898:例言),造就出汉语葛郎玛的史篇。王力所著《中国现代语法》(1943)和《中国语法理论》(1944)、吕叔湘所著《中国文法要略》(1947)都深受叶斯柏森所著《语法哲学》中对词的分类理念影响,不约而同地借鉴了书中的"三品说"理念。其中,王力(1943)依照词与词的关系,将词分为首品、次品、末品。凡词在句中居于首要地位者,叫做首品;凡词在句中地位次于首品者叫做次品;凡词在句中地位不及次品者,叫做末品。吕叔湘(1947)则将词分为甲级、乙级、丙级三个等级:主谓结构中的主语为甲级(或首品),谓语为乙级(或次品),动宾

---

① 这里的"译述"是指在将语言理论从一种语言文化引入另一种语言文化中时,侧重对原著的理论观点和思想观念进行提炼表达甚或加以译者观点的融合性描述。

结构中的动词为乙级(或次品),宾语为丙级(或末品)。

框架的借鉴往往体现为研究成果与所对照的著述之间具有高度相似性,其间也体现出对所对照著述理念的一致性。比如,黎锦熙所著《新著国语文法》(1924)参考西方以句子为基点分析语言的理念,提出汉语"句本位"思想,以句子作为观察点和立足点,分析汉语句子成分的结构组织关系。书中的包孕复句、等立复句、主从复句研究框架,皆参照西方主从复合句的分析框架。同时,他借鉴西方的语言结构分析框架,借助线条、符号表示汉语句式的结构与层次,设计出一套体系化单句图解、复句图解、篇章图解的公式和程序。高名凯所著《汉语语法论》(1948/2011)借鉴法国语言学家房德里耶斯所著《语言》(1921)中的词类分析架构,将汉语句型分为名词句和动词句,并主张这一区分方式适用于任何语种。名词句即"说明事物的句子",动词句中的动词特征并非说明动作或马建忠所谓的"行",而是像法国语言学家梅耶所说的表示"历程"(process),即"叙述历程的一种语言的表达"(Meillet, 1921:181-182)。

方法的借鉴主要是指研究者对所对照著述中的研究步骤和操作程序的采纳。比如,吕叔湘(1947)借鉴法国学者布鲁诺和丹麦学者叶斯柏森的语言分析方法,在形式与意义之间,将后者作为汉语语法的分析要素,侧重语义层面的汉语词法与句法研究。吕叔湘在该书的"重印题记"(1982)中提到,语法可从形式与意义两个角度出发,"一般的语法书都是采取前一种写法,只有 Ferdinand Brunot 的大著 *La Pensée et la Langue* (1922)是按后一种写法写的。后来 Otto Jespersen 写 *Essentials of English Grammar* (1933)折中于二者之间……。"吕叔湘随后在《致郭绍虞》(2002:254-255)中坦言:"根据意念范畴来陈述语法现象,这不是我的创造。法国学者 Ferdinand Brunot 写过一本书叫做《思想和语言》,其实是讲法语语法的……《中国文法要略》的写法基本上与此书相同。"丁声树《现代汉语语法讲话》(1961)借鉴美国描写语言学分析方法,以结构形式为出发点描写现代汉语语法,主张"语法就是讨论句子的各种格式",并运用直接成分分析法,确立了汉语的五种基本句法结构。

"翻译"是手段,即在"引进"的动机支配下,走"借鉴"的发展道路,最终主要是通过"翻译"进行的。其中包含了当时西方的前沿性学术基要著作的汉译、名家流派的介绍,并在这一过程中不断吸收养分,建构中国现代语言学体系。因此,在本章里,中国现代语言学(modern Chinese linguistics)特指在西方现代性学术思想影响下,国内语言学界自觉学习和借鉴西方语言研究理念和方法,通过引入其语言研究的基本概念、术语、体系和方法论,不断结合汉语自身特点对西方语言理论进行验证、补充和发展,逐步建构和发展起来的蕴含汉语独特性研究成就的语言学科体系。中国现代语言学正是在对西方语言学理论和方法的"引入""借鉴"和"翻译"的进程中步入现代性道路。

三、"引进"的广泛体现

1898年《马氏文通》的问世和1906年章炳麟提出"语言文字之学"标志着"中国现代语言学"的诞生,而后出现的诸多语言学书籍借鉴了西洋文法,如黎锦熙的《新著国语文法》(1924)、陈望道的《修辞学发凡》(1932)、王力的《中国文法学初探》(1936)、吕叔湘的《中国文法要略》(1947)、高名凯的《汉语语法论》(1948)、赵元任的《中国话的文法》(1968)等。《马氏文通》是中国首部系统的汉语语法著作,结合了中国传统的语言文字之学(文字学、音韵学、训诂学)和西洋语法体系,是中国效仿西方语法研究的开端。《新著国语文法》是我国第一部系统体现了民族特色的现代汉语语法著述,总结归纳了国语(当时指称标准的汉民族白话文,后通称为普通话)组词造句的规律,形成了一套完整的语法教学体系。全书虽以白话文为研究对象,但对字、词、句、音的概念分类由西方文法衍生而来。王力的《中国现代语法》(1943)首次系统描述了欧化汉语的现象,这一时期的欧化现象体现在音译专有名词、直译句法文法、引进注释手法、采纳西文标点等方面,如音译的专有名词有"X-ray→爱克司光""massage→摩挲法""motor car→摩托卡"等,直译的句法文法有状语后置、长定语、保留西文表达法等,注释手法有对音译词的注解和新事物、新概念的解释,西文标点则有感叹号、问号、省略号、引号的借用。

由此看来,《马氏文通》《新著国语文法》《中国现代语法》等诸多语言学著述见证了对西方语言学理论与思想的"翻译""借鉴"与"引进"之路。然而,在探讨和反思中国学术发展的过程中,人们往往侧重其"借鉴"的一面,而忽视了"翻译"究竟在其中发挥了怎样的作用,没有给"翻译"在中国学术发展和建构中确立恰当的地位。下文重点考察"翻译"作为"西学东渐"的途径和手段,在中国语言学体系的现代性建构中所发挥的奠基作用,进一步阐述"翻译"的不同形态对中国语言学产生和发展的影响。

第二节　"翻译"的不同形态与中国现代语言学的建构与发展

在中国现代语言学的建构和发展历程中,西方语言学概念和术语的译训、语言理论著述的译介,以及思想理念与研究方法的译述起到了极为关键的助推作用,促使中国语言学逐步形成系统性的理论框架,并获得了长足发展。

一、译训:建构汉语语法的概念体系

"翻译"促进中国语言学发展的首要路径是建构语言学体系中的概念与术语,"译训"在此方面发挥了关键作用。《马氏文通》开启了模仿西方语法的先河。马建忠在"普世性"观念引领下,以西方语法为主要研究参考对象,将西方语法移植到汉语的语法体系建构之中。《马氏文通》一书里的术语由马建忠译自法语、拉丁语、英语等语种,形成了与西方语言逐一对应的概念体系。例如,西方传统语法主张根据意义划分词类,马建忠便译训了西文中冠词以外的词类名称,将文言中的词划分为名字、代字、动字、静字、状字、介字、连字、助字、叹字九类。《马氏文通》之后,国内语言学界步步跟进,逐步从西方不同的语法著作中译训基本概念和术语,建构出体系庞大的西式语言学概念群,不少概念或术语已沉淀为中国语言学研究体系的基本元素,成为语言学界耳熟能详的通用概念。其中,"词"的概念便是典型的代表。汉语自古以来研究的立足点是"字",字形、字音、字义是传统小学的核心,分别构成了文字的书写单位、发音单位、表意单位。印欧语的基本结构单位是"词",先前的学者按照西方语言学家的眼光分析汉语,将西方语言中的"word"译训为汉语中的"词"。"'词'在欧洲语言里是现成的……汉语恰恰相反,现成的是'字'……汉语里的'词'之所以不容易归纳出一个令人满意的定义,就是本来没有这样一种现成的东西。"(吕叔湘,1988)与之密切相关的是语言的基本结构单位,以"词"为着眼点的分析方式是印欧语的专属,中国现代语法由此引入"词本位"的概念,随之引入的又有"句本位""语素本位"等概念。潘文国(2016:7)指出,"从马建忠的词类本位、黎锦熙的句本位、朱德熙的语素和词组本位到邢福义的小句中枢(小句本位)背后都可找到西方某家语言学的影子。"

再者,汉语语法里音系学的基本概念,包括音位/音素/音节、停顿/升降调、

重音/韵律/节律等;形态学的基本概念,包括屈折/派生、孤立/黏着/分析/综合语、自由/黏着语素、词根/词干/词缀等;语义研究的基本概念,包括格(主格、宾格、工具格)、及物/不及物、施事/受事、有定/无定、主动/被动、时/体/态等;与句子形式成分相关的概念,包括主语、谓语、宾语、定语、状语、补语、直接/间接引语、主从/并联、并列/从属、直接成分/成分分析、衔接/连贯等;句型功能分类中的祈使句、命令句、请求句、疑问句、陈述句、施为句、叙事句,句型结构分类中的整句、零句、小句、复句、简单句、复杂句、复合句、倒装句(完全倒装和部分倒装)等;其他有关语言研究的范畴和范式的概念,包括能指/所指、自指/转指、常式/变式、共时/历时等,均是从西方语言学理论中译训而来。

此外,中国现代语言研究的主要分支领域,包括语音学、音系学、形态学、句法学、语义学、语用学等的语言学体系性概念和术语,也均由西方语法著作中译训而来。随之译训而入的又有西方结构主义与描写主义语言理论中有关层次、切分、分布、移位、变换、扩展、映现、提取、空位等阐述句法结构与成分分析方式的概念,以及假设、观察、分析、思辨、归纳、演绎、推理、验证等现代语言学研究方法论的术语。经过长期的汉化应用,这些概念与术语早已成为建构中国语言学体系的有机组成部分,在汉语语法体系的建构中发挥着不可或缺的作用。

二、译介:建构汉语语言学的理论源泉

语言学理论著述的汉译是中国语言学现代性演进中的主要理论源泉,充当解释现代汉语中语法现象的原理基准。原版著述多使用英语、德语、法语、俄语、丹麦语、意大利语等语言学家的母语写作,而后通过翻译形成多语版本,才得以在世界范围内传播,其汉译本和英译本深刻影响中国语言学的研究理念与研究方法论。例如,高本汉的 *Etudes sur la Phonologie Chinoise*(1889)经赵元任、罗常培、李方桂汉译为《中国音韵学研究》(1940),书中运用全新的材料、方法、工具建立汉语的上古音、中古音体系,引领中国音韵学真正走向现代性。赵元任的 *A Grammar of Spoken Chinese*(1968)经丁邦新和吕叔湘分别汉译为《中国话的文法》(1980)和《汉语口语语法》(1979)两个译本,对国内汉语语法研究起到了极大的推动作用,朱德熙、陆俭明、马庆株等的汉语研究著述便是其中典型的代表。

朱德熙(1982/1985)以语素作为汉语最基本的语法单位,将构词法分为重叠、附加、前/中/后缀、复合、合成等,将词类分为名词、处所词、时间词、方位词、

量词、代词等类别，并采用主谓结构、述宾结构、述补结构、偏正结构、联合结构、连谓结构等手段分析短语与句子结构，大体上仿照了赵元任(1968)中词法与句法的分析方式。陆俭明、马真(1985/1990)聚焦现代汉语虚词研究，阐释了副词、介词、连词、助词、语气词等虚词的范围、类别、应用与意义，除了将叹词也定义为语气词之外，其余词类与赵元任(1968)汉译本中的考察方式如出一辙。随后，陆俭明在《八十年代中国语法研究》(1997)一书中，参照赵元任(1968)汉译本中关于"自由/黏着语素"的词法与"整句与零句"的句法，提出了"粘合与组合"理论，并将句法分析的研究对象分为主语、谓语、宾语、补足语、定语、状语六类。马庆株(1992/1998)对词的分类、构成、范围、形态、功能的阐述亦借鉴了赵元任(1968)的汉译本中的做法，其《汉语语义语法范畴问题》一书将词/语缀分为前缀、中缀、后缀，量词结构按照有无顺序义区分为基数词与序数词等；其《汉语动词与动词结构》(1992/2005)一书参考赵元任(1968)汉译本对动宾结构、连动式、动补结构的解析，阐释了述宾结构、双宾语结构、述补结构、名词性宾语结构等。

　　汉语研究的宏观层次主要体现为对汉语里的世界观问题进行探索，也同样体现出对西方有关著述译介的较高依赖度。西方语言世界观的经典著述包括洪堡特的 *On Language: The Diversity of Human Language—Structure and Its Influence on the Mental Development of Mankind* (1836)[《论人类语言结构的差异及其对人类精神发展的影响》(1999)，姚小平译]，本杰明·李·沃尔夫(Benjamin Lee Whorf)的文集 *Language, Thought and Reality: Selected Writings of Benjamin Lee Whorf* (1956)[《语言、思维与现实——沃尔夫语言论集》(2012)，高一虹译]。洪堡特的语言世界观、"萨丕尔-沃尔夫假说"中的语言决定论和语言相对论等重要语言哲学观念得以在国内传播开来。潘文国(1997)、申小龙(2008)、徐通锵(2014)等延续语言世界观的理念，通过考察本民族与其他民族中人们的精神观念及其语言特征之间关系，将中国语言学延伸至国家民族、社会文化等维度。

　　因此，语言学理论著述的译介在中国现代语言学建构中体现出不可忽视的价值，一方面通过参考汉译本中的核心思想，归结出研究汉语语法的原则与基准，另一方面将汉译本作为全新的研究思路与方法，直接纳入汉语语法的研究体系，成为中国语言学研究体系中的必要元素。

三、译述：建构中国现代语言学的思想理念与研究范式

相比术语与概念的译训和基要著述的译介，译述对国外学术思想理念与研究方法的翻译更为广泛，意指不以完整的译著为载体（即"译介"），而是择取其中的重要研究思想、理论与方法，结合自身的研究思路加以处理，再转译与引述至中国语言学著述之中。一方面将著述者与其思想理念绑定，采用直接叙述的方式意译而来，另一方面先翻译语言学著作中的言论表述，再加以自身的创作，协同翻译与创作，形成新的理论著述，两种方式在学术论文与著作中的运用极为频繁。例如，胡以鲁《国语学草创》（1923）中关于"实词"和"虚词"①的阐述源自对英国语言学家亨利·斯威特（Henry Sweet）的"full word"和"form word"核心思想的意译②，句法分析方面则释译了德国语言学家海曼·斯坦塔尔在《语言结构的主要类型与特征》（1860）中提出的"实在"（substantia）、"客观"（objective）与"用词"（verb）三分法。德国语言学家洪堡特在《论爪哇岛的卡维语》的导论《论人类语言结构的差异及其对人类精神发展的影响》（1836/1999）中的《语言的复综型系统》部分提出"incorporating"的概念，姚小平根据作者所欲传达的思想，意译与释译为"抱体语，构成一个独立句子的要素，可以缩合进一个词形。按照严格的要求，我们应当把所有这类缩合现象都划归复综系统"（1999：184）。翻译与创作相结合的现象则更为普遍，现代语言学发展历程中的理论著述几乎都存在摘译加创新形成的研究思路。例如，吕叔湘在《中国文法要略》（1947）一书中引入指称有定与无定的研究范畴，并以古汉语中的语法现象为研究对象，将指称（有定）分为三身指称，其中，第三身考虑到古文用语习惯中的尊称和谦称；又将指称（无定）分为问人、问物、问情状、抉择人物等，并结合古文中的句例，将称指区分成全称、偏称、他称、分称、普称/各称、隔称、逐称等。

徐烈炯（1988/2009）通过译述乔姆斯基的"深层结构""表层结构"等核心思想，再结合汉语自身的语言特征，将成分分析与层次结构的理论与方法以全新的形式引进汉语语法系统。结构主义/描写主义理论以布龙菲尔德的《语言论》

---

① "实词"和"虚词"的术语由中国传统语言学发明，起初叫"实字"和"虚字"。《马氏文通》（1898）首次将这对术语应用于语法学，马建忠（1898）、朱德熙（1982）等对其进行过不同的阐释，胡以鲁（1923）的阐述则源自英国语言学家斯威特的"full word"和"form word"核心思想。

② 与"译训"不同的是，"实词"和"虚词"的概念本已存在于汉语语法体系之中，并非由胡以鲁译训而入，此处侧重胡以鲁对该组概念的释义源自对英国语言学家斯威特思想的译述。

（1933）为代表，吕叔湘的《关于"语言单位的同一性"等等》（吕叔湘，1962a）和《说"自由"和"黏着"》（吕叔湘，1962b）二文译述了美国描写语言学的基本方法论，包括"同一性""常体""变体""自由""黏着""功能""分布"等概念。范继淹《动词和趋向性后置成分的结构分析》（1963）译述了结构主义语言学中的结构分析方式，详细阐述了构式中的三个公式十二个分式中的结构层次。1980年，索绪尔著作 Course in General Linguistics 的汉译本《普通语言学教程》问世，进一步加强了对中国语言学宏观理论的影响。例如，沈家煊（1994）对书中有关"共时"和"历时"的理论思想进行译述，认为语法化研究是考察如何从语言的历时演变解释语言的共时变异。

功能主义的语言学理论包括以罗曼·雅各布森（Roman Jacobson）为代表的布拉格学派、以约翰·R. 弗斯（John R. Firth）为代表的伦敦学派、以 M. A. K. 韩礼德（M. A. K. Halliday）为代表的系统功能语法、以乔治·莱考夫（George Lakoff）以及阿黛尔·伊娃·戈德伯格（Adele Eva Goldberg）等为代表的认知语言学派。马庆株（1992）、范晓（1996）等译述了功能主义学派关于"句法""语义""语用"三个层面的核心思想，其中，马庆株在《结构、语义、表达研究琐议》（1998）一文中，创新性地提出"语义功能语法"学说，将结构、语义、表达相结合研究汉语语法。

这些思想理念与研究方法的译述是翻译影响中国现代语言学建构与发展的又一不容忽视的路径，其典型特征在于并非直接翻译现有的概念或著作，而是以语言学家的思想理念为译述对象，再结合自身的研究思路加以创新，形成适用于汉语语法的研究范式。不过，由此形成的研究理念时常因摘译造成的语义跳跃性或由创新产生的对应模糊性而难以觉察，是通过翻译来构建现代汉语语法体系的潜在要素。

第三节　翻译影响汉语语言表达

翻译语言作为介于源语和目的语之间的"第三语码"（庞双子、王克非，2019；刘春梅、尚新，2022），一方面具有相对的独立性，另一方面往往对目的语的演化不可避免地产生影响作用。

一、纳入外来词和新兴构词法

国内对西方语言学术语的译入可追溯到罗常培的《语言与文化》(1950),文中将译入术语称作"借字"。高名凯和刘正琰(1958/1984)聚焦于音译词,对外来语进行系统研究。北京师范大学中文系汉语教研组编写的《五四以来汉语书面语言的变迁和发展》(1959)将音译词分为纯音译、音兼意译和半音半意译,认为意译词属于新构造词汇。30 年后,史有为在《外来词——异文化的使者》(1991/2004)一书中介绍了自古至今 3 000 年来在汉语中出现的各种外来词,从历时和专题相结合的角度描述了形形色色的外来词的各种情况,对前人纷繁复杂的外来词研究成果做了必要的整理,并从构词法方面对外来词中出现的新现象作了创造性的论述。随后,马西尼在《现代汉语词汇的形成——十九世纪汉语外来词研究》(1997)中详尽描述了 19 世纪外来语走入汉语体系的路径,认为音译词和意译词都体现了西方语言文化在汉语中的再现,皆应视为借词。朱永锴和林伦伦(1999)以改革开放之后的 20 年间汉语中产生的新词汇为着眼点,归纳新型术语的特征和产生渠道,肯定翻译促进新外来词语的吸收。无独有偶,邵志洪(1999)探讨了近 20 年来英汉词语互借对语言文化的影响,指出影响汉语语义的两大因素:英汉词义不完全对应和英语词义变化。史有为(2000)从词义、词音、构成、词形、字形等方面全面论述了汉语外来词的诸多问题,又从语言、文化、社会三个视角综合介绍汉语外来词的历史渊源、研究概况、特征属性、现实意义以及典型类别。

进入 21 世纪,国内学者对外来语的研究日益深化。胡清平(2001)论证音意兼译(即语音转写和语义摆布相结合)的可行性,指出音意兼译的优点,并且总结出一套规律性的模式供制定当代音意兼译的规范时参考。苏新春(2003)分析了记音汉字演化为音义兼表的语素字,复音外来词凝固为单音语素的过程,提出了"独立使用"与"重复构词"的两条鉴定标准。潘文国、叶步青(2004)对汉语的构词法进行直观分类,剖析了音译意译、音意双译等现象。冯天瑜(2004)以历史沿革和社会变迁为线索,着重剖析汉语、英语、日语之间的变化与互动,并从宏观上分析三者之间的关联。郭鸿杰(2005)采用语言接触理论的新视角和分析方法,分析英汉语言接触中由表层到深层的影响与嬗变。杨锡彭(2007)从"外来词的性质和范围""音译与音译词""意译与意译词""形译与形译词""字母词"等方面综述半个世纪以来汉语外来词的研究状况。潘文国(2008)

主张以"翻译"还是"转写"区分外来语或非外来语,认为直接翻译而来的完整术语是非外来语,运用语言手段分析成分,并加以"转写"的术语是外来语。

在翻译的推动下,新兴外来词主要包括音译词、意译词、仿译词、日源汉语词、字母词等。上文谈到,葛郎玛(grammar)、时(tense)、体(aspect)、态(mood)、格(case)、孤立语(isolating)、屈折语(inflective)、黏着语(agglutinative)、派生语(derivative)等语言学术语皆由西方词汇概念音译或意译而来。此外,也有摩登(modern)、沙发(sofa)、巴士(bus)、苏打(soda)、扑克(poker)等语言学之外的术语由音译而来,又有马克思主义(Marxism)、沙文主义(chauvinism)、冰淇淋(ice cream)等既音译又意译得到的术语。仿译词则保留了外来词本身的形态结构和构词形式,用自己的语言素材翻译而来,如马力(horsepower)、足球(football)、超市(supermarket)等。日源汉语词源自中日甲午战争之后,部分日语词汇随日中翻译的深化走进汉语,如宅、萌、写真、料理等。字母词则为完全保留西方语言中的字母,如 CT、CD、KTV、KPI、X 光、Y射线、T 恤、3D、MP4 等。新兴构词法主要体现在新词缀的出现。汉语中原本便存在多样的词缀,前缀包括老～、小～、阿～等,后缀包括～子、～头等,翻译引入了新兴的词缀,前缀包括反～、抗～、非～等,后缀包括～手、～师、～者、～员、～家、～客、～主义、～论、～学、～族、～酱等。

二、引进新兴句法结构

关于汉语句法结构和成分之间依存关系的变化,王力的《中国现代语法》(1944/1985)、《中国语法理论》(1945/1954)从复音词的创造、主语和系词的增加、句子的延长、可能式、被动式、记号的欧化、联结成分的欧化、新替代法、新称数法等层面系统分析了新兴句法结构,并与《红楼梦》中的古白话文例句进行对比分析。郭鸿杰(2005)在观察和分析大量语料的基础上,采用语言接触理论的新视角,分析英汉语言接触中由表层到深层的影响与嬗变。郭氏拓展了现代汉语中英语外来词的研究范围,内容还涉及了英语对汉语词汇语义、词法和句法三个层面的影响。石定栩和朱志瑜(1999/2000/2003)、谢耀基(2001)在理论上试图用现代中西方语言学语言发展变化的新学说,即词汇化和语法化的理论精华来解释英语影响汉语变化的内部语言机制和动因。

先前的研究通过语料库手段归纳了现代汉语欧化结构,总结出三种由翻译活动引发句法结构和成分依存关系的欧化机制:借用、激活和转用。"借用"指通过大量的翻译活动,不断在汉语的译文中纳入外文的句式结构,并融入汉语结构,如"就我所知"(as far as I know)、"一般来说"(generally speaking)、"在某种/一定/很大程度上"(to some/great extent)、"值得一提的是"(it is worth mentioning that)等;"激活"指通过翻译活动激活汉语中不经常使用的句式结构,提高在译文中的出现频率,如"就/据……说/而言""着"等;"转用"指通过翻译活动将源语言中的句式转型之后,再应用于译文之中,既保留源语言的特征,又符合汉语的用语习惯,如"……之一"(one of...)等。

翻译触发的汉语组词造句的欧化现象可归结为三点。其一,竹式结构转向树式结构。传统汉语的句式为竹式结构,背后是以零聚整的开放性结构。英语的句式为树式结构,背后是以整驭零的封闭性结构(潘文国,1997:198-209)。英语的树式结构表现为句中存在可独立使用的主干,枝叶由主干分离派生而成,句子的延展与分支的扩充均根植于主干成分。传统汉语的竹式结构则不存在充当根基的主干,也不存在依托主干发展而来的枝叶,句子的各环节平行衔接,逐层递进。翻译活动使汉语句式频繁出现树式结构,是新兴句法结构之一。

其二,"话题-说明"结构转向"主语-谓语"结构。"话题-说明"最早是萨丕尔在1921年出版的《语言论》中提出的,书中指出:"句子……是一个命题的语言表达。它把说话的主题和对这个主题的陈述二者结合起来。"(萨丕尔,1985:31)把话题-说明概念运用于汉语研究的第一部著作是赵元任的《中国话的文法》,书中指出:"在汉语中,主语和谓语间的语法关系与其说是施事和动作的关系,不如说是话题和说明的关系,施事和动作可以看作话题和说明的一个特例。……在许多语言中,表示施事和动作意义的句子占的比例仍然很低,也许不会超过百分之五十,用含义更广泛的话题和说明也需要合适得多。"(赵元任,1968:69-70)英语句式则主要是"主语-谓语"结构,句子结构存在多种句式,如SV、SVO、SVP等。翻译活动使得英文著述中越来越多的"主语-谓语"结构走进汉语句式之中,逐渐为汉语语法所接纳,成为我们耳熟能详的表达方式。

其三,隐性连贯转向显性衔接,意合表达转向形合框式。英语造句注重显性衔接(Explicit Cohesion),强调句子形式、结构完整,往往以形显意。汉语造句注重隐形连贯(Implicit Coherence),强调时间与事理顺序、功能与意义,往往以意役形(连淑能,2019:73-84)。英语的"显性"表现为语义关系依靠外部的逻辑关系、语法规则来体现,还需借助介词、连词等关联词连接前后的信息结构。汉语的"隐性"表现为语义关系不必借助语言结构中的外部标识来体现,而是通过语义连接、语境蕴意、新旧信息的组合关系来体会。英语注重语法形式，句中的主、谓、宾、定、状、补等成分作用分明，语句中各成分之间的连贯与结合通常使用适当的连接手段。汉语的句子结构丰富多样，侧重话语的蕴意发展，组织结构不拘泥于固定规则。各环节之间的衔接通常依靠语义联想、新旧信息的组织方式等，所谓"形散而神不散"。汉语的欧化使句法结构中的显性特征明晰化，形合框式出现的频率增加。这在不少汉语研究或汉英语言对比的研究中都有较为深入的探讨（王力，1943；朱一凡，2011/2018）。翻译实践使得汉语中的传统隐性表达逐渐为显性句法特征所取代，意合表述转向形合框式，汉语句式结构愈加与英语句法结构相统一。

第四节　翻译：中国现代语言学建构和发展的关键助推器

在中国现代语言学的建构和发展历程中，西方语言学概念和术语的译入、西方语言学理论著述的译介，以及思想理念与研究方法的译述起到了极为关键的助推作用，促使中国语言学逐步形成系统性的理论框架，并获得长足发展。这些影响与作用映射到具体的语言研究体系中，体现在对宏观理论体系、中观句法、微观词法的建构。

一、建构中国语言学宏观理论体系

综观国内语言学理论变革的不同阶段，其哲学基础和理论大厦都离不开译入、译介、译述的引进方式，三者对建构中国语言学宏观理论体系发挥了不同程度的作用。普世语法观的语言理论包括 16 世纪《普遍唯理语法》以及 20 世纪中后期乔姆斯基的"转换生成语法"等，国内语言学著述中的《马氏文通》基于语言共性论，通过译入、译介、译述三种方式促使西方语言学中的理论概念与思路方法在中国语言学的发展中得到认知、借鉴，甚至结合汉语语言事实得到一定程度的创新发展。《新著国语文法》通过译入转换生产语法的核心概念，并译述乔姆斯基的成分分析与层次结构的核心思想，再结合汉语自身的语言特征，以全新的形式引进汉语语法系统。

结构主义/描写主义的普通语言学理论以索绪尔的《普通语言学教程》（1916/1999）为代表，赵元任的 *A Grammar of Spoken Chinese*（1968）便充分运用索绪尔结构主义理论与方法解释汉语语法现象,而后通过译入、译介、译述的路径使该书中的结构分析法纳入汉语语法体系。语言世界观著述的译介则打破了传统意义上将语言与人们的精神世界剥离的现象,将语言视为与思想观念、意识形态息息相关的课题。徐通锵(2014)、潘文国(1997)、申小龙(2008)、连淑能(2019)等语言学家延续语言世界观的理念,通过考察本民族与其他民族中人们的精神观念及其语言特征之间关系,将中国语言学延伸至国家民族、社会文化等维度。

国内语言学界借助译入、译介、译述的方式将西方语言学的流派观点融入汉语语法大厦,三者见证了中国语言学宏观理论从认同语言普世性到语言世界观的演变进程。中国语言学家在翻译媒介的介绍与引进基础上,加以结合与创新,构建出汉语语法的研究体系。

二、建构中国语言学微观词法与中观句法

上文提到,诸多中国语言学理论体系中的基本概念、术语、成分、思想理论、研究方法等均经译入、译介、译述的方式引进而来,这些元素经过长期的历史沉淀,构成了中国语言学研究中不可或缺的“建筑基石”,也塑造出包含新兴词法与句法的现代语法体系。

在词法层面,涉及词的构成、组合、词形变化等。诚然,古汉语中也存在屈折变化,如阴平、阳平、上声、去声的声调可表示屈折变化,“王”字阳平 wáng 表示名词“君主、国王”,去声 wàng 表示动词“称王”。又如,运用词缀表示屈折变化,“锤”为动词,加上后缀“子”构成“锤子”,成为名词。但无可否认的是,汉语中现代性词法研究体系的建构归因于西方研究框式的意译。上文谈到,汉语中词类的划分与概念译自西方文法,包括词的构成单位(词素/语素、自由/黏着、词根/词干/词缀)、语音(重音/停顿/节律)、结构(单词/复合词)、词性(名词性的 nominal/动词性的 verbal)、及物性特征等。词性变化则体现在多重层面,包括在数、格、时、体、态、人称等语法范畴,如“时”范畴源自西方语法中过去时、现在时、进行时、完成时等时态的意译,“态”概念引译自主动态和被动态等,“格”体系则改译自查尔斯·菲尔墨(Charles Fillmore)的施事格、感受格、工具格、受事格、源点格、终点格等 16 种语义格。参照译入的“格”范畴,孟琮和郑怀德等(1999)、鲁川和林杏光(1989)等创立汉语的“格系统”,如以介词“被、由、让、叫”等作为格标记表示动作的施事,“把、对、管、将”等作为格标记表示动作的受

事,"和、跟、同、与"等作为格标记表示动作的共事,"从、在、向、自、往、朝"等作为格标记表示动作发生的时间与地点等。

在句法层面,汉语语法由侧重意会转向注重形式,表现为语法关系和意义的体现不仅需要凭借语义连贯、语境蕴意、新旧信息的排列组合与逻辑关系,还依赖语言结构中的语法标志来传达功能意义或话语指向。西方语言隶属形态丰富的屈折语,拥有复杂的形态与形式变化,汉语内部构造则不存在烦琐的刚性规则,即使未曾系统地学习汉语语法,依然能在实践中掌握组词造句规律。例如,英语中存在 SV、SVO、SVA、SVC、SVOC、SVOA、SVOO 等句型结构,汉语的词序组织方式则较为灵活,无固定的基本句型可供套用。将句子成分与结构分析的方法译入国内的代表性学者包括赵元任(1968)、朱德熙(1982/1985/1999)、马庆株(1992/1998a/1998b)、吕叔湘(1947)等。例如,赵元任深受美国结构主义影响,运用成分分析法,将句法类型分成并列、主从、动宾、连动、动补等结构,该书汉译本的问世将西方句法系统全面纳入汉语语法体系,成为影响中国句法研究的典型著作。

三、"翻译"在中国语言学发展中起到了关键作用

百余年来,中国语言学界在"翻译、借鉴、结合、创新"西方语言学理论与方法中,不断探索、建构与完善汉语语法研究,形成了"形"与"神"兼具西方现代性特色的中国现代语言学体系。其中,"翻译"对中国语言学的建构和发展发挥了基础性作用,而且这一现状目前很难说已发生了根本性转变。在中国现代语言学的演变之路上,由翻译引进而来的西方研究思想利弊共存、瑕瑜互见。

一方面,中国语言学在西方"普世语法观"与"科学主义"的思想引领下,深陷"学科体系性"与"科学方法"的漩涡,百余年来一直以印欧语眼光洞察汉语中的语法现象,完全脱离了中国的"小学"研究传统。吕叔湘在为龚千炎《中国语法学史稿》(1997)所作的序言中坦言:"过去,中国没有系统的语法论著,也就没有系统的语法理论,所有理论都是外来的。外国的理论在哪儿翻新,咱们也就跟着转。"然而,倘若不考虑汉语本身的特征,将西方语言学理论机械化地生搬强加于汉语研究之中,便会陷入"风马牛不相及,彼此都无话可说"或"圆凿方枘,理论和方法与汉语相关现象扞格不入"的境况(陈平,2006:168)。朱德熙(1999:265 - 266)曾说:"有一些语言学家企图摆脱印欧语的束缚,探索汉语自身的语法规律。尽管他们做了不少有价值的工作,但仍然难以消除长期以来印

欧语法观念带来的消极影响。这种影响主要表现在用印欧语的眼光来看待汉语，把印欧语所有而汉语所没有的东西强加给汉语。"现如今，中国现代语言学以"语法中心"取代了传统"小学"的"文字中心"，整体架构和建筑单元都具有"西式特色"。

另一方面，西方语言研究思想中的核心术语、概念或表达成分译训、语言学基要著作的译介，以及西方语言学家及其核心思想的译述，推动了中国语言学的历史性变革，具有无可替代的积极意义。传统"小学"研究囿囿于"字"的音形义研究，历千年而少变。"西学东渐"使得中国语言学不仅走上了西方的现代性道路，而且彻底改变了汉语研究的框架和体系，学界终于越过了"字"，看到了"词""短语""句子""语篇"等更为广阔的研究对象和研究空间，是汉语研究史上一次历史性的变革。这一变革促使中国现代语言学稳步发展。现如今，中国现代语言学已俨然发展形成一套科学化、理论化、体系化与社会化的现代语法研究体系。自朱德熙发出"摆脱印欧语的干扰、用朴素的眼光看汉语"的呼声以来，汉语学界学者陆续尝试走出英语语法的格局框架，建立反映汉语实际特征的语法体系，并提出基于汉语自身的本土研究理论与方法，例如徐通锵（2001）和潘文国（2002）的"字本位"语法观、张黎（2017）的"意合"语法观、邢福义（1995）的"小句中枢说"、刘丹青（1995）的"语用优先"观等。近些年，更多的学者提倡跳出西方语言学理论框式的枷锁，立足于汉语的事实和中国语言学研究现状，探寻新的汉语研究思路。例如，沈家煊（2009）提出"名动包含说"，主张印欧语的名词、动词、形容词属于对立关系，汉语的名词、动词、形容词则属于层次包含关系。此外，沈氏也提出了"对言语法"体系、汉语是"用法包含语法，语法属于用法"等先见。这些创新性研究理论既是对过度"引进""翻译""借鉴"的抗议，又向世界证明了中国语言学可独立革新。

结　　语

陈平（2017b）在《引进・结合・创新——现代语言学理论与中国语言学研究》一书的封底中说道："中国现代语言学研究主要知识系统的形成过程，就是一个在学习西方语言学理论的基础上'引进・结合・创新'的过程。这个过程使我们日渐自觉与熟练地利用西方理论、概念和方法来解释汉语现象。今后的方向,应该是努力超越现存理论框架,以汉语现象为依据在理论语言学领域发出我们自己的声音。"因此,我们认为,在未来的中国语言学理论建构和发展过程中,"翻译、借鉴、结合、创新"仍将是中国语言学发展的核心特征,"翻译"仍将以"译训""译介""译述"三种形态将西方前沿语言研究理论引入汉语研究,助推汉语研究理论的塑型。"借鉴"主要是在学习前沿理论过程中引入相关研究的视角、方法或理论框架,如运用认知语言学理论来解释汉语中的语言现象;"结合"体现在两个方面,一是结合中国传统小学的研究成果,二是结合现代汉语的研究成果;"创新"则要求汉语研究在根植自身体系的基础上,发掘中国传统小学研究的成就,把握西方语言学理论与研究状况,考察已完善与待完善之处,在审视与反思中吸收西方理论中的精华,并用于中国语言学研究。中国语言学的未来在于如何运用中国语言研究的哲学与文化传统与已经得到充分沉淀的"西式"元素,建构具有中国自主知识体系、话语体系和学科体系的中国原创语言学理论。

　　总之,世界格局的变迁和中国国际地位的提升,呼唤中国学者不仅将西方的语言学思想由翻译引进国内,也要将中国语言学思想的精华译出国门,促进中国语言学从"追随者"向"引领者"的角色转变。中国语言学界也应大力弘扬译介、学习国际语言研究前沿性成果,鼓励更多学者将中国语言学的概念、理论、思想、方法借助翻译的力量传扬世界。唯有如此,才能摒弃唯西方论的旧习,不断提升自身的学术话语权,将中国语言学理论转化为世界性的普遍思想。

— 参考文献 —

[1] 北京师范学院中文系汉语教研组. 五四以来汉语书面语言的变迁和发展[M]. 北京:商务印书馆,1959.
[2] 本杰明・李・沃尔夫. 语言、思维与现实——沃尔夫语言论集[M]. 高一虹,译. 北京:商务印书馆,2012.
[3] 查尔斯・泰勒. 自我的根源:现代认同的形成[M]. 韩震,译. 南京:译林出版社,1989/2012.
[4] 陈平. 汉语的形式、意义与功能[M]. 北京:商务印书馆,2017a:42.
[5] 陈平. 引进・结合・创新——关于国外语言学与中国语言学研究关系的几点思考[J]. 当代语言学,2006(2):168.
[6] 陈平. 引进・结合・创新——现代语言学理论与中国语言学研究[M]. 北京:商务印书馆,2017b.

［7］丁声树. 现代汉语语法讲话[M]. 北京:商务印书馆,1961.

［8］范继淹. 动词和趋向性后置成分的结构分析[J]. 中国语文,1963(2):136－160＋175.

［9］范晓. 三个平面的语法观[M]. 北京:北京语言大学出版社,1996.

［10］冯天瑜. 新语探源[M]. 北京:中华书局,2004.

［11］高本汉. 汉语词类[M]. 张世禄,译. 上海:商务印书馆,1933/1937.

［12］高本汉. 中国音韵学研究[M]. 赵元任,等,译. 北京:商务印书馆,1940.

［13］高名凯,刘正琰. 现代汉语外来词研究[M]. 北京:文字改革出版社,1984.

［14］高名凯. 汉语语法论[M]. 上海:开明书店,1948.

［15］龚千炎. 中国语法学史稿[M]. 北京:语文出版社,1997.

［16］郭鸿杰. 英语对现代汉语的影响[M]. 上海:上海交通大学出版社,2005.

［17］胡清平. 音意兼译:外来语中译之首选[J]. 中国翻译,2001(6):28－31.

［18］胡以鲁. 国语学草创[M]. 北京:商务印书馆,1923.

［19］胡壮麟. 语言学教程(第五版)[M]. 北京:北京大学出版社,2019.

［20］黎锦熙. 新著国语文法[M]. 北京:商务印书馆,1924.

［21］连淑能. 英汉对比研究[M]. 北京:高等教育出版社,2019.

［22］刘春梅,尚新. 翻译语言与动态对比语言学[J]. 上海翻译,2022(5):8－13.

［23］刘丹青. 语义优先还是语用优先——汉语语法学体系建设断想[J]. 语文研究,1995(2):10－15.

［24］鲁川,林杏光. 现代汉语语法的格关系[J]. 汉语学习,1989(5):11－15.

［25］陆俭明,马真. 现代汉语虚词散论[M]. 北京:北京大学出版社,1985.

［26］陆俭明,马真. 虚词[M]. 北京:人民教育出版社,1990.

［27］陆俭明. 八十年代中国语法研究[M]. 北京:商务印书馆,1997.

［28］陆俭明. 当代语法理论和现代汉语语法研究之管见[J]. 山西大学学报(哲学社会科学版),2007(3):97.

［29］罗常培. 语言与文化[M]. 北京:语文出版社,1950.

［30］吕叔湘. 关于"语言单位的同一性"等等[J]. 中国语文,1962a(11):483－495.

［31］吕叔湘. 说"自由"和"粘着"[J]. 中国语文,1962b(1):1－6.

［32］吕叔湘. 语文常谈[M]. 北京:北京大学出版社,1988.

［33］吕叔湘. 致郭绍虞[A]. 吕叔湘全集(第19卷)[C]. 沈阳:辽宁教育出版社,2002.

［34］吕叔湘. 中国文法要略[M]. 北京:商务印书馆,1947.

［35］马建忠. 马氏文通[M]. 北京:商务印书馆,1898/2012.

［36］马庆株. 汉语动词和动词性结构[M]. 北京:北京语言学院出版社,1992/2005.

［37］马庆株. 汉语语义语法范畴问题[M]. 北京:北京语言文化大学出版社,1998a.

［38］马庆株. 结构、语义、表达研究琐议[J]. 中国语文,1998b(3):173－180.

［39］马西尼. 现代汉语词汇的形成:十九世纪汉语外来词研究[M]. 黄河清,译. 上海:汉语大词典出版社,1997.

［40］孟琮,郑怀德,等. 汉语动词用法词典[M]. 北京:商务印书馆,1999.

［41］潘文国,叶步青,韩洋. 汉语的构词法研究[M]. 上海:华东师范大学出版社,2004.

［42］潘文国. 从语言学角度谈汉字规范研究[J]. 语言文字应用,2008(1):126－130.

［43］潘文国.汉英语对比纲要［M］.北京:北京语言大学出版社,1997.

［44］潘文国.文化自信与学术范式转型［J］.疯狂英语(理论版),2016(1):7.

［45］潘文国.字本位与汉语研究［M］.上海:华东师范大学出版社,2002.

［46］庞双子,王克非.从"第三语码的拓展"看语料库翻译学动向［J］.外语教学与研究,2019
(1):95－99.

［47］邵志洪.近20年来英汉词语互借对语言文化的影响［J］.外语教学与研究,1999(2):
55－60.

［48］申小龙.汉语与中国文化［M］.上海:复旦大学出版社,2008.

［49］沈家煊."语法化"研究综观［J］.外语教学与研究,1994(4):17－24.

［50］沈家煊.我看汉语的词类［J］.语言科学,2009(1):1－12.

［51］石定栩,朱志瑜,王灿龙.香港书面汉语中的英语句法迁移［J］.外语教学与研究,2003
(1):126－130.

［52］石定栩,朱志瑜.英语对香港书面汉语句法的影响——语言接触引起的语言变化［J］.
外国语,1999(4):2－11.

［53］石定栩,朱志瑜.英语与香港书面汉语［J］.外语教学与研究,2000(3):200－240.

［54］史有为.汉语外来词［M］.北京:商务印书馆,2000.

［55］史有为.外来词——异文化的使者［M］.上海:上海辞书出版社,1991/2004.

［56］苏新春.当代汉语外来单音语素的形成与提取［J］.中国语文,2003(6):549－576.

［57］索绪尔.普通语言学教程［M］.高名凯等,译.北京:商务印书馆,1916/1999.

［58］王力.中国现代语法［M］.北京:商务印书馆,1943.

［59］王力.中国语法理论［M］.北京:中华书局,1944.

［60］威廉·冯·洪堡特.论人类语言结构的差异及其对人类精神发展的影响［M］.姚小平,
译.北京:商务印书馆,1836/1999.

［61］谢耀基.汉语语法欧化综述［J］.语文研究,2001(1):17－22.

［62］邢福义.小句中枢说［J］.中国语文,1995(6):420－428.

［63］徐烈炯.生成语法理论:标准理论到最简方案［M］.上海:上海教育出版社,2009.

［64］徐烈炯.生成语法理论［M］.上海:上海外语教育出版社,1988.

［65］徐通锵.基础语言学教程［M］.北京:北京大学出版社,2001.

［66］徐通锵.语言论——语义型语言的结构原理和研究方法［M］.北京:商务印书馆,2014.

［67］杨锡彭.汉语外来词研究［M］.上海:上海人民出版社,2007.

［68］张黎.汉语意合语法学导论——汉语型语法范式的理论建构［M］.北京:北京语言大学
出版社,2017.

［69］赵元任.汉语口语语法［M］.吕叔湘,译.北京:商务印书馆,1968/1979.

［70］赵元任.中国话的文法［M］.丁邦新,译.香港:香港中文大学出版社,1968/1980.

［71］朱德熙.语法答问［M］.北京:商务印书馆,1985.

［72］朱德熙.语法讲义［M］.北京:商务印书馆,1982.

［73］朱德熙.朱德熙文集［M］.北京:商务印书馆,1999.

［74］朱一凡.翻译引发现代汉语欧化结构的机制——基于语料库的五四时期汉语欧化结构
研究［J］.外语研究,2011(6):76－81.

［75］朱一凡. 现代汉语话语标记的欧化路径——基于《开明国语课本》与苏教版《语文》的对比研究[J]. 当代修辞学,2018(4):86 - 95.

［76］朱永谐,林伦伦. 二十年来现代汉语新词语的特点及其产生渠道[J]. 语言文字应用,1999.

［77］ARNAULD A, LANCELOT C. Grammaire générale et raisonnée［M］. Allia Press, 1660.

［78］BERNHARD K. The Chinese Language: An Essay on Its Nature and History［M］. New York: The Ronald Press Co. , 1946.

［79］BLLOMFIELD L. An Introduction to the Study of Language［M］. London: G. Bell and Sons. 1933.

［80］BRUNOT F. La Pensée et la Langue, Méthodes, Principles et Plan d'une Théorie Nouvelle du Language Appliquée au Francais［M］. Paris: Masson et Cie, 1922.

［81］CARROLL J B. (ed.). Language, Thought, and Reality: Selected Writings of Benjamin Lee Whorf［C］. Cambridge, MASS. : MIT Press, 1956(1997).

［82］CHARLES T. The Language Animal: the Full Shape of the Human Linguistic Capacity ［M］. Cambridge, MA: Belknap Press, 2016.

［83］HUMBOLDT W. On Language: the Diversity of Human Language-structure and Its Influence on the Mental Development of Mankind［M］. 1836, Michael Losonsky (ed.), Peter Heath (trans.). Cambridge and New York: Cambridge University Press, 1988.

［84］JERSPERSEN O. Essentials of English Grammar［M］. London: George Allen & Unwin Ltd, 1933.

［85］JERSPERSEN O. The Philosophy of Grammar［M］. London: George Allen & Unwin Ltd, 1924.

［86］SAPIR E. Language: An Introduction to the Study of Speech［M］. New York: Harcourt Brace & Company. 1921.

［87］SAPIR E. The status of linguistic as a science［J］. Language, 1929(5).

［88］STEINTHAL H. Charakteristik der hauptsaechlichen Typen des Sprachbaues［M］. Berlin. 1860.

［89］VENDRYES J. Le Langage: Introduction Linguistique Àl'histoire［M］. Paris: Albin Michel Press, 1921.

［90］WHORF B. Linguistics as an Exact Science: New Ways of Thinking, Hence of Talking, about Facts Vastly Alter the World of Science, Emphasizing the Need for Investigation of Language［M］. Massachusetts: MIT Press, 1940.

［91］WHORF B. Science and linguistics［A］. In John B. Carroll (Ed.). Language, Thought, and Reality: Selected Writings of Benjamin Lee Whorf［C］. Massachusetts: MIT Press, 1956.

翻译与中国经济学

■ **本章导读** ■

习近平(2016)在哲学社会科学工作座谈会上的讲话中指出:"要按照立足中国、借鉴国外,挖掘历史、把握当代,关怀人类、面向未来的思路,着力构建中国特色哲学社会科学。"经济学在社会科学中有着重要的地位和作用。经济学家李权时在谈到如何构建中国经济学时,提出了"三步走"的路径,即先翻译外国经济学著作,然后推进经济学研究和教学的中国化,最后提出中国经济学说(易棉阳,2019:4)。作为第一步,翻译在构建中国经济学科的过程中发挥着至关重要的作用。

翻译不仅是一种语言转换,也涉及对不同语言文化所承载的信息的加工和传播,因此,翻译也是一种知识建构的社会实践。莫娜·贝克(Mona Baker)(2018:8)认为翻译是"所有形式的知识生产和流通的核心机制"。我国近代科学发轫于西方,19世纪科学的分科化、职业化、技术化带来了知识的分裂与膨胀(方梦之、傅敬民,2018:70)。伴随着西方列强的侵略,新学科、新技术和新思想也通过商贸、传教、殖民等途径传入中国。两次鸦片战争使中国沦为半殖民地半封建社会,国人认识到中国在军事、科技、政治、经济等方面远远落后于西方,一些有识之士试图从西方寻找救亡图存、富民强国的真理。西方的各种学说,包括经济学,在中国的传播也由此开始。经济学论著的翻译尤为受到重视,正如夏炎德(1948:189)所说:"经济之学以非吾国所固有者,欲真正输入先进国经济学,莫如翻译各家原著,盖翻译能使读者窥其全貌,较之杂凑编译为彻底也。"翻译在经济学知识传播过程中发挥了重要的作用,特别是辛亥革命之后,大批学生出国留学到日本和欧美,学习经济学,大量译介国外经济学文献,引进了经济学理论和方法,为中国经济学知识体系和话语体系的构建、本土化发展以及经济学人才的培养奠定了基础。

近年来已有不少学者从不同视角对外来经济学在中国的翻译传播与中国经济学科的构建进行了分析研究,相关文献主要涵盖思想史、翻译史和近代史这三个方面的研究。其中思想史方面的研究占比最大,研究侧重国外经济学说和方法的引入对于中国经济学科的建立、经济学人才的培养以及经济实践的影响。贾根良(2023)通过回顾外国经济思想史学科在我国的发展历程,说明外国经济思想史研究的重要性,在新思想的引进、为国家经济发展提供历史借鉴以及国家社会科学知识体系的建构等方面发挥着重要作用。张凯(2022)基于对马克思主义政治经济学译本文本的考察,指出早期译本的传播,尤其是五四运动以后为马克思主义政治经济学在中国的广泛传播奠定了基础。外语学界则更侧重从语言和社会文化层面来考察某个具体译本的生成,比如经济学术语译名的演变和译本的风格,或通过梳理经典著作的译本探讨译者的翻译思想和经济思想。廖七一(2017)通过"经济"替代严复译名"计学"等案例,探讨了严复术语被日语译名所替代的原因:日语译名与汉语的兼容、中日文化日益频繁的交流,以及清末民初国人对日本教育体制与知识体系的引介和接受。曾祥宏、魏佳焕(2022)梳理了近代以来经济学著作在中国的译介脉络,分析了不同语境下经济学著作翻译的特点。干保柱、孙道凤(2019)从文本视角介绍了《资本论》首个中文译本在中国的早期译介及传播历程,阐述了陈启修译本对于传播马克思主义和构建中国马克思主义话语的重要意义。史学方面,学者张登德的学术成果比较丰富,重点关注经济学著作特别是《国富论》在近代中国的传播,他侧重从史料记载来梳理经济学著作在中国传播特征,分析作者和著作传递的经济思想,以及这些思想对于中国思想界,如陈炽、崇礼、梁启超、郑观应等先进知识分子经济思想的影响(张登德,2010/2008)。

从上文可知,不管是从经济学角度,还是从译学和史学角度,学界都肯定了翻译在中国现代经济学科发展进程中的积极作用。然而,纵观前人的研究,很少有文章对近代中国经济学的具体译介脉络展开讨论;有些文章虽围绕此展开,但缺乏结合译介背景对各个时期译介脉络与译介特点的完整阐释,且鲜有研究从知识建构视角来探讨翻译在中国经济学学科的建构过程及其功能。翻译与知识的结合研究,"有利于彰显翻译与知识的内在关系,更是彰显翻译功能的有益途径"(喻旭东、傅敬民,2022:22)。本章以翻译对知识的建构功能为理论基础,通过回顾经济学与翻译的相关文献,尝试从翻译学、经济学、历史学等多重视角,以时间为脉络,依托历史语境,对中国近代以来经济学著作的译介脉络进行考证和梳理;以译者为中心,挖掘和呈现经济学科的先驱和核心人物在特定历史时空中的翻译活动和翻译贡献,透过经济概念的演变探讨知识选择背后译者的翻译思想和经济思想,论述外来经济学翻译和传播对中国经济学的建立、发展和本土化的影响,从而为经济学文献翻译以及中国经济学说的提出提供参考和借鉴。

第一节 经济学文献翻译脉络及特点

经济学著作的译介不仅反映了经济发展的需要,也体现了社会发展的需要。近现代中国 100 多年的历史不仅见证了朝代的变迁、战争的爆发,也见证了置身于社会混乱动荡中的爱国社会力量的不断求索。有志于救亡图存的仁人志士开始了学习西方之路,渴望觅求西方列强繁荣背后的政治、经济动因,从而开启了西方经济文献在中国近现代译介的开端。

经济学著作是一个时期经济学发展水平最系统、最完整的体现。翻译是经济学知识传播的媒介,翻译与中国经济学科的发展存在着互动。新中国成立前,中国经济学的发展主要经过了三个历程:萌芽阶段、起步阶段、借鉴阶段。本节依托中国近代以来清末、清末民初以及中华民国三个时期的历史语境,挖掘和考察各个时期的译著和译者,梳理近现代经济学著作译介的整体脉络,探讨不同时代社会背景下的经济学文献译介的特点及其对中国经济学学科和社会发展的影响。

一、萌芽阶段(清末时期 1840—1894)

1840 年鸦片战争爆发,西方列强带来了他们的洋枪洋炮,也带来了当时先进的资本主义经济理论及思想,冲击了中国封建社会长久以来的小农经济。19世纪 60 年代至 90 年代开展的洋务运动使得许多中国的有识之士开始转变经济思想观念,不断地引入西方经济学知识,以使中国走上近代化的道路。虽然该运动以失败告终,但在洋务运动开展的几十年间,资本主义改良派们开创了报刊,建立了诸如京师同文馆、上海广方言馆、江南制造总局等译书馆,还培养了一批新式翻译人才。这些举措推动了当时西方经济著作翻译事业的不断发展,为西方经济学在中国近现代的译介奠定了基础,创造了条件。

清末时期,西方经济学思想开始传入中国,西方经济类著作在中国的译介也有了初步的发展(见表5-1)。

表5-1 清末经济类译著

译名	译者	作者	原著	时间
《贸易通志》	郭实腊(英)	J. R. 麦克库洛赫(英)	*A Dictionary, Practical, Theoretical and Historical, of Commerce and Commercial Navigation*	1840 年
《致富新书》	鲍留云(美)	杰克·麦克维卡(美)	*Outlines of Political Economy*	1847 年
《列国岁计政要》	林乐知(美)口译、郑昌棪笔述	弗雷德里克·马丁(英)	*The Statesman's Yearbook*	1875 年
《富国策》	汪凤藻翻译、丁韪良(美)校订	H. 福塞特(英)	*A Manual of Political Economy*	1880 年
《佐治刍言》	傅兰雅(英)口译、应祖锡笔述	钱伯思兄弟(英)编	*Homely Words to Aid Governance*	1885 年
《富国养民策》	艾约瑟(英)	W. S. 杰文斯(英)	*Primer of Political Economy*	1886 年
《保富述要》	傅兰雅(英)口述、徐家宝笔述	詹姆斯·布拉德(英)	*Money*	1889 年

在该时期,诸如教材、年鉴等不同类型的西方政治经济学文献得以初次译介,陆续在中国传播。《贸易通志》作为近代中国第一本较为系统地论述西方的贸易与商业制度的译著,便是基于商业词典编译而来。中国最早的中文政治经济学课本《致富新书》也是在底本《政治经济学大纲》的基础上编译而成的。该书由"中国留学之父"鲍留云翻译,较全面地论述了当时西方政治经济学的主要内容,还重点阐述了"自由贸易"这一思想。1875 年出版的《列国岁计政要》是一部主要讲述当时的西方各国政治、地理、经济、教育、科技等实际情况的年鉴书目,由江南制造总局发行出版。

近代中国第一本西方经济学译作是《富国策》。该译本采取了师生合译的模式,由同文馆的总教习丁韪良与他当时的学生汪凤藻合作翻译而成。《富国策》一书中的经济学框架体系基本囊括了近代西方经济学中的主要内容,不仅包含了诸如商品生产、消费、交易等重要的经济学理论,还谈及了许多著名的西方经济学大家,例如亚当·斯密(Adam Smith)、罗伯特·欧文(Robert Owen)等。该书共 3 卷 26 章,从不同的角度对经济学规律、经济政策等进行了介绍,如第一卷《论生财》(*Production of Wealth*)阐述了生产理论;第二卷《论用财》(*Distribution*)论述了消费理论;第三卷《论交易》(*Exchange*)则谈论了交换分配理论(张登德,2008:123)。该书的翻译出版对当时的社会产生了很大影响,不仅为西方经济学在中国的早期传播奠定了基础,也激发了其后西方经济著作的陆续译介,如 1886 年刊印出版的英国传教士艾约瑟的译著《富国养民策》、1889 年出版的学术界公认的第一本货币银行学著作《保富述要》等。

清末时期西方经济著作的译介主体大多是通晓多国语言的传教士。鸦片战争的爆发致使国门被迫打开,众多传教士纷纷来华,试图将西方国家的政治、经济制度等传播至中国,实现一定程度的文化侵略,影响中国的政治经济与社会发展。由于传教士译者异域的身份和他们对中华文化的熟悉程度的制约,其译文的质量往往不是很高。具体而言,传教士作为译者译介时,主要有以下特点。

第一,传教士在译介西方经济学文献时,大多基于母本的编译或改写,往往会运用诸如删减、省略不译等翻译方式调整原文本内容。比如鲍留云的《致富新书》基于底本《政治经济学大纲》改写,译著与底本在结构与内容上都有着很大区别;《富国策》一书也是基于底本的改写,其内容较之底本有着大量的删减,由底本的 42 章缩减至 26 章。

第二,清末时期,传教士口述、中国学者笔述的合作翻译方式是西方经济学译介中较为常见的方式。比如,主要介绍英国东印度公司历史的《华英通商事略》便是由伟烈亚力(Alexander Wylie)口述、中国学者王韬笔述完成的。在合作翻译过程中,中国学者往往会在传教士口述的基础上添加大量的注解以帮助读者更好地理解,这造成了当时的一些译本上存在着很多的解释说明内容。

第三,该时期译书馆中书籍的翻译主要呈现"以官为主,自上而下"的特点。在翻译《富国策》的整个过程中,丁韪良几乎掌握着所有的翻译自主权,而汪凤藻只能在其结构框架、翻译策略等各种宏观规定下完成具体的翻译内容。

二、起步阶段（清末民初时期 1895—1919）

1894 年中日甲午战争之后，中国的民族资本主义开始萌芽，需要经济学理论与思想的指导；另一方面，日本在明治维新之后，成功踏入了近现代行列，这使得日本成为当时中国政府的主要借鉴对象，留日学生数量也大幅增加，这引起了日译本的广泛引介。这一系列的历史社会背景使得该时期西方经济学著作的译介迈入了一个崭新的发展阶段。

清末民初时期，经济学译著的数量较清末时期有了显著的增长，书籍中所涵盖的内容也有所拓展，不仅有全面论述西方经济学思想理论、经济规律的书籍，也不乏一些详述经济史、溯源经济学说的译著（见表 5－2）。

表 5－2　清末民初经济类译著

译名	译者	作者	出版时间
《重译富国策》	陈炽	亨利·福西特（英）	1896 年
《大同学》	李提摩太、蔡尔康	本杰明·基德（英）	1899 年
《原富》	严复	亚当·斯密（英）	1902 年
《理财学纲要》	嵇镜	天野为之（日）	1902 年
《欧洲财政史》	金邦平	小林丑三郎（日）	1902 年
《计学平议》	陈昌绪	C. 兰德（美）	1903 年
《近世社会主义》	赵必振	福井准造（日）	1903 年
《经济学》	王環芳	山崎觉次郎（日）	1905 年
《计学》	奚若	罗林（美）	1906 年
《比较财政学》	张锡之	小林丑三郎（日）	1907 年
《商品学》	李澂	星野太郎著（日）	1908 年
《经济原论》	朱宝绶	S. M. 麦克文（英）	1908 年
《经济学概论》	熊崇煦、章勤士	R. T. 伊利（美）	1910 年
《财政总论》	何崧龄	小川乡太郎（日）	1913 年
《商业政策》	吴瑞	井上辰九郎（日）	1915 年

清末民初时期的译著体现了中国近现代经济学的不断发展。在该历史阶段,严复翻译了西方经济学界的《圣经》——由亚当·斯密所著的《国富论》(*An Inquiry into the Nature and Causes of the Wealth of Nations*),译本名为《原富》,由上海南洋公学译书院出版。该书系统译介了西方资产阶级的学术思想。陈昌绪翻译了《计学平议》,这体现了当时国人开始渴望了解西方经济学学说的源流。而中学教科书《计学》的翻译出版则体现了中国人对经济学的不断重视。

清末民初时期还见证了马克思和《资本论》在中国的首次提及。据邱少明(2012:78)考辨,1899年,英国传教士李提摩太与中国学者蔡尔康合作节译了本杰明·基德(Benjamin Kidd)所著的《社会进化论》一书,并将其译为《大同学》。该译本的第一章《今世景象》中写道:"其以百工领袖著名者,英人马克思也。"(蔡尔康,1899:13)。第三章中写道:"试稽近代学派,有讲求安民新学之一家。如德国之马克思,主于资本也。"(蔡尔康,1899:16),第一次在中国提及了《资本论》。

在该时期,译自日本的经济学著作显著增加。据统计,该时期中国大约翻译出版了10余部西方经济学论著,其中译自日本的占了大部分。如1902年,胡宗瀛翻译了小林丑三郎的《欧洲财政史》;1906年,王季点翻译了土子金四郎的《国债论三章》,均由商务印书馆出版。杉荣三郎——当时京师大学堂的经济学教习,编写了《经济学讲义》,这是第一本以"经济学"命名的教材。该书汇集了很多著名的西方经济学家的理论,并在辛亥革命前后被多次刊印,极大地影响了中国近代的经济学教育。理查德·T.伊利(Richard T. Ely)的《经济学概论》实际上是间接从日本流传过来的,由熊崇煦和章勤士基于日本学者山内正暸的日文版本翻译成中文,对原著做了一些调整,内容包括经济史、私经济学、公经济学和经济学说史四个部分(李馨鑫,2007:17),比之前出版的天野为之的《理财学纲要》在内容上更加丰富、更加深刻,后来被国内很多高校选为教材。

该时期的译者已不再以传教士为主,多是清末民初时期的文人学士、思想大家,他们有志于挽救民族于危亡之中、振兴中华。这个时期的译者往往有着很强的爱国主义精神、博览群书、潜心钻研,为探寻国家富强之策而努力奋斗。因而,该时期的西方经济学译著较于清末时期的译者,翻译质量有了较大的提升。

具体而言,清末民初时期的译介主要有以下几方面的特点:

第一,在该时期,我国的经济学概念与术语逐渐脱离了以往的旧经济体系,开始拥有具有中国特色的经济学概念体系,从而推动了中国过渡到现代经济学的学科化进程。例如,从表 5 - 2 中我们可以看出英文 economy、economics 的译名在这一阶段经历了"富国策"→"理财学"→"计学"→"经济学"的演进过程。19 世纪末,近代西方经济学广泛使用"政治经济学"(political economy)专指"与国家资源相联系的财富的生产和分配",研究如何"富国"的问题。"富国"本是汉语原有词汇,加之当时追求自强求富的洋务运动,使得"富国策"的译名成为当时社会转型与文化变迁所留下的文化"符号"(邹进文、张家源,2013:117)。20 世纪初以后,西方经济学淡化了"富国"的内涵,转而研究一般的资源配置问题,故将 economy 译为较为中性的"理财学"。而译界泰斗严复则认为译为"计学"比较恰当,他在《原富》"译事例言"中论述了其中理由:

> 计学,西名叶科诺密,本希腊语。
> 叶科,此言家。诺密,为聂摩之转,此言治。言计,则其义始于治家。引而申之,为凡料量经纪撙节出纳之事,扩而充之,为邦国天下生食为用之经。盖其训之所苞至众,故日本译之以经济,中国译之以理财。顾必求吻合,则经济既嫌太廓,而理财又为过狭,自我作故,乃以计学当之。(王栻,1986:97)。

"计学"译名涵盖古今之义,既包括经邦济世之术,又具有国家财政之策的学科化倾向,第一次把经济学作为一门学科来对待。20 世纪初,留日学生大量转译以"经济学"为名的理论著述,创办有关经济学专刊,现代意义上的"经济"一词在当时的中文刊物中频繁出现。之后"经济学"这一名词与"富国策""理财学""计学"等并用,直到 20 世纪 30 年代中期以后才成为统一的术语,被学界和社会接受并通用。

第二,该时期的西方经济著作在译介过程中仍然有着较为显著的编译或改写,这主要是基于特定的社会环境。当时的人们纷纷致力于救亡图存,这一急迫的社会需求催生了特定的翻译需求——译著要为国民服务。比如严复翻译的《原富》保留了原作中那些能开启民智的部分,而删减或概括翻译了一些与翻译目的无关的部分,以提高中国读者的接受度,使译著更为有效地为忙于救亡图存的国民服务。同时,该时期的西方经济学著作译本中仍然存在着大量的注解与按语。比如《原富》一书中便添加了大量的按语。据统计,严复在《原富》一书中添加了 289 个按语,共计 6.6 万字,约占全文的 15%(吴央波,2012:48)。例如,在一段论述自由贸易政策好处的译文后,严复附了一段自己的见解:"自由贸易非他,尽其国地利、民力二者出货之能,态贾商之公平为竞,以使物产极于至廉而已。"(叶世昌,1980:71;严复,1902:636)这些添加的注解与按语既能帮助读者更好地理解原著的观点与内涵,也是译者自我观点的阐述。

三、借鉴阶段(中华民国时期 1920—1949)

19 世纪末 20 世纪初,随着西学东渐,马克思主义政治经济学开始传入中国,并与中国实际相结合,对中国共产党创立、中国革命和社会主义发展道路探索产生了巨大影响(刘祖春,2021)。相对而言,整个清末时期,翻译成中文的外国经济学论著很少。据胡寄窗估计,总共不过 20 部。民国以后,随着赴海外学习经济学的留学生数量激增,民国时期的经济学译著急剧增加,1919—1949 年共翻译出版了 562 部经济学论著(胡寄窗,1984)。

中华民国时期是中国历史上一个发生巨大变革的时期,五四运动、北伐战争、土地革命战争、抗日战争和解放战争都发生在这一时期。虽然战争连绵不断,国民经济建设并没有中断,各方的经济建设都需要不同程度地参考国外先进经济学理论和实践。另外,高等教育中也需要参考国外的经济类教材及其他资料,所以这时期经济类译书量快速增长,高达 1 328 种(黎难秋,2006:460)。1919 年爆发的五四运动不仅推动了科学在近代中国的发展,也促进了经济学在中国的传播与发展。五四运动以后到新中国成立前,中国经济学著作的翻译主要来自两方面。一是西方经济学书籍的翻译。在该时期,大量的学者留学欧美、接受专业化的学习,回国后便成为译介传播西方经济学的主力,翻译了大量的西方国家经济学著作。二是马克思主义经济著作的翻译。当时国内阶级矛盾激化,阶级斗争激烈,俄国十月革命的胜利使得苏联在较短时间内取得了令人瞩目的工业化成就。在该背景下,马克思主义经济学在中国得到了迅速推广与传播。此外,在当时,中国共产党派遣了很多爱国革命青年奔赴欧洲及苏联留学。回国后,他们将在国外学到的系统的马列主义知识与具体的革命实践相结合,翻译了一些马克思主义经济学书籍,推动了革命事业的向前发展。

五四运动以后,经济学译著的翻译质量与翻译数量都有了较大程度的提升。胡寄窗(1984:387)按照原本的国别分类对这一时期的经济学译著做了统计(见表 5 - 3)。

表 5-3 "五四运动"到 1949 年经济学译著统计

年代	日本			苏联			其他国家		
	合计	资本主义部分	社会主义部分	合计	资本主义部分	社会主义部分	合计	资本主义部分	社会主义部分
20 年代	29	18	11	12	—	12	61	38	23
30 年代	106	93	13	40	—	40	202	154	48
40 年代	13	10	3	27	—	27	72	45	27
总计 562	148	121	27	79	—	79	335	237	98

表 5-3 中的其他国家主要是指英、美、德、法四国,我们可以看出,这时期译自西方资本主义国家的书籍共 335 种,译自苏联的有 79 种,译自日本的共 148 种。但是据黎难秋(2006:460)对 1912—1949 年期间译著的统计,经济类译书总量为 1 328 种,译自西方资本主义 4 国的书籍是 501 种,译自苏联的是 161 种,译自日本的是 306 种,其中 1912—1918 年经济类译书量为 52 种。我们可以看出黎难秋统计的译本数量明显比胡寄窗统计的要多,鉴于前者统计时间较晚,及其图文信息与翻译史的研究专长,笔者倾向于黎难秋的统计结果。虽然译著数量和具体译本还有待进一步考证,但是两者的统计结果在很多方面都一致:从经济译著的出版年代来看,以 30 年代最为繁荣;从底本的国别来看,译自西文的经济译著的数量远远超过了译自日文的著作(林毅夫、胡书东,2001:6),俄文经济著作的译本开始出现,并随着时间的推移而日益增多;从译本的内容来看,译著内容既包括资产阶级经济学,也包括马克思主义经济学,资产阶级经济学译本主要来自西文原著,马克思主义经济学译本译自日文、俄文著作,也有由德文译出的介绍马克思主义经济学说的著作。

这时期西方经济学译著的来源不再仅限于英美,日本、法国、德国、苏俄的经济学著作也被大量翻译过来,内容包括理论经济学、西方经济学说史、应用经济学等。影响比较大的如李璜译、埃瑞晖(美)著的《经济学原理》(1919);李培天译、河上肇(日)著的《近世经济思想史论》(1920);史维焕译、基特(法)著的《经济学要旨》(1924);王开化译、李士特(德)著的《国家经济学》(1927);吴觉先译、柯诺(德)著的《经济通史》(1936)。这时期翻译主体很多是我国经济学界的专家学者,他们接受过国外专业化学习,又懂得东西方文化的融通,包括郭大力、王亚南、施复量、陈家瓒、吴清友、马军武、李达等。郭大力翻译了马尔萨斯的《人口论》、约翰·穆勒的《经济学原理》、斯坦利·杰文斯的《政治经济学理论》、伊利的《经济学大纲》，还和王亚南合译了亚当·斯密的《国富论》、大卫·李嘉图的《经济学及赋税之原理》；马君武在 1921—1925 年间翻译了菲里波维的《农业政策》《工业政策》《商业政策》《收入及恤贫政策》和《交通政策》（邹振环，2012:4）。

这一时期同时也是马克思主义经济学思想译介的高峰时期，而《资本论》无疑是该时期传播马克思主义经济学最为重要的载体。1919 年，陈溥贤所翻译的考茨基的著作《马克思的经济学说》在《晨报》发表，译名为《马氏资本论释义》；次年，上海新文化书社出版了李汉俊的译著《马克思资本论入门》。这些译作被视为《资本论》的诠释本，在中国得到了传播。《资本论》的第一个中译本由陈启修翻译，他以《资本论》第一卷德文第二版为底本，并参考河上肇、宫川实的日译本，翻译了《资本论》第一卷第一分册，于 1930 年 3 月由上海昆仑书店出版。中国第一个《资本论》第一卷中文全译本由侯外庐、王思华合译，其底本是恩格斯修订的《资本论》德文第四版。1938 年，上海读书生活书店出版了《资本论》的第一个完整中文全译本，由郭大力、王亚南合译，以"马恩列研究院版"德文本为底本。在该时期，其他的马恩列经济学经典著作，诸如《剩余价值理论》《家庭、私有制和国家的起源》《俄国资本主义的发展》等，也陆续通过翻译被介绍至中国。这些论著的翻译出版极大地促进了中国人对马克思主义经济学的科学理论的理解与掌握（胡寄窗，1984:387）。

民国时期是中国社会的大变革时期，内忧外患使得当时的社会矛盾尖锐、冲突不断、动荡不安。许多有识之士为求存图强，留学日本、欧洲、美国等地，接受政治、军事、经济等方面的教育。这时期，一批经过系统训练的经济学归国留学生引进了西方很多经济学经典著作，加之民国时期出版业的繁荣，经济学译著成倍增长，学界译界人才辈出，翻译理论百家争鸣。

从译介主体来看，民国时期经济学科翻译人才的数量远比清末的数量多，翻译质量也更高。该时期的译者学识渊博，思想先进，多为中国早期著名的经济学家和教育家。当时的社会混乱动荡，国民处于水深火热之中，译者们深感要改变中国的面貌，积极寻求变革社会的救国之道。他们多是有着一腔爱国热情的积极社会活动人士，从事进步文化运动，热心于国内的政治经济事务。特别是像郭大力、王亚南、马军武等翻译家，深谙马克思主义指导的重要性，克服重重困难，通过翻译《资本论》等相关经典著作将马克思主义经济学传播介绍至中国社会,为中国革命贡献了自己的力量。翻译家们追求真理、严谨治学的科学态度,坚定的理想信念,百折不挠的精神,高尚的品质以及翻译报国的思想,是翻译学习者和实践者应该学习和养成的核心素养。

该时期丰富的翻译实践推动了翻译家们对科学翻译理论的进一步探讨,内容涉及翻译标准、翻译方法、译者素养、译名统一等。陈启修在翻译《资本论》过程中坚持"受众优先"原则:"以为翻译科学之文,贵能明白畅达,易于通晓,使读之者如闻其声,如见其人,斯为上乘。文字不尚高深,务求达意,期不失原著者之真。"(干保柱、孙道凤,2019:165)在文体上,他选择了通俗易通的白话文来代替文言文,向大众传播、普及马克思主义。1938年,郭大力在《资本论》译者跋中提到他在翻译《资本论》中译名时主要采用的方法是意译,并且尽量取用汉语中已有的通用名词(黎难秋,2006:551),可见这一时期多用我国传统的典籍术语来翻译外来的经济学说,在文体上偏实务,容易被大众理解并接受。

第二节　译者与经济学知识建构

安东尼·皮姆(Anthony Pym)(1998/2007)在谈到翻译史研究方法时强调:"翻译史研究的主要对象不是译本,也不是译本的社会语境,更不是语言特征,而是译者,因为只有译者负有对社会因果的责任;翻译史必须围绕译者生活和工作的语境展开。"美国学者罗伯特·B. 埃克伦德(Robert B. Ekelund)和罗伯特·F. 赫伯特(Robert F. Hebert)(2001)也曾说过:"理解过去经济学者的思考过程会为今天的经济学家提供有价值的洞察力和经验教训。"同样,理解过去译者思考经济学的过程也会为今天经济学文献的翻译提供有价值的洞察力和经验教训。本节首先阐述译者在知识建构中的主体作用,接着以严复和郭大力两位翻译家的经济翻译活动为个案,从译者作为知识的接受者、加工者和传播者的身份,分析其经济思想、翻译思想以及治学精神对于中国现代经济学知识建构的影响。

一、译者在知识建构中的身份

杨枫(2021b:2)围绕知识和翻译的关系,将翻译界定为"跨语言的知识加工、重构和再传播的文化行为和社会实践",强调了翻译的知识属性。翻译是知识的载体,耿强(2022:74)认为:"观念与知识的旅行必须借助于中介来实现,其中翻译和人是关键性因素。"翻译是知识生产和传播的媒介,译者则是这个跨语际知识转换过程的主体,是知识的加工者和传播者,在地方性知识世界化的各个阶段发挥着积极的作用。译者首先将个人知识、社会文化知识融入对源文本的阐释和解码,然后通过语言转换机制对源语知识进行加工,以目标语形态的知识产出。新生成的知识由传播媒介转移到他语境中,作用于读者,并与相关领域的知识产生联系,最终实现了地方性知识的世界化。在此过程中,译者是知识的接受者、知识的加工者和知识的传播者。

作为知识的接受者,译者是源文本的第一读者,其对文本的选择以及翻译内容的选择受到一定主客观因素的影响。客观上,译者会受到当时所处的社会环境和时代背景对知识的需求的影响,比如中国汉唐以来对佛经的翻译正是当时的统治阶级出于平复社会动荡、稳固统治的需要;中国明清时期的科技翻译则是出于中国科技发展、资本主义发展以及社会发展的需要;"五四"时期民主和科学思想的翻译则是由于解救民族危机、强国富民的需要。主观上,在知识选择的过程中,译者有较大的空间和自由,这与译者的个人知识密切相关,其中包括学科知识、语言专业知识、百科知识、有关社会文化的知识等。比如林语堂选择中国古典名著进行翻译,就与他的翻译目的、生活哲学和美学知识相关。鲁迅选择翻译反映农村百姓底层生活的文学作品,是出于开启民智和开化救国的个人诉求。

作为知识的加工者,译者需要跨越语言的障碍,调动其已有的知识体系,尽可能客观地理解源文本传递的知识内涵,将源文本知识内化于心。其中包括把源文本放置在原语语境下的知识解构,也包括在目的语语境下的知识重构。不同的译者受到不同主客观因素的影响,所以即便是同一源文本,在知识的准确性和规范性以及知识的深度和广度方面,译文也会呈现出很大的差异。这种差异可能来源于译者的翻译思想和策略,或是译者对于语言的操控能力等因素对于知识翻译的影响。

译者是知识的传播者,知识通过译者的翻译行为实现跨域传播。当地方性知识进入他语境时,会受到译入语社会环境的制约,又会对社会产生反作用力,助推社会进步与变革。知识从地方性转变为世界性,又与地方性知识结合,从世界性知识进化为具有地方特性的世界性知识(梁林歆、王迪,2023:46)。如《马克思恩格斯全集》《列宁全集》《资本论》等马列主义著作的翻译,促进了马克思主义在中国的传播与发展，也加快了马克思主义中国化的进程。马克思主义同中国具体实际相结合，形成了具有中国特色的马克思主义理论成果。

二、严复与古典经济学思想的传播

严复 1854 年生于福建福州，自幼聪慧，接受传统的儒家教育，曾师从名儒黄少岩，学习汉学和宋学，打下了坚实的国学根基。13 岁考入福州船政学堂，开始接触西学。生活在半殖民地半封建社会的他，目睹了列强的侵略和清政府的无能，所以一直有改造社会、实现国家富强的理想。23 岁时，他作为清朝首批海军留学生被派往英国学习海军军事技术，课余花了大量的时间和精力用于考察研究正值资本主义发展强盛时期的英国的政治和经济制度。其间，他阅读了亚当·斯密、达尔文、赫胥黎等西方思想家的经典著作，吸收了大量哲学、社会学、经济学等知识，为他后来的社科作品翻译提供了语言上和知识上的准备。

在严复回国后出任天津水师学堂总教习期间，中日甲午战争爆发，北洋海军几乎全军覆没，其中包括很多他的同窗。严复受到了强烈的刺激，接连撰写发表了《救亡决论》《论世变之亟》《原强》等文章，抨击封建主义制度，提倡变革图强。他认为欧洲以及西方国家强大的真正原因在于其自由民主的制度，而不只是先进的器械和技术。随后他将翻译视为救民族于危难的文化武器，开始翻译学术思想和政治学说方面的经典著作，引进了西方资产阶级的世界观、方法论和价值观，推动变法图强。他曾对梁启超谈到他翻译西书的原因："不佞生于震旦，当十九、二十世纪之交会，目击同种沦危，剥新换故，若巨蛇之蜕蚹（生物家言蛇蜕最苦），而未由一藉手，其所以报答四恩，对扬三世，以自了国民之天责者，区区在此，密勿勤劬，死而后已。"（严复，1902：111）从中我们足见严复想要解救国家于危难中的急切愿望和爱国之心。严复引进西学的思想是中国儒家"经世致用"哲学思想的体现，希望借用西方科学知识和理念来治理国家，所以他不是简单、机械地翻译西方的学术思想，而是希望借助西方先进理论，推动中国变法图强。比如他翻译《天演论》的真实目的是借助生物学意义的进化原理，通过阐明"物竞天择，适者生存"的规律，为当时积贫积弱的中国提供一个改造社会的方案。他翻译《原富》就是希望借经济学译本传播科学民主的新思想，激发人们学习和探索富强之道。严复翻译的《原富》通常被认为是中国人主动引进西方经济学的开始，是译者基于当时的社会语境选择知识，将个人知识融入地方性知识的阐释和转码，用目标读者接受的方式传播知识的过程。

严复选择翻译英国经济学家亚当·斯密的代表作《国富论》，因为他认为西方国家富强的原因之一在于经济学上的成就。他肯定了亚当·斯密的学说对于英国经济的促进作用，认为其核心思想自由经济主义学说正契合当时中国的需要。在源文本的选择上，严复选用的是索罗尔德·罗杰斯（Thorold Rogers）教授编校、牛津大学出版社1880年出版的版本。严复没有将全文全部译出，只保留了开启民智的部分，当碰到原文中连篇累牍又不涉及主旨的部分，他会将其删除不译，或者只概括主要意思。

在知识的重构阶段，严复将自己的经济思想和翻译思想融入《国富论》的知识阐释和转化中。严复的经济思想既受到当时中国"经世致用"思潮的影响，又受到西方进化论的"物竞天择"思想的影响。"经世致用"思潮下，晚清知识分子对国家的经济财政问题十分关注，并就赋役、盐课、漕运、厘金、开矿、商务等热门主题撰文讨论，其中富含改革国家经济财政制度、发展经济的经济思想，为严复经济思想的产生提供了社会基础（郑双阳，2012：40）。严复在《原富》中附有《译事例言》15段和按语6万多字，为我们考察严复的经济思想和翻译思想提供了依据。这些按语是译者自我经济观点的阐述，有些是严复根据自己的经验与理解，同时结合中国实际提出的看法；有些是严复对亚当·斯密部分观点的评价与批判（漆亮亮、罗绪富，2017）。严复最为肯定亚当·斯密的自由贸易论，指出"自由贸易非他，尽其国地利、民力二者出货之能，态贾商之公平为竞，以使物产极于至廉而已"（转引自叶世昌，1980：71），认为自由贸易可以促进一国经济的发展，国家应减少对经济的干预，建立自由竞争的市场机制，给予人们足够的空间去争取正当利益。他还主张采用西方科学方法，即经验实证法分析和解决经济问题。

作为知识的传播者，严复之所以决定亲自实践翻译，是因为认识到当时国内所译西方思想著作质量都不高，可能会对不懂英文的读者造成误导。他曾在翻译《天演论》期间提到过："曩闻友人言，已译之书，如《谈天》、如《万国公法》、如《富国策》，皆纰谬层出，开卷即见。夫如是，则读译书者，作读西书，乃读中土所以意自撰之书而已。敝精神为之，不亦可笑耶？"（转引自梁捷，2008：100）严复对翻译的要求非常严格，有时近乎苛刻，特别是经济学术语的翻译，因为他深知译名对于解释经济问题和传播经济学知识的重要性。严复翻译术语有自己的原则，他通常会采取"格义""会通"和"创新"三种方法，即首先考究原语词汇的词源及其意义，然后在汉语中或古文献中找到表达对应意思的语言形式，或在按语或序言中用中国传统思想中的术语或概念进行解释。比如 economic 的翻译，从词源考察，"eco-"的意思是"家"，"-nomi"的意思为"治"，汉语中与其意义相关的词有"国计、家计、生计"，汉语"计"的本意就是"治家"，所以严复最终确定译为"计学"（黄立波、朱志瑜，2016），并在"译事例言"中论述了其理由。如果在汉语中找不到意思对应的词，他就会根据意思创造新译名，比如 capital 译为"母财"、profit 译为"子财"、parliament 译为"议贵"、manufactured goods 译为"熟货"。为使国人更易于接受西方概念，推动思想的革新，严复多采用意译的方式翻译经济学术语（如 great estate 译为"大封"），其次是直译法（如 price 译为"定价"），仅有少数术语采用音译（如 penny 译为"便士"）和音意结合的译法（如 Richard's theory of rent 译为"理嘉图租例"）（秦慈枫，2021）。

严复讲究翻译的信、达、雅，除了在意义上尽量忠实于原文，在文体上他采用了凝练古雅的文言文翻译《原富》，增加译文美感，如 money 译为"泉币"、profit 译为"赢"。他认为士大夫阶层是救亡图存的中坚力量，所以将他们视为目标读者，希望译文能切合他们的阅读习惯，便于他们接受西方经济学思想，以达到思想启蒙的目的。英国官报《北华捷报》（*North-China Herald*）对《原富》的翻译风格做出这样的评价："《原富》展现的学术性翻译风格对于略通文墨的中国读者来说具有极大的吸引力。"（"What China Reads"，1913）《原富》出版后受到了很多追求新知的国人和士大夫的喜爱，梁启超（1902：113）就称赞"其精美更何待言"，不过他也坦言严复的桐城派古文"太务渊雅"，加之又是经济学学术思想，对于普通读者来说很难，不利于广泛传播。综合来看，严复立足于富国强民和中国实际，翻译传播了以亚当·斯密的《国富论》为代表的古典经济学思想，使国人初步了解了现代经济学思想和方法，开启了民智，推动了中国本土经济思想的转型。严复通过中国传统文化和学术思想来诠释西方经济学思想的文化自信和学术自觉性值得肯定，通过融通中西来构建中国经济学话语体系的方式有利于读者接受西学新思想，但是用传统学术概念去解读西方经济学概念，所生成的译名的准确性、科学性和规范性则值得进一步探讨。

三、郭大力与马克思主义经济学的传播

翻译活动是一种对知识的理解和重构，译者作为一个个体，自然会受到社会的影响。翻译不仅仅是社会政治因素影响下的动态过程，更是一个由译者意志决定的再生产过程。译者根据自己的意志向目的语输入地方性知识，克服制

约翻译实践的主客观因素,主动创设条件,提升专业和技术知识水平、双语运用能力以及翻译能力,以确保翻译目的的实现。

《资本论》是德国思想家卡尔·马克思创作的经济学巨著。作为首个中文全译本的译者之一,郭大力对马克思主义政治经济学的普及与传播作出了重要的贡献。郭大力一直致力于经济学著作的翻译,据李月华(2022:36)统计,他先后自译或与王亚南等人共同翻译了十余种欧洲古典政治经济学著作。郭大力不仅是个优秀的翻译家,还是位杰出的经济学家,撰写了多部经济学著作,译著和著作详见表5‐4。

表5‐4 郭大力经济学译著及著作

郭大力、王亚南合译	郭大力自译	郭大力著作
《资本论》三卷(卡尔·马克思著)	《剩余价值学说史》(卡尔·马克思著)	《西洋经济思想》
《国富论》(亚当·斯密著)	《人口论》(马尔萨斯著)	《凯恩斯批判》
《政治经济学及赋税之原理》(大卫·李嘉图著)	《政治经济学原理》(约翰·穆勒著)	《关于马克思的〈资本论〉》
《欧洲经济史》(F. H. 奈特著)	《生产过剩与恐慌》(洛贝尔图斯著)	《生产建设论》
	《政治经济学理论》(斯坦利·杰文斯著)	《我们的农村生产》
	《经济学大纲》(依利著)	《物价论》
	《〈资本论〉通信集》(马克思、恩格斯著)	
	《恩格斯传》(古斯达夫·梅尔著)	

译本的生成既要受到政治、文化、意识形态、社会语境等外在因素的影响,也会受到译者的翻译动机、翻译观念、翻译能力、知识水平、个人情怀、治学态度等内在因素的影响。那是什么力量让郭大力能在社会动荡、战火纷飞、生活艰难的革命年代耗时10年,即便颠沛流离也坚持完成和完善《资本论》整部著作的翻译呢?译者个人的求学经历、品德意志、治学精神等主体因素在此过程中起到了非常关键的作用。

郭大力的大学教育经历不但培养了他爱国救国的情怀和不畏艰险的品德意志，还坚定了他对于中国革命和马列主义的信仰。1924 年，郭大力从厦门大学的化学专业转入上海新创办的大夏大学（今华东师范大学前身）攻读哲学专业。当时首任校长马君武以"自强不息"为校训，提出"教授要苦教、职员要苦干、同学要苦读"的"三苦"精神，对郭大力影响很深。思想上和学术上，他受到著名哲学家、社会活动家李石岑的影响，积极参加各种进步运动，广泛阅读社会科学著作，刻苦钻研马克思主义，深知《资本论》这部巨著对中国革命的重要性，并决心要翻译《资本论》这部著作，将它完整地介绍给中国人民，以助推革命的胜利。

郭大力坚守理想、践行初心、勇担使命的治学态度是《资本论》中文全译本在那个兵荒马乱的时局下得以完成出版的重要因素。郭大力翻译《资本论》的过程非常坎坷。他开始翻译《资本论》的时候，正是在第一次国内革命战争失败的时候，也就是白色恐怖最严重的时候。期间他遇见了志同道合的王亚南，于是邀请其一起翻译和研究《资本论》。因第一卷原稿在日本帝国主义侵略中国的炮火中被彻底摧毁，翻译不得不从头开始。为确保高质量译出德语原著《资本论》，他们自学德语和古典经济学，并通过翻译其他经济学著作来不断提升翻译和研究水平，为《资本论》的翻译积累了丰富的翻译实践经验，同时也为翻译和传播马克思主义经济学奠定了牢固的学术基础。通过 10 年的不懈努力，他们历经艰辛，克服了生活、专业知识、语言等方面的重重困难，终于完成了《资本论》主体三卷中文全译本，并在 1938 年出版。之后，郭大力还依据德文原本，结合日译本、俄译本、英译本等权威译本，对《资本论》译本进行了数次全面校订。从 1940 年开始到 1947 年的 8 年，郭大力又孜孜不倦地完成了 100 多万字的《剩余价值学说》（《资本论》第四卷）的翻译工作。

郭大力追求真理、精益求精的翻译家精神是每个翻译人学习的典范。郭大力在五四运动时期马克思列宁主义思想的影响下，将翻译当作一种对民众进行思想启蒙的工具和传播马克思主义的重要窗口。关于《资本论》的翻译，恩格斯曾提出过他的标准，即"忠实而流畅"（马克思、恩格斯：1974：190）。这与郭大力对于社会科学著作的翻译观点基本一致。郭大力认为翻译必须忠于原著思想和原文表述，避免歪曲原文，以免对读者造成误导。因此，郭大力多采用直译；在直译不成的情况下，他会采用意译的办法，尽量忠实地传达原作的意思；对一些不尽如人意的地方，他会仔细斟酌，反复修改，力求将句子中隐含的逻辑联系、高度概括、深邃的哲学意蕴等都尽可能地再现出来。准确传递马克思主义经济思想和原理，对于推动马克思主义政治经济学中国化的进程和创立中国特色的社会主义经济理论有着重要的理论意义和实践指导意义。

中国马克思主义经济政治学科的建立始于对马克思主义政治经济学著作的翻译，因此，郭大力被后世学者们认为是这门学科的开山鼻祖。究其原因，主要在于《资本论》三卷的首译为马克思主义政治经济理论的核心概念提供了中文翻译的标准，并为其在学术上的定位奠定了基础。"资本""使用价值""交换价值""不变资本""可变资本""剩余价值率""相对剩余价值""再生产"等名词在后来的翻译与研究中也都沿用下来。郭大力还是第一个注意并区分"商品流通"与"货币流通"两个概念的译者，他深入思考两者的辩证关系，在理论上也有一定的价值。另外，郭大力在《资本论》《剩余价值学说史》等经典著作的翻译过程中，总结了一套行之有效的领会马克思主义政治经济学的科学方法，对中国经济学科的发展有着重要的价值（李月华，2022：40）。

第三节 经济学汉译中概念的再生产

概念发展的历史脱离不了翻译，梳理相关学科基本概念在翻译过程中的历时演变、考察概念的传播和接受、探究翻译社会建构的作用，既能"深化对'概念'翻译的描写和翻译活动的认识，又能有效回应当下对话话语体系建构和理念传播的时代需求"（蓝红军，2022：137）。翻译是一个通过新名词和新概念重新诠释中西方的思想资源、重构近代知识的过程（李茂君、胡显耀，2023：7）。知识翻译学认为，知识具有地方性特征，所有知识都与一定的社会文化语境相联系，地方知识走向世界，需要经历一个去语境化和再语境化的知识生产过程。翻译即是知识迁移过程中的媒介，新概念的引入凸显了翻译的社会建构功能；另一方面，通过追溯概念的缘起、演变和拓展，有助于深入理解相关学科思想和理论，弥合思想与历史发展之间的间隙。中国近代是政治变革和社会转型时期，许多新概念、新术语随着外来新思想和新知识的传入在我国政治、经济、文化等语境中流通。经济学诸多概念"来自西洋，途经日本"。新名词新概念虽源于西方，但就数量和影响力而言，远不如从日本转译过来的译名。译名和概念背后，是知识与社会文化语境相互作用后，经过筛选和改变的跨地域迁移和重构。经济学汉译中概念的再生产既表现在译名的历时演变，也体现在基本概念意义的转化。

一、经济学译名的演变

"概念是构成思想的基石，术语是概念的语言形式。"（周强，2022：148）国外经济学说的传入催生了新的经济学概念和术语，为中国知识分子和经济学人认识经济现象、表达经济观点、制定经济政策提供了基本的话语工具。译名的演变对于中国近现代经济学话语构建发挥了重要作用。

随着时间的推移，许多经济学概念的译名发生了变化，经济学译名是中西方文化、知识体系和学术话语对比与融通的产物，它受到社会政治经济、译者文体、术语规范化等因素的影响。比如术语 economy 在中国的译名就有十几种（详见表 5 - 5），有些译名存在了几十年之久，有些译名已消失，被新译名所替代。economy 一词源于希腊语，有"持家，家庭管理"的意思，后来扩展到"国家管理"，在基督教家政观念中还有"节俭"的含义，现代经济学中又融合了商业和贸易成分（方维规，2003：180）。我们看到表 5 - 5 中的有些译名只顾及了概念意义的一个方面，如"家学""治国之道""国制"；有些反映出某个特定时代对经济概念的理解，如"富国之谋，富国之法，富国策，富国法"或许受当时知识分子维新"富国"的思想影响，"理财学问""理财方法""理财学""银学"则带有了现代经济学的特征。而译名"经济"又分传统经济概念上和现代经济学概念上的意义。"经济"在中国典籍中是"经世济民""经邦济国"的意思，19 世纪日本人在大量译介西方思想和学术体系的时候借用了古代汉语中的"经济"一词，不过它已不只是古代"治理国家"的含义，而是被赋予了与古典经济学政治与经济相关的新含义。译名中的"学""道""之谋""之法""策""法""学问"等在意义上相近，都强调方法和对策。"学"指分门别类的系统知识，体现了经济学译名的学科化趋势。20 世纪初，留日学生大量翻译出版日本的经济学著作，促进了"经济学"译名在中国的传播。1912 年 10 月，德高望重的孙中山先生在演讲中谈到经济学的译名问题时，也主张用"经济学"，这对"经济学"译名的统一起到了重要作用（叶世昌，1990：20）。译名的演变和统一不仅反映了近现代经济学概念构建背后的各种话语力量，还反映了中国社会经济学思想的近现代化转型（张景华、屈莉莉，2021）。

表 5‑5 Economics 译名

年份	汉语译词	出处
1872	生计学	《生计学》
1875	富国之谋,富国之法,理财富国制法	《中西关系略论》
1878	理财学问,理财方法	《伦敦与巴黎日记》
1880	富国策	《富国策》
1880	银学	《易言》
1881	家学,理财学	《哲学词汇》
1886	富国养民策	《富国养民策》
1886	治国之道,国制,经济	《荷华文语类参》
1890	理财学,经济学	《日本国志》
1894	银学,富国学,理财	《盛世危言》
1896	富国策	《李鸿章历聘欧美记》
1897	经济学	《日本名士论经济学》
1897	理财学	《南洋公学章程》
1899	资生学	《论学日本文之益》
1902	计学	《原富》
1902	计学	《群己权界论》
1902	平准学	《生计学学说沿革小史》
1903	经济,计学,经济学,理财学	《新尔雅》
1903	经济	《经济竞争论》
1903	经济学	《经济学通解》
1905	经济	《出使九国日记》
1908	计学,生计学	《列国政要》
1908	经济学	《辨学》
1911	经济学,计学	《普通百科新大词典》
1912	家政,理财学,经济学	《哲学字汇》
1913	经济学	《汉译日本法律经济词典》

续　表

年份	汉语译词	出处
1916	经济学,理财学,计学,民生主义	《官话》
1922	理财学	《英华成语合璧字集》
1927	生计学,理财学,经济学	《汉语专门词典》
1932	经济学	《国富论》

术语译名的演变与特定历史时期的政治文化因素也有着紧密的联系。比如 monopoly 的译名就经历了从"辜榷"到"独占"再到"垄断"的演变。严复在对 monopoly 这个单词追本溯源后,在汉语中找到意义和用法相对等的"辜榷"。中日甲午战争后,大批学生留学日本,在转译西方著作的过程中大量借用了日语词。"独占"一词就在该时期替代了严复译的"辜榷",成为 monopoly 的通用经济学术语。抗日战争爆发后,国人的民族意识逐渐增强,学术界开始反思日语借词问题,一些日语译词逐渐被摈弃,代之以中国传统术语中意义对应的词(张景华、屈莉莉,2021:61)。郭大力和王亚南(1972:56)在修订《国民财富的性质和原因的研究》时将 monopoly 译为"垄断"。"垄断"一词来源于《孟子》"必求垄断而登之,以左右望而网市利",既有操控市场的意思,又有独占利益的意义,对译 monopoly 更准确、更规范。新中国成立前后,该词也成为用于批判国民党及其垄断资本主义的重要术语。译名生成、演变及本土化的过程反映了中国近代知识分子向西方由"接受"到"扬弃"的学习方式,从中也可以窥见传统经济思想向现代经济思想转型的轨迹。经济学译名的学科化和规范化为中国经济学话语体系构建奠定了基础。

二、经济学概念的转义

概念史研究可以从词源学(onomasiology)的角度来考察某个词汇的历时演变,也可以从语义学(semasiology)的视角来研究一个特定概念在不同时空里的不同含义。方维规(2008)认为研究一个外来概念,了解在不同时期、不同地域它的译名固然非常重要,而更为重要的是对概念本身含义的把握。

马克思主义学说最早从日本传入中国,属资本主义范畴的"市场""经济""经济学""财产""所有制"等经济学概念随着马克思主义著作的汉译传入中国并已经普遍使用。俄国十月革命以后,列宁在社会主义建设的实践探索中深化了对基本概念的认识。五四运动后，这些蕴含列宁经济思想的著述先后以摘译、节译、译述等形式传入中国。例如，1921 年惟志节译的《俄国近时的经济地位》、1922 年摩汉转译的《俄国现时经济的地位》和 1924 年李春蕃节译的《农税底意义》中都包括《论粮食税》中的"代引言""关于俄国现实经济""论粮食税、贸易自由、租让制"三节中的部分内容；1924 年诵虞翻译的《论合作社》、1921 年晨作霖翻译的《列宁之国家主义谈》摘译了列宁关于"国家资本主义"的论述。这些具有列宁主义特色的术语，如"市场、商品经济、合作社、国家资本主义"等被中国共产党人吸收借鉴，并在中国的实践中经过不断转义和丰义，被纳入社会主义范畴，在中国社会主义建设中发挥了重要作用，成为中国特色社会主义政治经济学中的基本概念（周强，2022：129）。例如"市场"一词在我国古代汉语中已使用，最初的含义是指人们交换真实商品的活动场所，又名"集市"，曾一度传到了日本。1890 年黄遵宪在《日本国志》中介绍明治维新以后的日本社会时，就特别提到"市场"一词是源自中国的。现代汉语中的经济学术语"市场"概念则是在 19 世纪末从日本传回中国的，一般认为来自日本的和制汉字词"市场"，意义取自英语 market 和 market place，这时的"市场"概念意义与中国古代汉语中的"市场"相比，已经发生了变化。它指商品行销的区域，包括市场经济和国际市场，归属于资本主义范畴。之后在苏联探索社会主义建设的实践中，尤其是在列宁实施新经济政策时期，"市场"的定位又开始有了明显变化。列宁主张通过市场恢复和发展经济，虽然没有提出以市场作为资源配置为基础的思想，但这应该是社会主义建设初期计划与市场结合的思想的雏形，为我国发展市场经济起到了启示作用。

第四节　翻译与中国经济学科的构建

陈大亮（2022）认为知识与社会是相互影响的，社会知识会制约翻译，翻译知识对社会也具有反作用力。翻译知识在目的语社会的传播中会产生巨大的精神力量，影响译入语国民的思想、观念、意识形态、价值观等，从而推动社会变革和制度转型。在近代中国的历史进程中，面对内忧外患和社会动荡，无数仁人志士向西方寻求救亡图存、强国富民之道，西方经济学正是在这一时代背景下开始在中国传播。古代中国没有近代意义上的经济科学，中国经济学是中国人向西方学习的结果(孙大权,2011:66)。国外经济学著作在中国的翻译和传播在拓宽知识分子视野、普及经济学知识、传播西方经济思想、建立现代经济学科、构建经济学术语体系、推进现代经济学教育等方面发挥了巨大作用。

一、经济学理论的引介与研究

现代经济学学说在中国的翻译传播为中国经济学的建立和发展奠定了理论基础。19 世纪末至 20 世纪初,中国的知识分子积极引进西方经济学著作和马克思列宁主义经济著作,通过翻译和传播这些著作,向中国读者介绍了国外经济学的基本理论和观点,为中国经济学科的建立提供了重要的理论基础。严复翻译的《国富论》是古典主义经济学译著在中国的首次出版;《资本论》的翻译促进了马克思主义经济学在中国的发展和传播;新古典主义经济学以马歇尔的《经济学原理》为代表作,其译介引入了边际思想;而凯恩斯的经济学著作自1920 年首次被译成中文以来,至 2020 年最新译本的出版,已走过了百年,出现了 40 个译本(刘晓峰、杨悦,2020:143)。正是得益于翻译,各种经济学说得以广泛传播,才使得比较和选择成为可能。学者们通过比较不同学派的理论,深入研究各个经济学说的内涵及其合理性。例如马寅初的《制度学派康孟氏之价值论》通过对比制度学派与古典学派、新古典学派的思想来阐述制度学派的价值论。又如民国时期,经济学家对以新古典经济学的理论和分析方法为指导的经济学译著进行研读和思考,聚焦市场化和工业化,为中国经济近代化和工业化提供了理论支撑(李翠莲,2009:123)。

在研读比较外来经济学说基础上,中国的经济学家们开始提出独立的观点和理论,丰富了中国经济学的内容,并启发了后来的研究。中国经济学者借鉴西方经济学范式产出了许多探索经济学基本理论的著作,为构建经济学理论做出了不懈的努力。其中水平较高、影响较大的有 1928 年刘秉麟的《经济学原理》和 1943 年马寅初的《经济学概论》。刘秉麟是我国著名经济学家,曾留学英、德,一直致力于财政经济学的研究。他的《经济学原理》综合西方经济学观点,吸收亚当·斯密和大卫·李嘉图的经济主张,从生产、流通、分配等方面对经济学基本原理作了系统的阐述(万红先,2013:53)。马寅初是新经济理论的不懈传播者,他先后撰文传播了德国历史学派、美国制度学派、统制经济学等西方前沿经济理论,还通过参考国外最新的经济学说编著了《经济学概论》,是当时最流行的经济学教材之一。

二、经济学方法论的引进与讨论

国内学者也注重从西方经济学和马克思主义经济理论吸收和运用经济学方法论来对经济现实做出切实合理的解释。经济学方法论方面的译著有 1913 年出版，率群译的《经济学研究法》（［日］金井延著）；1929 年出版，柯柏年译的《经济学方法论》（［英］J. N. 凯恩斯著）；1930 年出版，陈宝骅、邢墨卿译的《马克思主义经济学方法论》（［德］科因著）；1932 年出版，彭桂秋译的《新经济学方法论》（［苏］宽恩著）；1936 年出版，吴清友译的《政治经济学方法论》（［苏］拉皮多士、渥斯托洛维迁诺夫著）；1936 年出版，郑学稼译的《经济学历史方法论》（［法］胡洛斯基、［德］罗齐尔著）；1937 年出版，莫耐军译的《政治经济学方法论》（［苏］阿贝支加乌斯、杜科尔著）等。引进的具体经济学方法包括数量分析法、演绎法、归纳法、历史法、辩证法，以及整体主义与个体主义的方法论等（王昉，2009：115）。国内学者从科学研究和中国实际角度论述了经济学方法论在经济学研究中的重要性，他们不但对不同学派的具体方法进行了介绍，还从实践出发，对各种研究方法进行了对比和评论，并提出了自己的观点。如刘絜敖的《经济学方法论》在国外经济学方法论的基础上总结了方法论十大问题，之后又撰文《现代各家经济学说之方法论的分析》介绍了边际效用学派、新古典学派、制度学派、数理学派等 22 种经济学流派及其代表人物，并在德国经济学家松柏特的经济学体系三分法基础上，提出"宇宙观、认识法、研究法、叙述法"的四分法方法论（王昉，2009：115）。方法论的引进和讨论有助于突破传统思维体系，帮助人们更理性化地思考现实情况、合理制定经济政策。现代经济学分析工具和统计方法的运用，以及实证分析和规范研究的借鉴，促进了经济研究的规范化和科学化发展，同时也有力地推动了中国经济研究理论的进步。

三、经济学话语体系的形成

外来经济学理论和思想的引入催生了新的概念、范畴和术语，为中国经济学人认识描述经济现象、表达经济思想、提出改革措施、制定经济政策都提供了基本的话语工具。随着大量经济学译著的引入，诸如"经济""资本""现金""保险""产业""银行""市场""交换""金融""交换价值""看不见的手"等一系列经济专业术语流传开来，为中国经济学的建立和发展奠定了术语概念基础，为中国现代经济学术语体系初步形成提供了条件。同时，经济学术语概念从日本、欧美、苏俄传入中国,在不同时期或不同语境中某些经济学术语形式、概念内涵外延会发生变化,并在中国经济建设、改革的实践经验基础上不断丰富和发展。如改革开放和社会主义现代化建设新时期,邓小平同志在深刻把握社会主义本质的基础上科学借鉴列宁在新经济政策时期的经验教训,将"市场""商品经济"等概念从资本主义范畴纳入社会主义范畴,成为了中国特色的经济学术语重要概念(周强,2022:159)。

另外,很多经济学者在研究和教学过程中也发现从不同语言移植过来的经济学术语翻译有不规范、译名不统一的问题,提议通过翻译、审定经济学术语的工作使之规范化。如南京国民政府教育部管辖下的国立编译馆在南开大学经济学院院长何廉的建议下,组织了一个由当时各个大学和研究机构的知名学者为成员的经济学名词审查委员会,共审定了3 631个经济学术语,按照字母顺序排列,英文在前,译文在后,编成《经济学名词》一书,由正中书局1946年出版,在全国范围内使用。该书的编译过程非常严谨,先以中英文经济学原理、经济史、经济思想史、大学教本为范围,收集常用术语,再参考中、英、日文流传较广泛的《经济学辞典》,斟酌修改成草案,再由名词审查委员会审定,经讨论整理后最后定稿(李翠莲,2009:324)。译名的规范化和标准化为经济学知识的普及、中国经济学话语体系的发展以及中国经济学科的本土化发展铺平了道路。

四、经济学教育的改革与发展

随着经济学在中国的译介和快速传播,经济学教育受到了政府的重视。政府采取了一系列措施加大经济学人才的培养,如从法规上确立了经济学教育的地位、仿效日本和欧美的经济学教育学制、开设经济学课程、派遣留学生出国学习等。经济学教育学制的确立、国外经济学教材的引进以及留学生的归国任教和学术活动促进了中国经济学教育的发展,影响了大批中国近代经济大师和实业家的经济思想和实践。

(一) 经济学教育学制和课程设置

早在洋务运动时期,为强国富民,洋务派创办的新式学堂就开设了西方经济学课程。随着国外经济学说在中国的传播,清政府越来越意识到本国经济学教育的重要性,晚清政府先后颁布了《壬寅学制》《癸卯学制》《奏定学堂章程》等法规,通过教育法令形式确定了经济学教育的地位,仿效日本教育学制,对经济学的课时、学制年限、具体课程均作明确规定(范文田,2008:37)。新式学堂中经济学课程普遍被作为必修课或选修课加以讲授,课程内容较之前更加丰富,涉及经济、财政、银行、商业、对外贸易等方面。此外,政府还派遣大量留学生到海外专门学习经济学。晚清新政时期,在高等学堂中开始建立专门的经济研究机构,如经济通讯社、经济学研究会等都是西方经济学传播发展的产物。1908年中美达成协议,将美国退还的"庚子赔款"用于培养留美学生,以清华学堂为首的国内留美预备学校效仿美国的学制体系和学科设置,以便学生出国后能快速适应美国学制。

1912年国民政府教育部颁布的《壬子学制》明确将经济学列入科目设置中,使得经济学作为一门科目获得了制度上的认可。经济学科的制度化推动了经济学在近代中国的发展,各新式学校几乎全部设立经济学系或商学院,下设银行、会计、统计、国际贸易、工商管理及其他学系。留美经济学人不仅带回了美国先进的专业知识,而且将美国的实用主义教育理念带回来,并通过开设实用性课程,为解决中国实际经济问题提供借鉴。民国时期教育部颁布的大学规程里规定了各门科目的统一课程,各高校可参照本校实际以及教员所修专业制定出相应的课程表。李翠莲(2009:148)考察了包括北京大学、清华大学、南开大学、复旦大学等7所高校的经济学和商学课程,发现实用性课程占的比重较大,经济学原理、思想史等理论性课程只是作为入门或选修课程,国内应用经济学在此阶段得到快速发展。

(二) 经济学教材的引进和编写

经济学文献的翻译和传播为中国经济学教育提供了重要的教材资源。这些资源被用于编写教材和设置课程内容,为培养中国学生的经济学知识和素养提供了基础。从严格意义上来说,我国近代新式教科书不是源于"传统教学用书的自然演进转化",而是为满足新式学校培养新式人才的需求,在学习引进西方教育的中国教育现代化进程中从国外翻译引进来的(李金航,2013)。鸦片战争后,外国传教士通过译著书刊、兴办学堂、开设课程等将一些资产阶级的经济理论传播到中国,以西方原理性经济著作作为教材。1880年,由传教士丁韪良主持、汪凤藻翻译的《富国策》是近代中国第一部专门介绍西方经济学的著作。该书作为京师同文馆"富国策"课程的教材,宣传在西方正盛流行的古典自由贸易主义思想。洋务时期使用的教材多为直译的经济学原理性质入门教材。清末民初,国人将学习重心由欧美转向日本。随着新政教育改革,经济学教育受到重视,经济学被作为必修课或选修课在兴办的新式学堂加以讲授。为了方便教学，学堂聘请了既懂日语又有专业知识的中国教习担任课堂翻译，进行译授。例如杉荣三郎曾被聘为京师大学堂教习，主讲公法和经济学，陆宗舆、林榮等都担任过其课堂翻译。当时使用的教材是这些日本教习上课用的授课讲稿，经中国留学生教习翻译后，由国内出版机构出版，其中包括1903年商务印书馆出版的杉荣三郎编撰的《经济学讲义》，1903年上海文明书局出版的日本人天野为之著、嵇镜翻译的《理财学纲要》，以及1906年王宰善翻译的《经济学教科书》。

民国时期使用的教材一般取自日本、欧美和苏俄的经济学译著或原著，也有国内经济学者著述或编著的教材。相较于晚清时期，民国时期经济学教材的内容更加丰富。除了新古典学派知识体系，德国历时学派、制度学派、数理经济学派、美国边际学派等其他学派的经典著作也被译介过来。自编的教材如马寅初著的大学教本《经济学概论》、赵兰坪编著的职业学校教科书《经济学》在当时都比较流行。一些老师也发现完全取材国外的教材并不合适中国学生使用，建议结合中国实际问题自编讲义或教材，如陈岱孙以英、法、美、苏四国为例，结合中国当时实际，自编了一部《比较预算制度》教材。何廉与李锐合著的《财政学》教材补充了大量中国实际材料，让学生用欧美国家的财政体系来分析中国的财政状况（李翠莲，2009：150）。马寅初著的《经济学概论》虽采用西方经济学体系中的四分法进行论述，但为适应社会和学生需求，结合了一些中国实际材料进行例证。这些教材对于培育近代中国经济人才、经济学学科体系建立以及本土经济学教育起到了重要作用（史越，2017：16）。

（三）经济学教育师资和学术团体

从经济学教育师资看，教授经济学科目的老师由最初的传教士到日本教习，到后来的归国留学生，可以看出随着经济学在中国的翻译和传播，近代经济学教育日趋学科化、专业化和中国化。这里特别要提到留美经济学人在传播西方经济学知识、培养本土经济学人才方面的贡献。民国时期，各高等院校经济系和商学院的设立吸引了大批归国的留美经济学人进入教育界。他们携带着先进经济学理念加入经济学教学研究队伍中，通过主持各个系、开设相关课程、翻译或编写教材、培养学生、建立科学体制学会组织和经济学研究所等一系列活动，使知识传播更具学科化和专业化，推动了民国时期整个经济学体系的建立和发展。

例如留美博士马寅初归国后执教北京大学。在蔡元培任校长期间，他身担重任，曾担任经济学研究所主任兼经济、商学院主任和北大第一任教务长，先后教授过银行学、财政学、货币学、保险学、汇兑论等应用经济学课程。教学中,他引领学生将理论与实际结合起来,鼓励建立学生银行、"消费合作社"等机构,支持学生成立经济学术研究会以推进学术发展。作为中国经济学社社长,他组织社员召开年会,编译出版各种经济书籍、建立分社,进行实地考察等事项,推进了中国经济学的建立和发展。在学术团体方面,最为著名且贡献最大的要数1923 年由留美归国的经济学家刘大钧、陈长衡、陈达等人创立的以留美学者为主体和知名经济学家为成员的"中国经济学社"。学社以钻研经济学、探讨经济问题、编译经济书籍、促进中国经济学发展为宗旨,学社的活动及其社刊《经济学季刊》对于提高经济学的教学质量起到了重要作用(杨春学,2021:13)。孙大权(2006:18)称其为"中国传播和研究现代西方经济学的中心组织",为西方经济学在中国的传播和经济学的中国化作出了重要的贡献。

第五节 经济学学术的中国化

知识的传播是一个动态的过程,当地方性知识进入他语境中成为世界性知识,世界性知识又与译入语社会文化语境的地方性知识相碰撞、相融合,进而进化为具有地方特性的世界性知识。从这个角度看,翻译也是对知识的改写,是基于原有知识的创新。国内经济学专家发现从国外移植到国内的经济学知识因其明显的时代特征和本土情境,应用到解决中国实际问题时并不能完全适用,有时还会产生谬误,所以很难成为改造中国社会的有力工具。唐庆增(1936:4)认为"我国经济问题,自有其特殊之性质,必须国人自谋良法,非徒稗贩西洋新说陈言,所可奏效"。陈启修(1933:231)主张中国学者应以"中国人的资格"与"中国人的立场······来研究中国经济学说与外国经济说之间的区别和关联,并指出现今中国的经济学的发达程度及以后的发展倾向"。

学者们普遍认为,外来经济学说是国外学者依据各自的社会实况和需求得出的结论,在社会制度、生产力水平、制度结构、政治文化背景等方面均存在显著差异,外来经济学说的中国化是客观必要的。综合李翠莲(2009:319)"学术中国化"的意义和程霖等(2018:185)"西方经济学中国化"的定义,本章认为经济学中国化是指在透彻吸收不同国家经济学说的基础上,选择性地、批判性地将本国经济学和国外经济学进行融合和改进,以期创造出一种能解决中国实际问题的经济学新体系。其中也包含了我们对待翻译知识应有的态度:要根植于现实,对引进的知识进行甄别、选择,并在应用中通过补充、修改对知识进行重构和拓展。国内经济学者一直扎根本国情况,依托外来经济学知识,为构建符合国情的经济理论进行了不懈的努力。

除以上提到的经济学术语的统一和教科书编纂的中国化,学术研究和学理建设是经济学中国化的核心要素,国外经济学说在中国的翻译和传播推进了经济学学术的中国化。例如,《资本论》中文译本和相关译著的出版既加强了党的理论武装,又扩展了中国人理解马克思主义政治经济学的知识空间,为马克思主义经济学的中国化作出了重要的贡献。毛泽东亲自带头学习《资本论》,在马克思经济理论和方法论的指导下,撰写了《新民主主义论》《改造我们的学习》《关于农村调查》《驳第三次"左"倾路线》等论著,提出了从新民主主义向社会主义过渡的总路线(李月华,2022:39)。王亚南是中国第一个提出"中国经济学"的经济学家,他曾大量研究西方的主流经济思想,翻译了多部经济思想著作,还将马克思主义经济学与中国社会经济具体实践相结合,先后著有《中国经济原论》《中国地主经济封建制度论纲》《中国官僚政治研究》等学术专著。他主张在舶来经济思想铺垫的基础上,以扬弃的方式建立中国经济学。当时的学者利用国外的经济学理论框架,加入大量国内的材料和事实加以阐明,在此基础上进行理论提升,代表性著作有何廉等人撰述的《财政学》,以及巫宝三、杜军东翻译的《经济学》教本。南开经济研究所基于天津和全国工业化的调查也产出了大量的研究成果,如方显廷的《中国棉纺织工业及棉纺织品贸易》、谷源田的《中国之钢铁工业》等。另一方面,学者们采用外来经济理论来研究、整理中国经济思想史和中国经济史,如南开经济研究所袁贤能、朱庆永、任宗济等运用西方经济学中的统计法、归纳法、演绎法等现代经济学的分析方法来整理和完善中国经济史。

结　　语

杨枫(2021a:2)宣称"没有哪一个学科不是以翻译的方法进行知识积累,没有哪一个学科不是以翻译的形式呈现思想发展;没有哪一个学科没有自己的知识翻译史,所有学科都该向翻译致敬。"从以上论述可以看出,经济学科也不例外。近代以来,中国经济学通过"引入"和"再造"的途径得到了很大发展,不论是中国经济学的知识话语建构,还是中国经济学学科体系的建立,都离不开翻译的贡献。本章以时间为脉络,依托历史语境,对中国近代以来经济学著作的译介脉络进行了考证和梳理,以译者为中心,透过他们的翻译活动和翻译作品探讨了译者翻译思想、经济思想和治学精神,从经济学理论的引介、经济学方法论的引入、经济学概念体系的形成和经济学教育的改革阐述了国外经济学的译介对中国经济学科构建的影响,论证翻译在经济学科的知识建构功能。本章主要观点总结如下:

第一,翻译在中国经济学的发展进程中发挥至关重要的作用。从 1880 年传教士丁韪良主持翻译《富国策》作为京师同文馆的经济学教本,到 1902 年严复翻译出版《原富》,引进资产阶级古典经济理论,到民国时期马寅初、何廉、唐庆增等留美经济学者对新古典学派和综合学派为主的现代经济学的引介,再到 1938 年郭大力、王亚楠翻译出版《资本论》中文全译本,传播马克思主义政治经济学,在中国经济学发展的不同阶段,翻译和译者始终不曾缺席。从西学到东学再到新学,从被动接受到主动译介,从普及性读物翻译到专业性著作翻译,从广泛性引入到选择性译入,中国经济学的发展一直借助翻译这个中介构建经济学话语体系、学科体系和学术体系。

第二,翻译不只是一种语言转换和文化交流,它还具有知识建构的功能。地方性知识借助翻译这个媒介进入他语境中转化成世界性知识,应用于特定社会语境,社会产生反作用力,助推社会进步与变革。知识在新语境中的应用、变通以及补充重构了原有知识的内涵和外延,形成具有地方特色的世界性知识。经济学译本的传播冲击了"崇本抑末""贵义贱利""重农轻商"等中国传统经济思想,加速了中国经济思想的转型,促进了西方经济学和马克思主义经济学的广泛传播,一定程度上推动了中国经济学概念体系和学术体系的初步建立,为构建中国特色的社会主义经济学奠定了重要基础。

第三,深受特定的社会背景和时代条件的影响,各个时期经济学著作的译介呈现出不同的特点。不论是清末时期译者主体以传教士为主的译介现象、清末民初时期以日译本作为翻译底本的译著的大幅增加,还是中华民国时期在革命思潮驱动下,翻译介绍马克思主义经济学相关著作如火如荼地开展,都与特定的译介背景密不可分。总体而言,在社会发展和中国救亡图存的历史语境下,译者的语言能力和经济学专业素养不断提升,译文质量也进一步提高。

第四,译者是翻译活动的主体,在地方性知识转化为世界性知识的过程中,译者的主体作用既受到社会历史文化语境的制约,又因社会的需要和各自的翻译目的最大限度地发挥出来。译者的翻译动机、专业水平、双语能力、治学精神等影响着译者选择、接受和再生产知识的过程。近代是社会大变革的时期,在内忧外患的社会动荡时期,严复、郭大力、王亚南等经济学人展示出的爱国、求真、务实、奉献、进取的科学精神和治学精神表现得尤其珍贵,为翻译家精神研究提供了有力的例证,同时对当前国家战略需要、社会需要和学科发展需要下的翻译教育和跨学科人才培养带来重要的启示。

第五,经济学译名是中西经济思想融合过程中的产物,既有来自欧美日的外来语,也有本来就存在于中国传统经济典籍中的术语。譬如严复将economics 译成"计学"有助于经济学学科确立和西方经济思想进一步传播,在语言上又兼顾了中国传统经济学思想;后来翻译成"经济学"又显示了中国传统经济思想在社会及学科功用上的转变(龚琪峰,2016:60)。译名概念的转变体现了近现代中国经济学研究的不断发展,并在现代经济学的浪潮中逐渐开辟了具有中国特色的本土化道路。

第六,忠实翻译、准确传播外来经济学思想和理论是推进经济学的中国化的前提。在对待外来经济学理论和思想时,要立足中国实际情况,采用历史唯物主义和辩证唯物主义的马克思主义科学方法,选择性地吸收和借鉴外来经济学理论,并在本土化实践中不断调整、变通,对原有理论进行拓展和丰富,并尝试对理论进行创新和再造,以实现经济学的中国化和独立发展。

国外经济学说的翻译和传播推动了中国经济学科的构建,促进了中国经济的发展。国内不断发展的经济亦要求不断更新经济学的理论和思想,中国经济的新现象、新变化也需要相应的经济理论来解释,以便为未来的经济活动提供指导,这种需求客观上促进了经济学术的交流,推进了经济学文献的翻译以及新思想和新理论的传播。目前我们一方面批判借鉴外国经济学思想和理论,系统组织翻译和出版国外经济学经典著作,来丰富和发展中国经济学,如"当代比较经济研究丛书""诺贝尔经济学奖获得者丛书""当代经济学译库""当代经济学教学参考书"等。同时,随着中国经济的发展和国际地位的提高,世界也越来越迫切地想要了解中国,中国特色的经济学理论也可以通过翻译向全世界传递"中国声音",为解决经济问题贡献"中国方案"和"中国力量"。如国家社会科学基金中华学术外译项目自 2010 年设立以来,立项数最多的学科就是经济学。

截至 2020 年,立项数占比 14％,其中理论经济学占 9％,应用经济学占 5％(吕秋莎,2021:27)。由荷兰博睿学术出版社出版的《中国经济转型 30 年》英文版在读者中获得了热烈的反响,受到了国外学者的广泛好评。本章从"引入"角度探讨近代翻译与中国经济学的联动关系,也期望能为"译出"中国特色的社会主义经济学、构建全球经济共同体提供参考和借鉴。

— 参考文献 —

[1] 蔡尔康. 大同学[J]. 万国公报,1899(121):13 - 16.

[2] 曾祥宏,魏佳焕. 经济学著作在中国近现代译介的脉络考辩[J]. 上海翻译,2022(2):78 - 83.

[3] 陈豹隐. 经济学讲话(上册)[M]. 北平:好望书店,1933.

[4] 陈大亮. 关于知识翻译学的元反思[J]. 当代外语研究,2022(2):45 - 57.

[5] 程霖,谢瑶. 中国经济学构建:20 世纪 20—40 年代中国经济学社的探索[J]. 中国经济史研究,2023(1):168 - 188.

[6] 范文田. 浅论西方经济学在晚清时期的传播途径与影响[D]. 河北师范大学,2008.

[7] 方梦之,傅敬民. 振兴科学翻译史的研究——应用翻译研究有待拓展的领域[J]. 外国语(上海外国语大学学报),2018,41(3):67 - 75.

[8] 方维规. "经济"译名钩沉及相关概念之厘正[J]. 学术月刊,2008(6):136 - 146.

[9] 方维规. "经济"译名溯源考——是"政治"还是"经济[J]. 中国社会科学,2003(3):178 - 188 + 209.

[10] 干保柱,孙道凤. 陈启修译《资本论》译介考释[J]. 马克思主义与现实,2019(1):163 - 169.

[11] 耿强. 从观念的旅行到知识翻译学:一个谱系学的考察[J]. 当代外语研究,2022(3):74 - 83.

[12] 龚琪峰. 从"经世济民"到"计学"——翻译中的传统"经济学"的概念转型[J]. 中国科技术语,2016,18(5):59 - 64.

[13] 郭大力,王亚南. 国民财富的性质和原因的研究[M]. 北京:商务印书馆,1972.

[14] 胡寄窗. 中国近代经济思想史大纲[M]. 北京:中国社会科学出版社,1984.

[15] 黄立波,朱志瑜. 严复译《原富》中经济术语译名的平行语料库考察[J]. 外语教学,2016,37(4):84 - 90.

[16] 贾根良. 外国经济思想史学科在中国的源流与发展[J]. 学术研究,2023(5):84 - 96 + 2.

[17] 蓝红军. 作为理论与方法的知识翻译学[J]. 当代外语研究,2022(4),34 - 43.

[18] 黎难秋. 中国科学翻译史[M]. 合肥:中国科学技术大学出版社,2006.

[19] 李翠莲. 留美生与中国经济学[M]. 天津:南开出版社,2009.

[20] 李丹. 晚清西方经济学财富学说在华传播研究——以在华西人著述活动为中心的考察[J]. 中国经济史研究,2015(3):43 - 53 + 143.

[21] 李金航. 中国近代大学教科书发展历程研究[D]. 苏州大学,2013.

[22] 李茂君,胡显耀. 概念的翻译与近代中国历史变迁——近代翻译史的概念史研究路径[J]. 上海翻译,2023(3):7 - 12.

[23] 李馨鑫. 民国时期西方理论经济学在中国的传播考察(1912—1949)[D]. 上海财经大学,2007.

[24] 李月华. 郭大力的红色翻译出版事业对马克思主义中国化的贡献[J]. 老区建设,2022(17):35 - 41.

[25] 梁捷. 梁启超经济思想的演变过程[J]. 社会科学战线,2008(2):88 - 97.

[26] 梁捷. 启蒙及其转向——清末民初思想界对"西方经济学"的认知与阐发[J]. 现代中文学刊,2009(4):50 - 64.

[27] 梁林歆,王迪. 知识翻译学视域下译者的立体性角色及作用探析[J]. 当代外语研究,2023(2):40 - 48.

[28] 梁启超. 介绍新著《原富》[J]. 新民丛报,1902:113.

[29] 廖七一. 严译术语为何被日语译名所取代？[J]. 中国翻译,2017,38(4):26 - 32.

[30] 林毅夫,胡书东. 中国经济学百年回顾[J]. 经济学(季刊),2001(1):3 - 18.

[31] 刘群艺. "理财学""生计学"与"经济学"——梁启超的翻译及其经济思想解读[J]. 贵州社会科学,2015(4):144 - 154.

[32] 刘晓峰,杨悦. 凯恩斯经济学思想在中国的百年译介和影响研究[J]. 翻译史论丛,2021(2):142 - 157 + 170.

[33] 刘祖春. 百年共进：中国共产党与马克思主义政治经济学[J]. 湖北大学学报(哲学社会科学版),2021,48(2):11 - 22.

[34] 严复. 论译才之难. 载严复集(第1册)[M]. 北京：中华书局,1986.

[35] 吕秋莎. 中华学术外译项目助力中国学术著作走出去——基于中华学术外译项目2010—2020年的统计分析[J]. 出版参考,2021(11):26 - 32.

[36] 马克思,恩格斯. 马克思恩格斯全集：第39卷[M]. 北京：人民出版社,1974.

[37] 漆亮亮,罗绪富.《原富》按语中的严复房地产税思想[J]. 文化长廊,2017:40 - 41.

[38] 秦慈枫. 术语库驱动的《原富》译名考[J]. 中国科技翻译,2021,34(3):47 - 49.

[39] 邱少明. 建国前马克思主义经济学经典译介的脉络辨析[J]. 吉林工商学院学报,2012,28(1):78 - 82 + 91.

[40] 孙大权. 民国时期的中国经济学与经济思想[J]. 贵州财经学院学报,2011(6):66 - 73.

[41] 孙大权. 中国经济学社的兴衰及其影响[J]. 经济学家,2006(4):13 - 20.

[42] 唐庆增. 中国经济思想史(上册)[M]. 北平：商务印书馆,1936.

[43] 万红先. 民国时期经济学著作的经济思想研究[D]. 武汉大学,2013.

[44] 王昉. 经济学方法论与经济学在近代中国的发展——20世纪20—40年代对经济学方法论的引进和讨论[J]. 复旦学报(社会科学版),2009(2):110 - 117.

[45] 王栻. 严复集(第一册)[M]. 北京：中华书局,1986.

[46] 吴央波. 生态翻译学视角下西方经济文献《原富》的汉译[J]. 浙江外国语学院学报,2012(5):45 - 49.

[47] 习近平. 在哲学社会科学工作座谈会上的讲话[M]. 北京：人民出版社,2016.

[48] 夏炎德. 中国近百年经济思想[M]. 北京:商务印书馆. 1948 年版影印本:181.

[49] 小罗伯特·B. 埃克伦德,罗伯特·F. 赫伯特. 经济理论和方法史[M]. 北京:中国人民大学出版社,2001.

[50] 严复. 与新民丛报论所译原富书[J]. 新民丛报,1902(号 7):111.

[51] 杨春学. 西方经济学在中国的境遇:一种历史的考察[J]. 经济学动态,2019(10),11 - 23.

[52] 杨枫. 翻译是文化还是知识?[J]. 当代外语研究,2021(6):2 + 36.

[53] 杨枫. 知识翻译学宣言[J]. 当代外语研究,2021(5),2.

[54] 叶世昌. 从《原富》按语看严复的经济思想[J]. 经济研究,1980(7):71 - 75.

[55] 叶世昌. 经济学译名源流考[J]. 复旦学报(社会科学版),1990(5):16 - 20.

[56] 易棉阳. 民国时期中国经济学构建的探索——以留学生为中心的考察[J]. 财经研究,2019,45(7):4 - 16 + 30.

[57] 喻旭东,傅敬民. 翻译知识的三重形态初探[J]. 当代外语研究,2022(5):22 - 30.

[58] 张登德.《富国策》与西方经济学在近代中国的传播[J]. 山东师范大学学报(人文社会科学版),2008(4):122 - 125.

[59] 张登德. 亚当·斯密及其《国富论》在近代中国的传播和影响[J]. 理论学刊,2010(9):95 - 99.

[60] 张景华,屈莉莉. 从"辜榷"到"垄断"——论经济学术语 monopoly 的译名演变及其学术意义[J]. 天津外国语大学学报,2021,28(6):57 - 65.

[61] 张凯. 马克思主义政治经济学在中国的早期传播研究——基于相关译介文本的考察[J]. 马克思主义与现实,2022(3):128 - 134.

[62] 郑双阳. 经济思想研究[D]. 福建师范大学,2012.

[63] 周强. 列宁著作汉译过程中的概念意义再生产研究[D]. 广西师范大学,2022.

[64] 邹进文,张家源. Economy、Economics 中译考——以"富国策""理财学""计学""经济学"为中心的考察[J]. 河北经贸大学学报,2013,34(4):116 - 121.

[65] 邹振环. 马君武《国民生计政策》译本述论[J]. 暨南学报(哲学社会科学版),2012,34(9):2 - 11.

[66] "What China Reads," in the North-China Herald and Supreme Court & Consular Gazette (1870—1941) [N]. 1913 - 6 - 28.

[67] BAKER M. Editor. Translation and the production of knowledge(s) [J]. Alif: Journal of Comparative Poetics, 2018(38):8 - 10.

[68] BURKE M, RICHTER M. (Eds.). Why Concepts Matter: Translating Social and Political Thought [M]. Leiden & Boston: Brill Academic Pub, 2012.

[69] PYM A. Method in Translation History [M]. Beijing: Foreign Language Teaching and Research Press, 2007.

[70] RICHTER M. The History of Political and Social Concepts: A Critical Introduction [M]. Oxford: Oxford University Press, 1995.

翻译与中国心理学

■ 本章导读 ■

我国近现代意义上的心理学并非出自母体文化,著名心理学家张耀翔曾这样说道:"'心理学'三个字在中国古籍上似从未在一处排列过,就是'心理'二字相连的时候也很少。"(张耀翔,1940)中国心理学存在着两个源头:其一是中国古代与近代心理学思想;其二是西方心理学的输入与传播。到了19世纪下半叶,中国古代心理学并没有直接孕育成为独立的科学,反而西方心理学的输入和传播在中国随西学东渐日益盛行起来(阎书昌,2018)。尽管从一些方面可以看出中国传统文化对心理学学科的影响,但是从整体而言,中国心理学的发展在很长一个时期以来都可以看作心理学知识翻译后再进行本土化的过程。在心理学知识本土化过程中,翻译发挥了至关重要的作用。西方传教士、中国传教士、心理学教员、留学生等多种译家身份在我国心理学学科的孕育、萌芽、初创和发展过程中扮演了重要角色。研究他们的翻译工作,是揭示中国近现代心理学发展的特点和对中国心理学科进行理性思考的基础,也是致力于建立我国心理学学科话语的前提。

第一节　近代心理学翻译活动和学科知识的积累(1840—1919)

一、西方传教士的心理学翻译活动

西方心理学在近代中国的最初传播来自传教士,最早传入我国的西方心理学著作是 16 世纪和 17 世纪的三本书,即《西国记法》(利玛窦中文著,1595)、《性学觕述》(艾儒略中文著,1623)和《灵言蠡勺》(毕方济口述,徐光启笔录,1624)。"这三本书中,《西国记法》虽是一本记忆术,然而利玛窦把识记当作'人受造物主所赋之神魂,视万物最为灵悟''造物主显露神秘'等。《性学觕述》和《灵言蠡勺》更是为'由因性以达夫超性',也就是把心理学作为'神学的奴婢',为宗教服务,但在书中也描写了许多心理事实,例如脑的作用、记忆的联想规律等。利玛窦、艾儒略等都精通中国典籍,在书中常引用孔孟之说,并利用或附会中国古代性理之说的思想。"(赵莉如,1988)这三本书虽然带有浓厚的宗教唯心色彩,但为我国历史上最早接触到的西方古代和中世纪的心理学思想,在中国心理学发展史上是具有重要意义的史实(高觉敷,2005:368)。丁韪良的《性学举隅》是 20 世纪之前近代中国心理学早期发展史上的重要著作。丁韪良是美国传教士,是清末在华外国人中的"中国通",于 1898 年出版了《性学举隅》。该书英文名为 *Christian Psychology*,是一本融入许多近代西方心理科学知识的著作。丁韪良创造性地以西方心理学为基础,结合中国传统文化中的心理学思想,建立了一套以"事天"道德修养为中心的基督教心理学体系,同时也为中国带来了西方较科学的心理学体系和心理学知识(阎书昌,2015:29)。丁韪良创制的心理学新术语,如"梦行"(即梦游)、"行梦"(即催眠)、"相脑"(即颅相学)等虽未流传至今,但在当时中国的知识界仍不失为比较契合其心理学内涵且又容易理解的词汇(王文兵,2008:277-284)。

英国传教士傅兰雅的译著《治心免病法》(1896)是第一部传入中国的心理治疗性著作,原著是 *Ideal Suggestion Through Mental Photography*(Henry Wood,1893)。这本书兼有科学性和宗教性,很符合傅兰雅在中国的科学传播和传教士角色。傅兰雅在翻译此书时并没有完全忠于原文,甚至在自己理解的基础上对其内容加以创造性发挥。如"心力"这个概念在傅兰雅的译文中反复出现,但考之以原文,则会发现原文与"心力"一词对应的英文可能是"invisible resident""life or mind forces""soul"等。凡是与精神、心理活动或者灵性相关的语词,都被傅兰雅译为"心力"。究其原因,一方面是便于读者理解,另一方面是因为"心力"这一汉语词汇在当时的中国成为流行概念,"其源实出于龚自珍。'心力'概念在龚自珍那里,含义是多重的,包括智力和情感力量,更多地强调心力的驱动力和持久性,所以龚自珍的'心力'主要指喻意志力量。"(高瑞泉,1989)龚自珍是近代改良主义思想的先驱,这里傅兰雅可能是采取本土化的改译,便于受众理解。

"傅兰雅是以传教士的身份来华,却在中国传了几十年的科学,他认为科学知识是神赐予人的珍贵礼物,将科学知识传播开来也是传教士的任务。"(龚昊,乌媛,2018:15)《治心免病法》中也能透露出他的这种思想,例如下文对"以太"一词的翻译:

[例 1]

We find that the great force called thought has scientific relations, correlations, and transmutations; that its vibrations project themselves in waves through the ether, regardless of distance and other sensuous limitations; that they strike unisons in other minds and make them vibrant; that they relate themselves to like and are repelled by the unlike...

傅兰雅译文:考万力之大,以人思念为最,思念有变化,其有相关者最烦。近西国考知万物内必有一种流质,谓之以太。无论最远之恒星,中间并非真空,必有此以太满之,即地上空气质点之中亦有此以太,即玻璃罩内用抽气筒尽其气,亦仍有之。盖无处无之,无法去之。如无此以太,则太阳与恒行星等光不能通至地面。如声无空气则不传,此可用抽气筒显其据。空气传声,以太传思念,同一理。不问路之远近与五官能否知觉之事物,凡此人发一思念,则感动以太传于别人之心,令亦有此思念。一遇同心,则彼此思念和合,如遇相反,则厌之而退⋯⋯

对比原文和译文会发现傅兰雅对"the ether"这个概念做了大幅增译,详细解释了这一物理学概念。后来谭嗣同从傅兰雅的译文中得到启发,认为"以太"是宇宙的本质,是他本体论的核心概念。如他的《仁学》开篇即说:"遍法界、虚空界、众生界,有至大、至精微,无所不胶粘、不贯洽、不筦络,而充满之一物焉,目不得而色,耳不得而声,口鼻不得而臭味,无以名之,名之曰'以太'。其显于用也,孔谓之'仁',谓之'元',谓之'性';墨谓之'兼爱';佛谓之'性海',谓之'慈悲';耶谓之'灵魂',谓之'爱人如己''视敌如友';格致家谓之'爱力''吸力';咸是物也"(转引自蔡尚思、方行,1998:293 - 294)"谭嗣同以他的佛学造诣和读《治心免病法》的心得为基础,展开壮丽的想象,想将毕生所学融汇为一门新学问,用以救世,从而产生了《仁学》一书。该书融中西学问于一炉的尝试和对封建思想与伦理的尖锐批判曾对近代中国的思想界产生了重大的影响,更激励了许多仁人志士投身于改造中国社会的活动之中,在中国近代思想史上有着重要的地位。"(龚昊、乌媛,2016:18‑19)

二、中国传教士的心理学翻译活动

"在以传教士为主体的西学传播阵容中,当属圣约翰大学的中国牧师颜永京对西方心理学的引进贡献最大。"(胡延峰,2009:32)鸦片战争前后,中国被列强宰割,沦为半封建半殖民地国家。外国传教士在中国沿海和内地的主要城市设立教会学校,并送学生去美国留学,这些学生首次学习了西方心理学课程。颜永京(1838—1898)作为留美学生,1879 年回国后在上海圣约翰书院以海文(Haven)的 *Mental Philosophy: Including the Intellect, Sensibilities, and Will* 为教材教授心理学课程。这期间颜永京翻译了这本著作,名为《心灵学》,于 1889 年由益智书会校订出版(上本,下本未付印)。这是中国历史上第一部汉译西方心理学图书。颜永京自幼就读于教会学校,不仅学习英文,也受过良好的中国古典教育,他的两部译著——《肄业要览》(1882)和《心灵学》都具有重要的历史意义。《肄业要览》是斯宾塞著作在中国的首次翻译,同时还是近代中国人独立翻译的第一部人文类书籍。赵璐(2018:29‑30)在《心灵学》导读中写道:"翻译《心灵学》本身是为了教学需要。与海文那一代人一样,颜永京将心灵学课程视为提高学生学习能力的方式。颜氏的理念是德育智育兼修,不仅提升技能,更提倡价值观的培养,即如何成为一个完善的社会人。可以说,心灵哲学为教育服务的目的正好契合颜永京的教育思想和实际需要。"颜氏选择这本书的原因,是因为该书组织有序,风格简洁明了,而且毫无当时的华丽文风,因此被誉为心理学前实验时期最好的教材之一(Fay,1939:126)。此书出版之后成为这一领域中最流行的教材。这本深受欢迎的心理学教科书对刚刚涉猎这一知识体系的颜永京产生了重要影响,他在序言中写道:"西国论心灵学者,不一其人,而论法各异。予巧爱名儒海文氏之作,议论风生,考据精详,窃取以为程式,而译言之……"可见,相较于海外其他心理学书籍,海文的这本心理学著作语言生动风趣,有理有据,比较适合用于教学。

在颜永京翻译海文的书之前,日本近代著名哲学家西周(1829—1897)于 1875 年已翻译了海文的同一原著。西周的译著比颜永京的早出版 14 年,但从两本译著的名称和书内译词各不相同来看,颜永京译的海文《心灵学》与西周译的《心理学》之间没有联系，是各自独立翻译而成的（高觉敷，2005：379）。颜永京在独立翻译海文著作时遇到了很多困难，在译书序言中他说："其中许多心思，中国从未论及，亦无各项名目，故无称谓以达之，予姑将无可称谓之字，勉为联结，以创新称谓。"《中国近代心理学史》一书中对颜永京的心理学术语创制有较为详细的描述：颜永京直接从中国文化的语言文字中寻求可利用的资源，进行了早期汉语心理学术语的创制工作（阎书昌，2015：22-25）。在翻译《心灵学》时，颜氏已经有意识地开始创制严谨、统一的汉语心理学术语，如将 idea 译为"意念"、consciousness 译为"内悟"，以及 attention 译为"专意"等。因当时学界无现成的术语可以借鉴，颜永京从中国传统文化中采撷词汇，如他使用的"心才学"（psychology）、"心性学"（mental science）显然与中国传统文化中"心"的含义及中国历史上的"心性之学"有着密不可分的关系。究其原因，我们可以从颜永京于 1886 年加入益智书会，成为该会的唯一华籍成员做些解释（徐以骅，2002）。

益智书会又称学校教科书委员会，该会成立的主要目的就是编撰出版教科书和建立统一的译名（邹振环，2002）。《心灵学》由颜永京译出，经益智书会出版发行，成为当时高中和学院仅有的一本心理学教科书（王扬宗，2009：633）。益智书会出版的教科书要求结合中国人的风俗习惯和文字特点编译，使课本具有严格的科学性。该书会一直致力于译名的统一问题，强调译词要秉承简单、同一门类词汇有所统一、方便且适应性强的原则，术语最好要有准确的定义，以让中国人能够清楚地理解西学表达的内涵（Mateer，1877：42）。颜永京在翻译《心灵学》时显然也尽力遵守这一译名创制要求，如下例。

[例 2]

Philosophy, in the wide sense usually given it, denotes the investigation and explanation of the cause of things;...

Metaphysics, what.—Of the two grand departments of human knowledge—the science of matter and the science of mind—the former, comprising whatever relates to material phenomena, the science of nature, is known under the general name of Physics; the latter, the science of mind, is often designated by the corresponding term, neither very correct nor very fortunate, Metaphysics.

译文：

格致学者，阐明物质与人物之缘由⋯⋯

格致学有二：曰格物学，曰格物后学。先者论物质，后者论一切物质外之事。称后学者。

我们可以发现关于术语方面，前一段颜氏将"Philosophy"译为"格致学"，后一句英文原作换用"Metaphysics"一词，颜永京仍然译为"格致学"，说明他已经注意术语翻译的一致性。

[例3]

POWERS OF THE INTELLECT

Ⅰ. Presentative, *Perception*.

Ⅱ. Representative, $\begin{cases} 1. \text{ Of the Actual, } Memory. \\ 2. \text{ Of the Ideal, } \underline{Imagination}. \end{cases}$

Ⅲ. Reflective, $\begin{cases} 1. \text{ Synthetic, } Generalization. \\ 2. \text{ Analytic, } Reasoning. \end{cases}$

Ⅳ. Intuitive, *Original Conception*.

译文：智

一、呈才，又称达知，又称五官才。

二、复呈才，实者即记幻。像者，即幻像。

三、思索，以诸物归一者即汇归，由统至分者即分核。

四、理才。

从例3的术语译名，我们可以看到颜永京对心理学术语的汉译"达知"（Perception）、"记幻"（Memory）、"幻像"（Imagination）、"汇归"（Generalization）、"分核"（Reasoning）、"理才"（Original Conception）与现在流行的译名"知觉""记忆""想象""概括""推理""直觉"等不同，但是颜译均为二字词，与现在名词术语的命名要求相符。例3中包含海文的一个核心概念，即intuitive power，指的是人类与生俱来的某些认知模式，我们现在的译名"直觉"或"直觉力"是源于日本哲学家西周的译本。颜永京的译名为"理才"其实是一个很准确的翻译，因为"才"对应的是 power，power 对应的并不是某种力，而是人所持有的某种资质，在文言文中"才"恰好有这个含义；而"理"对应 intuitive，是因为在宋明理学中，"理"指人天生所禀受的性质。因此，从词义来看，"理才"非常准确地反映了 intuitive power 所涵盖的意义（赵璐，2018：37）。在专有名词方面，颜永京存在对人名翻译不统一的问题，如德国哲学家康德，颜永京就先后译为"干剔"和"干铁"；亚里士多德译为"耶律士都""爱立司多德"；哥白尼译为"古彼呢哥""古比尼哥"等等。颜永京有时将人名译为中文，有时没有译，反映了他的短期功用目的（赵璐，2018：34）。

赵璐（2018：32 - 34）在《心灵学》导读中分析了颜永京的翻译风格："总体来说，颜永京的翻译非常忠实地表述了海文的主旨。他对原文有非常精准的把握，这不仅体现在术语本身，也体现在惯用语，甚至是例子的理解和翻译上。为了传达原文主旨，颜永京力求忠实反映原文。他的翻译以海文原著的段落为单位。在一个段落内，颜有时为了段落流畅会重新梳理句子的顺序，但绝大多数时候他会把每一原句的句意都包含进去。在专有名词的翻译上，颜氏也力求一一对应，大多数时候他所用的译词也前后一致。"我们可以在译文中找到一些案例来证实。

[例 4]

We admire the genius of a Kepler and a Copernicus, we sympathize with their enthusiasm as they observe the movements and develop the laws of the heavenly bodies; we look through the telescope, not without a feeling of awe, as it seems to lift us up, and bear us away into the unknown and the infinite, revealing to us what it would almost seem had never been intended for the human eye to see; but one thing is even more wonderful than the telescope—that is the mind that contrived it.

译文：昔天文士欬勃娄及古比尼哥查出星之行动，及星所属之统理。其所用之千里镜，宛如将吾举于逍遥之中，得瞩目所不能见者，得至足所不能到无边无涯之境。奇哉千里镜！奇哉千里镜达到之地！然奇而又奇者是想出千里镜者之心灵、用千里镜测星之行动显星之奥秘者之心灵。

[例 5]

I do not mean, by what has been said, to imply that in our own observation of mental phenomena we are limited to the experience of our own minds, but only that this is the principal source of our information.

译文：有所谓据上而言，凡讲求心灵显然形用，必限于本人心灵所经历者乎？曰：否。我只谓本人心灵所经历者，是大项之材所由来耳。

对应画线部分可见，颜永京并非是用我们常见的学术著作的语气在翻译，而是声情并茂，这让我们揣测译文的使用对象和场景应该是学生和课堂。此外，颜永京的译文是简洁的，如下例：

[例 6]

It would hardly be possible to name another branch of study that tends so directly to produce these results in the cultivation of the mind.

译文：总之磨炼人心，莫若心灵学。

但是显然颜永京的翻译不是为了学科建制而做的，如例 7 中观点的引出都不具有学术严谨性。

[例 7]

Definitions—Consciousness is defined by Webster as the knowledge of sensations and mental operations, or of what passes in our own minds; by Wayland, as that condition of the mind in which it is cognizant of its own operations; by Cousin, as that function of the intelligence which gives us information of every thing which takes place in the interior of our minds; by Dr. Henry, translator of Cousin, as the being aware of the phenomena of the mind—of that which is present to the mind; by Professor Tappan, as the necessary knowledge which the mind has of its own operations. These general definitions substantially agree.

译文：内悟之义，不一其解。有谓五官达到，或心灵用于内外，我实时知其达，知其用，若此之知为内悟。有谓心灵之用，心灵自知，而若此之知是为内悟。有谓凡经由于我心灵者，有敏才通消息于我，其敏才如此之职分是为内悟。有谓我心灵有所用，我心灵必然自知而不能不知，其必然之自知，是内悟。以上各解语，虽异而意实同。

颜永京的译文是关照读者的，通过省译、调序等翻译方法来提升译文的可读性。姚永娟（2018）认为，颜永京对英文原著选择性翻译的原因有两方面：一是因为《心理学》是在其教学过程中翻译而成的，主要用途是作为心理学教材使用，因此，颜永京注重心理学一般知识的普及介绍，对原著中所介绍的前沿新知识则予以忽略。二是作为一本面向大众的启蒙书籍，颜永京考虑到受众的接受能力——当时国人对真正科学意义上的心理学知识框架知之甚少，因此在翻译时，主要专注于一般知识的译述，忽略那些涉及学术前史及一些有争议的知识点。

颜永京创制的部分心理学词汇被其子颜惠庆总编的《英华大辞典》收录。《英华大辞典》于1907年编纂完成，它不仅被列于光绪皇帝交给内务府的书单中，而且在民国知识分子中非常畅销。颜永京的译词也伴随着《英华大辞典》提供给更多读者，启蒙更多的人（孙小蕾，2019）。颜永京作为近代翻译西方心理学译著的第一人，在中国心理学发展史上意义非凡。

三、心理学教员的翻译活动

自1900年以后，中国学术界基本上已经较为广泛地承认心理学这一西方学科。1902年，梁启超在《格致学沿革考略》中正式区分了"心理学"和"哲学"两个名称，他写道："吾中国之哲学、政治学、生计学、群学、心理学、伦理学、史学、文学等，自二三百年以前皆无以逊于欧西。"同时梁启超特别强调了当时学界对"psychology"与"philosophy"译名的混淆，说道："日人译英文之psychology为'心理学'，译英文之philosophy为'哲学'，两者范围，截然不同，虽我辈名不必盲从日人，然日人之译此，实颇经意匠，适西方之语源相吻合……吾度著者……其意以为一切哲学，皆心识之现象也，故吾不从东译而定此名，鄙人窃以为误矣。"

"从心理学传播所承载的活动来看，有宗教传播和师范教育两种活动，而且后者相继代替了前者。"（郭本禹、阎书昌，2020）20世纪初，随着心理学课程在师范教育中的设置，译自日本的心理学教材不断增加，如1901年樊炳清译、林吾一著的《应用心理学》；1902年王国维译、元良勇次郎著的《心理学》；1903年张云阁译、大濑甚太郎和立柄教俊合著的《心理学教科书》；沈诵清译、井上圆了著的《心理摘要》等。1907年王国维出版的译著《心理学概论》是我国近代心理学发展史上影响最大的一部译著。

王国维（1877—1927）是我国近代著名的学者、文学家、史学家。1901 年秋曾赴日本学习，1903 年起先后到江苏通州师范学堂和苏州师范学堂当教员，讲授心理学、社会学等课程。1903—1904 年间王国维翻译了丹麦海甫定原著、英国龙特原译的 *Outlines of Psychology*，即译本《心理学概论》，1907 年由上海商务印书馆出版。全书共有七篇，百余章节，前四篇为心理学之对象及方法、精神及身体之关系、意识与无意识之关系、心理的原质之分类；后三篇为海甫定根据康德的知、情、意三分法，分为知识之心理学、感情之心理学、意志之心理学。书中明确提出"心理学必须为一门独立之学，而不可为哲学之一部分"。"《心理学概论》的英文版从 1891—1919 年曾再版八次，颇具国际影响。王国维的中文版则从 1907—1935 年再版十次，从发行年限之长、出版次数之多可见其影响之大，它也是我国早期心理学著作中水平最高的一本。"（高觉敷，2005：380‐381）

王国维采用的心理学译词都是从日本译词沿用过来的，他看英文书时，常以日文译本参照。王国维所翻译的术语与现在的术语符合度很高，他喜欢用二字词语，其译本中所用的心理学名称和词汇不少已接近现在应用的心理学基本词汇。如《心理学概论》中，龙特氏的原文为"Change, transition, alternation and inner connection throughout all change these were the most important characteristics of consciousness."，王国维将这段话翻译为："变化，迁移及一切变化中之内面的联络，乃意识最重要之特质也。"其中，他将 consciousness 译为"意识"，此外，将 sensation 译为"感觉"，feeling 译为"情感"，反映了其所处时代的中日文字的逆向流动特点。王国维的学术术语的翻译理念是"主张沿用日本已通行的术语，认为'日本人多用双字，其不能通者，则更用四字以表之；中国则习用单字，精密不精密之分，全在于此'"（阎书昌，2015：62）。

费钰茜和孟祥春（2021）认为王国维翻译学术术语的两大策略是"借"和"融"："借"是借日译术语名，如"思想""经验""表象""意识""自由""手段""意志""人格"等。这是王国维译文的一大特点，他认为借用日译名有两大好处，一是沿袭易，创造难；二是中日两国距离近，沟通交流密切（姚淦铭、王燕，2007：2‐26）。例如王国维将 evolution 译为"进化"，在当时的中国，evolution 更为流行的译法是严复所译的"天演"，而王国维在翻译《心理学概论》时则选择了借用日制译词。他表示，严复对于此词的翻译和日制译词的相比，"孰得孰失、孰明孰昧、凡稍有外国语之知识者、宁俟终朝而决哉"。关于"融"，费钰茜和孟祥春

(2021)认为,译名可在古语中溯得源头,部分含义与西方思想有共通之处,融通之后的新译名既有古语的内涵,又有新的时代内涵,意义更为丰富,更具生命力。尽管一些术语与如今心理学通行术语有所差异,但为心理学术语立名开辟了道路,提供了思路。如 interest 无外来日语词直接借用,于是王国维将古代文论中"兴味"的概念融入心理学,在古代文论中"兴味"指作品蕴含着能激发读者兴趣的滋味(彭会姿,1990:492 – 551)。

王国维的术语译名与现代心理学术语重合度较高,这种百年流传的原因也是由于王国维曾任编订名词馆分纂的身份使然。"清政府在编辑教科书的过程中,感觉到统一教科书中术语译名的重要,故而在 1909 年设立了编订名词馆,作为其统一教科书中术语名词的专门机构。该馆存在时间虽短,却开创了官方系统审定、统一术语名词的先例,为后来历届政府所效仿,由其颁布的部定词作为近代官方公布的第一批标准词汇更是意义重大,体现了作为政府一方在术语译名选择上的考量取舍。"(冯天瑜等,2016:99)现藏于北京师范大学图书馆的《中外名词对照表》即为编订名词馆的成果。《中外名词对照表》中 2 500 余条中文译名来源有三:一是严复译词,因严复为编订名词馆总纂,收录严复译词最多的是《辨学名词对照表》;二是来华西人所拟译词,以数学类书籍最佳;三是日译词,尽管作为名词馆总纂的严复是比较排斥使用日译词的,但不少名词馆的分纂都是日文翻译者,也包括王国维(冯天瑜等,2016:103 – 104),再加上当时"日本所造译西语之汉文"已"以混混之势而侵入我国之文学界,欲使日译词弃而不用已不可能,甚至严复自己的译著中使用日译词也不在少数"。(朱京伟,2008:76)

王国维在翻译中具有鲜明的读者意识,如下例(郭慧、冷冰冰,2021):

[例 8]

Experiments (on dogs and rabbits) have shown that the pulse beats faster when, through section of the nervus vagus, the heart is freed from its connection with the medulla oblongata.

译文:犬及家兔。若去其第十对脑神经而绝心与延髓之交通,则其脉搏愈速。

原文中的"the nervus vagus"实际上就是迷走神经。而迷走神经就是指第十对脑神经,是脑神经中最长且分布最广的一对;译文中的"第十对之脑神经"

比"迷走神经"更易于读者理解,可见王国维用"脑神经"这样的上义词来取代了"迷走神经",降低了知识的专业性,更好地实现了交流的目的。

[例9]

If it is tired, badly nourished, or affected by cold or <u>strychnine</u> and certain other poisons, the reflex movement increase in speed, strength, and extent.

译文:如身体困乏、营养不善,或为寒冷及<u>毒药</u>所侵时,则反射运动、强度及范围者皆增。

原文中的"strychnine"是植物学名词——士的宁或称马钱子碱,能选择性兴奋脊髓,增强骨骼肌的紧张度。这种物质虽然可以入药,但是稍有不慎就会导致中毒。所以,在当时医疗水平落后的国情下,与毒药无异。王国维同样是用"毒药"替换了专业词汇"士的宁/马钱子碱",实现了译文的易读性。

王国维对学术术语的翻译理念,再加上他的几部心理学译著,如《心理学》(1902)和《教育心理学》(1910)的广泛传播,使得他对后世心理学术语的翻译有着深远的影响。此外,这一时期日本心理学教员对西方心理学知识在中国的传播也是功不可没。特别需要提到的是日本教育家服部宇之吉,他于1902年开始任教于京师大学堂,为心理学在中国高等教育中的传播作出了贡献。"服部宇之吉所授的心理学课程讲义由其助教范源濂译述,后来这些讲义经过润色后于1905年在日本以中文出版,这本《心理学讲义》在中国近代科学心理学传播过程中具有重要的意义,讲义以孔、孟、尧、舜、盗跖、道、释、《中庸》、《大学》、《学记》等的大量观点和内容为例讲解心理学知识,展示了心理学传入中国之初与中国文化融合的图景。"(阎书昌,2015:55-57)

四、心理学术语的争鸣

蒋维乔(1873—1958)是我国近代著名的教育家和哲学家,他为中国近代心理学的发展,特别是心理学在教育中的应用作出了积极贡献。蒋维乔出版过两本心理学著作,其一是1906年以商务印书馆编译所名义编译的《心理学》,这是一本使用很广的著作,另一部是由他和日本学者长尾槙太郎合著的《心理学讲义》(1912)。他从事心理学工作的最终目的是将心理学的理论和规律应用于教育,例如他在教材编写中运用了材料难度和记忆、材料性质与兴趣、材料之间的关系与记忆等，成为心理学引入后第一次在教育中有意义的实践。在这一时期这种心理学新知识指导实践是非常难得的，因为其他学者，包括王国维也还只停留在引介和传播心理学知识的阶段（阎书昌，2015：66-67）。

1909年，蒋维乔与汪炳台就心理学的体系与术语开展了中国近代心理学史上的第一次学术讨论，这次讨论在中国近代心理学史上具有重要价值。一方面，西方心理学刚刚引入，在对其内容和体系的理解上肯定存在偏差，学术论辩对更好地理解心理学有着积极的意义。另一方面，在此期间，蒋维乔发表了《心理学术语解》（1909）和《答汪炳台驳心理学术语解》（1910），汪炳台则发表了《心理学术语比较考》（1910）、《心理学术语之比较》（1913）和《心理学术语浅释》（1915）三篇文章，尤其最后一篇长文达数万字，涵盖了心理学的众多术语。这些工作对规范心理学术语以及心理学的传播具有积极意义（阎书昌，2015：68）。

1912年中华民国成立以后，教育部相继颁布了《壬子学制》（1912）、《大学规程令》（1913）和《高等师范学校规程令》（1913），从此师范学校本科各部都学习心理学。这些学制的颁布对心理学的传播具有重要意义，因为心理学学科地位在各级教育体系中的确立为知识传播提供了一定的保障（胡延峰，2009：39）。1917年在北京大学校长蔡元培的支持下，心理学家陈大齐创建了我国第一个心理学实验室，为中国近代心理学的发展树起了一座里程碑。1918年，陈大齐出版了中国大学第一部心理学教科书《心理学大纲》，以通俗易懂的文言文和新式的标点符号，比较准确全面地概括了当时西方心理学的内容和最新成就，突出阐明了心理学的科学定义：心理学乃研究心作用之科学，即研究精神作用之科学（阎书昌，2015：75）。自此，中国心理学领域迎来了广泛译介西方心理学知识的活跃时期。

第二节　现代心理学知识的翻译和学科建构（1919—1949）

"中国现代学术话语是一种新的学术话语体系，一种既不同于西方学术话语体系，又不同于中国传统学术话语体系的新的学术话语体系。其原因在于中国现代学术话语是在'异化'和'归化'的双向运动中形成的。一方面，中国古代学术话语在向现代演进的过程中发生了转化，古代术语的词形虽保留，但是其概念内涵发生了扩大或改变；另一方面，西方术语的概念通过知识旅行发生了意义的缺失或者意义的本土化，失去了原来的概念内涵。"（高玉，2011）五四运动后到新中国成立前，中国心理学科大量译介西方心理学派的知识，许多心理学概念跨越时空与中国传统文化相融合，这些知识话语在这一时期心理学研究者的译著、编著、论文和专著中以某种方式落地生根。其间，许多海外留学生回国，自发加入中国心理学科的创建中，他们将西方科学心理学的知识译介到中国。难能可贵的是，他们在广泛译介的工作中，能够自觉调整和修正西方学术话语中的偏见或谬误，不断丰富和完善适合中国本土的心理学学科话语。

一、翻译活动的繁荣

19 世纪 20 年代至 30 年代是国际心理学各派争鸣的繁荣时期。中国心理学科正值初创时期，许多留美心理学学者回国，他们大量参与到翻译和编译西方心理学译著的活动中，成为传播西方心理学知识的主力军。根据张耀翔（1940）在《中国心理学的发展史略》中的介绍，1920—1940 年出版的心理学书籍为 371 种，其中翻译作品有 165 种，占到总数的 44.5%。根据笔者的统计，这些译著主要涉及教育心理（18.8%）、测验（5.5%）、儿童心理（11.5%）、变态心理（7.9%）、普通心理（7.3%）、心理学派（10.9%）、专题研究（10.3%）、社会心理（7.3%）、应用心理（9.1%）、心理学史（5.5%）、青年心理（3%）、动物心理（7.7%）等。张耀翔（1933）在《从著述上观察晚近中国心理学之研究》指出：1922—1926 年是心理学发展的兴盛时期，每年都有 10 部以上的心理学著作出版。所有书籍中教科书的比重最大，达到83%，专著只有 23 部，其中又仅有 8 部是国人撰写的专著，其余 8 部皆为译著。译介的主要心理学分支有如下几种。

构造主义心理学是 19 世纪末心理学成为一门独立的实验科学以后，出现于欧美的第一个心理学派。创始人是冯特和他的学生铁钦纳。构造主义学派在中国传播对中国心理学早期建设有一定的影响，北京大学成为传播冯特和铁钦纳心理学思想的重要基地，翻译出版了冯特的《心理学导言》（1923，吴颂皋译）和铁钦纳的《心理学》（1931，金公亮译）。黄公觉、陈大齐、谢循初、高觉敷等的相关论文发表在《东方杂志》《心理》《暨大教育季刊》《教育杂志》等。

机能主义心理学是美国本土形成的一个心理学学派，主要活跃于 1890 年到 20 世纪 30 年代，与构造主义心理学展开了激烈的学派之争，争论的焦点是心理学应该研究意识的结构还是功能。机能主义代表人物詹姆斯、杜威、桑代克、伍德沃斯的专著被大量翻译出版。如詹姆斯的《心理学简编》（1933，伍况甫译）、杜威的《儿童与教材》（1922，郑宗海译）和《思维与教学》（1936，孟承宪译）、桑代克的《教育心理学概论》（1926，陆志韦译）、伍德沃斯的《动的心理学》（1933，潘梓年译）和《适应与娴熟》（1937，张孟休译）等。

行为主义心理学是 20 世纪初起源于美国的一个心理学流派，它的创始人为美国心理学家华生。行为主义观点认为，心理学不应该研究意识，而应该研究行为。行为主义创始人华生的著作被翻译出来，如《行为主义的心理学》（1925，臧玉洤译）、《一九二五年心理学》（1928）、《行为心理学大意》（1928，谢循初编译）、《情绪之实验研究》（1934，高觉敷）、《华生氏行为主义》（1935，陈德荣译）、《行为主义论战》（1940，黄维荣译）。

格式塔心理学又叫完形心理学，是心理学的重要流派之一，兴起于 20 世纪初的德国，后来在美国得到进一步发展。其创立学者是韦特海默，代表人物还有苛勒和考夫卡。这个学派主张研究意识和行为的整体性，主张以整体的动力结构观来研究心理现象。国内格式塔学派的译著主要有高觉敷翻译的《儿童心理学新论》（1929，考夫卡著）、《格式心理学之片面观》（1935，苛勒、考夫卡著），以及傅统先翻译的《格式心理学原理》（1937，考夫卡著）等。

精神分析心理学是西方现代心理学中的一个主要流派，产生于 19 世纪末20 世纪初，它既是一种精神病症的治疗方法，也是一套心理理论，创始人是奥地利精神病学家西格蒙德·弗洛伊德。高觉敷是我国引介精神分析心理学的主要心理学家之一，他翻译出版了弗洛伊德的《精神分析引论》（1936）和《精神分析引论新编》（1936）。这一时期弗洛伊德理论的其他译著还有《群众心理及自我分析》（1929，夏斧心译）。此外，国外学者阐述和评价精神分析心理学的译著有《心理学与精神治疗法》（1929，布拉文著，华超译）、《弗洛特心理分析》（1929，芭芭拉·勒著，赵演译）、《解心术学说》（1934，福录格尔著，陈德荣译）、《精神分析学与马克思》（1940，奥斯本著，董秋斯译）；张东荪出版的《精神分析ABC》（1929）较为系统地评价了弗洛伊德、荣格、阿德勒等人的学说。美学家朱光潜早年翻译过《变态心理学派别》（1930）、《变态心理学》（1933），对精神分析心理学也起到很大的传播作用。章士钊也是早期接触和介绍弗洛伊德分析心理学的学者之一，他于 1930 年翻译出版了《弗罗乙德叙传》，即弗洛伊德自传。

工业心理学是 20 世纪初诞生的。美国哈佛大学教授雨果·闵斯特伯格于1910—1914 年间出版的《心理学与经济生活》《工业效率心理学》等书第一次提出了心理学在工业生产中应用的可能与方法，规划出工业心理学的大致轮廓。

20 世纪 30 年代以后,工业心理学有了较大发展。1931 年高祖武翻译出版了
《工业心理学浅讲》(莫斯栖奥著),这是国内工业心理学最早的译著。1932 年
郑汉文编译了《德俄的工业心理学》,1935 年王书林翻译出版了柏耳替著的《心
理学与工业效率》,都是这一时期的代表作(阎书昌,2015:182 - 184)。

　　20 世纪 20 年代末,潘菽、高觉敷、郭一岑等不约而同地开始介绍苏联辩证
唯物主义心理学。1929 年,潘菽翻译了勒鲍罗夫斯基的《苏维埃联邦的心理
学》,发表在《国立中央大学半月刊》(第 1 卷第 3 期)。同年,高觉敷翻译了同一
篇文章,以《苏联的心理学》为题发表于《教育杂志》(第 21 卷第 12 号)上。1931
年,郭一岑编译了科尼洛夫的文章,题为《苏俄科尼洛夫之心理学》(《教育杂
志》,第 23 卷第 10、11 号)。另外,陈汉标根据哥伦比亚大学的麦克法兰德对苏
俄考察之后撰写的德文和英文文章,于 1936 年发表了《苏俄的心理学》一文,向
国内介绍苏俄儿童心理学、工业心理学、精神病治疗以及巴甫洛夫的相关研究。
当时对苏联心理学的引介基本上是以英文文献为源头的,1949 年前后,其传入
路径转为由苏联俄文输入(李艳丽、阎书昌,2014)。

　　留学生在心理学知识引介过程中并非是照本宣科,而是对其中某些原理加
以理性分析,如萧孝嵘在《教育杂志》第二十一卷第九号上发表的《对于桑代克
学习心理学说之我见》一文,对桑氏的"满足说""联结说"和"情境说"提出了异
议。阮镜清也在 1933 年发表了《桑代克的分析说是否能解释一切学习》的文
章,对桑氏"一切学习都是分析的"命题提出质疑。留学心理学者的著述活动促
进了机能主义这一学派在中国的传播,也给中国心理学界带来了生机。从此,
机能主义心理学开始广泛地应用于一些实际生活中,有力地促进了教育心理
学、心理测验等应用心理学在我国的发展(胡延峰,2009:216)。在这一时期,留
学生将国外的心理学著作大量地译介到国内,他们不仅是知识的选择者,也是
知识的加工者和知识的传播者,为中国心理学科的建立打下了基础。例如高觉
敷翻译《儿童心理学新论》就是因为当时国内学者对于行为主义心理学已经有
不少翻译和介绍,而对于格式塔心理学的介绍很少有人去做,造成中国心理学
界对于这一学派缺乏了解。他翻译这本书的目的也就在于矫正这一偏颇。又
如在《精神分析引论》(1985)的译序中,高觉敷根据马克思主义的观点分析批判
了精神分析说的潜意识论、泛性论、死亡本能说和文化论的生物学观点;在后来
《精神分析引论新编》修订版译序中,高觉敷更是深思熟虑,应用唯物史观分析
了弗洛伊德的生平及其思想的发展过程,指出弗洛伊德的世界观身兼唯心主义

和机械唯物主义,并深刻地分析和批判了弗洛伊德的战争论、反马克思主义观点和他的妇女心理学(孙名之,2000:111)。

有了诸多西方心理学知识的译介,国内心理学者就有了与国际心理学者交流输出的话语权,1927 年,周先庚以《1922 年以来中国心理学旨趣的趋势》(*Trends in Chinese Psychological Interests Since 1922*)为题向西方心理学界介绍了刊发在《心理》杂志上的 21 类 110 篇论文。可以说,西方心理学新知识在五四运动以后大量译入国内后,经历了国内心理学者的理解、讨论、本土化借鉴,继而用中国心理学话语向国外传播交流的过程。

二、学科体制的建立

"在近代学术史上,一门学科的发展往往体现在两个方面,或者说,靠两种力量的推动,一个是学者个人发表的研究成果,二是在高等学校中设立相关科系培养学生,成立专业学会,出版专业期刊,即所谓学科体制的建设工作。"(阎明,2004:7)在高等学校中建立心理学系、成立教学机构和创办学术期刊成为翻译和传播西方心理学知识的重要途径。

(一)译著作高校教材

中国的心理学课程发展是伴随着西方科学心理学的传入而不断成熟完善的,它经历了 1920 年前的初创期,直到 1920 后,各高校相继建立心理学系(组),心理学课程才走向成熟的道路(王洁,2016)。"心理学系科在各大高校的创立为西学的引进构筑了一个重要的平台,其后随着众多留学心理学者的回国,他们凭借各自精专的知识背景在任教学校开设了名目繁多的心理学课程。"(胡延峰,2009:123)中央大学心理学系 1933 年、暨南大学心理学系 1929 年、北京大学心理学系 1926 年以及清华大学心理学系 1932 年开设的心理学课程,主讲人几乎为清一色的留学生,且留美生占到绝对比例。如中央大学心理学系,潘菽一人主讲实验心理学、比较心理学、心理生理学等课程;而萧孝嵘则开设了变态心理学、正常儿童心理学、学习心理学、实业心理学、格式塔心理学问题等课程(胡延峰,2009:125)。

随着留学生的大批回国执教,自著和译著心理学教材逐渐成为了主流。张耀翔(1940)对 20 世纪 20—40 年代的书籍出版情况做了详细的统计。这期间共出版心理学书 371 种,可分为编著和翻译两类,其中编著约占 55%。除专题研究及论丛外,其余全是教科书,约占 90%。"为了提高教材的质量和尽量使教材的使用趋于科学化、统一化，南京政府曾组织了大学用书编辑委员会，进行教材的编审工作。以商务印书馆 1934 年 7 月份为例，出版教育学院用书 5 种，分别为陆志韦译《教育心理学概论》（E. L. Thorndike 著）、朱君毅译《心理与教育之统计法》（H. E. Gaffett 著）、高觉敷译《儿童心理学新论》（K. Koffka 著）、陈大齐译《儿童心理学》（R. Gaupp 著）、钱希乃译《学习之基本原理》（A. Sedward 著）；出版理学院用书 4 种：赵演译《社会心理学》（F. H. Allport 著）、臧玉淦译《行为主义的心理学》（J. B. Watson 著）、陈德荣译《心理学史》（W. B. Pisbury 著）（胡延峰，2009：133）。西方心理学译著用作大学心理学教材成为新知识传播的重要渠道。

（二）期刊传播新知识

1922 年 1 月，我国第一个心理学杂志《心理》问世，1927 年《心理》杂志停刊。《心理》杂志共出版 14 号（期），总共发表论文 163 篇，杂志的栏目设有普通心理、实验心理、动物心理、儿童心理、青年心理、社会心理、变态心理、心理学史、各家心理、应用心理、教育心理、智力测验、心理见闻等。1922 年《心理》杂志的第一期写道："本杂志是中华心理学会的言论机关。中华心理学会会员承认心理学是世上最有用处的一种科学：不但可用在教育上，还可用在实业、商业、医术、美术、法律、军事、日常生活上。他们研究就是为求这许多的应用，办这个杂志是要让别人也得这些应用。中华心理学会会员研究心理学是从三方面进行的：一、昌明国内旧有的材料；二、考察国外新有的材料；三、根据这两种材料来发明自己的理论和实验。办这个杂志是要报告他们三方面研究的结果给大家和后世者。"《心理》杂志 1922 年刊出的论文中，有介绍西方心理学流派或代表学者的，如《传记：近代心理学大家詹姆斯传》《传记：近代心理学大家文德史略暨著述》《介绍：美国出版之心理杂志》《变态心理：梦之研究》《变态心理：分析心理学》；还有发掘中国本土心理学思想的相关文章，如《教育心理：中国古代学者论人性的善恶》《心理测验：汉魏时代之心理测验》《各家心理：佛教心理学浅释》等；还有重视我国本土理论和实验的论文，如《中国学者心理学之研究（以散见于当时 20 多种著名杂志中的文章为限）》《实验心理：交代的激动反应》《实验心理：一种矫正几何错觉的试验》《实验心理：镜画试验》《分析心理学》《东南大学心理学仪器（照片）》《历史：心理学史》《动物心理：动物智能》《普通心理：杂音》《普通心理：文学家之想象》《普通心理：释本能》《儿童心理：研究儿童的知识之方法》《儿童心理：研究儿童的历史》等。从《心理》杂志刊出的论文我们可以推断出中国心理学研究者在大量引介西方心理学流派思想的同时,也在审视中国古代的心理学思想,特别重视使用西方科学心理学的方法进行实验研究,解决本土的实际问题。因此,这一时期的中国心理学话语中既包括来自西方的心理学概念和术语,又包括中国传统的心理学概念和知识。

作为心理学专业期刊,我国《心理》杂志早于《日本心理学杂志》问世,是东方第一种心理学杂志(张鑫辉、赵莉如,2000:206)。《心理》杂志一方面汇集了当时我国心理学家的研究成果,另一方面也开创了中国心理学研究的新局面,是我国第一代心理学家留给后世的珍贵学术遗产。

其他期刊还有《心理半年刊》,由国立中央大学心理系编辑,于1934年1月1日在南京创刊,至1934年1月1日出版第4卷第1期后停刊,共出版7期。该刊总共载文88篇,其中译文21篇。抗战爆发前,我国出版的心理学刊物还有以下几种。《心理季刊》由上海大夏大学心理学会出版,1936年4月创刊,1937年6月终刊,该刊的口号是"应用心理科学,改进日常生活"。《心理季刊》共出版6期,发表87篇文章(包括译文4篇)。《中国心理学报》由燕京大学和清华大学心理学系编印,1936年9月创刊,1937年6月终刊,后成为中国心理学会会刊。《心理附刊》共出版45期,发表文章59篇,其中译文47篇,多数文章都是分期连载,该刊著译者主要有韩进之、张德琇、丁祖荫、吴福元、张义尧、王书林等人。在中国心理学初创时期,这些心理学期刊承担着译介国外科学心理学知识,推进西方心理学知识与本土心理学思想融合,推动与国际心理学研究接轨的作用。

三、现代心理学术语的创制和规范

术语是学科知识的载体,是学科话语的核心单元,当各种各样的心理学概念和语词跟随多位译者、多部译著涌现出来时,必然存在同一概念的多种译名问题,这无疑给学术界的交流带来严重不便。

(一)心理学译家的术语创制活动

在中国心理学领域,高觉敷作为西方心理学派的架桥人是众所周知的。1919—1949年的这段时期,他翻译了大量西方心理学著作。以读者为中心的翻译原则和严谨求实的翻译态度使高觉敷的译书质量上乘。他的翻译水平曾受到著名历史学家朱希祖的高度评价。朱希祖在1938年10月25的日记中写道:"近来阅各种译本书,心理学以高觉敷为最佳,哲学以李石岑为最佳,此二君之书皆能引人入胜。"(郭本禹,2017)新中国成立后,高觉敷根据社会发展状况和学科发展进程重译了四部经典著作,分别为弗洛伊德的《精神分析引论》(商务印书馆,1933/1985)和《精神分析引论新编》(商务印书馆,1935/1987)、波林的《实验心理学史》(商务印书馆,1935/1981),以及勒温的《拓扑心理学原理》(正中书局,1944/2003)。我们通过对照两个译本,来阐释五四时期高觉敷的术语创制思想。

[例 10]

We have recently investigated the manner in which anxiety comes about in certain phobias, which we class with anxiety-hysteria, and we have chosen for investigation cases in which we have to deal with the typical repression of desires proceeding from the Oedipus complex.

1933 年译文:有些惊悸病,和焦急的歇斯特利症同类。我们近期已研究这些惊悸病中焦急引起的情形。因伊蒂普斯情谊综而起的欲望被抑的例子尤为我们研究的目标。

1987 年译文:有些恐怖症,和焦虑的癔病同类。我们近来已研究某些恐怖症中焦虑引起的情形。由于恋母情结而引起的欲望被压抑的例子尤为我们研究的目标。

1933 年译文中的"Oedipus complex"翻译成了"伊蒂普斯情谊综",使用了音译法,而 1987 年的译文将其翻译成了"恋母情结",是意译法。弗洛伊德的精神分析理论认为,每个人的成长过程中都可能会产生这种情结。1933 年高觉敷在翻译 Oedipus complex 的时候还没有了解到这一名称的来源,只是将其音译。而实际上这种情结出自古希腊的戏剧《俄狄浦斯王》,指对母亲不正常的依恋,所以才会有 Oedipus complex 这一名称。因此在 1987 年,高觉敷将其改译成"恋母情结",这样可以更好地帮助中国读者理解这一情结的含义,尽管同音词"俄狄浦斯情结"在心理学领域同样存在。hysteria 是弗洛伊德《精神分析引论新编》中的另一个术语,高觉敷在 1933 年的版本中同样采用音译的方法,译为"歇斯特利症",而在 1987 年的版本中则译为"癔症",原因在于 hysteria 是希腊语,本意是"女性生殖器官疾病引起的神经病变",当时认为是只有女性患病,而后发现男性也可患病,因此后泛指突感极度的神经官能症,不再使用 1933 年的音译名"歇斯特利症"。

音译法是高觉敷处理新术语的一个常用方法，而他更加重视术语的内涵意义。如实验社会心理学之父库尔特·勒温的代表作 *Principles of Topological Psychology* 在心理学领域具有重要地位。1944 年高觉敷将该书书名译为《形势心理学原理》，而 2003 年版则为《拓扑心理学原理》。书名中的 topological psychology 作为西方现代心理学术语，承载着勒温本人的创新性观点，即数学中的新兴分支也许有助于心理学作为一门真正的科学发展。因此 1944 年高觉敷翻译时采用的是当时数学领域对 topology 的译法"形势几何学"。后来，数学家陈省身于 1947 年发表文章《什么是拓扑学》，首次正式以音译"拓扑"取代原先的"形势"。在同年 9 月的中研院第二届评议会第四次年会上，陈省身在数学所工作报告中明确提出"拓扑学"，并将原来的"形势几何学"称为旧译，"拓扑学"由此才成为 topology 的正式译名。topology 正式译名的更改和确定是高觉敷重译《拓扑心理学原理》的主要契机之一，他在重译本中将意译"形势心理学"更正为音译"拓扑心理学"，极大推进了格式塔心理学派在我国的传播与发展。

还有一例是弗洛伊德心理学中最基本、最关键的 Id 一词，高觉敷译为"伊底"，后来大多数人都将之译为"本我"，与弗洛伊德的另两个词"自我"和"超我"相对应。但高觉敷坚决不同意，他认为，弗洛伊德用 Id 所表达的是一种先于"我"之产生的状态，是一种"无我"的状态，是一种最为原始的混沌状态，是潜意识中最深层的境地。在汉语中有"伊于胡底"一成语，其所表达的本意正是所有存在中最深层的地方，正符合弗洛伊德的 Id 的本意（瓦伊尼、金，2009：413）。"伊底"译法既是意译，同时又契合 Id 的音译，确有异曲同工之妙。可见，高觉敷对待翻译工作非常严谨，不为形式统一而放弃对概念内在本质的理解，同时也体现出他在翻译过程中考虑中国本土文化的特点（郭本禹，2009：222）。

唐钺是我国较早一批出国学习心理学的留学生，师从美国著名心理学家铁纳钦。他一生在普通心理学、实验心理学、变态心理学、社会心理学、心理学史等方面取得了瞩目的成绩，被誉为"中国心理学的先驱"（郭本禹，2009：160）。同时唐钺也是西方心理学的翻译巨匠，他的译著包括詹姆士的《论人生理想》（1936）、《论情绪》（1945）、《论思想流》（1945）、《宗教经验之种种》（1947），穆勒的《功用主义》（1936），玛志尼的《人的义务》（上下册）（1937）等。唐钺在翻译时灵活地选择了音译、意译、音译兼译等方法来创制中文心理学术语。同时唐钺认为，在非文学翻译中，"信"和"达"比"雅"更为重要，正确传达西方心理学术语的内涵至关重要(郭本禹,2009:161)。唐钺主张在翻译时首先研究术语在英文中的词源、色彩、意义,最重要的是全面把握其意义,然后在汉语中找到对等词,但如果该对等词只是相对对等或者因其文化意义不适合作译名时,最好采用不翻之法,即音译。如 philosophy,唐钺认为在汉语中宋儒的"理学"与其内涵大体相符,但是因为在汉语中"理学"已经成为宋儒哲学的专名,再用它指代"哲学"会引起误会,因此他建议将哲学译为"斐洛梭菲"或"爱智学"(郭本禹,2009:162)。另一个传为佳话的术语翻译案例是唐钺区别性地翻译 libido。在谈及弗洛伊德的心理分析时,libido 的译名多用意译的"性欲",而在讲述荣格的分析心理学时,libido 的译名多用"力比多"。因为在荣格的分析心理学中,这个词含义很广,不是弗洛伊德认为的单纯的性欲性质,而是包括弗洛伊德所谓的"力比多"和阿德勒的"要优越"的意志,即包括一切动机在内。因此,采用音译"力比多",能够提醒读者弗洛伊德和荣格对 libido 的不同所指(郭本禹,2009:161)。

(二) 术语译名的两次规范活动

术语是学科的载体,术语的规范化可视为学科确立和成熟的重要标志之一。五四运动以后的这段时期,大量西方心理学著作被译介到中国,梳理和统一不同译者的术语是重要的学科工作。而对于心理学译者来说术语的翻译又是极为棘手的,如"许多名词及观念,译述十分困难。译成后,解释也不容易。各种科学在汉文上,都有名词的困难。唯独心理学的困难,是最复杂的"(李劼刚、刘序,1925)。庄泽宣曾在《心理学名词汉译》序言中谈到当时术语不统一的问题:"一是心理学还是在生长的时期,还没有到成熟的时期,所以各人用的名词有许多不同的地方——一个意义而各人用的名词不同。二、一个名词,各人的定义不同,不能说谁是谁非。三、因为各人的主张不同,竟然有'入主出奴'骂人家的不对,以至于一派的人用的字在别一派人看了,说所用的不是心理学的字。"关于人名的翻译也很混乱,如 Watson,有人译为"瓦逊",有人译为"瓦岑",有人译为"华岑",有人译为"瓦特生",有人译为"华生",有人译为"瓦德逊"。诸如此类,不胜枚举(张德培,1924)。

胡延峰(2009)总结梳理了这一时期两次心理学术语的审定工作。第一次是由中华教育改进社牵头进行,由庄泽宣着手进行的术语审定工作。中华教育改进社是 20 世纪 20 年代前后影响最大的全国性教育社团之一。1922 年 9 月,中华教育改进社邀请哥伦比亚大学心理学教授麦柯尔来华,指导心理与教育测验工作。麦柯尔委托北京的张耀翔对心理学名词进行审查，但因为张耀翔工作繁忙，就把这个工作交给了刚回国的庄泽宣。庄泽宣几乎是举一人之力完成了麦柯尔托付他的心理学名词审定工作。1924 年 12 月，《心理学名词汉译》由中华教育改进社发行，撷华印书局印刷，初版面世。整个小册子分"序""心理学名词汉译""审查心理学名词的经过"三部分，共计 18 页，收入 438 词。此次术语审定工作的特点是：首先每个名词术语统一于一种译法，其次收集筛选的术语涵盖所有的心理学分支。

第二次名词审定是国立编译馆牵头进行的。1932 年，经国民政府教育部批准，国立编译馆正式成立。该馆工作分编译和审查两部分，其中编译部分就包括各科名词的审定。1935 年上半年，国立编译馆编辑赵演受该馆之托，在复旦大学吴南轩、河南大学左任侠协助之下开始对心理学名词进行审定。此次审定的特点有 3 个。第一，审查机构权威性大，国立编译馆是经国民政府教育部批准成立的具有官方性质的编译机构，其本身就具备一定的行政权威。第二，名词审查参与度广，国立编译馆的名词审查工作历经两次送审，一次审查会议，前后参与审查的专家达 80 人次之多。这些专家来自中央研究院、中央大学、燕京大学、清华大学、北京大学、复旦大学、浙江大学等 20 余家国内知名心理学研究院所或院系，地域涵盖南京、北京、上海等 16 个城市。整个心理学名词审查活动历时两年，众多业内专家几经磋商、求同去异，最后达成一致。第三，加强审定的名词推广工作，"由于国立编译馆有审查教科书的权力，审定公布的名词通过教材审查工作，得到强制执行"（温昌斌，2006）。

此外，这一时期心理学知识传播和学科建设要提到一本重要的辞书，那就是《教育大辞书》，这是商务印书馆出版的第一部大型教育工具书，于 1930 年出版，正值商务印书馆成立 30 周年。该书的编纂者汇集了包括蔡元培、胡适、陶行知等在内的近现代教育界精英。该辞书规模宏大，计有词目 1 200 余条，1 700 页，300 万字。对于心理学科来说，这部辞书奠定了许多西方心理学术语的标准译法，为心理学在中国的发展作出了重要贡献。著名心理学家陈孝禅曾回忆说："词目的翻译，迄今已逾半个世纪，仍没有更改……我们编译出版的《英汉心理学词汇》，有许多条目是继承《教育大辞书》订定的"（郭本禹、魏宏波，2012：78 – 79）。

第三节　翻译活动对中国心理学科话语形成的影响

一、中国近现代心理学翻译活动的梳理

"心理学在中国不是由中国古代心理学思想直接演化来的,而是由西方心理学传入后逐步形成和发展的。"(高觉敷,2005:364)1900 年之前主要是以教会学校的传教士为传播主体,而 1900 年之后以留学生为主体的新知识分子开始登上历史舞台,成为西方心理学知识传播的主力军。"尽管这两种身份的传播主体的引介目的不同,但是他们在不同的时空内互为补充,共同推动着这项事业在近代中国的发展。"(胡延峰,2009:30)

1900 年以后,无论是利玛窦利用西方"记忆术"结合中国古代"六书"的识字特点介绍怎样识记中国文字的方法(高觉敷,2005:364),还是艾儒略将各种心理现象赋予神学的说教和唯心主义的解释,抑或是徐光启笔录毕方济的《灵言蠡勺》对于西方灵魂论的首次介绍,皆是中国最早接触到的西方心理学思想。傅兰雅在翻译乌特亨利的《治心免病法》(*Ideal Suggestion Through Mental Photography*)时借用龚自珍的"心力"一词来指代原文中的精神、心理活动或者与灵性相关的语词,来迎合译文的目标受众。虽然在翻译过程中有内涵意义的丢失,但已达到了傅兰雅用于传教的翻译目的。1889 年颜永京的译著《心灵学》(上本)是中国历史上第一部汉译西方心理学书,在翻译该书的过程中,颜氏在创制汉语心理学术语时遇到很多困难。尽管日本近代著名哲学家西周于1875 年已翻译了海文的同一原著,但是颜永京全凭一己之力来翻译,对原文有精准的把握,这不仅体现在术语本身,也体现在惯用语,甚至是例子的理解和翻译上。为了达到教学的目的,颜永京的译文风格是比较简洁活泼的,他对新术语的创制也较多地使用二字而不是四字或单字。可惜的是,"由于他新创的译词和译文均为古文言,内容十分艰涩难懂,因此他新创的心理学用语的译词也未能沿袭下来使用"(高觉敷,2005:379)。

20 世纪初年,在心理学翻译和传播领域,留学生取代传教士成为新的译者身份。清末民初的译者留学生占比较大,因此翻译的文本多取材于日文心理学,翻译的领域多选自教育心理学(这真实地反映了这段时期心理学引进的动

机和目的)。但是由于选择日本的"二手"心理学书籍作为原文,译文质量无法保证。另外,由于许多译者并非心理学专业出身,又由于现实的功利性,导致译文质量粗糙在所难免(胡延峰,2009:38)。作为留日新知识分子的王国维于1907年出版了译著《心理学概论》,是直接从英国龙特所译的英译本翻译到汉语,该书有着严密心理学体系,是我国近代心理学发展史上影响最大的一部译著,对中国近代心理学起到极大的促进作用。此外,我国心理学先驱陈大齐是留日生,他的一个重要贡献是编译了我国第一部大学心理学用书《心理学大纲》,"全书主要采用德国冯特和美国詹姆斯的研究资料和学说,还直接提及构造心理学和机能心理学两派的各有所长……"(高觉敷,2005:389)到五四运动前夕,国内心理学译著或编著已经从日本的"二手"心理学,转向美、德、英、法等国家的心理学译著,知识内容日趋丰富。这时人们已经改变了心理学仅为教育学辅助科学的看法,在知识引进方面内容日趋多样化、丰富化;译著创作的主体意识增强,自编著作逐渐增加(胡延峰,2009:44)。

五四运动之后,大批留美研习心理学专业学者的陆续回国,他们大多具有丰富的学识和良好的学术素养,很快成为近代中国心理学传播领域的主力军。"他们翻译了大量的心理学著作,内容涉及普通心理学、儿童心理学、青年心理学、成人心理学、教育心理学、应用心理学、社会心理学、变态心理学、心理卫生、生理心理学、动物心理学、心理学史、心理测验等各个领域,内容之全面、范围之广泛前所未有。在这一'知识引进'过程中,由于留学生各自的留学背景不尽相同,其学术不可避免地带有一定倾向性,但就这一群体在西方心理学译介过程中所表现出来的整体特征而言,则是摒弃门户之见。"(胡延峰,2009:223)留美学生进入高校,将西方先进的学科体系移植到中国,而且在心理学的教育和研究领域发挥重要作用。到1940年,我国心理学科的发展已经颇具规模。

二、对心理学话语创建的贡献

心理学术语、概念、范畴和言说方式所构成的表达体系就成为心理学学科话语。"中国现代心理学作为现代学科体系的重要组成部分,是我国当代心理学发展的思想源头。"(郭本禹、阎书昌,2020)在这一时期,大量承载西方心理学概念的术语词汇经心理学译者,特别是中国留学生的翻译活动在中国社会文化体系中扎根,塑造了中国心理学科的早期面貌。中国心理学会常务理事会(1982)

在《中国心理学六十年的回顾与展望——纪念中国心理学会成立六十周年》一文中回顾了中国心理学最重要的 60 年,包括前 28 年(1921—1949)和后 32 年(1949—1981)两个阶段,其中前 28 年正是近现代中国心理学科创建的重要时期。这一时期的翻译活动对中国心理学科的建立和发展起到了非常重要的作用,主要包括以下方面。

(一)大量引进西方心理学知识

1919—1949 年是我国心理学译著大量出版的时期,许多留学生为中国第一代心理学家,他们带着创建中国自己的心理学科的历史使命,与时俱进,引进了国际上最前沿的心理学知识和流派,让中国的心理学科在短期内建立、发展和壮大,能够拥有国际上的学术话语传播交流能力。这一时期,心理学领域涌现出大批翻译家,例如高觉敷、陆志韦、伍况甫、郭任远、臧玉洤等。高觉敷被称为"东西心理学的架桥人",他学术视野开阔,紧跟国际心理学前沿。他的译著如《精神分析引论》《精神分析引论新编》《拓扑心理学原理》等对中国心理学界了解和连通世界心理学研究方面功劳至伟。在选择国外文献时,他发挥了心理学专家的优势,从学科内需出发,选择了来自行为主义学派、社会心理学派、精神分析学派、格式塔心理学派的重要心理学著述,这些著作质量高、观点新。陆志韦是著名的心理学和语言学大师。在 20 世纪二三十年代,心理学界有"南潘北陆"之说,"北陆"指的就是陆志韦。他所译的桑代克的《教育心理学概论》(1926)一书亦为这一时期的重要译著,此书的翻译对我国当时教育心理学乃至科学心理学的发展产生了深远的影响。在我国心理学界对美国机能主义知之甚少的时候,陆志韦翻译了美国心理学家亨德的《普通心理学》一书,使得心理学界从片面崇信冯特所著的《心理学大纲》的狭隘视野中解放出来(郭本禹,2009:93-94)。臧玉洤是中国神经解剖学主要奠基人之一,他学识渊博,除了精通英文、德文、法文外,还能阅读西班牙文、俄文和日文专业书籍。他译介了包括《行为主义的心理学》(1928)、《痛、饥、惧、怒时的身体变化》(1928)、《主要的神经通路》(1952)、《制约反射研究法》(1951)、《神经系的演化历程》(1958)等行为主义心理学著作。这一时期的主要译著按照 12 个心理学学派理论分支整理如下:

表6-1　心理学学派理论分支译著

学科分支	学派名称	代表译著	原著者	代表译者	出版年份
五大学派	构造主义学派	《心理学导言》	冯德	吴颂皋	1923
		《心理学》	铁钦乃	金公亮	1931
	机能主义学派	《儿童与教材》	杜威	郑宗海	1922
		《教育心理学概论》	桑代克	陆志韦	1928
		《成人的学习》	桑代克	朱君毅、杜佐周	1929
		《心理学简编》	詹姆士	伍况甫	1933
		《心理学》	伍德沃斯	谢循初	1933
		《人类的学习》	桑代克	赵演	1934
		《思维与教学》	杜威	孟宪承、俞庆棠	1936
		《适应与娴熟》	吴伟士	张孟休	1937
		《论情绪》	詹姆士	唐钺	1944
		《论思想流》	詹姆士	唐钺	1945
	行为主义学派	《行为主义的心理学》	华生	臧玉洤	1925
		《一九二五年心理学》	华生	谢循初、赵演等	1928
		《行为心理学大意》	华生	谢循初	1928
		《情绪之实验的研究》	华生	高觉敷	1934
		《华生氏行为主义》	华生	陈德荣	1935
		《行为主义的论战》	华生	黄维荣	1940
	格式塔心理学学派	《儿童心理学新论》	考夫卡	高觉敷	1933
		《格式心理学之片面观》	苛勒	高觉敷	1935
		《格式塔心理学原理》	考夫卡	傅统先	1936
	精神分析学派	《群众心理及自我分析》	弗洛伊德	夏斧心	1929
		《弗罗乙德叙传》	弗洛伊德	章士钊	1930
		《弗洛特心理分析》	芭芭拉·勒	赵演	1933

续　表

学科分支	学派名称	代表译著	原著者	代表译者	出版年份
精神分析学派		《精神分析引论》	弗洛伊德	高觉敷	1933
		《解心术学说》	福录格尔	陈德荣	1934
		《精神分析引论新编》	弗洛伊德	高觉敷	1936
		《精神分析学与马克思主义》	奥兹本	董秋斯	1940
		《精神分析学与辩证唯物论》	奥兹本	董秋斯	1947
社会心理学	/	《群众心理》	黎朋	吴旭初、杜师业	1920
		《社会心理学绪论》	麦铎格	刘延陵	1927
		《社会心理之分析》	倭拉士	梁仲策	1927
		《心理社会学论》	巴朗德	刘宝环	1937
发展心理学	儿童心理学	《儿童心理学》	高五柏	陈大齐	1925
		《儿童心理学》	华特尔	葛承训	1932
		《儿童心理学新论》	考夫卡	高觉敷	1933
	动物（比较）心理学	《动物心理学小史》	沃尔登	郭豫青	1930
		《比较心理学大纲》	沃尔登	夏斧心	1932
		《比较心理学》	摩斯等	许逢熙	1937
教育心理学	/	《教育心理学大意》	哥尔文、裴葛兰	廖世承	1921
		《教育心理的实验》	斯达奇	戴应观	1922
		《教育心理学导言》	史屈朗	朱定钧	张绳祖，1925
		《教育心理学概论》	商戴克	陆志韦	1926
军事心理学	/	《德国心理战》	法拉哥	萧孝嵘、丁祖荫	1944
		《军事心理学》	波林、瓦忒	高君纯、邓庭椿	1945
工业心理学	/	《工业心理学浅讲》	莫斯栖奥	高祖武	1931

续 表

学科分支	学派名称	代表译著	原著者	代表译者	出版年份
心理学史	/	《心理学史》	匹尔斯柏立	陈德荣	1931
		《现代心理学派别》	吴伟士	谢循初	1934
		《实验心理学史》	波林	高觉敷	1935

(二) 助力高校课程体系的建设

随着留学生的大批回国执教,自著和译著心理学逐渐成为了主流教材。许多译著被选为大学教材,如陆志韦译的《教育心理学概论》、朱君毅译的《心理与教育之统计法》、高觉敷译的《儿童心理学新论》、陈大齐译的《儿童心理学》、钱希乃译的《学习之基本原理》、赵演译的《社会心理学》、臧玉淦译的《行为主义的心理学》、陈德荣译的《心理学史》等,此外还有大批编译教材。多种心理学分支和学派的引介推动了大学心理学系教材和课程的日益丰富,中央大学心理学系历年的课程表可以证明这一发展:如 1920 年度的课程包括教育心理、实验心理、教育统计 3 门;1921 年度包括教育心理、实验心理、教育测验、系统心理、心理大纲、儿童研究、应用教育统计等 8 门;而到了 1936 年能够开出的课程包括比较心理学、教育心理研究、正常儿童心理学、心理与教育测量、儿童心理、心理生理学、试验心理学、普通心理学、异常儿童心理学、实业心理问题、教育心理名著、教育统计学、智慧论、犯罪心理学、教育统计学、变态心理学等 26 门之多。

(三) 心理学译者搭建中国心理学学科框架

以留学生为翻译主体的心理学者在引进西方心理学流派的过程中,也会及时对科学心理学的学科脉络做梳理,这些工作有助于我国心理学学科体系的搭建。如 1927 年赵演在《普通心理:心理学最近的分类》中写道:"乍看起来,现代心理学不过构造、机能、行为,三大派——或再加上近年来异军突起的完形派,非常简单整齐,但仔细看来,心理学名目又多至不可究诘,使初学者目迷五色,莫知所宗,各种心理学究竟当怎样分类、怎样关联,有无系统可寻,各家的见解不同。"在该文中,赵演将普通心理学的流派整理成知识图谱,有助于当时国内的心理学者学习研究。

心理学翻译家高觉敷在 70 载的译述生涯中,擅长将大量的心理学译稿和评述整理成册,使之成为中国心理学学科知识体系中的组成部分。他在《我的五十多年的心理学工作的回忆》中写道:"1926 年至 1932 年,我的心理学观点逐渐转变,转变的原因一方面是由于朋友交往的影响,另一方面是由于学习研究的启发。这个转变可分两个阶段,第一个阶段由麦独孤的目的心理学转向华生的行为主义,第二个阶段由华生的行为主义转向格式塔心理学。"(高觉敷,1986)1934 年他翻译行为主义心理学创始人华生的著作《情绪的实验研究》,在此期间还撰写了一系列有关行为主义心理学的文章,并出版论文集《心理学论文集》,将自己此前陆续发表的论文集结出版,包括 8 篇论文和译稿。在自序中,他特别指出这些文章反映了自己的心理学思想从麦独孤心理学向行为主义心理学的变迁(郭本禹、魏宏波,2012:92 - 93)。随着心理学视野的拓宽,1934年高觉敷在《东方杂志》上先后发表《主观的原子心理学》和《客观的原子心理学》,这两篇文章体现出他心理学观念在向格式塔学派转型(郭本禹、魏宏波,2012:112)。3 年以后,高觉敷先后发表了《形势心理学》(《东方杂志》第 34 卷 8号)和《向量心理学》(《东方杂志》第 34 卷 12 号),首次介绍勒温的心理学思想。在这期间,高觉敷将苛勒的《格式塔心理学之片面观》《猩猩的智力》,与先前翻译的考夫卡的《心之发展》合编在一起,以《格式塔心理学之片面观》(1935)为名在商务印书馆出版。民国时期丰硕的翻译成果为高觉敷 1978 年成功编纂《西方近代心理学史》这部教材打下基础,奠定了我国心理学界关于西方心理学史的初步学科体系(郭本禹、魏宏波,2012:216 - 217),至今这部教材还在使用中。

(四) 开启中国化的心理学建设

心理学史学家墨菲指出:"西方心理学的大多数问题只有在西方历史的、西方地理的、经济的、军事的和科学的背景下才是有意义的问题"(墨菲,1980:19)。正如胡延峰(2009:235)所说:"在民族复兴的大时代背景下,以留学生为主体的中国知识分子以一种自我觉醒的态度来思考舶来的西方心理学,他们试图借助西方的分析概念、研究框架以及研究方法,并从本土社会中寻求研究资本,建构中国化的心理学理论。从一定意义上说,二三十年代的留学心理学家担负了学术中国化启蒙者的角色,其学术理念深深影响了以后我国心理学的发展方向。"这一时期留学生全面、深入、与时俱进的翻译活动为中国心理学的本土化研究提供了研究方法和研究模式。例如在 20 世纪上半叶轰轰烈烈的教育测验运动中,廖世承及陈鹤琴合著的《智力测验》出版,其中有 23 种试验方法是从国外译介的,12 种是他们根据我国的实际情况编制的。陆志韦、刘廷芳等人订正了比纳西蒙力量表,编制了各种中小学的测验。"随着对学术态度的日趋理性化,他们不再满足知识的被动接受,而是根据自己掌握的知识进行批判式接受,如高觉敷的《对于基斯塔心理学的批判》和《弗罗伊特及其精神分析的批判》、萧孝嵘的《格式塔心理学的鸟瞰观》和《对于桑代克学习心理学说之我见》、朱光潜的《完形派心理学之概略及其批判》等。"(胡延峰,2009:296)中国的心理学已由翻译外国的时代走入了国人自己研究的时代(汪敬熙,1933)。

第四节　心理学翻译活动对中国翻译学研究的推动

目前,对心理学领域的翻译研究还比较薄弱,少量的期刊研究包括《章益——心理学家、教育家和翻译家》(马前锋等,2006)《王国维的翻译实践及其"境界说"的发生——从元良勇次郎〈心理学〉的翻译入手》(王增宝,2018)、《颜永京对近代西学传播的贡献》(孙小蕾,2019)及《中国近现代心理学译家的译者身份视角探析》(冷冰冰、阎书昌,2023)等,而与此不相称的是,中国近现代波澜壮阔的心理学翻译活动蕴藏着大量的珍贵史料等待翻译学研究者来挖掘。对这一时期中国心理学翻译的研究思路有如下思考:

首先,我们可以对近代心理学史上的重要译家进行研究,因为"中国历史上的每一次转折都与翻译活动密不可分,翻译人物的研究可以为近代以来我国思想观念的变革、文学流派的产生、科学技术的革命以及新兴学科的开创提供背景资料或找到蛛丝马迹"(方梦之、庄智象,2016)。

其次,心理学译者的多重身份为社会翻译学研究提供了丰富的研究资源。在中国心理学领域,西方传教士基于传教的目的译介了西方心理学知识,开启了中国心理学科的萌芽阶段;心理学教员从日本心理学译著中间接翻译西方心理学学术观点和研究体系,王国维作为心理学教员第一个从英国龙特原译的 *Outlines of Psychology* 翻译西方心理学知识。以留学生为主体的第一代心理学家从学科建设的目的出发,选择有代表性的、多个学派的心理学著作进行翻译。他们引介了大量的西方心理学概念、知识和研究方法,构成中国现代心理学知识话语的重要组成。西方传教士、中国传教士、心理学教员、留学生等不同社会角色的译者基于不同的翻译目的遵循了不同的翻译规范。赫曼斯

(Hermans,1999:80)清楚地阐释了翻译规范的理论意义:"规范"一词不仅指的是规律性的行为,即反复出现的模式,而且指的是能够导致这种行为的机制,这种机制是心理的和社会的概念体,它调节着个人和集体,调节着个人的选择行为和集体所持有的信仰、价值和倾向。运用翻译规范理论来阐释近现代心理学译者的翻译行为,必将有助于丰富我国社会翻译学视角的现有研究。另外,对某一心理学流派的译家群体的研究,如对弗洛伊德精神分析心理学派的译介者涉及高觉敷、夏斧心(另名夏云)、赵演、陈德荣、朱光潜等诸多学者翻译风格和术语创制方法的共时研究,或者是对"心理学""本能""拓扑心理学"等概念的历时追踪,有助于呈现近现代学科发展的史学面貌。

第三,我们认为近现代心理学翻译活动史料的挖掘能够为当下国内兴起的知识翻译学研究提供典型案例。中国近现代科学技术史主要来自欧洲的现代科学技术在中国的翻译、传播和发展。"翻译是人类文明薪火相传的重要桥梁"(杨枫,2021)。以留学生为主体的心理学译者在引介西方知识的过程中发挥重要作用。对他们在知识的选择、知识话语的重构以及在知识传播中发挥的作用进行研究,也就是从对原著的选择、翻译方法的选择、翻译后的学术术语和知识内容的推广应用以及通过重译实现知识的与时俱进,这些内容的研究均将有助于目前国内知识翻译学疆土的开拓。例如心理学家谢循初为了全面地引进行为主义心理学派的理论知识,自1924年至1934年,连续翻译了美国机能主义心理学家吴伟士的四部著作,包括《吴伟士心理学》(上、下)、《心理学》、《现代心理学派别》。当国内心理学科已经有发展的时候,心理学家高觉敷对所译知识进行管理,重译他的四本译著——弗洛伊德的《精神分析引论》《精神分析引论新编》、波林的《实验心理学史》和勒温的《拓扑心理学原理》,正是出于使知名心理学典籍与中国心理学发展现状相适应的需要。

最后,我们认为,近代的新词是近代的诸种概念得以成立的物质保障,对其概念的引介、确立、词汇化、普及、变异、定型等历史过程的廓清正是新学科形成和嬗变的基础。因此,心理学术语汉语译名的创制是一个重要的研究抓手。西方心理学知识在中国传播的最初路径是晚清时期通过翻译来确定概念和术语的恰当译名。我国心理学科术语的创制由清末颜永京开启,经过一批传教士的辨析、梳理、厘定,再经过早期日本心理学的传入,经过多个路径的相互竞争,逐渐形成了当前的心理学术语框架和体系,为心理学观念的表达奠定了坚实的基础。在心理学译名的创制过程中,到底哪些译名反映了社会背景,哪些译名反映了汉字的内涵和外延,哪些译名折射出了汉字和相关社会背景的辩证关系等,对汉译术语的共时和历时研究能够解释心理学译者在不同的历史时期"为何译""译什么""如何译"的翻译抉择,大量的术语译名数据和核心术语的历时追踪将建构和还原民国时期中国第一代心理学家的翻译思想和翻译实践的总图景。

结　语

本章从"近代心理学翻译活动和学科知识的积累""现代心理学知识的翻译和学科建构""翻译活动对中国心理学科话语形成的影响"以及"心理学翻译活动对中国翻译学研究的推动"等四个方面,较为详细地阐述了近现代史上代表性心理学翻译者的翻译活动。以傅兰雅、丁韪良为代表的西方传教士进行的翻译活动促进了早期中国心理学的萌芽,他们在翻译中创造性地结合中国传统文化传播了西方心理学知识。中国牧师颜永京出于教育服务的目的,翻译了海文的《心灵学》,成就了中国历史上第一部汉译西方心理学著作。20世纪初我国近代著名学者、心理学教员王国维翻译的《心理学概论》是我国早期心理学著作中水平最高的一部,王国维采用的心理学译词很多都从日本译词沿用过来,反映了其所处时代的中日文字逆向流动的特点。五四运动以后到新中国成立前是中国心理学科初创和发展的重要时期。在这个时期,留学生,特别是留美生成为翻译和传播西方心理学知识的主力军,他们大量译介西方心理学著作,自觉修正西方学术话语中的偏见和谬误,从事教学和实践,不断丰富着中国本土的心理学科建设。

在近现代漫长的历史空间中涌现出许多有代表的心理学翻译家,他们虽身份、目的各异,翻译风格不同,但都在各自的历史维度中兢兢业业地从事翻译活动,推动了西方心理学知识在华夏大地的落地生根。这些厚重的翻译史料为中国翻译学研究的发展提供了鲜活的素材。今天的研究者可以立足于扎实的人物史料,对这段时期的代表性译家个体或是译家群体进行译者风格研究、社会翻译学研究、翻译规范史研究或是学科翻译史的研究;研究者也可以立足于丰富的心理学术语翻译案例,以术语创制方法为研究抓手,追踪在心理学术语译名的创制过程中,术语词形或是概念内涵和社会文化语境的辩证关系,以史为鉴,为描绘中国心理学学科话语的形成积累充足的史料,从而推动当下我国心理学学科话语的构建,最终形成具有"创造更新权""意义赋予权"和"学术自主权"特点的中国本土学术话语。

— 参考文献 —

[1] 方梦之,庄智象. 翻译史研究:不囿于文学翻译——《中国翻译家研究》前言[J]. 上海翻译,2016(3):1 - 8.

[2] 费钰茜,孟祥春. 王国维《心理学概论》翻译中的"立名"策略研究[J]. 辽宁科技学院学报,2021(6):54 - 56,65.

[3] 冯天瑜,等. 近代汉字术语的生成演变与中日文化互动研究[M]. 北京:经济科学出版社,2016.

[4] 高瑞泉. 龚自珍——近代唯意志论的先驱[J]. 学术月刊,1989(8):14 - 20.

[5] 高觉敷. 中国心理学史(第二版)[M]. 北京:人民教育出版社,2005.

[6] 高玉. 中国现代学术话语的历史过程及其当下建构[J]. 浙江大学学报(人文社会科学版),2011(3):140 - 151.

[7] 郭本禹. 中国心理学经典人物及其研究[M]. 合肥:安徽人民出版社,2009.

[8] 郭本禹,魏宏波. 心理学史一代宗师高觉敷传[M]. 南京:南京师范大学出版社,2012.

[9] 郭本禹. 博而返约,通而求专:高觉敷先生的学术人生——纪念高觉敷先生诞辰 120 周年专访[J]. 苏州大学学报(教育科学版),2017(4):1 - 9.

[10] 郭本禹,阎书昌. 民国时期心理学的源与流及其历史遗产——纪念我国第一个心理学系诞辰百年[J]. 苏州大学学报(教育科学版),2020(4):104 - 115.

[11] 郭慧,冷冰冰. 谈王国维心理学译本之"不隔"策略[J]. 海外英语,2021(21):40 - 41.

[12] 海文. 心灵学[M]. 颜永京,译. 赵璐,校注. 广州:南方日报出版社,2018.

[13] 胡延峰. 留学生与中国心理学[M]. 天津:南开大学出版社,2009.

[14] 李艳丽,阎书昌. 周先庚与巴甫洛夫学说 1950 年代的引介[J]. 中国科技史杂志,2014(3):332 - 345.

[15] 李勔刚,刘序. 心理学赅要[M]. 北京:北方印刷所,1925.

[16] 梁启超. 格致学沿革考略[A]. 饮冰室合集·文集之十一[C]. 北京:中华书局,1988.

[17] 墨菲. 近代心理学历史引导[M]. 林方,等,译. 北京:商务印书馆,1980.

[18] 彭会姿. 中国文论大辞典[M]. 天津:百花文艺出版社,1990.

[19] 绍介新. 新民丛报[N]. 壬寅新民丛报汇编[M],1902.

[20] 孙名之. 论心理学史家高觉敷对坚持辩证唯物史观的思考[A]. 叶浩生,编. 老骥奋蹄——心理学一代宗师高觉敷[C]. 南京:南京大学出版社,2000.

[21] 孙小蕾. 颜永京对近代西学传播的贡献[J]. 国际汉学,2019(4):88 - 94.

[22] 蔡尚思,方行. 谭嗣同全集[M]. 北京:中华书局,1981.

[23] 汪敬熙. 中国心理学的将来[J]. 独立评论,1933(40):12 - 15.

[24] 王洁. 民国时期心理学课程发展研究[D]. 南充:西华师范大学,2016.

[25] 王文兵. 丁韪良与中国[M]. 北京:外语教学与研究出版社,2008.

[26] 王扬宗. 近代科学在中国的传播下[M]. 济南：山东教育出版社，2009.

[27] 韦恩·瓦伊尼，布雷特·金. 心理学史：观念与背景[M]. 郭本禹等，译. 北京：世界图书出版公司，2009.

[28] 温昌斌. 中国近代的科学名词审查活动：1928—1949[J]. 自然辩证法通讯，2006（2）：71-78.

[29] 乌特亨利. 治心免病法[M]. 傅兰雅，译. 广州：南方日报出版社，2018.

[30] 徐以骅. 西方化与处境化——圣公会三位华人先驱牧师之研究[J]. 美国问题研究，2002（1）：310-341.

[31] 阎明. 一门学科与一个时代[M]. 北京：清华大学出版社，2004.

[32] 阎书昌. 中国近代心理学史（1872—1949）[M]. 上海：上海外语教育出版社，2015.

[33] 阎书昌. 颜永京对西方心理学引入及其汉语心理学术语创制[J]. 南京师大学报（社会科学版），2012（4）：116-120.

[34] 阎书昌. 晚清时期执权居士创制"心理（学）"一词的考察[J]. 心理学报，2018（8）：920-928.

[35] 杨枫. 知识翻译学宣言[J]. 当代外语研究，2021（5）：2+27.

[36] 姚永娟. 颜永京《心灵学》跨语际研究[D]. 武汉：武汉大学，2017.

[37] 姚淦铭，王燕. 王国维文集（下部）[M]. 北京：中国文史出版社，2007.

[38] 邹振环. 近百年间上海基督教文字出版及其影响[J]. 复旦学报（社会科学版），2002，（3）：27-34.

[39] 张德培. 从近四年杂志论文上观察中国心理学的趋势[J]. 师大月刊，1924（16）：144.

[40] 张鑫辉，赵莉如. 心理学通史（第2卷）[M]. 济南：山东教育出版社，2000.

[41] 张耀翔. 从著述上观察晚近中国心理学之研究[J]. 图书评论，1933（1）：3-7.

[42] 张耀翔. 中国心理学的发展史略[J]. 教育心理研究，1940（3）：16-31.

[43] 赵莉如. 最早在我国传播西方心理学思想的书——评《灵言蠡勺》《性学觕述》和《西国记法》[J]. 中国科技史料，1988（1）：37-40.

[44] 赵演. 心理学最近的分类[J]. 心理，1927（2）：1-7.

[45] 中国心理学会常务理事会. 中国心理学六十年的回顾与展望——纪念中国心理学会成立六十周年[J]. 心理学报，1982（2）：127-138.

[46] 朱京伟. 严复译著中的新造词和日语借词[J]. 人文论丛（辑刊），2008：50-81.

[47] CHOU S K. Trends in Chinese psychological interests since 1922[J]. The American Journal of Psychology, 1927（3）：487-488.

[48] FAY J W. American psychology before William James[M]. New Brunswick: Rutgers University Press, 1939.

[49] HERMANS T. Translation in Systems[M]. Manchester: St. Jerome Publishing, 1999.

[50] MATEER C W. School books for China[J]. The Chinese Recorder and Missionary Journal, 1877（5）：427-432.

[51] WOOD H. Ideal Suggestion Through Mental Photography[M]. Hollister, MO: YOGeBooks, 1893.

翻译与中国教育学

■ **本章导读** ■

中国的教育历史源远流长,博大精深,以孔孟为代表的古代教育思想深刻地影响了中国教育事业的发展。然而,中国教育学作为一门具有学科属性和地位的独立学科,却是在晚清"西学东渐"思潮与师范教育兴起的时代背景下形成的,是建立在引进西方教育学的基础之上的(周谷平,1991),并在中国与世界、传统与西化的比较选择与反复调适中逐渐发展(李华兴,1997:2)。长期以来,教育学研究,尤其是教育史研究,关注西方教育学在中国近代的传播(侯怀银,2022),并将其视为中国教育现代化进程中的重要现象(周谷平,1996)。已有研究细致梳理了西方不同教育学流派、西方某个教育学流派代表人物的教育学思想、不同国别教育学、教育学不同分支学科以及西方教育学经典著作等在中国的传播和影响(侯怀银,2020)。例如,肖朗、范庭卫(2010)从中外学术交流的视角探讨了美国教育心理学在中国近代的传播与应用;杨建华(2014)分析了20世纪初期西方教学法在中国的传播以及教育期刊这一传播媒介在其中所发挥的作用;侯怀银、温辉(2019)考察了"五四"时期德国教育学著作在中国的传播与接受,指出德国教育学著作的引入推动了中国早期教育学学科体系的完善,促进中国新教育运动的展开;侯怀银、张楠(2020)从传播学视角分析了杜威教育著作在20世纪中国的传播情况,详细探讨传播动机、传播主体和传播方式等。这些研究大多聚焦西方教育学在中国近代的传播问题和特点,关注传播主体、传播内容、传播渠道以及它们对中国近代教育发展的作用。尽管他们在论述中或多或少地提及翻译,但翻译远非其重点分析对象;换言之,学界普遍忽略了翻译作为教育学知识生产和传播的中介机制以及译者在其间发挥的主体性。

事实上，自 19 世纪末至 1948 年，中国社会进入转型期，开启从传统型向现代型转变的进程，翻译了大量的人文社科知识。"我国大部分现代学科的发展路径，从引进到借鉴，由仿效而本土化，在一定程度上有赖于翻译"（方梦之、傅敬民，2023：94），教育学也不例外。

"翻译是跨语言的知识加工、重构和再传播的文化行为和社会实践"（杨枫，2021：2）。考察西方教育学在中国近代的传播需要重视翻译这一跨文化传播活动，即教育翻译，对于思考中国百年的教育学学科发展以及中国应用翻译史的书写具有重要价值。所谓"教育翻译"，指"关涉教育发展和教育交流的口笔译和译介等，包括教育著作（教育学及其各分支学科理论著作等）及讲义、教育制度、教科书、教育小说、教育演讲、教育文献资料、课堂教学以及出国教育考察等的翻译"（刘红，2014：7）。鉴于本章主要聚焦翻译与中国教育学这一学科之间的关系，我们把"教育翻译"限定在"应用翻译"这一概念范畴之下，重点关注教育学著作（教育学及其各分支学科理论著作等）及相关讲义的翻译。值得一提的是，随着学科发展，"教育学"这一概念一般有两层意思，一指作为一门教育学基础学科的教育学，二指作为教育学科群总称的教育学（侯怀银，2020），而本章的"教育学"主要指后者。

本章将从翻译学、教育学以及历史学等多重视角出发，以时间为脉络，围绕历史语境、译介内容、译介主体等，在宏观层面上梳理归纳西方教育学在中国近代（1901—1949 年）的翻译概况，并在此基础之上聚焦郑晓沧、余家菊这两位重要的教育家，对他们的翻译活动展开微观个案考察，分析他们的翻译实践及其翻译思想，以期更为深入地思考翻译之于中国教育学建立与发展的重要作用，更好地理解中国教育学"现代化"与"中国化"的进程，以及中国教育学与西方教育学之间的关联与互动。

第一节　西方教育学著作在中国近代的译介脉络

西方教育学思想和理论真正开始大量传入近代中国始于甲午战争后（周谷平，1991：77），一般认为 1901 年由日本文学士立花铣三郎讲述、王国维翻译的《教育学》是中国近代译介的第一部教育学著作（雷尧珠，1984）。本章以《民国时期总书目(1911—1949)：教育·体育》《中国现代教育大事记(1919—1949)》为主要数据来源，结合周谷平(1996)、侯怀银(2011)、叶志坚(2012)等学者整理的目录资料，并根据国家图书馆的《革命文献与民国时期文献联合目录》对数据进行参校，尝试对在中国近代翻译出版的西方教育学著作做较为全面的整理与概括。特别说明的是，近代教育报纸杂志，如《教育世界》《教育杂志》《中华教育界》等，在译介西方教育学著作上也起到了重要作用(杨建华，2005)。然而，由于数量巨大①，相关译介资料难以获取统计，本节暂不将其纳入重点考察范围。但必要时，本章将引述其中具有代表性的译介成果，以作讨论补充。

图7-1列示了西方教育学著作在中国近代的译介情况。如图所示，西方教育学著作在中国近代的翻译出版大致可分为三个阶段，具有鲜明的时代特征。在1901—1915年间，西方教育学在中国近代的译介处于初始阶段，其中从日本翻译过来的教育学著作最多，这与瞿葆奎(1998)、王奇生(2008)、叶志坚(2012)等学者的考察分析一致。在1916—1937年间，西方教育学在中国近代的译介进入了繁荣阶段，并转向以译介美国教育学为主，形成了一个"以美国教育为蓝本"的翻译高潮(周谷平，1996：129)。与此同时，中国近代教育进入"稳步发展、趋于定型"的阶段(李华兴，1997：11)，学科建设意识越来越强烈(侯怀银，2020：48)。而在1938—1949年间，西方教育学著作在近代中国的译介进入转折阶段。虽然美国教育学仍占据主导地位，但与上一阶段相比，译介数量出现明显下降。与此同时，苏俄教育学著作被陆续译介到中国。

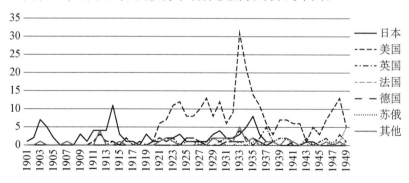

图7-1　西方教育学著作在中国近代的译介情况(1901—1949)②

---

① 据杨建华(2005)的统计，在1901—1949年期间，中国县级以上新增教育期刊数量共有892份。
② 数据来源：主要根据《民国时期总书目(1911—1949)：教育·体育》《中国现代教育大事记(1919—1949)》整理，同时参考了叶志坚(2012)等学者整理的目录资料。

教育学传入中国百余年来,关于教育学著作汉译史的分期尚无定论。大多数学者一般笼统地把"1915—1949 年"(周谷平,1991/1996;瞿葆奎,1998;瞿葆奎等,2006)或者"1927—1949 年"(侯怀银,2001/2020)作为西方教育学著作在中国近代译介的一个特定时期,没有进行更加细微的考察。但诚如叶志坚(2012:178)所言,尽管中国教育学在 1927—1949 年间发展迅速,但就其著作出版而言,这 20 年间仍然有较大变化,即在 1939—1948 年间,教育学著作的出版处于低谷期,而这与图 7-1 呈现的翻译出版曲线是基本吻合的。基于图 7-1 的翻译出版曲线,结合政治历史分期,并参考中国近代教育的发展脉络(李华兴,1997),本章将中国近代教育学著作汉译活动分为初始(1901—1915)、繁荣(1916—1937)和转折(1938—1949)三个阶段。

一、初始阶段(1901—1915)

随着甲午战争的失败,教育救国思想逐渐深入人心,国人意识到若只有先进的科技,而没有先进的教育,亦无法实现救亡图存。诚如梁启超(1936:10)所言:"变法之本在育人才;人才之兴,在开学校;学校之立,在变科举。"于是,"日本依靠西化、维新后的新教育,培养了人才,开发了民智,从而跻身列强"(周谷平,1991:78)的教育强国之路成为中国学习借鉴的对象,中国开启"取道日本"(周谷平,1996:11)引入西方教育学的教育翻译活动,即以日书汉译的方式传播西方教育学。

在译介内容方面,这一时期以普通教育学为主,盛行德国赫尔巴特学派教育学,主要译著包括槙山荣次的《教育统论》(1903,陆鋆译)、波多野贞之助的《教育学》(1905,湖北师范生译)、大濑甚太郎的《新编教育学教科书》(1905,刘本枢、周之冕译)等,其中波多野贞之助和大濑甚太郎是著作译入数量最多的作者,分别为 6 部和 3 部。这些作者是赫尔巴特学派在日本的重要代表人物,均曾留学德国。这说明了德国赫尔巴特学派教育学通过日本这一渠道被间接翻译过来,并在中国当时的教育翻译中占据了极为重要的地位。另外,这些译著里有不少是讲义或教科书,主要用于课堂教学。例如,王国维翻译的《教育学》(1901)就是一本课堂讲义,是原作者为东京专门学校日语文学科第一届和第二届一年级学生讲授教育课程而编写的(瞿葆奎,2008:2-3)。在扉页上,不少译著还标有"师范讲习所用""讲习通用""师范学校新教科书"等字样。同时,在一些译著的序言里,译者还会特别强调教科书的重要性。比如,译者陈清震在"自序"中介绍林笃奈尔的《教育学》(1907)时,指出"奥之大教育家林笃奈尔,本海巴尔脱派之教育主义,著有师范学校教科书一册。简而骇,精而有序"(林笃奈尔,1907:1)。部分被译介的作者还是当时来华任教的日本教习,其中包括北洋师范学堂的中岛半次郎和南京两江师范学堂的松本孝次郎,他们讲课所用的自编讲义也都被翻译成中文。李士伟在为中岛半次郎的《新编教育学讲义》(1911)写序时,指出"而教师之难其人也,乃特聘日本早稻田大学教授中岛半次郎君来津主讲席。中岛君主讲既三载,成绩称最。而其尤有裨于吾国教育前途者,则以所辑教育学讲义"。这些都反映了当时教育翻译的目的是满足师范学堂教育学课程的教学需要,教育学在当时的主要定位是"作为实用的'术'"(侯怀银,张小丽,2013:29),尚未引起对作为"学"的教育学学科知识体系的重视。

与此同时,教育学分支学科的著作,如学校卫生学、学校管理法、教授学、教授法、教育史、教育行政、教育心理学、教育学史、儿童教育学、特殊教育、教育美学等,也陆续被翻译成中文(侯怀银,2020:43),具有代表性的有久保田贞则的《心理教育学》(1902,沈诵清译)、长谷川乙彦的《新编童蒙养正教育学》(1904,严献章译)、植山荣次的《女子教育学》(1909,陈宪镕、许家惺译)以及黑田定治、土肥健助合著的《学校管理法要义》(1910,谢冰、易克枭译)等。其中,教育学、教授法、教育史和学校管理法是被译介最多的分支学科(侯怀银,2020:46),这与满足当时师范学堂教育学课程的教学需要相关。

此外,还有一些日本学者撰写的关于欧美教育的著作被翻译过来,如野田义夫的《英德法美国民性与教育》(1915,朱叔源、赵南译)、槙山荣次的《德美教育新潮》(1915,吴鼎昌译)。除了直接翻译日本学者的著作,也有一些欧美教育学家的著作被间接翻译过来,但数量很少,目前能够确定的只有 2 部[①],分别是奥地利林笃奈尔的《教育学》(1907,汤原元一日译、陈清震转译)和奥地利垔斯佛勒特力的《垔氏实践教育学》(1903,滕代祯辅日译、中岛端重转译)。这从侧面说明这一时期的教育翻译以日本为师,尽管部分国人对欧美教育著作感兴趣,但也主要是通过日译本进行间接翻译。不过,这些零星的欧美教育学著作翻译为下一阶段教育翻译转向美国做了一定的铺垫。

除了翻译日本教育学著作,国人在这一时期也开始尝试自编或编译教育学

---

① 尽管德国格露孟开伦的《格氏式特殊教育学》由蔡俊镛在 1902 年翻译出版,但其参考的源语文本尚不明确,因此无法判断是直接翻译还是间接翻译。

著作,但主要以日本教育学为参考,同时会根据实际需要进行有选择的改动。例如,杨保恒和周维城(1909:1)在其译编的《单级教授法》序言中提到:"日人研究单级教育,经验最深。著作最富者,为黑田定治氏及加纳友市氏。是书采自二人之书者居大半,其余参以平日多级教授之经验及在东京考察期内参观各校或访问教育家之所得。"再如,张毓骢(1914:2)在其编纂的《教育学》序言中指出:"本书大体依据日本森冈常藏氏所著《教育学精义》,而撷取其精华。他如大濑甚太郎、槇山荣次、佐藤熊治郎氏、小西重直氏所著各教育书,亦间或采取,惟总以适于吾国现情为主。"而值得注意的是,这部书的版权页上印有"Normal School Series PEDAGOGY Higher Course"的字样,"pedagogy"一词主要是德语语境下对教育学的指称,由训育与牵引两个词转化而来(侯怀银、张小丽,2013:16),这在一定程度上说明当时国人对教育学的理解主要来源于假道日本的德国教育学。此外,在部分国人自编的教育学著作里,还存在编译、编著混乱的情况。比如,周维城、林壬所著的《实用教育学讲义》(1915)与其编译的《实用教育学教科书》(1913)除了在题目上略有不同,其他地方基本一样,甚至连附在各小节后面的练习题都没做任何改动。

就译介主体而言,大部分译者曾留学日本,如王国维曾在东京物理学校学习,顾倬曾就读于东京江户川弘文学院师范科学习教育专业,田吴焻曾在日本成城学校学习。这一现象与当时大规模的留日教育有关。清政府于1896年起开始向日本派遣留学生,随后便出现"各省竞派"留学生的局面,留日学生人数逐年增加(刘红,2014:39)。然而,这一时期的译者群体相对分散,规模不大,许多译者不是师范专业出身,且没有持续性地进行教育翻译。同时,他们中间还有不少人只是在初等和中等教育体系中担任普通教师、教育管理工作者,或者在后续工作中离开了教育界。因此,尽管他们为教育学在中国的建设迈出了重要的第一步(侯怀银,2020:46),但诸多人已被中国教育界"遗忘"。经笔者考察《中外教育名人辞典》,发现这一时期入选教育名家的译者只有王国维和蒋维乔。关于这一点,还有一个值得注意的现象,就是当时有些译著没有署名或者以集体的名字出现,如湖北师范生、直隶留日速成师范生、四川师范生等,并且不少译著还没有译者序,这也从侧面印证了这一时期的译者处于相对隐身的状态。

在译介途径上,一方面,报纸杂志提供了较为重要的翻译出版渠道,其中包括影响力较大的教育专业杂志(如《教育世界》《教育杂志》)、各省教育会出版发行的期刊(如《直隶教育杂志》)、各省教育公报(如《四川教育官报》)以及一般综合性期刊(如《新民丛报》《浙江潮》《大陆》)等。有些译著甚至出现整部连载的情况,比如《教育世界》就曾在其创刊的短短 8 年里刊登 6 部译著,其中有日本立花铣三郎讲述、王国维翻译的《教育学》(第 9～11 期),美国查尔斯·德加谟著、中岛端翻译的《费尔巴尔图派之教育(美国中费尔巴尔图之思想)》(第 61～64 期)以及日本真田幸宪著的《近世教育之母科迈纽斯传》(第 155～158 期)。值得注意的是,一些综合性报纸杂志也刊登了教育学译著,这可能是因为这些期刊由留日学生群体创办,并且当时教育翻译兼具"开启民智"的政治导向。比如,《新民丛报》的创刊号上曾写有"务采合中西道德以为德育之方针,广罗政学理论以为智育之原本。本报以教育为主脑,以政论为附从,但今日世界之所趋,重在国家主义之教育,故于政治亦不得不洋,惟所论务在养吾人国家思想"(丁文江、赵丰田,1983:272)。而这样的观点在一些译著的序言中也同样能找到,如上海广智书局出版的系列丛书《教育丛书》的序言写道:"生存竞争,风潮烈哉。何以生存,曰惟教育。何以竞争,曰惟教育。弗能生存,弗能竞争,弗能竞争,弗能生存,相循环也。教育其生存竞争之枢纽哉。"(久保田贞则,1902:1)这些都表明当时的教育翻译有着"开启民智"的政治、社会动机。

另一方面,许多由留日学生创立的私人译书机构参与到当时的教育翻译中,如广智书局、文明书局、上海会文学社。同时,各类独立或者附属于新式学堂的官办(译书)机构,如京师大学堂官书局、湖北译书局、北京女子师范学校、直隶学校司、江苏省教育会等,也参与其中。大量的私人和官办机构参与教育翻译,加快了当时西方教育学的译介进程,促进了教育学知识话语在中国的落地,满足了当时教育改革的需要。然而,当时缺少系统的翻译规划,翻译出版过程有操之过急之嫌,导致翻译的深度、准确度和质量都不高,并且还有"本末不具、派别不明、以多为贵和盲目认同的现象"(侯怀银,2020:46)。

二、繁荣阶段(1916—1937)

1910 年后,世界教育格局发生了变化,欧洲和美国分别发生了"新教育"运动和"进步教育"运动,并迅速发展成为世界教育的中心。与此同时,随着新文化运动和五四运动的兴起,科学和民主概念不断深入人心,国人批判传统封建教育,继而涌现出科学教育与平民教育思潮,这与当时在美国占主导地位的实用主义教育理论十分契合。此外,美国退还部分庚子赔款,推动了当时的留美教育浪潮,在美国留学的学生数量不断增加。他们在学成归国后,带回了美国当时最新的教育学理论与方法(刘红,2014:40 - 41);同时,杜威、保罗·孟禄(Paul Monroe)、乔治·推士(George Twiss)、威廉·A. 麦柯尔(William A. McCall)、威廉·H. 克伯屈(William H. Kilpatrick)、海伦·柏克赫斯特(Helen Parkhurst)等一批美国教育学家纷纷来华演讲授课,参与教育调查,推广教育实验。自此,西方教育学在中国近代的译介从日本转向以美国为代表的欧美国家,进入了中国历史上"研究介绍西方教育的第二次高潮"(田正平,2004:630)。

在译介内容上,杜威实用主义教育理论占据主导地位。杜威著作的翻译在20 年代达到了高潮,包括《学校与社会》(1921,刘衡如译)、《德育原理》(1921,元尚仁译)、《平民主义与教育》(1922,常道直译)、《儿童与教材》(1922,郑晓沧译)、《明日之学校》(1923,朱经农、潘梓年译)、《教育上兴趣与努力》(1923,张裕卿、杨伟文译)等。部分著作还被多次复译或再版,如 *Democracy and Education* 先后被译成《教育上之民主主义》(1919,真常节译)、《德莫克拉西与教育》(1920,邹恩润译)、《平民主义与教育》(1922,常道直译)以及《民本主义与教育》(1929,邹恩润译); *The Sources of a Science of Education* 先后被译为《教育科学之源泉》(1932,张岱年、付继良译)、《教育科学之资源》(1935,丘瑾璋译)。1929 年,由王云五主编、邹恩润翻译的丛书《民本主义与教育(1~5 册)》出版,这是杜威教育著作在中国首次以丛书形态刊行,标志着杜威教育学著作在我国的译介与传播日渐成熟(侯怀银、张楠,2020:65 - 66)。除了译著出版,胡适、蒋梦麟、陶行知等人在杜威访华期间(1919—1921)为其担任口译(Keenan, 1977),并将相关重要内容发表在报纸杂志或集书出版,如《杜威五大演讲》(1920)、《杜威三大演讲》(1921),其中前者在出版后的两年内再版了 14次,足以证明其在当时的影响力。

与此同时,杜威弟子的教育学著作也被大量翻译过来,如欧文·E. 密勒(Irving E. Miller)的《密勒氏人生教育》(1921,郑晓沧、俞子夷合译)和《儿童论》(1921,余家菊节译)、博伊德·H. 波特(Boyd H. Bode)的《教育哲学大意》(1924,孟承宪译)、克伯屈的《教育方法原论》(1927,孟承宪、俞庆棠)等。此外,受杜威实验学说及其实验学校影响的美国各种新教学制度和方法也被不断翻译,如《设计教学法》(1923,杨廉译)、《道尔顿制教育》(1924,赵廷为、曾作忠合译)、《个别作业与道尔顿制》(1926,舒新城译)等。国外有关杜威思想的研究,如日本永野芳夫的《杜威教育学说之研究》(1921,林科棠译)以及与杜威核心思想密切相关(如强调儿童中心)的著作也都被翻译进来,如英国莫里斯·弗里德曼(Maurice Freedman)①的《实用儿童教育学》(1921,徐松石译)、瑞典爱伦·凯(Ellen Key)的《儿童教育》(1923,沈泽民译)等。

　　尽管杜威教育学著作的翻译在这一时期蔚为大观,但并不意味着一家独大。事实上,与杜威学派产生分歧的其他教育学流派也在这一时期被翻译过来,其中最有代表性的是以爱德华·L.桑代克(Edward L. Thorndike)为首的基于心理学实证主义研究范式的教育科学。桑代克的著作得到广泛译介,包括《教育测验》(1925,刘建阳译)、《教育心理学概论》(1926,陆志韦译)、《桑代克教育学》(1927,陈兆蘅译)、《教育概论》(1933,陈衡玉译)等,并且得到时人的认可。另外,深受桑代克科学教育观点影响的教育统计学著作以及各种用来测量学习表现的量表也在这一时期被译介过来,如路易斯·瑟斯顿(Louis Thurstone)的《教育统计学纲要》(1928,朱君毅译)。杜佐周(1927:1)在其编译的《麦柯尔教育测量法撮要》序言中指出:"教育已渐成为一种科学矣。此诚教育前途很可庆贺的事! 但既欲把教育当作科学研究,则必须先具有研究的条件。此种条件,大约可分为三项:一、科学的知识,二、研究的工具,三、研究者的技能和'机械观'。"不难看出,桑代克的教育科学观点在当时已经影响国人对教育学的认知和态度。这一点同样也可以从当时国人自编的教育学著作中能看出,例如,王炽昌(1922:2)在其编著的《教育学》中写道:"考英文教育(Education)一词,源出于拉丁 Educere";再如,余家菊编写的《教育原理》(1923)的书名是 *Principles of Education*。这些例子都反映了在这一阶段,国人对教育学的理解逐渐从"pedagogy"向"education"转变,从德国教育学转向美国教育学。关于这一转变,罗廷光(1935:6-7)曾作如下分析解释:

　　　　而今我们多称 Pedagogy 为教授学,Education(或 Science of Education)为教育学,并有时直接用新的"教育学"来代替旧的"教授学"。这个转变,却也不是偶然的:第一,旧时的教授学范围太窄了,所包含的,至多不过教授法、管理法一类,今日的教育学内容复杂,除此以外,尚有教育

────────────────

① 由于近代和当代的人名翻译存在不一致,除了引文和参考文献与原文保持一致以外,本章在正文部分将采用当代最常见的人名翻译。如在译著《实用儿童教育学》中,徐松石将原作者姓名译为傅利门,但目前最常见的译名为弗里德曼。再如下文的美国教育家 Charles H. Judd 被译为吉特,但目前常见的译名为贾德。

史、教育行政、心理与生理卫生及正常和特殊儿童教育学等……第二，往日只把教育当作课室内（至多一学校内）的工作看待，什么教授管理云云，都不过指点这个，现时大家承认教育是一种国家事业、社会事业，它和政治、经济、社会、文化等相关甚切……第三，现时教育学日即科学化，较为科学的（More Scientific）……

上述论断很好地说明当时国人对教育学的理解不断深化，并将其置于科学的地位，与前一阶段以赫尔巴特为代表的思辨教育学有着显著的区别，而这与杜威、桑代克等人的教育学思想密不可分。

就教育学分支学科著作的翻译而言，这一时期共计引入 27 个门类，如比较教育、社会教育学、教育哲学、教育测验、成人教育、中等教育等被翻译进来，其中 15 门是最新启动的，如查尔斯·H. 贾德（Charles H. Judd）的《教育之科学的研究》（1924，郑晓沧译）、麦柯尔的《教育实验法》（1925，薛鸿志译）、瑟斯顿的《教育统计学纲要》（1928，朱君毅译）、约翰·F. 博比特（John F. Bobbitt）的《课程》（1928，张诗竹译）等。从引入门类的数量来看，这一阶段通过翻译引入的分支学科占整个 20 世纪译介的西方教育学学科的一半以上（侯怀银，2020）。

除了美国教育学著作被大量译介之外，这一时期，其他国别的教育学著作也被陆续翻译进来，如英国约翰·H. 巴德雷（John H. Badley）的《战后教育论》（1920，陆懋德译述）、法国比奈与西蒙的《儿童心智发达测量法》（1922，费培杰译）、德国高五柏的《儿童心理学》（1925，陈大齐译）、瑞士多特稜的《奥国的新教育》（1933，柳其伟、林仲达合译）、挪威约翰生的《挪威乡村学校》（1934，段有恒、陆庆合译）以及苏联平克维治的《苏俄新教育》（1934，丁时译）等。这反映了这一阶段西方教育学著作的翻译取材越来越多样化，一定程度上呈现出"面向世界"的趋势（叶志坚，2012：215）。

另外，与前一阶段相比，这一时期的译介速度更快，不少西方教育学著作一出版，就迅速被译成中文。日本赫尔巴特派教育学的鼎盛时期是在 1892—1902 年。在 1897—1906 年，日本开始流行社会教育学派，而中国在 1901—1915 年大量译介日本赫尔巴特派教育学，这中间存在一定时间差。相比之下，中国在 1916—1937 年能够及时捕捉西方教育学的最新成果并进行译介。例如，道尔顿制在 1920 年由帕克赫斯提出，而在 1921 年，《教育杂志》的"欧美教育新潮"栏目就开始介绍道尔顿制，紧接着在 1923 年，林本翻译的《道尔顿式教育的研究》,钱希乃、诸葛龙翻译的《道尔顿研究室制》以及舒新城编(译)的《道尔顿制概观》出版,这足以说明当时教育翻译紧跟世界教育前沿。然而在如此迅速的译介下,也存在一些问题,其中最突出的是同一部书在短时间多次被复译,比如罗素的 On Education , Especially in Early Childhood(1926)分别被译为《教育与人生》(1928,李大年译)、《罗素教育论》(1931,柳其伟译)、《幼儿之教育》(1933,钱星海译)和《儿童教育原理》(1933,谢曼译)。而不同译者对书中的核心概念有不同的译法,比如 educational ideals 分别被译为"教育与人生""教育的理想"以及"教育与美满的人生",education of characters 分别被译为"德育(性质教育)"和"品性的教育"。不同的译名呈现出译者们不同理解的同时,也反映出当时术语翻译存在混乱情况。

在译介主体方面,这一时期的译者大多有欧美留学、就读教育学专业的学习经历。譬如,廖世承、孟承宪、郑宗海、王克仁、程其保、俞庆棠、钟鲁斋等曾留学美国,余家菊、罗廷光、常道直等曾在英国求学。良好的语言功底和扎实的教育学学术背景使他们能够以敏锐的目光捕捉当时西方教育学的前沿动态,把西方教育学的最新成果及时译介到国内,甚至还邀请到当时西方教育学界的翘楚来华讲学。1919 年杜威受邀访华就是一个典型例子。这些译者通常还会在译著的参考文献中,选择性地筛选当时最新的研究文献供读者参考,比如在《教育行政通论》(1933)的参考文献中,译者夏承枫写道:"兹仅摘录近十年 1923 年以后专书及著者自编书,其出版较久之书或论文从略。"(克伯雷,1933:419)这都说明当时的译者有意识地向国人引介西方教育学最新的研究成果。

另外,这一时期的译者在翻译选材上以强烈的"需求意识"为导向,有选择地进行翻译,而非被动、盲目地"贪多"翻译。例如,舒新城(1923:1)在《道尔顿制概观》一书的序言中,坦言自己编译的动机主要是"学校中事实上的种种问题没有良好解决的方法,此制的办法有许多能解决我们事实上的问题"。再如,夏承枫在谈及《城市教育行政及其问题》(1930)的节译动机时指出:

> 述者初读是书,犹十年前事。以为国情互异,无多参证价值。近五六年参与教育行政工作,对于地方教育问题,稍知注意。偶温旧籍,深诇所言之于我国地方教育行政现状,如出一辙,不啻洞见症结对症发药。而于原则方面,尤多不朽之论。为便从事地方教育行政者阅读计,着手译述……于原书一三两部,以为质量两方,均无关重要;且所论多彼邦情形,特删略

不讲。(克伯雷,1930:2)

这些都较好地反映了译者在翻译选材上怀有需求意识,根据当时中国教育的实际情况进行有选择的翻译。

此外,这一时期的译者大多为教育学研究专家,比如翻译《教育财政学原论》(1936)的陈友松是教育财政研究专家,翻译《教育统计学纲要》(1928)和《心理与教育之统计法》(1934)的朱君毅是教育统计研究专家,翻译《西洋教育史大纲》(1921)的姜琦是教育史研究专家。这些译者的译著往往与其研究内容密切相关,展现了知识翻译与知识创造的双向互动。例如,夏承枫是教育行政研究的专家,他在 1930 年把埃尔伍德·P. 克伯莱(Ellwood P. Cubberley)的著作 *Public School Administration* 节译为《城市教育行政及其问题》,紧接着在 1933 年全译此书,取名《教育行政通论》。在此期间,他还出版了专著《现代教育行政》(1932),而该书则是"参用各家体制"、取各家之长而定的(夏承枫,1932:3),其中包括克伯莱的《普通教育行政》、塞缪尔·T. 达顿(Samuel T. Dutton)和大卫·斯奈登(David Snedden)的《美国教育行政》以及乔治·D. 施吹耳(George D. Strayer)和桑代克等人关于教育行政的量化研究。再如,舒新城是教学论方面的研究专家,他在翻译道尔顿制的时候还尝试将其运用到自己的教育实践中,在吴淞中学进行试点研究,并将试点过程中发现的问题以研究的形式发表出来。这体现了译者通过知识翻译的手段,将世界性知识融入自身的知识体系中,并将其行动化,尝试在地方语境化的情景下进行知识创造。

在译介途径上,商务印书馆和中华书局作为这一阶段的主力军,有组织、有计划地翻译出版了许多重要经典的西方教育学著作。新文化运动后,商务印书馆的人员结构发生了较大变化,聘请朱经农、唐钺等具有教育学学习背景的回国留学生来主持商务编译所的工作。一批有规模而又成体系的教育学丛书相继刊行,其中包括蔡元培、胡适、蒋梦麟与陶孟和主编的"世界丛书"、王云五主编的"汉译世界名著"以及王云五与朱经农主编的"现代教育名著"等。而中华书局的创始人陆费逵曾担任《教育杂志》的主编,并专攻女子教育和职业教育,是近代著名的教育家。在报刊方面,《教育杂志》和《中华教育界》是这一阶段翻译发表西方教育学著作的主阵地,不过这两家报刊分别由商务印书馆和中华书局创立。诚如有学者指出的,当商务印书馆开始系统翻译西方教育学著作时,《教育杂志》则以介绍出版信息、相关学术信息为主(王剑,2009),两者之间形成了良好的互补关系。这说明这一阶段西方教育学著作的译介途径更加专业化、系统化、多元化。

三、转折阶段（1938—1949）

抗日战争的全面爆发和随后的解放战争使得这一阶段的西方教育学著作翻译数量有了明显的下降。尽管如此，中国教育界仍然"在逆境条件下取得令人鼓舞的进展"（李华兴，1997：13），产生了"一些具有相当影响力并且事后亦被证明是具有重要学术地位的著述"（叶志坚，2012：184）。就译介内容而言，这一阶段几乎没有引入新的教育学分支学科，翻译出版的著作大部分是延续了前一阶段的重点对象，如儿童教育、教育心理学等。尽管如此，这一阶段的西方教育学著作翻译是在进一步丰富、深化前一阶段的译介成果，许多新的西方教育学家及其著作被首次翻译过来。以儿童教育学为例，美国布兰奇·C.威尔（Blanche C. Weill）的《儿童教养与游戏》（1941，张光复译）、盖尔的《儿童的美术享乐与应用》（1941，董任坚译）、英国苏珊·艾萨克斯（Susan Isaacs）的《幼儿启导法》（1939，薄玉珍、洪超群译）、拉斯克的《幼稚教育史》（1939，周竞中译）以及奥地利布勒与黑采的《儿童发展测验》（1940，徐儒译）、艾伦霍恩的《顽童心理与顽童教育》（1940，高觉敷译）等都是首次被译成中文，涉及儿童教育的方方面面，并且大部分是当时各国最新的研究成果，使之前通过翻译引进的分支学科得到进一步细化和发展。

另外，这一时期西方教育学著作的翻译取材依旧保持"面向世界"的倾向。除了英、美、德、法、奥、日等国，捷克的夸美纽斯的《大教授学》（1939，傅任敢译）、雷特纳的《怎样教导子女》（1947，唐现之译）等其他国家的著作也被翻译过来。译者傅任敢在《大教授学》的扉页中写道："希望异域的教育上的经典都能译成中文，这个译本就是我的这种尝试之一。在此以前，同类的书我已译出裴斯泰洛齐的《贤伉俪》、洛克的《教育漫话》。"（夸美纽斯，1939）这一论断反映了当时译者的高远眼界，希望翻译世界各地经典的教育学著作来丰富深化教育翻译，而不是单一地向美国学习。

美国教育学著作的翻译尽管在这一时期仍占据主要地位，但不断被削弱。其中一个重要表现是苏联教育学著作，尤其是以苏俄为师的马克思主义教育学说被大量翻译过来，包括佛提阿夫斯基的《苏联托儿学校与父母教育》（1944，董任坚译）、梅丁斯基的《苏联教育制度》（1947，庄季铭译）、卡拉施尼柯夫的《苏联国民教育》（1948，何歌译）以及沃尔柯娃的《苏联的国民教育》（1948，龚远英译）等。尽管早在五四运动后，国内出现"竞谈苏俄"的热潮，苏联的教育学著作被陆续翻译（周谷平，1996），但难以与这一时期相比。有学者指出，在这一时期，"与国民政府教育走向衰败的历史轨迹相反，毛泽东的新民主主义教育理论在抗战时期已经成熟……随着人民解放战争的胜利步伐，解放区的教育事业不断扩大"（李华兴，1997：15）。

值得一提的是，"科学""研究"等话语在这一时期的西方教育学著作翻译中仍然高频地出现，延续了前一阶段杜威、桑代克等人的教育思想。例如，哈里·L.霍林沃思（Harry L. Hollingworth）的《教育心理学》（1939，吴绍熙、徐儒合译）、弗里曼的《小学各科心理学》（1940，陈鹤琴、陈尧昶合译）、克劳德·C.克劳福德（Claude C. Crawford）的《教育研究法及其原理》（1947，钟鲁齐、吴江霖合译）、约翰·L.柴尔兹（John L. Childs）的《教育与实验主义哲学》（1948，许孟瀛译）等著作均强调科学研究的重要性。译者陈鹤琴在《小学各科心理学》的卷头语中强调："小学中所有的学科应当怎样教？怎样学？都要有详细的研究……我国从事小学教育的，应当急起直追，赶快去研究……所以特地译出来给从事小学教师的做研究的根据与参考。"（夫利曼，1940：1）

就译介主体而言，这一时期的译者也大多是所翻译领域的研究专家。譬如，儿童教育学家陈鹤琴翻译了《小学各科心理学》，比较教育学家罗廷光翻译了《比较教育》（1939），儿童教育学家胡叔异翻译了《幼童心理与教育》（1948），教育思想家潘光旦翻译了《赫胥黎自由教育论》（1946）等。与此同时，一些从事教育学研究的青年学者也加入西方教育学著作的翻译中，如王承绪翻译了《基本教育》（1947）和《英国教育》（1949），陈友松翻译了《实验中学教育》（1943），许梦瀛翻译了《社会学与教育》（1947）和《教育与实验主义哲学》（1948）等，并且他们在日后也都成为了中国教育界的重要学者，为中国教育学学科的发展作出贡献。此外，这一时期的合译现象，尤其是师生合译也较多，如王欲为和王传君合译的《乡村小学活动课程实施法》（1941）、陈友松和李芳经合译的《实验中学教育》（1943）等。

与其他阶段相比，这一时期译著的译者序普遍较长，"编译""迻译"的翻译话语在序言中较为常见。译者们除了忠实准确地传达原文之外，越来越强调译文的可读性，有些时候甚至还会选择另起书名，这些都在一定程度上凸显了译者主体性。例如，译者彭宏议在《小学各科教学之基础》（1940）的"自序"中，提到该书是"根据美国惠提博士(Harry Grove Wheat)所著 *The Psychology of the Elementary School* 一书编译而成",但考虑到原书"涉及小学各科教学者反较小学各科心理者为多,因而易其名曰《小学各科教学之基础》"。此外,原书中"诸多不合国情"的"立论与举例"也都"另行补充","故不曰译述,而曰编译"(惠提,1940:1)。译者王欲为也曾在译序中写道:"本书名为《公立学校活动》(*Activities in Public Schools*),为求易为明了起见,改为《乡村小学活动课程实施法》。"(嘉士廷、海士,1943:3)再如,陈友松在其译著《实验中学教育》(1943)的译序中,坦言"本书译文为直译,力求其信达,但在雅方面则未能求全。为便读者易于了解起见,曾颠倒原文之长句,或避免晦涩之字句而抽译其原意,间或加以解释,或将美国实例代以中国实例"(雷斯顿,1943:3)。值得注意的是,一些译者会根据自己的批判性思考,在序言中对译著进行批评,而非一味地宣传其优点,如罗廷光在《比较教育》(1938)的"译序"中,指出该书"美中不足的地方也还有如:(1)范围只及正常的教育,于特殊教育,很少提及……(2)因了各章自成一单元,便不免有好些重复的地方……(3)就材料分量支配说,英美最详,德法次之,俄意最略……"(凯德尔,1938:4)。

在译介途径方面,与前一阶段相比,这一阶段的译著出版机构分布相对较为分散。尽管商务印书馆在这一时期的西方教育学汉译上占据主导地位,但在数量上出现了较为明显的下滑。与此同时,其他小型个人出版社,如正中书局、纵横社、世界书局、文通书局、华英书局等,出版了为数不多的译著。由于受到抗日战争的影响,中国的政治、经济、文化事业遭受到沉重打击,许多出版社纷纷西迁。而物价不稳,交通瘫痪,图书的编辑、印刷和发行工作面临着巨大的挑战。此外,形势的不稳定使得这一阶段许多教育期刊也被迫停刊,如中华书局的《中华教育界》在 1937 年 8 月停刊,直到 1947 年才复刊(杨建华,2005:48)。

第二节　"被遮蔽"的教育学翻译家:以郑晓沧、余家菊为例

有学者曾指出,通过翻译来推动西方教育学在中国的引进是中国近代教育家群体的特征之一(梁玲萍,2011)。在其考察的 55 位 20 世纪上半叶代表性教育学家中,有近一半的教育学家曾翻译过西方教育学著作和教材,但是这些教

育学家在专业上的声誉遮蔽了他们在翻译事业上的贡献,致使其教育翻译成就淹没在翻译史。笔者查阅《中国翻译家辞典》发现,这些教育家都没有被收录其中。诚如方梦之(2021:13)所言:"在我国近现代,有一批翻译实践家在各自领域对翻译工作贡献卓著,带动了某项专业,甚至某一领域的发展,但是由于我国译界对实用文体翻译(史)长期缺乏研究,以至在过往的翻译史上着墨不多。"鉴于他们在中国教育史上的重要地位以及在教育翻译上的成就,下文将以郑晓沧和余家菊这两位建树颇丰的教育学家为代表性个案分析对象,重点概述其学术生涯的翻译经历,并结合具体实例提炼其翻译特色和翻译思想,以期丰富我们对教育翻译家和教育翻译史的认识。

一、郑晓沧

郑晓沧(1892—1979),名宗海,浙江海宁人,中国近代著名教育家、翻译家、诗人。他博古通今,学贯中西,不仅在教育学领域著书、译书,在儿童教育、高等教育、成人教育等方面提出独到的见解,作出重要的学术贡献,还创作诗歌、历史剧(英文)等,也翻译过一些文学作品。可以说,郑晓沧在教育学、翻译和文学领域成果颇丰,是一位不可多得的大家。

(一) 郑晓沧的翻译人生

郑晓沧出身于书香门第,自幼博览群书,酷爱诗歌。1906 年,他进入浙江高等学堂接受预科和正科的教育,不仅重视国文学习,饱读诗书,而且苦练英文,大量阅读英国古典文学、散文、历史、经济学原著,并师从孙显慧、邵裴子、张大椿等人学习英语,英文成绩优异。1912 年,他考入清华学校,学习文科,并保持着对英国文学的浓厚兴趣。由于英文水平突出,他的英文写作常常评为"'极好'(Excellent)或甚至是卓越的(Remarkable)",并且其译述的中国古典戏曲还曾令外教"大为赞赏"(郑晓沧,1993:297 - 298)。这段英文学习经历充分表明郑晓沧的英文基础扎实,饱谙英语文学,这为他日后从事翻译奠定了基础。1914 年,他赴美留学,师从杜威,分别在美国威斯康星大学和哥伦比亚大学师范学院学习,获得教育学学士学位和博士学位。这段留美经历对他日后从事教育学研究和教育翻译有着极为重要的影响。1918 年回国后,他先后在东南大学、中央大学、浙江大学等校任教,在此期间他积极参与翻译活动,引进外国先进的教育学理论,为中国教育学的发展做出重要贡献。如表 7 - 1 所示,郑晓沧的教育翻译活动大致可分为三个阶段。

表7-1　郑晓沧主要翻译作品①

译作名	原作名	原作者	译作单行本出版机构和时间
《密勒氏人生教育》	*Education for the Needs of Life*	密勒	商务印书馆（1921）
《杜威哲学教育》	/	杜威	商务印书馆（1921）
《修学效能增进法》	*How to Study Effectively*	盖伊·M. 韦伯尔（Guy M. Whipple）	商务印书馆（1921）
《儿童与教材》	*The Child and the Curriculum*	杜威	中华书局（1922）
《教育之科学的研究》	*An Introduction to the Scientific Study of Education*	贾德	商务印书馆（1924）
《设计组织小学课程论》	*The Elementary School Curriculum*	弗雷德里克·G. 庞锡尔（Fredrick G. Bonser）	商务印书馆（1925）
《小妇人》	*Little Women*	路易莎·梅·奥尔科特（Louisa May Alcott）	浙江印刷公司（1932）
《好妻子》	*Good Wives*	奥尔科特	浙江印刷公司（1933）
《小男儿》	*Little Men*	奥尔科特	浙江印刷公司（1936）
《东方白》	/	/	商务印书馆（1947）
《柏拉图论教育》	/	柏拉图	人民教育出版社（1958）
《西方资产阶级教育论著选》	/	/	人民教育出版社（1964）

1. 留美回国后以杜威学派著作汉译为主(1918—1926)

由于受到留美经历的影响,这一时期郑晓沧的翻译大多取材于杜威及其学派弟子的著作,大多围绕实用教育主义思想展开,且大部分都是重要的教科书。

---

① 《杜威哲学教育》《柏拉图论教育》《西方资产阶级教育论著选》是编译本,而《东方白》是美国派赴日本教育团报告书,由于原作者和原作名数量较多,故省略。

1919 年杜威来华访问,他为杜威演讲担任口译,最后整理出版《杜威哲学教育》;他还翻译了杜威的《儿童与教材》,这是该书在中国的首译。而他翻译的《密勒氏人生教育》《设计组织小学课程论》等与杜威实用主义教育思想密切相关。除了自己从事教育翻译,他还鼓励、指导自己的学生参与西方教育学著作的翻译,其中《英美教育近著摘要》(1924)就是郑晓沧在东南大学开设"英美教育书报"课程的成果。该书收录的都是学生节译的西方教育学名著,并由郑晓沧审阅修改。在那门课程上,夏承枫节译的《设计教学法》刊登在《中华教育界》第 12 卷第 6 期,钱希鼎和诸葛龙合译的《道尔顿研究室制》在商务印书馆出版(卫士生等,1924),这在一定程度上说明郑晓沧将教育翻译融入他的教学和研究之中,为他下一阶段的教育学研究奠定了基础。

2. 青年时期以译介教育小说为主(1927—1948)

这一阶段是郑晓沧教育思想形成的井喷期,他撰写发表了大量独创性的教育学文章,而教育翻译成果相当较少,这可能是受到翻译与原创知识之间发展规律的影响。"当本土文化吸收了外来知识,开始在新知识的框架里作出贡献时,翻译的作用就相应减低了"(孔慧怡,2005:141)。在这一阶段,他主要译有教育小说三部——《小妇人》《好妻子》《小男儿》以及美国派赴日本教育团报告书《东方白》。值得一提的是,他翻译的教育小说在当时广为流传,十分盛行。据他本人回忆,《小妇人》出版两月后,京镇沪杭一带"有不胫而走之势","列车中及长途汽车中亦屡见有手执是书以事循诵而资为伴侣者。至十二月,北自太原,南暨邕宁,各来函购大批整数"(郑晓沧,1993:176)。除了笔译,他还曾在李约瑟来湄潭考察浙江大学时,为李约瑟的现场演讲作口译,并得到李约瑟本人和浙大校长竺可桢的赞许(詹士林,1992:113)。尽管这一阶段郑晓沧的教育翻译成果不多,但他仍然指导学生从事教育翻译,甚至还开讲座与学生分享自己丰富的翻译经验以及对"信达雅"的理解(詹士林,1992:111)。

3. 中晚年译介西方经典教育学著作(1949 年以后)

郑晓沧在这一阶段的教育翻译重点在于译介西方经典的教育学著作,他的《柏拉图论教育》节译自柏拉图的《理想国》和《法律篇》,他还节译了卢梭的《爱弥儿》,被收录在《西方资产阶级教育论著选》。1964 年,中共中央国际问题研究指导小组和国务院外事办公室批准高等教育部《关于高等学校建立研究外国问题机构的报告》,浙江大学成立了以郑晓沧为主任的外国资料编译组。他带领团队编译了许多资料,如《西方资产阶级教育论著选》《西方古代教育论著选》

《现代西方资产阶级教育流派论著选》等。

(二) 郑晓沧的翻译特色

通读郑晓沧的译著,不难发现他的翻译活动深受其教育学家和诗人身份的影响,总体上呈现出两大特色:一是扎根中国大地,立足中国国情,在翻译中做到科学性和民族性的统一;二是以"信达"为标准,以目标读者为中心。

首先,郑晓沧在翻译取材上坚持以我为主,不盲目跟风,以平等的文化姿态看待西方教育学理论,并尝试与之对话。20 世纪 20 年代,中国教育界盛行杜威实用主义教育思想,许多相关教育学著作被翻译过来。郑晓沧虽然是杜威的弟子,提倡实用主义教育思想,但不排斥与杜威学派有分歧的其他教育思想,并且积极翻译相关学派的著作。比如,《教育之科学的研究》的原作者贾德与杜威就教育研究的价值取向有着严重的分歧,争论不断(拉格曼,2006)。但郑晓沧十分欣赏《教育之科学的研究》一书,认为该书"颇有独到之处,思想之精警为其特色""其原则类多有裨实用,似多有应用之可能""其研究之方法,尤足供吾人之参考"(吉特,1924:1 - 2)。

在原文具体细节方面,郑晓沧同样有着自己的独立判断和选择标准。面对不符合中国国情的内容,他会尽量删减。例如,《教育之科学的研究》一书以美国教育实际为中心,大多取材于美国历史现实,尤其第二章"其他国家和年代的学校"(Schools of Other Countries and of Other Times)详细介绍了欧美的教育体系,这与中国的现实教育情况大相径庭。为此,他改写了整个第二章,向读者介绍了当时中国教育的方法、学制、女子教育等,还在文末把与美国国情相关的参考文献全部替换为中国教育报告、制度、法令等。另外,有一些与教育学无关的英语文化负载词,他也会选择删减。比如,《密勒氏人生教育》一书把育人比作种植香豌豆,他将"香豌豆"替换成"草芍药",并且在注释中写道:"原文以Sweet peas(一种豌豆类)为例,因非吾国人经验中所有,故改。"(密勒,1921:2)除了删减和替换的翻译策略,他还会灵活地在译文中间适当添加教育学的中国本土话语,使中西教育学之间形成对话。例如,在《教育之科学的研究》的第 8章,原文介绍了美国中学的数学课程设置,他在译文中添加了注解,写道:"虽指美国情形,但我国学制系统旧制中,情形亦复相似。即行新制后,代数几何之先后顺序,亦有注意之必要。"(吉特,1924:100)总之,郑沧海灵活运用删减、替换、增添等各种翻译策略使译文内容符合中国教育实际情况,便于读者吸收、理解,为促成教育翻译知识转化生成本土教育知识创造条件。

其次，郑晓沧以"信达"的标准来进行翻译，意在为目标读者提供流畅地道的译文，这与他的诗人身份、热爱创作的惯习是有关联的。他指出，"译之目的，本在除去原文之障碍而期于意义之了解"，"但从事于机械式的代替（substitution），使阅者仍茫然于其意义，或因佶屈聱牙，而使人不愿卒读，虽译等于不译"（艾伟，1984：166）。在其初期译介的著作里，大部分都是教材，主要目标读者多为学生群体。为了使译文能够符合学生阅读习惯和心理，他常常会在自己译完后请学生阅读，如《修学效能增进法》是一本旨在教学生如何自学的教材，他强调该书语言需要"明白""不费解"，为此他在"脱稿后曾托某中学校低年级学生若干人看过一遍，嘱将难点提出，以便更正"（韦伯尔，1921：3-4）。此外，为了激发学生的学习兴趣，他还通常会在译文正文前添加一些问题，便于学生带着问题边阅读边思考。例如，在《密勒氏人生教育》每个章节的正文前，他都会根据正文的主题增添"问题"一类的案语，第一章"满足人生之教育"之下，他提出的"吾国以栽培物喻栽培人类处，亦颇不少，试举树例以明之"和"培人与莳花之共同处如何？试表列之"便是该章重点讨论的内容（密勒，1921：2）。这些都充分反映了郑沧海的教育翻译在忠实原文的基础上，坚持为目标读者服务，通过提供流畅自然的译文来提高翻译的可接受度。

二、余家菊

余家菊（1898—1976），字景陶，湖北黄坡人，中国近现代著名教育家和社会活动家。他著述宏富，不仅在提倡国家主义教育、推动新教育实验、阐释义务教育理论等教育领域成绩斐然，而且潜心研究中国传统文化，尤其对孔学义理进行现代化阐释。在翻译实践方面，他也毫不逊色，致力于翻译西方教育学著作，向国内教育界介绍西方教育家的教育主张和当时先进西方国家的学校制度及其教育实践，共出版教育学译著9部（详见表7-2）及零散译述若干。

表7-2 余家菊主要翻译作品

译作名	原作名	原作者	译作单行本出版机构和时间
《社会改造原理》	*Principles of Social Reconstruction*	罗素	晨报社（1920）
《儿童论》	*Education for the Needs of Life*	密勒	中华书局（1921）

续　表

译作名	原作名	原作者	译作单行本出版机构和时间
《人生之意义与价值》	*The Meaning and Value of Life*	鲁道尔夫·欧肯（Rudolf Eucken）	中华书局（1921）
《战后世界教育新趋势》①	/	/	中华书局（1926）
《训育论》	*Principles and Methods of Moral Training with Special Reference to School Discipline*	詹姆斯·威尔顿（James Welton）、弗朗西斯·步南佛（Francis Blandford）	中华书局（1931）
《教育社会哲学》	*A Sociological Philosophy of Education*	罗斯·芬赖（Ross Finney）	中华书局（1933）
《教育哲学史》	*The Evolution of Educational Theory*	约翰·亚丹士（John Adams）	中华书局（1934）
《两性与青年》	*Sex and the Young*	玛丽·斯托普斯（Marie Stopes）	中华书局（1935）
《道德学》	*Ethics*	杜威、詹姆斯·塔夫茨（James Tufts）	中华书局（1935）

（一）余家菊的翻译人生

早在私立武昌中华大学预科、本科求学时，余家菊便打下了扎实的英语基础，成绩优异，在考试中经常名列前茅。后考入北京高等师范学校教育研究科，他对当时英美教育名著"尽取而读之"（余子侠，2016：182），并与当时来华访问的杜威有过面对面的交流。早年良好的学习环境和英美教育名著的广泛涉猎使得他对西方教育学有着深刻的理解，同时也为他日后翻译西方教育学名著奠定了坚实的语言基础。1922 年，他赴英留学，先入伦敦大学主修心理学，师从以研究心理统计学闻名的心理学家斯皮尔曼（Charles Spearman），后又转入爱丁堡大学主修哲学。留学期间，他亲身感受了异国他乡的国民风气，还考察了英国的学校教育。这一留学经历对余家菊日后独树一帜的学术道路和治学方法产生了重要影响，也推动了他的教育翻译实践。诚如王汎森（2018：528）所

---

① 《战后世界教育新趋势》由余家菊和汪德全编译，共计 13 篇，主要选取了英国《教育杂志》（*Journal of Education*）1924 年上的各期内容，原作名和原作者较多，故省略。

言，"近代中国新知识分子多有一段留学异国的经验，这一段经验在他们的一生思想及事业发展中常居关键位置，所以也特别值得注意。"1924 年，他应聘回国，先后在武汉大学、东南大学、北京师范大学、北京大学等校任教，长期从事教育学、心理学的教学与研究，而他的翻译深受其学术研究的影响，两者相辅相成，相得益彰。余家菊的教育翻译活动大致可分为以下三个阶段。

1. 早期（1922 年以前）

余家菊的教育翻译活动早在北京高师教育研究科求学时就已经开始，主要以翻译教育哲学著作为主。1920 年春，他翻译了英国哲学家罗素的《社会改造原理》与奥地利哲学家欧肯的《人生之意义与价值》。前者经李大钊推荐由北京《晨报》印发，适逢罗素在北京讲学，此书便一时畅销，他本人也因此名声大噪，还被人冠以"大翻译家"的头衔（余子侠，2016）。后者是他根据英译本转译而来的，而英译本的译者"是研究倭铿学说的专家，关于倭铿哲学都刊有许多出名的评述，而且他们的译本又曾经倭铿亲眼校阅参正"（倭铿，1921：2）。此外，他还选译了美国哲学家密勒的《生之教育》，并以《儿童论》为题翻译出版。他的译著《人生之意义与价值》和《儿童论》在后期多次再版，足见其影响力之大。

2. 中期（1922—1926）

留英经历开启了余家菊教育翻译的新阶段。一方面，他跟随导师斯皮尔曼教授专攻心理学，学习大量与实验教育、实验心理、实验生理相关的课程，对西方心理学和教育实验有了一定的了解，因而译述介绍了相关理论及其著作。其中，《人格之动力》一文详细译述了弗洛伊德、桑代克等人的心理学理论；《感情教育论》介绍了当时西方关于情感、情绪、情结研究的最新成果，并重点译述詹姆斯、麦独孤、弗洛伊德等人的情感理论；《心理研究备忘录》则是译述当时国外心理学研究的最新成果。除此之外，他还曾于 1922 年在《中华教育界》第 12 卷第 1 期发表《达尔登之实际》一文，对道尔顿制及其核心概念进行详细阐释，率先开启道尔顿制在中国的译介与传播。同时，他还把道尔顿制创始人帕克赫斯特的著作寄给舒新城，交由其译述。

另一方面，余家菊全面考察了西方教育的实际情况。他实地考察英国的小学中学教育、女子教育、师范教育、教育行政以及职业教育等，掌握了详细的资料，主要译述了《英伦之暑期学校》《英国之教育行政》《英国之中学》《英国的大学》等，并发表在《中华教育界》期刊上。此外，他还编译了《意大利教育之改革》《战后世界教育新趋势》等。这些译述让国内教育界及时了解当时欧洲国家的教育情况,对推动近代中国学制改革、教育现代化具有重要借鉴意义。

3. 后期(1927 年以后)

在这一时期,余家菊的翻译活动进入成熟阶段,主要表现在翻译与研究的深度融合。一方面,他在学术研究上侧重国家主义教育、教育哲学等内容,先后著有《中国教育史要》(1929)、《孔子教育学说》(1934)、《孟子教育学说》(1934)、《荀子教育学说》(1934)以及《陆象山教育学说》(1935)等;另一方面,他翻译的西方教育学著作大多与伦理、哲学有关,主要翻译了教育哲学著作两部(即《教育社会哲学》《教育哲学史》)以及德育教育著作三部(即《训育论》《两性与青年》《道德学》)。根据胡金木(2016)的梳理,1927—1938 年是中国哲学教育学发展的黄金时期,而余家菊是这一阶段翻译哲学教育学著作最多的译者,并且其翻译的《教育哲学史》是"我国最早翻译的关于教育哲学方面的著作"(李兴韵,2004:116),这足以说明余家菊的卓越翻译成就。

(二) 余家菊翻译中的国家意识

作为学者型翻译家,余家菊的翻译实践与其治学思想、学术研究紧密结合。而在余家菊的学术思想体系中,国家主义教育思想是其最重要的组成部分之一,对其翻译思想产生影响,并在其翻译活动中得到充分体现。早在 1922 年,余家菊便开始撰文宣传国家主义教育,先后发表《国家主义的教育之意义》《教育上的国家主义与其他三种主义之比较》《国家主义下之教育行政》等多篇文章。他于 1923 年与李璜合著论文集《国家主义的教育》,于 1925 年独撰《国家主义教育学》一书,对国家主义教育作了较为全面系统的阐述,是其国家主义教育思想的代表作(余子侠、郑刚,2006)。

具体而言,余家菊的国家主义教育思想可以集中概括为"培养自尊精神以确立国格,发展国华以阐扬国光,陶铸国魂以确定国基,拥护国权以维系国脉"(周慧梅、王炳照,2007:130)。主要内容包括:①明确"收回教育权"的主张,反对外国教会借开办学校侵夺中国的教育主权,坚持"恪守教育中立之原理"(余家菊,1923a);②提出"养成健全人格,发挥国家精神,培植共和思想"(余家菊,1925a:4)的教育宗旨,其具体内涵包括:"一曰国民之独立性,对外能抗强御暴,不失其大国民之风;二曰国民之责任性,对内能奉公守法,克尽其国民之天职;三曰国民之和谐性,彼此相扶相助而发挥其休戚与共之情谊"(余家菊,1925a:4);③重视实施义务教育,强调"教育之普及吾人当引为良心上的一种使命而努力为之"(余家菊,1925a:6);④重视传统文化思想,正确处理固有文化与外来文化的关系（余家菊，1923b）。面对当时西学知识的"粗放式"引入以及国人的文化自卑心态，他曾批评道"近人称引故实，曰甲国如何，乙国如何，而于本国之所有，反茫然无所知，则其视人国为文明，为先进，为伟大，而自分为野蛮、为后进、为劣种"（余家菊，1925a：9）。为此，他坚决反对"全盘西化"，反对"同化于西洋文化"（余家菊，1923b：6），并提出"故救国必自爱国始，欲人民爱国，必使人民识国。而历史文物之探讨阐发宣传则使人民识国之唯一方法也"（余家菊，1925a：9-10）。就余家菊的教育翻译活动而言，他的国家主义教育思想主要体现在其翻译选材、翻译策略及译本的定位上，即"译什么""如何译""为何译"。

在翻译选材上，余家菊坚持教育救国，根据中国教育的实际情况、教学实践情况及学科发展的需要，以包容的心态进行有选择的翻译，尽量吸收、消化外来思想（余家菊，1929），反对盲目跟风抄袭，迷信权威。1922—1926 年间，余家菊之所以重点编译、译述西方各国教育改革的新动态以及西方心理学和教育实验的著作，主要有两方面的考量。一方面，当时中国正处于学制改革的探索阶段，1922 年中国颁布新学制，即壬戌学制，急需学习、借鉴世界各国的教育改革方案。而他同汪德全编译的《战后世界教育新趋势》取材广泛，涉及英国、美国、意大利、奥地利等 13 个国家的教育改革情况，意在"参核其共同之点，会通其必然之故，以建立教育上之原理原则而备未来教育实施之借鉴者"（余家菊，1926：1）。另一方面，当时中国教育学界正在努力使教育学科学化（侯怀银、张小丽，2013），急需引入西方先进的科学方法、实验教育等。他曾指出："吾国学校缺少实验的设备，在国内研习实验学科，本较探究理论学科为困难；且现代教育学理之基础，已建立于实验结果之上，不谙实验学科，终无由了解教育原理。"（余家菊，1925b：1）

到了 20 世纪 30 年代，余家菊将其翻译重点转向教育哲学和德育教育，同样与其国家主义教育思想密不可分。当时的中国教育学正处于学科建设阶段，大量西方教育学理论在传入中国的同时，存在着照搬照抄西方教育学、脱离中国教育实际的现实问题。对此，余家菊在《教育哲学史》的译者序中批评道：

> 读其书者，当不至于见树而不见林也。为学大病，在轻执一说，而不知试求其所未知，亦不知参综而比量之。于是一说汹涌，则靡然风从，顷之，则又有代之者兴。近三十年间，新教育理论，经历生长衰减之过程者已不知凡，试问有几许能深植人心，确立不拔，又有几许能措诸实际，绝少流弊？

（亚丹士，1934：1）

为此，他特别强调在引入各种西方教育理论的时候，要弄清楚各学说之源头，要有独立的学术判断和明确的学术自主性，而不是人云亦云，跟风盲从。而他之所以选择翻译《教育哲学史》，看中的是这本书"惟于教育理论之整个发展施以纵断的剖解，而分别阐明其每一学说对教育理论之整个发展所具有之种种关系。是故其议论上下今古，时往时来，错综参伍，时出时入"（亚丹士，1934：1）。这些都说明了余家菊的教育翻译有着强烈的学术自主，坚持从源头理解教育，而非以急躁、盲从的心态进行翻译。

他翻译三部德育教育学著作——《训育论》《两性与青年》《道德学》——是为了实现"养成健全人格，发挥国家精神，培植共和思想"（余家菊，1925a：4）的教育目标。当时的新教育倡导实利教育和职业教育，注重知识和职业的训练，忽视培养学生的志愿和思想（李璜，1923），而在他看来，"训育之成败，即教育之成败。若无训育，亦即无所谓教育"（威尔顿、步南佛，1931：1）。因此，加强对学生的思想道德、心理健康等方面的教育，可以弥补当时教育现状的不足。

在翻译策略上，余家菊反对直译、硬译，倾向使用"谨严的意译"或"活泼的直译"（杜威、塔夫茨，1935：1），在尊重作者原意的基础上，让译文活泼易懂，方便读者接受。显然，这与他反对全盘西化、理性看待固有文化与外来文化的爱国立场有关。以《训育论》为例，他在"体例精意"上"概依原作"，但在细节内容方面，"则颇有增省，字句亦多易原状"（威尔顿、步南佛，1931：2）。例如，在《训育论》的篇章安排上，他把原文第一章"训育之性质"的八个小节缩译成五个小节（详见表 7 - 3），省略了原文中的"Relation between Home and School""Relations between Child and World"和"Order of Treatment"这三个小节。与原文相比，译文的结构安排更加紧凑，并且更加突出"训育之性质"这一章节主题。

表 7 - 3　《训育论》第一章的各个小节

原文	译文
Education and Morality	教育与道德
Influence of the Home	家庭之影响

原文	译文
Relation between Home and School	/
Influence of the School	学校之影响
Aim of Moral Training	德育的目的
Relations between Child and World	/
Education and Individuality	教育与个性
Order of Treatment	/

除了使用缩译策略，余家菊还会根据自己的理解，对原文的篇章安排进行适当更换。他把原文第三章第三节第三条的"Justification of Authoritative Constraint"调整到译文第三章第四节"拘束之理由"，还把原文第六章第八节"Discipline"的"Differences between Individuals"和"Discipline and Supervision"调整到译文第六章的第九、十节，以此凸显训育这一主题。

在正文中，余家菊不拘泥于原文的文法结构，也不追求字对字的直译，而是拆解原文的长难句，以符合中文用语的方式来再现原文，因而其译文活泼易懂。他常常把自己的翻译策略定位为"谨严的意译"或"活泼的直译"，对于"主要的意义，丝毫不敢有所增损，但为文字之明顺计，一二形容词名词或助词之增损则往往有之"（杜威、塔夫茨，1935：1）。他有时还会在译文中融入自己的理解，增加中国传统知识话语，使读者可以更好地理解译文。试举一例：

原文：No statement in writings on education is more common, or meets with more general acceptance, than that the aim of education is wholly moral, and consequently that all its means have a direct moral reference. Thus, Herbart writes: "The one and whole work of education may be summed up in the concept—Morality." (Welton & Blandford, 1909：1)

译文：训育以培养道德为目的，故训育一名德育。德育最为重要，固为常人之公论。即在学者中，如海尔巴脱（Herbart）亦谓"教育全部工作可用道德一个概念以统括之。"至在吾国。尧舜之时，司徒之官，职在敷布五教；

五教即五常之教也。孔门大学一书，开宗明义。即曰"大学之道，在明明德，在亲民，在止于至善"。道德教育之受人重视，已可见一斑。（威尔顿、步南佛，1931：1）

原文的第一句是长难句，且把句子的核心内容放在了句末的位置。相比之下，译文开门见山，直奔主题，把原文的核心内容调整至开头，并且句子更加短小精悍，错落有致，可读性更强。另外，译文中的画线部分内容是余家菊自己增添的，涉及中国传统的德育制度以及孔孟儒学，意在用中国本土话语知识来说明德育教育之重要性，使得译文呈现出中西话语融通的面貌。

在译本的受众定位上，余家菊希望通过翻译引入新知，启发民智，使国人受益。在其译著的序言中，他经常写道："倘此书之译成华文，稍有益于国人之为系统之思者，即堪自慰以非徒劳矣。"（亚丹士，1934：1）此外，他还把翻译视为理解自我和他者关系的重要途径，借助他者文化之镜，以求更好地理解固有文化，从而实现文化自强，这些都体现出他的翻译深受国家主义教育思想的影响。在《道德学》的译者序中，他强调该书旨在为"爱护本国道德而又不通西方文字的人"提供帮助，可借此"作为比较的依据，俾中西的优劣短长乃至共通之点得以臻于彰明"，以此实现"参较他民族的道德思想与道德实际，最有裨益于本国道德真际的认识"的目的（杜威、塔夫茨，1934：1）。

总而言之，余家菊的爱国主义教育思想深刻地影响着他的翻译实践和翻译思想，展现了他的教育救国的抱负，对中国教育学学科的发展作出了重要贡献。

第三节　西方教育学汉译对中国教育学的影响

我们通过梳理中国近代西方教育学汉译脉络不难发现，翻译对中国教育学的建立和发展起到了至关重要的作用，甚至可以说，"如果没有教育翻译，就不会有中国教育的现代化"（刘红、马萧，2014）。结合前文分析，下文将重点探讨中国近代西方教育学汉译对中国教育学的影响。

第一，引入西方教育学话语体系，直接推动中国教育学的诞生，实现中国教育学学科的现代化。一般认为教育学现代化有两类，一类是"早发内生型"教育现代化，指的是以英、法、德等欧美先进国家依靠本国内部力量推动的教育现代化运动，具有自发性、渐进性和自下而上的特征；另一类是"后发外生型"教育现代化，指的是通过学习发达国家先进经验来推动的教育现代化运动，具有革命性、示范性和自上而下的特征（侯怀银，2020）。显然，中国教育学现代化走的是"后发外生型"的道路，通过翻译方式直接引入了各种西方教育理论、思想、制度和教材等，涵盖了近30种西方教育学学科门类。诚如前文所述，在进入以美国教育学翻译为主的繁荣阶段后，中国教育学界及时关注西方教育学的最新成果并对其进行跟踪译介，紧随世界教育发展潮流，而这一"捷径"方式使得中国能够"将西方百余年的教育学科发展史压缩在50年时间里完成"，并"以'速成'的方式初步建立起了对于中国来说一个崭新的、陌生的'教育学科框架和体系'"（刘燕楠、涂艳国，2016：4），这对中国教育学人的思想启蒙、教育学学科的建制、教育学现代化乃至社会现代化都具有重要的历史贡献和价值。

第二，将现代教育思想、教育制度、教学法和教材等引入中国，满足当时中国教育的实际需求，在应用层面推动中国教育实践的变革。在初始阶段，晚清政府进行的壬寅—癸卯学制改革就是以日本学制为蓝图定制的，德国赫尔巴特学派教育学则通过日书汉译的方式引入，极大满足了当时兴办师范教育对"教育学"科目的需求。到了繁荣阶段，民国政府实行的壬戌学制改革是以美国学制为蓝图，当时被广泛译介的杜威实用主义教育思想著作，尤其是其中的"儿童中心论""学校即社会""教育即生活""做中学"等观点，以及与儿童相关的心理学、伦理学等著作，改变了中国传统教育上唯师为尊、忽视学生个体的情况，促进中国教育实践从"如何教人"走向"人如何教"的转变（李华兴，1997）。在当时，越来越多的学者提倡教学原则要"适合儿童心理之原则"（王炽昌，1922：47-51），并且当时的许多教材编写都围绕儿童这一主体展开（田正平，2004：649）。此外，与杜威实用主义教育思想有关的各种教学法的译介，如设计教学法、美国道尔顿制等，推动各类实验学校和各种教育实验在中国逐渐兴起，新教学方法也被引入学校、课堂，适应当时"我国教育界改革传统教育的需要"，纠正了旧有教学方存在的缺陷，同时也为后续探索"如何使西方的教育经验、理论适应中国的教育实际"积累经验（田正平，2004：659）。

第三，推动中国教育的科学研究，突破传统"形而上学"的方法，逐渐与世界教育接轨。在近代西方，教育研究的科学化是其主流思潮，而中国传统教育坚持"以直觉思维和抽象思辨为特征的'形而上学'方法"（黄书光，2004）。但是，随着赫尔巴特、杜威、桑代克等人的教育学著作译介到中国，教育测验、教育统计、教育调查、教育实验等教育科学研究的大量引入，中国教育学界以科学方法研究教育的意识在不断增强（周谷平，2000），推动了 20 世纪中国教育学的第一次教育学科学化高潮（侯怀银、张小丽，2013）。诚如前文所述，余家菊在英国留学期间，学习大量与对西方心理学和教育实验相关的课程，对西方教育科学研究有一定了解并将其论述到国内，这引起国人对西方教育科学研究的兴趣与关注。很多教育学者，如陈鹤琴、舒新城、俞子夷等，都先后投身于中国教育的科学化运动，尝试运用科学方法来研究教育，力图建立科学的教育学。曹刍（1927）曾在《中华教育界》的《本刊今后之使命》中写道："努力使教育学成为一种严正科学……在廿世纪中实有形成严密科学，如自然科学一样的可能。"

第四，萌发中国教育学本土化、民族化的探索意识，生产重构性和议题性翻译知识（喻旭东、傅敬民，2022），表达出教育学中国化的学术追求。随着西方教育学译介的深入发展，中国教育学界在不断的教育翻译与教育实践中，渐渐形成自身对教育学基本问题的认识与思考，其教育研究的方法意识和运用水平也有所提高，产生了明晰的"中国化"意识，转向原创性发展，开启扎根本土的教育研究和教育学的本土改造之路（孙元涛，2009）。诚如前文分析所示，早在初始阶段，就有国人开始尝试自编或编译教育学著作。虽然他们主要以日本教育学为参考，但会根据实际需要进行改动。而到了繁荣阶段和转折阶段，许多译者开始坚持以需求为导向，根据中国教育的实际情况，尝试通过翻译来重组、融合知识，使得西方教育学知识与中国本土教育经验产生碰撞与融合，从而形成"重构性翻译知识"（喻旭东、傅敬民，2022：25）。余家菊翻译中的国家意识就很好地诠释了这一点。此外，有些译者还会在翻译过程中渐渐对其所翻译的西方教育学有更加理性的认识，从而对其展开批评、反思和创新，产生"议题性翻译知识"（喻旭东、傅敬民，2022：26）。而这在郑晓沧的教育翻译中也有所体现，比如他虽然曾赞赏过贾德的《教育之科学的研究》，但也批评道："谓其尽无疵谬，则又谁信，例如书中对于管理人不重教学经验，以及其轻教育理论史之价值，皆译者所不敢苟同者也。"（吉特，1924：2）同样，舒新城在翻译道尔顿制的时候，还在吴淞中学进行试点研究，将其融入自身的教学实践中，最后通过分析，反思在中国情景下实施道尔顿制可能存在的问题，并以研究成果的形式发表出来。此外，1917—1948 年间，中国学者自编的教育学著作高达 78 种，而这些著作在教育科学的价值观、研究方式、研究内容等方面与西方教育学密切相关（方展画，1995）。这些都体现了西方教育学作为西学新知进入中国，经过翻译的阐释和重组在中国生根。而在这一期间，中国教育学界学习、借鉴、吸收西方教育学，又发展西方教育学，不断将其与中国具体教育现实相结合，在一定程度上开启了具有现代意义上的中国教育探索（孙元涛，2009）。

第五，锻炼培养了一大批精通翻译的教育家，他们往往通过教育翻译开启教育研究之路，为中国教育学学科的建设与发展作出了重要的贡献。就前文梳理的西方教育学在中国近代的译介脉络而言，不管是初始阶段的王国维、蒋维乔等，还是繁荣阶段的舒新城、郑晓沧、孟承宪、余家菊等，抑或是转折阶段的王承绪等，他们的教育学研究之路都遵循了"先译后著"的顺序（叶志坚，2012：236），反映出其教育翻译实践与教育研究之间的互融互促。他们在翻译某一教育学领域著作的同时，往往还从事这一方面的研究，如教育财政研究专家陈友松、教育史研究专家姜琦、教育行政研究专家夏承枫等。与此同时，随着翻译实践的不断深入扩展，他们渐渐积累了丰富的教育翻译经验，对教育翻译活动有了较多的体悟和感想，于是形成了自己独特的教育翻译思想和话语，这从前文分析的译著副文本中就能看出。而这些教育翻译思想和话语自然就构成了中国教育学话语体系的一部分，对推动构建具有中国特色的教育学话语体系、中国教育翻译事业等具有重要的意义。

第六，促进中外教育事业的交流与合作。一方面，在 20 世纪二三十年代，杜威、孟禄、克伯屈、柏克赫斯特等教育家纷纷来华演讲授课，通过翻译的方式传播各自的教育思想。他们在中国进行教育调查、推广教育实验，指导中国教育学的学科建设与发展。另一方面，通过译著接触西方教育学知识的中国青年学子曾纷纷前往世界各国求学，攻读教育学专业，并在学成之后将西方教育学的最新成果译介到国内，实现了地方性知识与世界性知识的交流与互动。比如陈鹤琴、朱经农、郑晓沧、孟承宪、俞庆棠、姜琦、罗廷光等人曾在美国哥伦比亚大学师范学院求学，那里一度成为"世界各国有志于教育革新的青年学子和教育界人士的'朝圣'之地，他们不远万里，远涉重洋，从欧洲、亚洲各地来到这里，吸纳有关进步主义教育的理论与方法，然后像种子一样，撒向世界各地"（田正平，2004：8）。这些都充分体现了翻译在促进中外教育事业的交流与合作方面发挥的重要作用。

结　语

回望西方教育学在中国近代的翻译脉络,我们可以清楚地看到中国教育学是在西方教育学的"驱动"下诞生的(瞿葆奎等,2006),其中翻译在促进中国教育学与西方教育学之间的交流互鉴上发挥了积极作用,推动了中国教育学的现代化。尽管有学者批评这一过程存在诸如"习惯性地依赖于异域理论的供给,漠视甚至剥离本土经验的知识基础"这样的问题(刘燕楠、涂艳国,2016),但如果我们把这一时期的教育翻译活动及其所引发的传统教育的巨大变革放在中国教育发展的历史长河中去考察,则会有更多的宽容和理解并对那些伟大的教育翻译家怀有深深的敬意。

── 参考文献 ──

［1］埃伦·康德利夫·拉格曼. 一门捉摸不定的科学:困扰不断的教育研究的历史［M］. 花海燕,译. 北京:教育科学出版社,2006.

［2］艾伟. 译学问题商榷［A］//中国翻译工作者协会翻译通讯编辑部. 翻译研究论文集(1894—1948)［C］. 北京:外语教学与研究出版社,1984.

［3］曹刍. 本刊今后之使命［J］. 中华教育界,1927(7):1-3.

［4］丁文江,赵丰田. 梁启超年谱长编［M］. 上海:上海人民出版社,1983.

［5］杜威,塔夫茨. 道德学［M］. 余家菊,译. 上海:中华书局,1935.

［6］杜佐周. 麦柯尔教育测量法撮要［M］. 武汉:国立武昌中山大学出版社,1927.

［7］方梦之. 翻译家研究的"宽度"和"厚度"［J］. 英语研究,2021(1):11-20.

［8］方梦之,傅敬民. 书写中国应用翻译史［J］. 中国外语,2023,20(2):91-97.

［9］方展画. 教育科学论稿［M］. 上海:上海教育科学出版社,1997.

［10］夫利曼. 小学各科心理学［M］. 陈鹤琴,陈尧昶,译. 上海:商务印书馆,1940.

［11］黄书光. 中国教育研究的科学化与民族性思考［J］. 教育理论与实践,2004(7):10-14.

［12］侯怀银. 20 世纪上半叶教育学在中国引进的回顾与反思［J］. 教育研究,2001(12):64-69.

［13］侯怀银. 西方教育学在 20 世纪中国的传播和影响［M］. 长春:东北师范大学出版社,2011.

［14］侯怀银. 教育学"西学东渐"的逻辑探寻——西方教育学在 20 世纪中国传播的回顾与反思［J］. 教育研究,2020(8):40-55.

［15］侯怀银. 中国教育学史研究的回顾与展望［J］. 山西大学学报(哲学社会科学版),2022,45(1):84-93.

［16］侯怀银,温辉. "五四"时期德国教育学著作在中国的接受及其反思［J］. 苏州大学学报

（教育科学版），2019，7（2）：114 - 121.

[17] 侯怀银，张楠. 杜威教育著作在中国的传播及其反思[J]. 全球教育展望，2020（11）：63 - 72.

[18] 侯怀银，张小丽. 论"教育学"概念在中国的早期形成[J]. 教育研究，2013（11）：11 - 21.

[19] 胡金木. 20 世纪上半叶中国教育哲学学科发展的回顾与审思[J]. 高等教育研究，2016，37（8）：26 - 34.

[20] 惠提. 小学各科教学之基础[M]. 彭宏议，译. 长沙：商务印书馆，1940.

[21] 吉特. 教育之科学的研究[M]. 郑宗海，译. 上海：商务印书馆，1924.

[22] 久保田贞则. 心理教育学[M]. 沈诵清，译. 上海：广智书局，1902.

[23] 克伯莱. 教育行政通论[M]. 夏承枫，译. 南京：南京书店，1933.

[24] 孔慧怡. 重写翻译史[M]. 香港：香港中文大学出版社，2005.

[25] 夸美纽斯. 大教授学[M]. 傅任敢，译. 上海：商务印书馆，1939.

[26] 雷尧珠. 试论我国教育学的发展[J]. 华东师范大学学报（教育科学版），1984（2）：39 - 47 + 56.

[27] 李璜. 国民教育与国民道德[A]. //余家菊，李璜. 国家主义的教育[M]. 上海：中华书局，1923.

[28] 李华兴. 民国教育史[M]. 上海：上海教育出版社，1997.

[29] 李兴韵. 西方教育哲学在中国的传播[J]. 学术研究，2004（1）：115 - 119.

[30] 梁玲萍. 20 世纪上半叶中国教育学家群体现象研究[D]. 太原：山西大学，2011.

[31] 梁启超. 饮冰室合集"文集"之一[M]. 上海：中华书局，1936.

[32] 林笃奈尔. 教育学[M]. 陈清震，译. 北京：京师私立第一中等商业学堂，1907.

[33] 刘红. 近代中国留学生教育翻译研究（1895—1937）[D]. 武汉：华中师范大学，2014.

[34] 刘红，马萧. 目的论视角下的近代中国留学生教育翻译研究（1895—1937）[J]. 理论月刊，2014（12）：68 - 74.

[35] 刘燕楠，涂艳国. 中国教育学学科的历史演进与价值选择[J]. 教育理论与实践，2016，36（7）：3 - 7.

[36] 罗廷光. 教育科学纲要[M]. 上海：中华书局，1935.

[37] 密勒. 密勒氏人生教育[M]. 郑宗海，俞子夷，译. 上海：商务印书馆，1921.

[38] 瞿葆奎. 中国教育学百年（上）[J]. 教育研究，1998（12）：4 - 13.

[39] 瞿葆奎，郑金洲，程亮. 中国教育学科的百年求索[J]. 教育学报，2006（3）：3 - 11.

[40] 瞿葆奎. 特约编辑前言[A]. //王国维. 教育学[M]. 福州：福建教育出版社，2008.

[41] 孙元涛. "教育学中国化"话语的反审与重构[J]. 全球教育展望，2009，38（4）：43 - 47.

[42] 田正平. 中外教育交流史[M]. 广州：广东教育出版社，2004.

[43] 王承绪，赵端瑛. 郑晓沧教育论著选[M]. 北京：人民教育出版社，1993.

[44] 王炽昌. 教学学[M]. 上海：上海书局，1922.

[45] 王汎森. 中国近代思想与学术的系谱（增订版）[M]. 上海：上海三联书店，2018.

[46] 王奇生. 民国时期的日书汉译[J]. 近代史研究，2008（6）：45 - 63.

[47] 王剑. 商务印书馆与近代西方教育学理的东渐[A]. //纪念《教育史研究》创刊二十周年论文集（3）——中国教育制度史研究[C]. 北京：中国地方教育史志研究会，2009.

[48] 韦伯尔. 修学效能增进法[M]. 郑宗海，译. 上海：商务印书馆，1921.

[49] 威尔顿,步南佛. 训育论[M]. 余家菊,译. 上海:中华书局,1931.

[50] 卫士生,官廉,顾克彬. 英美教育近著摘要[M]. 上海:商务印书馆,1924.

[51] 倭铿. 人生之意义与价值[M]. 余家菊,译. 上海:中华书局,1921.

[52] 夏承枫. 现代教育行政[M]. 上海:中华书局,1932.

[53] 肖朗,范庭卫. 美国教育心理学在近代中国的传播和应用——中外学术交流的视角[J]. 学术交流,2010(7):200-208.

[54] 亚丹士. 教育哲学史[M]. 余家菊,译. 上海:中华书局,1934.

[55] 杨保恒,周维城. 单级教授法[M]. 南京:江苏省教育会,1909.

[56] 杨枫. 知识翻译学宣言[J]. 当代外语研究,2021(5):2.

[57] 杨建华. 中国近代教育期刊与近代教育发展[D]. 上海:华东师范大学,2005.

[58] 杨建华. 20世纪初期教育期刊与西方教学法在中国的传播[J]. 课程·教材·教法,2014,34(4):89-94.

[59] 叶志坚. 中国近代教育学原理的知识演进:以文本为线索[M]. 杭州:浙江大学出版社,2012.

[60] 余家菊. 中国教育的统一与独立[J]. 中华教育界,1923a(8):1-8.

[61] 余家菊. 民族主义的教育[A]. //余家菊,李璜. 国家主义的教育[M]. 上海:中华书局,1923b.

[62] 余家菊. 国家主义下之教育行政[J]. 中华教育界,1925a(1):1-18.

[63] 余家菊. 英国教育要览[M]. 上海:中华书局,1925b.

[64] 余家菊. 战后世界教育新趋势[M]. 上海:中华书局,1926.

[65] 余家菊. 中国教育史要[M]. 沈阳:长城书局,1929.

[66] 喻旭东,傅敬民. 翻译知识的三重形态初探[J]. 当代外语研究,2022(5):22-30.

[67] 余子侠. 综论余家菊教育思想及历史贡献[J]. 中国教育科学,2016(4):179-193.

[68] 余子侠,郑刚. 余家菊国家主义教育思想论析[J]. 江汉大学学报,2006(4):83-87.

[69] 詹士林. 怀念郑晓沧老师[A]. //《郑晓沧先生诞辰百年纪念集》编委会. 春风化雨:郑晓沧先生诞辰百年纪念集[M]. 杭州:浙江大学出版社,1992.

[70] 张毓骢. 教育学[M]. 上海:商务印书馆,1914.

[71] 郑晓沧. 清末民初本人所受学校教育的回忆之肄业北京清华学校时期[A]. //王承绪,赵端瑛. 郑晓沧教育论著选[M]. 杭州:浙江大学出版社,1993.

[72] 中岛半次郎. 新编教育学讲义[M]. 韩定生,译. 东京:东京合资会社富山房,1911.

[73] 周谷平. 近代西方教育学在中国的传播及其影响[J]. 华东师范大学学报(教育科学版),1991(3):77-96.

[74] 周谷平. 近代西方教育理论在中国的传播[M]. 广州:广东教育出版社,1996.

[75] 周慧梅,王炳照. 国家主义的中国教育史研究——余家菊《中国教育史要》述评[J]. 华中师范大学学报(人文社会科学版),2007(5):126-131.

[76] KEENAN B. The Dewey Experiment in China [M]. London: Council on East Asian Studies Harvard University, 1977.

[77] WELTON J, BLANDFORD F. Principles and Methods of Moral Training: With Special Reference to School Discipline [M]. London: University Tutorial Press, 1909.

翻译与中国地理学

本章导读

　　地理翻译在中国地理教育和地理学科发展的历程中发挥了重要作用。西方地理学知识在中国的翻译肇始于明末的地图译绘,发展和兴盛于清末民国的地理著作汉译。中国地理学在此期间成长为一门独立学科,顺利完成了对外国地理学的引进、接受、建制、创新和本土化过程。地理翻译促进了我国地理教育以及地理学科的现代化,影响了中国地理学的发展方向(赵荣、杨正泰,2006:1),可以说,中国现代地理学科的发轫直接得益于西方地理学的译介(蔡运龙,2016:i)。学界对西方地理学在中国的翻译研究早有关注,如艾素珍(1995/1996)整理出晚清人文地理学和自然地理学译著的出版情况,邹振环(2000)、郭双林(2000)探究了晚清时期西方地理学翻译对国人地理观念产生的影响,肖超(2016)系统梳理了商务印书馆 1897—2012 年间地理学译著的出版特征,孙俊等人(2020)探究了外国地理经由翻译对中国地理学产生的影响。以上研究描述了西方地理著作的翻译情况,肯定了地理翻译的社会价值,但遗憾的是,目前学界尚未系统梳理和探究翻译对中国地理学科发展产生的具体影响,因而遮蔽了翻译与学科知识创新、学科体系创建、本土学科特色之间的关联互动。"在西学东渐的过程中,地理学科对于中国起着某种意义上的先行学科的作用"(周振鹤,2000:1)。然而,西方地理学翻译在中国近现代特定的社会背景下如何展开? 它与中国地理教育和地理学科的创建与发展产生了何种互动? 本章通过系统梳理中国近现代地理学著作汉译与地理教科书编译的整体脉络,结合地理翻译活动发生的时代背景,考察各个阶段地理译著的主题、内容、译者群体、地理教科书出版,探究地理翻译的译介特征及其对地理学科发展的影响。

第一节　西方地理学在中国的译介脉络

晚清时期,在三重翻译地理知识①的影响和冲击之下,中国地理教育萌生。20 世纪初,"中国已建立起较为完善的近代地理学教育制度"(郭双林,2000:131),及至 20 世纪 30 年代,地理学已经在中国高校课程设置中形成规模。中国近现代的地理翻译可分成以下四个阶段。

一、西方地理知识的早期译介与中国近代地理教育的萌芽(1767—1860)

(一)译介脉络与特征

16 世纪末至 17 世纪初,利玛窦、艾儒略、汤若望等来华耶稣传教士向国人展示了世界地图,引入了"五大洲"地理概念。但是,这些地理概念与中国传统地理认知不相吻合,因此仅限于在士大夫中间传播。18 世纪后半叶,来华传教士加快了西方地理知识译介,西方地理学知识在中国得到了初步传播,而 19 世纪 60 年代洋务运动前,地理翻译的内容转向了地理教科书编译。

地图、报刊、译著是早期地理知识翻译的载体。1767 年,蒋友仁绘制《坤舆全图》呈现出东西两半球,并附有 19 幅天文图、浑天仪图和多处地图标注,"堪称中国和世界制图史上集大成杰作"(邹振环,2017:116),也标志着西方地理学知识在中国普通民众中开始传播。新创报刊同样是晚清时期西方地理知识的载体。1815 年,中国历史上第一份中文报刊《察世俗每月统记传》刊登地理知识。之后,《东西洋考每月统记传》《遐迩贯珍》《六合丛谈》等报刊同样刊登西方地理翻译。同时,世界地理译著和区域地理译著先后出版,前者如《全地万国纪略》(米怜编译)、《万国地理全集》(郭实腊编译)、《四洲志》(林则徐编译)、《外国地理备考》(玛吉士编译)、《海国图志》(魏源编译)、《瀛环志略》(徐继畬编译)、

---

① 按照喻旭东和傅敬民(2022)的观点,翻译知识包括结构性知识、重构性知识、议题性知识三种形态。笔者认为,经由日、英等语言翻译进入中国且基本保持了原有内容与形式的地理译著传播了结构性地理知识;经语际翻译重组、融合之后,存在于地理教科书编译本以及传教士编撰的汉语地理著作中的知识形态为重构性地理知识;国人围绕西方地理学进行知识探索、应用研究而撰写的地理著作、教材属于议题性地理知识。

《地理全志》(慕维廉编译),后者如麦都思撰写的《地理便童略传》、裨治文的《美理哥合省国志略》等。这些地理译著为中国地理教科书的编译提供了蓝本,成为中国地理教科书的早期形态,为中国近代地理教育萌芽奠定了基础。

传教士是晚清民国地理翻译的主体。为了传教事业,马礼逊(Robert Morrison)不仅创办中文报刊,还于1818年建立了"基督教传教士开办的第一所中文学校"——英华书院(熊月之,2011:13),为学生开设地理、历史、数学等课程。《地理便童略传》是该校地理课的教材,也是"新教传教士所编写的第一部面世的汉文地理学通论"(邹振环,2003:99),初步向学生传播了世界自然地理和人文地理知识。1839年,马礼逊学堂正式创办,其地理教科书采用的是柏利的《地理学》,详细介绍了世界各国的历史地理知识。

(二) 林则徐、魏源、徐继畬:世界地理翻译的先行者

作为"开眼看世界的第一人",林则徐(1785—1850)开启了中国近代地理翻译。他通过组织选题、聘请译员和审定修改,编译《澳门新闻纸》《澳门月报》《四洲志》,引入大量西方地理知识。在此过程中,通过观察沙俄击败法兰西、英俄争夺土耳其等先例,他敏锐地发现沙俄垂涎中国西南边陲,于是主张抗英防俄,成为近代"防塞论"的先声。林则徐的地理翻译不仅拓展了世界地理知识在晚清中国的传播,而且加快了中国社会的近代化进程,以至于"谈及影响近代中国人的译著,就不能不提及林则徐主译的《四洲志》"(邹振环,2008:41)。《四洲志》成为近代中国人了解"夷情"的世界历史地理书,"作为近代第一部较有系统介绍世界史地的译作,林则徐以其同时代人少有的远见卓识,开了一代睁眼看世界的风气"(邹振环,2008:43)。

林则徐对世界地理境况的关注直接影响了魏源(1794—1857)。在鸦片战争后晚清内忧外患的社会处境中,魏源富有远见地提出"以夷制夷""以夷款夷""师夷长技以制夷"的三大主义(张旭、肖志兵,2017:463),这在很大程度上源于《海国图志》的编译。《海国图志》共计100卷本,其中世界地理部分占68卷(卷3~70),包括亚细亚洲、利米亚洲(非洲)、欧罗巴洲、亚墨利加(美洲)、东南洋海岛等诸国及东南洋诸岛形势等,各洲皆有总论和各国史地情况(鞠继武,1994:101)。作为中国最早系统介绍世界各国地理历史的专著,它极大地冲击了千百年来以中国为"天下"、为"世界中心"的传统观念,成为国人了解世界形势的重要依据,促进了中国走向世界的进程(徐永康、郭建,2019:380)。

鸦片战争后,中国开始沦为半殖民地半封建社会,曾自诩为"天朝上国"的

晚清政府不得不主动了解西方形势。1843 年,道光皇帝召见徐继畬,向他垂询"海外诸国鳞集仰流,帆樯萃集,其疆土之广狭,道里之远近"(郑永福,1997:404)等世界形势,这成为徐继畬编译《瀛环志略》的直接原因。他因此收集大量域外各国的地理历史、人口民情、政治体制、物产经济等各类资料,历经数载,成书十卷。较之《海国图志》,徐继畬编译的《瀛环志略》涵盖的地理知识更为系统和准确,体现了进步的世界观念和思想,产生了深远影响。徐继畬因此被称为"中国近代化的先驱和启蒙思想家"(吴雁南,1999:105)。

要之,19 世纪中期随着西学东渐的浪潮,近代地理学知识以刊物连载、译著出版、地理课程的形式进入中国并在特定范围内传播。

二、西方国别地理译介与中小学地理教材的译写(1861—1920)

(一) 译介脉络与特征

随着"开眼看世界"思潮的兴起,国人将目光转向国外,关注域外自然、地理、政情等西学,并在墨海书馆、美华书馆、江南制造局翻译馆、商务印书馆等推动下,开始系统翻译世界地理。地理翻译以外国传教士为主体的中外译者合作模式进行,如傅兰雅、金楷理、李提摩太、林乐知、慕维廉、艾约瑟、潘雅丽等传教士与中国开明人士华蘅芳、赵元益、蔡尔康等合译西方地理著作。及至 20 世纪初,本土译者、书局、出版社成为编译主体。本土译者如孙毓修翻译了美国著名地理学教科书作家卡朋特的《地理读本》系列和日本池边义象的《世界读本》。此外,金陵江楚编译官书局、广智书局、商务印书馆编译所、北京学部编译图书局也组织编译地理著作,助推地理翻译。在这些机构和译者的联合推动下,国家地理知识在晚清民初得到了系统译介,1861—1920 年出版译著 109 部,如《地理全志》《环游记略》。

中国地理教育意识也随之增强。至民国初期,中国地理教育实现了从传统向近代转型。1862 年,晚清第一所官办外语专门学校——京师同文馆成立,其他新式学堂也相继成立。这些学堂均开设地理课程,成为中国地理学科的原初形态。1904 年,随着"癸卯学制"①施行,清政府颁布《奏定学堂章程》,规定了地

---

① "癸卯学制"于 1903 年由张之洞等主持拟定,1904 年初由清政府颁布,是中国第一个近代学制。它将地理教育纳入学校教育,从而奠定了地理教育的基础课地位,标志着近代地理学教育体系在中国的确立。

理教育的宗旨和内容，地理课程开始常规化和系统化。之后，地理课程设置趋于精细，包括中国地理、亚洲各国及大洋洲地理、欧洲各国地理、非洲地理、美洲地理。1905年，科举制被废除，封建教育体制结束，新式学堂教育成为主流。据付雷（2021：58－59）统计，截至1907年，新式中学有419所，学生31 682人，而时至1918年，中学数量增至484所，学生77 621人，可见地理教育的需求和受众范围在不断扩大。1912年的《普通教育暂时办法》进一步完善了地理教育体系，中国地理教育的课时、课程内容也相应得到调整。地理教育管理办法的调整标志着中小学地理教材的编写和翻译顺应时代所需。

总体而言，中小学地理教材编译在20世纪前后呈现出相异的特征。20世纪前，地理教科书编译重在传播地理启蒙知识，如艾约瑟编译的《地志启蒙》《地理质学启蒙》《地学启蒙》。其次，地理教科书编译采用了问答式体例，如《地理问答》《坤舆撮要问答》。再者，传教士创办的益智书会成为引进和传播地理教科书的重要组织。益智书会计划"编译出版初、高级中文教科书，成员选取英文教材，结合中国实情进行编译，出版书籍不仅用作学堂课本及教学用书，亦可为中国学者获取新知之用"（杨丽娟，2022：53），出版的地理教科书包括《格致须知》《格物图说》《地学指略》《地理初桄》。传教士编写与出版的地理及其他教科书"揭开了近代教科书发展的帷幕，它开始注意到中小学教学的需要，不仅在形式上有了图说一类的课本，而且在内容上开始着手将科学名词规范化和科学知识条理化，为近代教科书的编写提供了最早的范本"（王建军，1996：59）。20世纪后，中小学地理教科书编译进入繁荣阶段，以"教科书"命名的译著包括《地文学教科书》《格致地理教科书》《外国地理学教科书》《最新商业地理教科书》。

近代中小学地理教材编译内容包括域外国家地理知识、自然地理现象、人文地理三类。国家地理是晚清民初的翻译重点，也是中国地理教科书编译的主要内容。如来华传教士戴德生编译的《地理志略》介绍了亚洲、欧洲、非洲、北美洲、南美洲的地理情况。再如1903年日本矢津昌永著、樊炳清译的《万国地志》介绍了亚、欧、非、北美、南美等各洲总论和各国志。1904年日本白洋一夫译述的《外国地理学教科书》和1907年谷钟秀译的《（最近）统合外国地理》同样介绍了世界主要国家地理知识。北京学部编译图书局编译了一系列外国地志，如《土耳其志》《小亚细亚志》《印度新志》等。1916年，孙毓修翻译了《亚细亚洲》等。

就自然地理现象编译而言，1886年，艾约瑟编译的《地理质学启蒙》介绍了地球、昼夜、风气、水行等自然地理知识。1903年，日本富山房著、陈大棱译的

《(普通教育)地文学问答》介绍了地球形状、昼夜四季、空气、水分、海洋、陆地、地热等知识。此类地理教科书还包括《中学地文教科书》(汪郁年译)、《(最新)世界地理学》(徐大煜编译)、《地文学教科书》(邓毓怡编译)、《最近中学教科书地文学》(王建极和奚若译)等。

人文地理知识构成了晚清民初地理教科书编译的第三大板块。据艾素珍(1996:26)统计,1871—1911年共出版人文地理学译著43部,"为中国近代人文地理学的建立创造了条件"。其中中学教学参考书包括金陵江楚编译官书局出版的《地理人文关系论》,内容包括地理与历史、地理与人群等。同年,顾雪梅编译的《最新世界商业地理教本》"分论欧、亚、美、澳、非各国和地区的面积、人口、农业、牲畜业、矿山业、制造业、商业、交通和港口"(邹振环,2000:393)。

晚清民初时期,地理教科书编写受到了西方近代地理学知识体系的影响。19世纪,西方地理学逐步建立自然地理学、人文地理学、区域地理学三大分支,"为我国本土化的教科书编写提供相对成熟的框架结构,将自然地理与人文地理相分野,以'天文、地文、人文'三个维度建构教科书知识体系"(艾昕等,2023:76)。

(二) 邹代钧:地图译绘家

地图绘制对地理学的发展举足轻重。自明末利玛窦译制的《山海舆地全图》传入中国以来,世界地图绘制方法不断更新,世界地理全貌逐渐呈现在国人眼前。然而,晚清中国仍缺乏科学的地理绘图技术。直至20世纪初,邹代钧(1854—1908)组织的地图译介活动对中国绘图事业产生重大影响,促进了中国近代地理学的萌芽(张平,1991:81)。邹代钧出生在舆地世家,祖上三代从事地图绘制事业。他从小耳濡目染地理方志,是晚清第一个"真正能到欧美学习和研究西方地图学的中国人"(张平,1991:82),为日后成为博闻多识、潜心制图的地图译绘家夯实了基础。他对地图翻译的贡献不仅在于成立了舆地学会,还体现在组织译绘百余幅地图。

1895年,邹代钧在武昌创建译图公会(后改名为舆地学会),在《译印西文地图工会章程》中阐明了地图译制的动机和内容。他首先指出晚清盛行的域外舆图所依据的底本几经翻刻,难免有误,而市面上印制的地图疏漏颇多,绘图效果参差不齐:"蒙所见华文地球各国舆图有《瀛环志略》本、《海国图志》本、制造局《地球图本》,皆照西人原图译出,然辗转绘刻,不无差移;且分率过小,山川形势仅得仿佛。近日坊间所印《万国舆图》及《中外地舆图说》,尤为疏陋,盖书贾射利之作,不足责也。"(邹代钧,1957:71)邹代钧出使英法两国时,"购得德意志人所作图本,方尺之幅百纸,精绝冠泰西,于天下各国皆备"(邹代钧,1957:71 - 72)尽管如此,他仍竭力搜查各国单行之幅,"尽行译绘",以补足图本之缺。在《章程》中,他描述了译绘地图的比例尺、底图标准和详细图目、费用开支等,并提出组织地图译绘"有益于国,有裨于学者"的观点(邹代钧,1957:75)。正是由于邹代钧对地图绘制的系统规划、底本搜集、精准制图,舆地学会出版了多种地图,如《西伯利亚、中亚细亚》(1897 年)、《中外舆地全图》(1903 年)、《皇朝直省图》(1903 年)、《五洲列国图》(1903 年)、《湖南全省分图》(1907 年)、《湖北全省分图》(1908 年)、《中国地理图》(1906 年)、《外国地理图》(1906 年)、《本国地理讲授图》(1907 年)、《东洋历史图》(1907 年)、《西藏全图》(1908 年)等(张平,1991:86)。

邹代钧主持编译的《中外舆地全图》以中国本位为制图原则,"原本比例有用英尺、俄尺、法尺者,皆改从中国地尺以归一律""英人傅兰雅见之,叹为得未曾有"(寻霖、龚笃清,2010:523),他的制图功底和贡献可见一斑。邹代钧的地图编译活动对中国地图出版业的发展发挥了重要作用。

(三) 张相文、孙毓修:近代中国地理教育翻译家

长期以来,中国古代社会倡导小农经济,闭关自守,忽视对外界地理知识的了解,且囿于科举制度,中国旧式学校地理教育甚是薄弱(杨尧,1991:6)。晚清时期,教会学校重视地理教育,编译多种教材,如《地理志略》《地理全志》《列国地志》《列国地说》《训蒙地理志》等(杨尧,1991:9)。然而,传教士编译的教材难免不足。这一时期,中国近代地理学家张相文结合西方地理知识和中国国情,编写了中国首批地理教科书,包括《初等地理教科书》《中等本国地理教科书》《地文学》,在革新中国近代地理教材方面有首创之功,意义非凡。《初等地理教科书》和《中等本国地理教科书》被认为是中国首次出现的"教科书"(林柄全、叶超,2022:1547)。《地文学》是我国第一部自然地理著作,内容分为星界、陆界、水界、气界和生物界,"已包括现代普通地理学的全部研究对象",可谓是"比较先进"(林超,1982:151 - 152)。张相文(1908)指出编写材料来源"参酌东西各大家学说。及已译善本。博采旁搜。凡数十种",提高了教材的科学水平。作为爱国地理教育家,张相文志在编写对学生、对中国实用的地理教材。因此,在地理教育方面,《地文学》的编撰要旨是"专以备中学堂、师范学堂及程度相等各学堂之用",并以学生为本,"教材选择,务使浅深相当。而篇帙分配。亦期与时间

相合"(同上)。此外,张相文十分注重教材编写服务于国家利益。"奏定章程讲地文须就中国事实教之,是书谨遵此旨"(同上)。张相文还指出编译之难"无过定名,或同物而彼此殊称。或一书而前后异号。辗转分歧。易滋疑窦",名词术语是学科翻译的难点,他提出的翻译方法是"详加覆核。皆取其通行者。并列中西对照表于后,以便检查"(同上),有利于读者理解。

孙毓修(1871—1922)是同时期另一位地理翻译家,他翻译了美国著名标准地理学教科书作家卡朋特(Carpenter)撰写的游记体《地理读本》(*Carpenter's Geographical Reader*)系列作品,分为甲、乙两编,内容包括欧洲、北美洲、南美洲、大洋洲、亚洲和非洲的地理、政治、历史、宗教等知识,具体译述如《欧罗巴洲》(1908 年)、《北美洲》(1908)、《亚细亚洲》(1916)。此外,他还翻译了日本人池边义象的《世界读本》(*The World's Readers*,1909)。这些译著丰富了学生的地理读物,产生了较大影响。《欧罗巴洲》共 46 章,介绍了欧洲大多数国家及城市的经济、政体、商贸、民情等内容。《亚细亚洲》共 46 章,介绍了亚洲各国及城市的地域面貌、风土人情、社会状况等。《北美洲》共 45 节,述及美国城市的商业、自然资源、生活面貌等。这套译著充分体现了"体例新颖、考证确实、收罗宏富、词笔渊雅"四大特色,因此被选作"中学地理读本"(柳和城,2011:57‐58),详细引进了世界主要大洲的地理知识,堪称晚清优秀的青少年地理读物。诗人徐志摩在少年时代,正是通过孙毓修翻译的《地理读本》对美国产生浓厚兴趣,并将美国作为留学国家的首要选择(柳和城,2011:59)。《世界读本》的翻译同样意义深远。原作是日本各中学语法练习教材,也是中国留学生学习日文的教材。孙毓修在《译者序》中清晰阐明了该书的翻译动机:"曩者中原人士,锢蔽于《山经》《穆传》《洞冥》《十洲》荒诞幽渺、不可穷究之说,每事非神州,语越里巷,则谨厚者掩耳而却走;蒙童者,抚掌而资诞。外纪之学,下等虞初。是可慨也!"(柳和城,2011:61)他坦言中国地理教材实则是荒谬的神怪小说,不适宜蒙童所学,由此决定翻译《世界读本》,正是"有慨于中国地理学的落后,亟需通俗易懂而又生动活泼的普及读物"(柳和城,2011:61),借此增长儿童的地理知识,对儿童进行爱国教育。

三、地理学理论翻译与中国高等地理学科建制的创设(1921—1949)

(一) 译介脉络与特征

据统计,民国中后期出版的地理学理论学术译著多达 46 种,翻译内容集中于四个方面：一是地理学理论总论，如《地理学新论》（沈因明译）、《近代地理学》（王勤堉译）等；二是地理学理论史，如《地理学发达史》（楚图南译）、《地理学史》（王勤堉译）；三是人文地理学，如《人地学原理》（任美锷、李旭旦译）、《人口地理学》（沐绍良译）、《经济地理学原理》（许逸超译）等；四是自然地理学，如《植物地理学》（董爽秋译）等。

以上地理学术译著译介语言主要为日语和英语。46 种外国地理学理论译著语言，译自日语的有 19 种，占比 41％；英语的有 12 种，占比 26％；法语的有 6 种，德语的有 5 种，俄语的有 1 种，其他 3 种译著译介语言不详。因此，民国时期，外国地理学理论主要经由日本及英语国家传播到中国。19 种日译汉地理学著作中，出版年代在 20 世纪 30 年代的有 17 种，在 20 世纪 40 年代的有 2 种。这一时期，日本留学潮对中日翻译产生重要影响。"据日华学会 1931 年 5 月调查，当时中国的留日生人数是 2 972 人"（沈殿成，1997：471），而 1935 年成为留学日本的"高峰年"（同上：515）。留日学生多为爱国志士，他们回国后用所学知识投身于中国地理教育活动。盛叙功（1902—1996）就是其中一位。他于 1928 年去日本留学，研修经济地理，不仅翻译了《人文地理学概论》，还撰写了《世界经济地理》《外国地理新编》《西洋地理学史》《中国人生地理》《农业地理》《交通地理》等多部地理著作。可见，留日高潮促进了日本地理学著作在中国的传播。值得关注的是，20 世纪 20 年代前后，中国兴起了留法勤工俭学运动，前往法国留学的中国人增多。部分志士结合法国地理学，投身于地理研究，为地理科学事业作出重要贡献，也促进了法国人文地理学在中国的传播。

地理学术译著译者群体以地理学专家为主。46 种地理学理论译著共包含 37 位译者，其中有资料可查的 20 位译者是地理学专业学者或教授，他们长期从事地理学或相关专业职业，其中有几位翻译或编译了多部地理学理论著作。如谌亚达翻译了《人文地理学》《地形学》；葛绥成翻译了《地形学》《人种地理学》《世界文化地理》等。

民国地理理论翻译聚焦科学题材，注重地理学的科学性。20 世纪 20—40 年代，五部经典地理学理论著作译入中国，成为高等地理学教育的核心教材。人文地理学方面，1923 年，张其昀关注到白吕纳和克米尔（Camille Vallaux）的著作《历史地理学》（*La Géographie de l'Histoire*），他根据美国哥伦比亚大学地文学教授蒋荪（Douglas Johnson）对此书的摘述，撰写读书录，发表在《史地学报》上。此后，张其昀系统翻译了白吕纳的人文地理思想。1930 年，他出版译著《人生地理学》,论述了人文地理学的主要任务。1933 年,白吕纳的另一部著作 *La Géographie humaine* 被谌亚达翻译为《人文地理学》。任美锷和李旭旦 1935 年将之重译为《人地学原理》。两部译著系统引入了人文地理学的内涵、分类、基本事实等。此外,1930 年,王诲初、郑次川将亨丁顿和库兴的著作 *Principles of Human Geography* 译为《人生地理学原理》。在自然地理学方面,法国马东男的著作 *Traité de Géographie physique* 被王勤堉转译为《自然地理学》。民国时期,中国大学地理教材经历了从翻译出版西方教材到自编教材的发展过程,"但当时地理教科书的内容还是以学习西方地理学理论为主"(周尚意、江道敏,2023:585)。

民国时期地理学理论的系统翻译还推动了大学地理学科建制的设立与完善。中国高等地理教育始于京师大学堂开设的舆地课程,而大学地理学科建制则在民国以后逐步发展。1913 年,北京师范大学设史地部,地理系的建立才初具雏形。直至 1921 年,东南大学创设地学系,标志着中国第一所近代意义上的大学地理系成立。1922 年,伴随着"壬戌学制"[①]的推行及民国大学教育政策的施行,中国高等地理教育得以发展。中山大学、清华大学、浙江大学等均设置地理系或史地系。1943 年,全国共有 16 所高校设置地理学系,到 1948 年增至 28 所。地理学理论翻译推进高等地理教育,而地理教育又促进了西方地理学理论著作在中国的传播。

西方地理学知识的早期传入、国家地理翻译和中小学地理教材的译写、地理学理论和高等地理知识的翻译对中国近代地理教育发展产生了深远影响,地理学科在此过程中得以建立。

(二) 中国地理学翻译家

新文化运动以后,科学思想逐渐深入人心,经济、文化、教育等领域开展的科学救国运动如火如荼。留学归国的中国志士为科学文化建设事业出谋划策、引进新知、著书创社、贡献力量。加之政府重视国民教育,颁布相关章程条例,中国高等教育迎来了机遇期,学术研究事业方兴未艾,各学科的建制进入了从传统向近现代的转型。这一时期,中国地理学者积极关注国外地理学新动态和各国时局,译述地理学著名学说,翻译外国史地著作,从地理视角了解西方国家

---

① 壬戌学制于 1922 年施行,颁布了《学校系统改革案》。

的发展状况。在此过程中,涌现出一批地理翻译家,数量多达 25 人①。按照翻译题材划分,地理译著大体可分为国家地理和地理学理论两类。

1. 国家地理翻译家:关注时局、爱国教育

民国时期,国内外战争频仍,世界局势动荡不安,关注国内外地理情势尤为必要。1922 年,为适应社会进化需求,促进教育发展,北洋政府颁布"壬戌学制","标志着中国近代以来的学制体系建设的基本完成"(赵厚勰、陈竞蓉,2018:152)。汤尔和(1878—1940)、杨钟健(1897—1979)、顾仲彝(1903—1965)、郑次川(1887—1925)、冯承钧(1887—1946)、吕金录(1898—1942)等多位地理翻译家翻译出版了许多中国区域地理知识、国家地理情势、世界战争地理方面的译作。

1) 中国区域地理知识的翻译

汤尔和,浙江杭州人,翻译中国区域地理知识的代表人物,曾多次赴外国留学,1902 年留学日本东京成城学校,1907 年留学日本金泽医学专门学校,毕业后留学德国柏林大学医学院,获医学博士学位。出国留学经历使他具备了良好的外语水平和专业知识,在此基础上,他翻译了《东省刮目论》(1930)、《黑龙江》(1931)两部介绍中国东北地区地理知识的译著。《东省刮目论》是日本人藤冈启的著作,全书共 5 章。前 4 章分别从日本的角度,从历史、地理、富源等方面介绍东北地区的现状、历史、自然资源、农业发展、经济面貌等,第 5 章"开发富源必要之诸政策"论述了开发东省的经济、金融交通、工商业、外交政策。可以看出,当时日本学界开始垂涎中国东北地区,并对这一地区进行了透彻研究,提出了精细的开发方案。曾任南京国民政府司法行政部长、外交部长的罗文干(1930)在序言中感慨:"东省者,吾之土地也。吾不能调查,吾不能编纂,乃待日人为之。"这种对中国人不如日本人了解东北的失落在读汉译本后才有所缓解,"尔和今译此书,国人留心东省者,必将受益不浅,并愿此后吾人能自调查,能自编纂"。汤尔和(1930)在译本序言中也说明了自己的翻译动机:"夫既日日罥人之侵略,而不自知其家财果有几许,世安得有此纨绔子? 譬诸大声疾呼,鸣官而捕盗;然剽掠以去者果为何物,所失者究有若干,今之中国,度无能开此失单者。

① 1920—1949 年间,出版地理译著的翻译家共 25 人,如:汤尔和、竺可桢、杨钟健、顾德隆、贺昌群、张星烺、郑次川、滕柱、林超、张其昀、李长傅、沈懋德、谌亚达、冯承钧、傅角今、葛绥成、吕金录、吕炯、王勤堉、张资平、郑绍文、盛叙功、任美锷、吴尚时、邓启东等。

以若是颠顿之国民,而欲高睨大谈,为开来之盛业,与世界相提携,其谁信之。余乃自忘衰朽,窃发宏愿,期以二年,译书十种,名曰业刊。盖欲使南北人士,认知东省而已,他非所望也。"在此,他呼吁国人要了解本国区域情况,理清主次、把握重点,达到反击外国侵略者的目的。20 世纪 30 年代的中国饱受侵略,《东省刮目论》的翻译影响深远。邹韬奋(1995:425)于 1931 年专文读后感一篇,揭发日本侵略中国、把东北变为日本"理想地"的野心。

这一时期,译者还注重国外对中国地理资源状况的观察与研究,如侯德封译有《张家口附近地质志》(1929);林超译有《民国十九年云南地理考察报告第 1 篇总述》(1931)、《民国十九年云南地理考察报告 第 2 篇地质及地形》(1931)、《云南地质及地形中英文合编》(1932)等。冯承钧是中国近代重要史地著作翻译家,在历史地理学研究、翻译方面造诣丰厚,译研并行,出版编译书籍55 种(黎难秋,2017:58)。他翻译了多部中国边疆历史地理著作,如《中国西部考古记》《西域考古举要》《西突厥史料》等。

2) 国家地理情势的译介

新文化运动后,地理翻译记录了社会文化变革。1920—1949 年,地理情势译著数目达 189 种,其中域外国家地理 140 种①。地理翻译涉及的区域愈趋广泛,内容更为聚焦,以具体国家或城市为书名的译著逐渐增多,因此也成就了一批国家地理译者。商务印书馆于 20 世纪 20—30 年代组织出版了"少年史地丛书",收录的世界地理译著多达 40 种,如《澳洲一瞥》《南美洲一瞥》《土耳其一瞥》等(肖超,2016:100)。此外,随着国人民族意识的觉醒,弱小民族国家地理题材成为这一时期地理翻译突出关注的对象。"少年史地丛书"中的弱小民族国家地理译著多达 20 种,内容涉及地理、历史、社会生活等。这一译者群体主要包括江苏籍的吕炯、孙毓修、张星烺,浙江籍的葛绥成、顾仲彝、吕金录、王勤堉、郑次川、毕修勺,如顾仲彝翻译了《瑞士一瞥》《法兰西一瞥》《西班牙一瞥》和《暹罗一瞥》。《暹罗一瞥》向读者介绍了暹罗的历史、河流、房屋、寺庙等,富有地域文化特色。

国家地理译者不仅关注弱小民族地区,还注重介绍世界各国最新发展情

---

① 本章数据通过耙梳《民国时期总目:历史·传记·考古·地理》(北京图书馆,1994)、《民国时期总书目:自然科学·医药卫生》(北京图书馆,1995)、《晚清西方地理学在中国》(邹振环,2000)、《晚清新学书目提要》(熊月之,2014)、《中西交通史》(方豪,2015)、《翻译出版与学术传播》(肖超,2016)共 6 部史料所得。

势。《新印度》《新俄罗斯》《新波兰游记》《今日之美国》《现代美国》等译著体现了译者聚焦时事、补苴外国新情势的态度。译者采取的翻译策略是"补译"，即收集新材料，在原著基础上补充章节。如译者周尚、周安（1944）翻译的《今日之印度》："原书正篇材料，全部移译，复增了本国人所集的材料，'争取独立'与'政治问题'二章。"译者潘公昭（1946）在弁言中说明编译《现代美国》的原因在于"原书叙述，至 1942 年上半年为止，1942 年下半年以来，世界和美国的情势，各方面都有新发展，特别以二次世界大战结束以后的美国，最值得重视，为了正确地了解现代美国起见，特就二次世界大战末期（1944—1945 年）及战后苏联方面关于美国的介绍，加以编译，作为补编。"译者对当时国家最新状况信息的补充有助于国人了解世界形势。

3）世界战争形势的译述

20 世纪前半叶，两次世界大战的爆发给各国人民带来苦难，国际局势波谲云诡。地理译家以传送世界战况为己任，凸显翻译的作用。林光澄、金则人、卢文迪、陈椿年、陈松轩、滕砥平等译者译述了多部世界政治经济、战争形势的著作，如《世界新形势》《世界情势图解》《世界殖民地斗争地图》《二次大战史地图解》《世界大战发展图解》等。对世界形势的共同关注让这批译者形成了一致的翻译选材、翻译动机和翻译方法，彰显了地理翻译在洞察国际形势方面的作用。

世界战争形势的译者在翻译选材方面特别关注国外地理名家的权威作品。权威名家的著作从全面、最新的视角分析世界形势，从而为国际发展趋势的把握提供依据，成为至关重要的译作原本。这一时期，艾赛亚·鲍曼（Isaiah Bowman）和 J. F. 霍拉宾（J. F. Horrabin）的著作得到译者的青睐。鲍曼是美国地理学家，曾任美国地理学会（纽约）理事长、国际地理联合会会长，主要研究人文地理学中政治地理学的疆界问题。1921 年，他出版专著 *The New World*。1927 年，浙江籍地理学家张其昀等 8 人率先将这本专著译为中文，名为《战后新世界》。商务印书馆专门登出译著提要，指出四大特色：规模之宏大、论述之精要、理想之高尚、功力之深厚，"确为一部精心结构之地学新著"。译者在序中开篇便介绍鲍曼生平、职位、贡献等信息（张其昀等，1927：1），可见鲍曼及其译著的影响力。1933 年，翻译家林光澄重译此书，名为《世界新形势》。英国的霍拉宾的多部著作同样被译为中文，如 *An Atlas of Current Affairs* 于 1935 年被金则人译为《世界情势图解》，1936 年卢文迪将其重译为《国际政治情势图解》；*Atlas of Empire* 于 1937 年被陈椿年编译为《世界殖民地斗争地图》；*An*

Atlas—History of the Second Great War 于 1940 年被陈松轩译为《二次大战史地图解》。霍拉宾在中国受到的关注度可见一斑。

在翻译动机方面,译者的宗旨在于介绍世界最新情势。译者金则人(1935:1)直截了当地指出国人掌握国际动态的重要性,"倘若你要是不明白这世界潮流的趋势的话,那你便有被激浪击沉海底的危险。这便是我们现代的中国人不得不关心世界情势的一个简单的理由",因而他翻译了《世界情势图解》。译者还关注国际时政热事,陈椿年(1937)选择编译《世界殖民地斗争地图》,因为"帝国主义列强的殖民地争夺,与殖民地弱小民族的解放斗争,可算是目前国际政治上很大的主题"。

世界战争形势译者在翻译方法上多选择增译、改译,补充原著中缺失的最新讯息,改正错写中国主权方面的地理知识。多数译者谈及地名翻译问题,都倾向于把中外地名编成索引,方便读者对照阅读和查询,体现出译者强烈的读者意识。

2. 地理学理论翻译家

地理学理论在中国的译介始于 19 世纪后半叶,发展于 20 世纪二三十年代。地理学理论翻译推动了中国地理学知识体系和学科体系的构建。地理学学科大致分为自然地理学科和人文地理学科。早期《地文学问答》《地文学新书》《人生地理学》等的译述为中国传入了自然和人文地理学基本理论,而及至民国中后期,地理译家引入大量西方地理学理论,促进了中国地理学的体制化发展。这一时期主要的自然地理学理论翻译家有竺可桢、张资平、王勤堉、董爽秋、谌亚达、王善佺、胡先骕等,人文地理学翻译家包括张其昀、葛绥成、盛叙功、李长傅、周宋康、陈湜、郑震、曹沉思等。这些翻译家成为中国地理学学科发展的重要推动者。

1)竺可桢、王勤堉:自然地理学翻译的引领者

20 世纪上半叶是中国引入西方近代自然地理学并加以发展的时期(杨勤业,2015:796)。在自然地理学理论翻译过程中,竺可桢和王勤堉贡献卓越,成为自然地理学翻译的引领者。竺可桢(1890—1974)是浙江绍兴人,中国近代气象学家、地理学家、教育家,中国近代地理学和气象学的奠基者。20 世纪 20 年代,竺可桢在东南大学开设《地学通论》课程,并编写讲义,介绍美国最新的自然地理学内容。其讲义材料新颖、视角广阔,极大促进了中国自然地理学理论的教学发展。1933 年,他和张其昀、胡焕庸等多位地理学家,联手出版译著

《新地学》。

地理学家王勤堉(1902—1951)是自然地理学理论翻译的另一位重要奠基人。他译作成果丰硕,翻译了《地球进化之历史》(1931)、《从法兰西到斯干的那维亚》(1931)、《近代地理学》(1933)、《地理学史》(1938)、《自然地理学》(1940年)、《世界气候志　上下》(1945)、《苏联国力的基础》(1947)、《地质学浅说》8部著作。其中,《自然地理学》全书 4 编共 21 章,导言专文介绍自然地理学的目的和范围,正文包括气候、水理、地形、生物地理四大方面,内容精细、体例清晰。王勤堉在译著中还插入图解,便于读者理解,受到地理学家的认可。历史地理学家侯仁之(1957:58)为"要求读更高深自然地理学著作"的青年读者推荐了这本译作。

在竺可桢、王勤堉的引领下,中国自然地理学新知识的建构与自然地理学学科的建立进入快速发展阶段。20 世纪 50 年代,多位地理学译者纷纷译介自然地理学专著。1950 年,王守礼翻译《新经济地理学》;1953 年,李文彦等人翻译《改造自然与自然地理学的任务》;1957 年,王正惠、徐士珍等人翻译《普通自然地理》;1958 年,徐士珍、陈传康继而分别翻译了《谈谈自然带》《自然地理学基本问题》。这批译者促进了国外自然地理学理论在中国的传播。

2) 张其昀、盛叙功、葛绥成:人文地理学翻译先行者

民国时期,人文地理学理论翻译家中产生较大影响的首推张其昀。他是我国近代地理教育家和人文地理学家,编译出版法国地理学家白吕纳的《人生地理学》,成为我国近现代人文地理学发展的奠基之作。人生地理学是"研究各种人类生活,如经济生活,社会生活,政治生活等,与自然地理学之各种现象之相互的关系"(张其昀,1930:1),成为地学研究新方向。此外,张其昀还融合了鲍曼、白吕纳、横山又次郎等中外地理作家思想,编著了《人生地理学教科书》,促进了中国人文地理学教育。

伴随着人文地理学理论知识的积累,中国地理学者也不断增强学科建构意识,人文地理学学科分支理论的翻译也受到重视。盛叙功(1902—1990)是近现代人文地理学理论翻译家的典型代表。1931 年,他编译了《农业地理》和《交通地理》。《农业地理》"为产业地理学,属经济地理学中最重要之一部,旨在说明生产事业与地理状况之关系"(盛叙功,1931a:序)。《交通地理》则旨在阐明交通地理之一般原理,记述世界主要交通状况,另外,"对于本国交通之现状亦较有详细新颖之序述,以引起读者之注意"(盛叙功,1931b:例言)。可见译者对完善地

理学学科理论作出的重要贡献。

人种地理学研究对象包括各人种的形成、地域分布、迁移及其与地理环境的关系。1937 年，葛绥成（1897—1978）以澳大利亚地理学家格里菲思·泰勒（Griffith Taylar）的专著 *Environment and Race* 为主，并参酌其论文"The Evolution and Distribution of Race, Culture, and Language"（《人种、文化、语言的发展与分布》），翻译出版了《人种地理学》。全书共三部分，分别叙述人类起源、生存环境的演变、人种学原理和指标；各大陆环境和人种分布；人种进化的迁移理论。人种地理学是人文地理学的重要学科分支，葛绥成的译本意义重大，被收录于《中国地学大事典》（陈国达等，1992：180）。

（三）法国地理学在中国的传播繁荣期①

1919 年新文化运动后，民主和科学观念深入人心，"实业救国""科学救国""教育救国"的思潮赋予国人追求科学的动力。同时，民国时期，教育部颁布一系列教育章程和大学令，促进了初等、中等、高等地理教育发展，大学地理系开始成立。这一时期的地理翻译主要集中在西方地理学各学派理论和研究方法、地理学思想与学术动态。地理学理论与研究教学是地理教育的重要组成部分，也为法国地理学译介提供了客观条件。此外，民国初期，留法俭学会、留法勤工俭学会、华法教育会为中国青年留学法国提供了支持。20 世纪 20 年代，留法勤工俭学运动兴起。1919—1920 年间，共有 20 批中国学生总计约 1 763 人先后抵达法国，开启留学生活（元青等，2010：105）。留学高潮增强了中法文化交流，吸引中国有志之士前往法国深造。中国地理学家冯承钧、胡焕庸等人正是在这一时期在法国接受教育，归国后结合法国地理学，投身研究，为地理科学事业作出重要贡献，也促进了法国地理学在中国的传播。

1. 法国地理学在中国的译介内容

法国地理学兴起于 18 世纪后半期布丰对人与自然环境关系的阐述，发展于维达尔·白兰士、白吕纳、马东男等多位地理学家的理论学说，继而于 20 世纪前半期迈向现代化，且在人文地理学思想方面独树一帜，影响广泛。法国地理学在近代地理学发展史上"占有光辉的一页"（蔡宗夏，1999：1）。1928—1940 年间，中国地理学家和翻译家对法国地理学著作和研究动态展开大量译介，如

① 法国地理学在 20 世纪中国的译介经历了起步期、繁荣期、低谷期、回升期，具体内容参见侯莹莹、韩辉（2024）。

白吕纳、邵可侣、伯希和、马东男等法国重要地理学家的著作思想被引入中国。法国人文地理学、自然地理学理论、地理学史、地理学家都得到译介。

白吕纳的人文地理学成为这时期中国最为关注,也是产生影响较大的法国地理学思想。1928 年,中国地理学家胡焕庸发表论文《约翰·白吕纳之人生地理学》,系统介绍白吕纳著作的产生背景、内容分析、人生地理学根据原则、应用方法、内容分类、评论与展望。此后,中国学者持续探讨这位法国地理学家的思想,并付诸实践。1929—1930 年,张其昀摘译白吕纳的地理学专著,连续在《地理杂志》刊载 5 篇《人生地理学发达史》译文,并于 1930 年在商务印书馆出版全译本《人生地理学》。全书从人生地理学之希望、人生地理学之发达与雷次儿(今译弗里德里希·拉采尔)之学说、法国对于人生地理学之新贡献、美国与其他各国之人生地理学、人生地理学的第一部名著、人生地理历史共六大部分全面系统地介绍了人生地理学的研究内容、贡献意义和发展脉络。该书甫一出版,便引起学界广泛关注,一时成为经典。翻译家张其昀通过翻译人生地理学思想,并在教学和研究中加以运用和创新,从而成为"中国人文地理学开山大师"(赵旭沄,2016:48)。1933 年,谌亚达将白吕纳的另一本重要专著 La Géographie Humaine(1910)译为《人文地理学》,他认为此书"能一洗从来所谓'杂货店式'的人文地理的污名,并用实证方法,积极地确定人文地理的范围与内容"(谌亚达,1933:1)。翻译方式为重译,即结合英译本(勒孔德的 Human Geography)和日译本(松尾俊郎的《人文地理学》)翻译为中文。全书共 7 章,讲述人文地理学的概念、分类、基本事实、区域地理学、人种地理学、社会地理学、地理精神等。1935 年,任美锷、李旭旦将这本著作汉译为《人地学原理》,并于钟山书局出版。他们以勒孔德的英译本和法语原本为蓝本,在翻译原则上力求"词达意尽",语言风格上"采用白话,期能简洁明确"(任美锷、李旭旦,1935:13)。胡焕庸为此译著作序,刊登在《地理杂志》上。他总结出白吕纳研究人生地理学应用的三种方法:分布与绘图法、全景与摄影法、汇集与举样法,新颖的研究问题包括人口地理、居处地理、城市研究、生活方式、地名研究(胡焕庸,1935:33 - 36)。胡焕庸的推介推动了白吕纳地理思想在中国的传播。此外,1933 年,中国地理学者葛绥成在《地学季刊》上专文纪念白吕纳,介绍他的学术贡献与学术地位,从而推动了白吕纳的地理学思想在中国的传播。

就在这一时期,邵可侣的多部地理作品译入中国。1937 年,郑绍文翻译出版了邵可侣的五部地理著作——《埃及与阿比西尼亚》《腓尼基与巴力斯坦》《希腊《伊兰尼亚与不达米亚》《人与地》。《埃及与阿比西尼亚》分为上下两卷。上卷从埃及历史纪略讲起,叙述了埃及的河流、石器、居民、动植物等自然景观、地域文化、政情产业等;下卷探讨利比亚和爱底渥皮亚(今译埃塞俄比亚)。《腓尼基与巴力斯坦》上卷讲述了腓尼基的历史纪略,包括形势、自然、居民、文化等;下卷介绍巴力斯坦(今译巴勒斯坦)的民族、文化等,附有地图和插图。《希腊》的上下两卷从民族、区域文明、宗教、岛屿等多方面描绘了希腊的历史与发展脉络。邵可侣在《伊兰尼亚与不达米亚》中提出"世界的史地从伊兰尼亚与不达米亚叙述起",这本书见解独到,生动有趣,"将一切缔造艰难的文化功绩,还给一向被压迫被遗忘的劳苦民众,立论新颖,文字生动"(范用,2015:65)。这些内容有助于国人了解非洲、欧洲、西亚重要区域的民族、文明、文化与情势,彰显出作为法国杰出社会学家和历史学家的邵可侣对区域人文、流域文明的关注。此外,邵可侣著、郑绍文翻译的《人与地》同样产生了很大影响,"是中国第一部综合史地著作"(范用,2015:60)。文化生活出版社不仅出版这本译著,还为其做广告,称赞邵可侣"用最谨严的科学方法,叙述人类的起源,社会的进化,民族盛衰的因果,世界进化的途径,把历史和地理两个不可分的学问部门熔于一炉,以整个的观念指示读者"(同上)。译者郑绍文对邵氏学说素有研究,精通法文,"译笔严谨,一字不苟,再四易稿,务期完善"(同上)。

1934—1940 年间,中国著名史地学家、翻译家冯承钧系统译介了法籍汉学家、探险家伯希和的四部史地著作,分别为《西域南海史地考证译丛》(1934)、《西域南海史地考证译丛·续编》(1934)、《西域南海史地考证译丛·三编》(1936)、《西域南海史地考证译丛·四编》(1940)。

在法国自然地理学方面,马东男的学术思想于 20 世纪 30 年代集中译介至中国。中国地学家首先关注马东男对法国地理教育的介绍,然后翻译了他的自然地理学思想与著作。1929 年,由马东男撰、胡焕庸译的文章"巴黎地理教育"在《地理杂志》上刊发。该文讲述了地学院课程开设及任课教授、图书馆、教学设备、组织机构等,系统呈现了法国地理教育的体系框架。在马东男专著的译本出版之前,中国学者多次撰文介绍他的地理思想及著述,为法国自然地理学在中国的传播奠定了基础。1930 年,《地理杂志》的书报介绍栏目载文"马东男自然地理学",对马东男进行简介,概述了其专著《自然地理学》(*Traité de Géographie physique*)的内容,并指出原著新旧版本内容的变更。此后,中国地理学者开启了对这部著作的译介,起初是节译的章节内容通过报刊、译文集出版。1931年,王勤堉摘译原著第二编内容"水文",发表在《四海半月刊》上。此外,1930—1933年间,王勤堉在《地理杂志》上连载11篇译文,标题为"马东男自然地理学简编"。1933年,竺可桢等人合译的《新地学》在钟山书局出版,第一篇是竺可桢的译文"欧西地理学发达史",摘自马东男专著《自然地理学》第三版的第一章"地理学演进史"。

直至1939年,王勤堉根据原著的英译本 *A Shorter Physical Geography*,完整翻译了《自然地理学》,在商务印书馆首次出版,全书包括导言和四编内容,共计21章。第一编"气候",介绍了温度、风、雨量、主要的气候类型、山岳气候;第二编"水理",包括洋、海、湖泽、河流的相关知识;第三编"地形",内容包括地形的普通原则、河流的侵蚀作用和河谷的演进、地质对于地形的影响、火山地形、构造运动、冰河地形、沙漠地形、海滨地形;第四编主讲"生物地理"。可见,这是一部系统介绍自然地理学的著作。1944年,国立中山大学许逸超教授摘译法文原著中的"气候编",在亚新地学社出版译著《气候学原理》。他高度评价了这本著作的价值"取材博要,思路清切,构制紧炼,文句典畅,诚科学地理之巨著也",而之所以选译,是为"兹以教学之便,先将气候编修润出版"(许逸超,1944:1)。1946年,吴尚时的节译本《自然地理学气候篇》继而出版。关于原著的多次摘译与重译彰显出马东男自然地理学思想在中国得到持续传播,而译著作为教材,提升了法国自然地理学知识在中国的影响力。

这一时期,费琅、安得烈·纪德、希勒格、法里士、毛恒、亚美达的地理论述也译介至中国,丰富了地理学翻译内容。

2. 法国地理学在中国的译介特征

法国地理学思想在中国的翻译与传播时期也是中国地理学科建制初期与地理研究兴起之际。通过翻译法国重要地理学理论和研究成果,中国地理学界获取了地理新知,拓展了地理研究路径。这一时段的法国地理学翻译在方向性、内容选择、传播媒介、译者构成方面特征明显。

首先,这一时期的地理学翻译就方向性而言,采用了由法语原著或英译本转译的途径。新文化运动以后,留法勤工俭学培养了一批法语人才,使得法语地理学著作汉译成为可能。冯承钧留学法国,通晓法文,并与伯希和等汉学家有交往,在法国"已在语言、法律、历史、中外关系等各领域打下了良好的基础"(黎难秋,2017:58),也为汉译伯希和的法语作品积累了殷实的文化资本。胡焕庸留学巴黎大学和法兰西学院,习得了良好的法语能力。此外,从事法语汉译的译者还有郑绍文和许逸超。另一方面,经由英译本转译也是法国地理学传播的重要方式,如谌亚达、任美锷、李旭旦等人在翻译白吕纳地理学时参照了英译本。

其次,翻译内容侧重法国著名地理学家的重要论著。这是因为法国地理学家白吕纳、马东男、伯希和等人的地理学思想和研究成果贡献突出,引起了世界地理学界的关注。同时,20世纪20至30年代,中国地理学科进入建制期,地理学理论成为译介重点,法国地理学思想因而受到重视。

再次,译著、期刊、教科书是主要传播媒介。地理学译著完整呈现了法国地理作家的地理观点和研究领域,一方面经由出版社发行,得到地理学研究者的关注;另一方面经由高校图书馆收藏,为地理专业老师和学生提供学习参考。期刊则是国人了解法国地理学动态的重要渠道。《地理杂志》通过刊登法国地理学动态的论文、译文,成为这一时期法国地理知识在中国传播的大本营。除此之外,教材也推动了法国地理思想传播,1936年,中央大学将白吕纳重要著作 *La Géographie de I'Histoire* 和 *La Géographie humaine* 列入专业参考书目。在此之前,这两本专著中前者已有节译本发表,后者的汉译本《人文地理学》(谌亚达译)也早已出版,并在学界产生了影响。通过翻译,法国地理学成为了中国地理教育的学习内容。

最后,中国地理学者是译者主体。20世纪20—40年代,中国知识分子以引进新知、发展教育为己任,有意识地契合科学救国、革新文化的时代需求。地理教育教学的变革和地理研究的推进促使中国地理学者不约而同地对法国地理学倾注译介热情。冯承钧、胡焕庸、张其昀、竺可桢、王勤堉、郑绍文等中国地理学者担任法国地理学的传播者,正是他们把法国地理思想重要论著译为中文,丰富了中国地理学知识储备。冯承钧对法国学者关于敦煌吐鲁番研究的译介得到季羡林的高度评价,称他"用力至勤,成就最大,大大地扩大了我们的眼界。至今学者恭受其益"(李孝迁,2012:89)。"翻译本身不是目的,它是灵感的源泉,激发人们不断思索并成为下一步研究的起点"(Delisle & Woodsworth,2012:95)。中国地理学译者不仅传播法国地理学知识和学术动态,还积极研究和创新翻译内容,使得新知识的引进和创造并驾齐驱。冯承钧翻译法国史地著作,进而在史地研究领域卓有建树。胡焕庸翻译了白吕纳的人地学思想,成为中国人口地理研究专家,并将维达尔和白吕纳一派的人文地理学称为"新地理学的支柱"(Chen,2016:151)。中国地理学译者由此成为法国地理思想在中国传播、创新、本土化的引领者。

四、苏联地理学在中国的译介(20 世纪 50—60 年代)

新中国成立初期,中国地理翻译转向了苏联地理学。当时地理学科的发展宗旨与科学发展目标一致,"科学发展目标就要求科学要服务于国家利益,服务于国家建设的现实需要。对于地理学科来说也毫无例外"(胡志良,2015:75)。于是,地理学有了新发展方向。1949 年 12 月,第一次全国教育工作会议召开,提出建设中国新教育的基础和途径是"以老解放区新教育经验为基础,吸收旧教育某些有用的经验,特别要借助苏联教育建设的先进经验"(方晓东等,2002:23‑24),由此促成向苏联学习的高潮。第一次全国中等教育会议提出教科书的编辑方针:"必须研究中国,参考苏联,以苏联的中学教科书为蓝本,编写完全适合中国需要的新教科书。"(韦志榕、高俊昌,2021:242)因此,20 世纪 50 至 60 年代,中国地理翻译转向了引进苏联地理学内容、地理教育模式和方法。1949—1966 年间,仅商务印书馆出版译自苏联的地理学著作就多达 74 种(肖超,2016:73)。

苏联地理学译著内容包括四大类。一是苏联地理状况,如《苏联河流水文地理概论》(1959,苏联科学院地理研究所著,宋夫让、高学源等译)、《苏联的矿产资源》(1959,安特罗波夫著,赵承先译)、《苏联自然地理》(1960,斯特罗耶夫著,张智仁译)等。二是地理学理论,如《气候学概要》(1953,克拉图等著,周恩济译)、《普通地理学原理 上、中、下》(卡列斯尼克著,徐士珍译,1954—1958年)、《经济地理学导论》(1960,萨乌式金著,谭稼禾等译)等。三是苏联地理教育,如《地理学和地理教育问题》(1959,萨莫依洛夫著,中国科学院地理研究所译)、《地理学分支学科简介》(1962,格里哥利耶夫等著,《地理》编辑部译)等。四是苏联地理学家研究他国地理的著作,如《美国自然资源及其利用》(1960,齐曼著,王守礼译)等。

除了译著以外,中国地理学期刊也注重刊发苏联地理学译文。例如,1950—1960 年间,《地理学报》共出版 35 期,而刊载的苏联地理学翻译文章有46 篇,"以 И. П. 格拉西莫夫的文章最多,其次是 И. В. 萨莫依洛夫"(刘超,2019:14‑15)。国内学者积极撰写文章介绍苏联地理学家思想,如汪安球的《杜库查耶夫对于自然地理学的贡献》,周恩济的《亚·伊·沃耶伊科夫及其关于人类与自然的著作》,А. Г. 伊萨钦科撰写,李恒、吴翔翻译的《景观制图的基本原则、方法和意义》等。

在题材选择方面，由于新中国急需加强经济建设，提倡教育要为恢复经济、发展生产服务，中国地理学界对苏联自然地理学和人文地理学中的经济地理显示出热切的关注。"学界翻译的苏联著作主要用于资源考察、交通运输、工业布局、农业区划等，希望能够指导经济实践"（肖超，2016：74）。《普通自然地理学》《苏联生产力配置问题》《普通自然地理简明教程》《物理气候学》《苏联远东区：经济地理总论》《美国重工业地理》《苏联经济地理总论》等译著在中国涌现。

这一时期涌现出多位卓有贡献的苏联地理学翻译家，如周恩济、徐士珍、滕砥平、马万钧、李世玢等。1954—1958 年，徐士珍等人翻译出版了卡列斯尼克著的《普通地理学原理》（上、中、下三册），这本书曾是苏联高等教育部审定的大学教科书。1956 年，王正惠、徐士珍等人翻译了杰米亚诺夫和波波娃撰写的《普通自然地理》，原书是苏联地形测量学校所用的教科书。1958 年，周恩济等人翻译了达维多夫撰写的《苏联水文地理》。本书不仅详尽分析了苏联各种水文现象和自然地理条件，还搜集了大量陆地水的地区资料，全面概括了苏联陆地水的自然面貌，有利于推动和指导中国水文地理的研究（郭敬辉，1958：1）。可见，中国译者翻译苏联地理学理论的宗旨是服务本土地理学教育和研究事业。徐士珍（1952：8）翻译《地理学的任务和方法论问题》的原因在于"目前我国的地理课本和教材中，还存在着严重的资产阶级的错误观点，为了贯彻爱国主义教育，为了使学生在学习过程中建立共产主义世界观，这本马列主义地理学的任务和方法论问题的选译集，对于我国地理的教学工作者是有参考的价值的"。《地理学和地理教育问题》的翻译"有助于推动我国地理科学的研究，并使这一门科学更好地联系实际，为社会主义建设服务"（中国科学院地理研究所，1959）。苏联地理教科书不仅影响了中国中学地理教科书整体框架的结构和逻辑体系，还促使中国地理教材注重自然地理，突出内容选取的政治性（韦志榕、高俊昌，2021：300‑301）。

第三节　地理翻译对中国地理学科的影响

具体学科的翻译史构成了科学翻译史，科学翻译史"体现外来学科建制对本土知识塑造的作用和影响"（方梦之、傅敬民，2018：73），翻译是学科知识更新和学科建制的必要环节。中国的地理翻译借由国人地理认知的扩展,引发思想观念的改变,并随着三重翻译地理知识(结构性、重构性、议题性)进入中国地理教育体系,中国地理学科得到快速发展,并实现了现代转向。地理认知的转变促进了地理学科发展。在此过程中,地理翻译始终是桥梁和纽带,对中国的地理教育以及中国地理学科发展影响深远。地理翻译促进了中国地理课程体系的创建。在地理教科书编译过程中,中国地理教材实现了由传统向现代的转换。地理翻译还促进了中国地理学术团体的创建和学术研究的发展。

一、地理翻译促进了中国地理课程体系的创建

中国古代学校没有专门的地理课程。得益于地理翻译,地理知识的重要性得到重视,外国地理和地理学分支理论逐渐被纳入课程体系。

首先,地理翻译促使外国地理进入了中国学校的课程体系。借由地理翻译引入的地理新知在明末清初仅仅局限于在知识精英阶层流传,尚未传播到一般社会阶层。直至晚清,翻译的地理新知入编教材,地理知识才获得普及。中国率先开设地理课程的新式学校有广州的马礼逊学校,上海的格致书院、正蒙书院、中西学院、徐汇女中、中西女塾、南洋公学,北京的京师同文馆、贝满女校,山东的登州文会馆,天津的中西学堂等。这些学堂大部分系传教士开设,均将外国地理知识作为必修课。

及至民国时期,中国近代学制先后经历了癸卯学制、癸丑学制①、壬戌学制,每一学制的章程规例均对中小学地理课程、学时、教学内容予以明确规定。癸卯学制规定初等小学第 5 年最后半年学习邻国地理,高等小学学习本国地理和外国地理,中学生学习地理总论、中国地理、外国地理、地文学。《奏准变通中学堂课程》规定文科中学生第 3 年至第 5 年学习外国地理,实科中学生第 4 年至第 5 年学习外国地理。《普通教育暂时办法》规定高小史地课第 3 年学习外国地理,中学地理第 1 年至第 3 年学习地理概论、中国地理、外国地理,第 4 年学习自然地理、人文地理概论(陈尔寿,2013:3-5)。1932 年的《正式课程标准》规定初中第 3 年和高中第 4 学期至第 5 学期课程教学包括外国地理。在中国近代学制演变的过程中,外国地理均为中小学必修课。地理课程教材或直接使用地理译著,或参酌译著编写,如小学外国地理教材包括商务印书馆编译所的

---

① 癸丑学制于 1912—1913 年公布施行,制定了各种学校规程。

《外国地图》《万国舆图》《高等小学外国地图》等，中学外国地理教材有《外国地理问答》（卢藉刚编译）、《五洲列国图》（邹代钧编绘）、《中等亚洲地理教科书》（丁冕英译）、《最新中等欧洲地理教科书》（陆守经编译）、《最近统合外国地理》（谷钟秀编译）。

　　晚清民初，随着"教育救国"运动的兴起，学习外国地理知识成为提升学生地理认知、培养爱国主义情感的主要方式，而外国地理知识引进依靠翻译。外国地理教科书的编译不仅介绍了各国地域范围、政治、经济、历史，还详细解释了世界各国发展存在差异的原因，通过国家比较、区域比较、人种比较重新呈现中国的世界位置。"地圆说"和"五大洲说"成为地理教科书编撰的重点内容，"既出于知识完整性的需要，也反映出知识分子的观念转变"（郭忠华、陈奕锟，2021：211）。"地圆说"直接冲击了中国古代"天圆如张盖，地方如棋局"的地理观念，打破了"中国中心说"的狭隘思想；"五大洲说"则意味着"中国不再是世界政治、文化秩序中的'首善之区'"（郭忠华、陈奕锟，2021：212），外国地理课程培养了学生的世界意识，成为中国地理教育体系的组成部分。

　　其次，地理学分支学科理论入编大学地理课程。清末中国高等学校地理课程注重国外地理情势的学习，但五四运动之后，随着西方地理学分支学科理论的译入，开始转向了探究自然地理学和人文地理学的科学性质，"我国近代人文地理学在这一时期诞生"（熊宁，1984：9）。人文地理学概论、景观地理学、交通地理学、经济地理学、植物地理学、数理地理学均得到译介。就在同一时期，地理学分支理论进入中国高校地理教育，西方地理学理论著作和译本成为大学地理教材。在此背景下，国立中央大学地学系于1928年开设地理类课程，如人生地理学、经济地理学、地形学、政治地理、植物地理、动物地理等。清华大学地学系于1932年同样开设地理学课程，如人生地理、经济地理、政治地理。中山大学理学院地理系于1929年建立，其科目包括普通地理学、土壤地理学、生物地理学、人文地理学等22种门类（孙俊等，2020：154－156）。苏联地理学对中国地理专业设置产生了明显影响。北京大学地质地理系建立之初即以苏联高等地理教育为蓝本，"由始建时唯一的自然地理专业发展到1956年的自然地理、经济地理和地貌学三个专业，奠定了北大地理专业设置的雏形"（刘超，2017：535）。总之，正是在外国地理学学科理论译著的影响之下，中国大学地理学课程体系设置趋向完善。

二、地理翻译推动了地理教材由传统走向现代

只有通过学校教育才能实现西方地理知识在中国的广泛传播,而只有合适的教材相匹配,学校教育才能够取得预期效果。晚清地理翻译丰富了中国地理学的课程内容,促进了本土地理教材的编撰,进而推动了地理教材由传统走向现代(贺爱军,侯莹莹,2024:78)。

(一) 地理译著作为地理课教材

作为教材的地理译著或由一部或多部外国地理教科书整合、编译而成,如张相文1902年译述的《小学地理教授法》,或是因为地理译著在地理学界引起了普遍关注,引介了重要地理学新知,促使原本被中国某些高校列为教材(表8-1),如鲍曼的 The New World 曾作为国立北平师范大学、国立中央大学、清华大学的指定参考书。国立中央大学将白吕纳的 La Géographie de l'Histoire 作为教材用书。实际上,西方重要地理思想家的著作在被列为教材前均有译本,如张其昀等人翻译的《战后新世界》原本是鲍曼的 The New World,张宗文于1932年译述的《历史地理学》原本是白吕纳和克米尔的 La Géographie de l'Histoire。

表8-1 作为教材的外国地理学论著及其译本

序号	作者	著作	列为教材的学校	译本	译者	出版时间
1	鲍曼	The New World	国立北平师范大学(1933)、中央大学(1936)、清华大学(1932,1935—1936)	《战后新世界》	张其昀	1927
2	白吕纳(与克米尔合著)	La Géographie de l'Histoire	中央大学(1936)	《读书录:历史地理学》	张其昀	1923
3	白吕纳	La Géographie humaine (Human Geography)	国立北平师范大学(1933)、中央大学(1936)、清华大学(1932)	《人文地理学》	谌亚达	1933
				《人地学原理》	任美锷、李旭旦	1935

续　表

序号	作者	著作	列为教材的学校	译本	译者	出版时间
4	埃尔斯沃思·亨廷顿、S. W. 库欣（S. W. Cushing）	*Principles of Human Geography*	国立北平师范大学(1933)、中央大学(1930、1936)	《人生地理学原理》	王海初、郑次川	1930
5	詹姆斯·菲尔格里夫(James Fairgrieve)	*Geography and World Power*	中央大学(1930、1936)、清华大学(1932)	《地理与世界霸权》	张富康	1937
6	马东男	*Traité de Géographie physique*（依据 *A Shorter Physical Geography* 译出）	中央大学(1930/1936)、清华大学(1932)、国立北平师范大学(1933)	《自然地理学》	王勤堉	1939
				《自然地理学气候编》（摘译本）	吴尚时	1946

　　教材译编是知识生产的重要途径(覃江华,2022:24),有利于新学知识向大众普及。正是新式地理教科书的编译使得八大行星、地层构造、化学元素、万有引力等先前被国人视为高深莫测、难以理解的学问在 20 世纪初"都已经变成童蒙教科书的内容,成为任何一个有文化的人都必须了解的知识和道理"(熊月之,2011:544)。得益于地理翻译和地理教材编译,多种地理新知首次在学校得以传播,如江苏师范生编译的《人生地理学》是"中国最早以'人生地理学'命名的著作"(艾素珍,1996:27)。再如,盛叙功翻译的《交通地理》是"北京师范大学正式出版的第一部人文地理教材""中国最早的交通地理教材、最早的系统性交通地理著作"(周尚意等,2022:8-9)。清末新式地理学教科书编撰"在框架结构、知识体系和表述方式上,深受地理学译著(尤其是日本教科书译本)的影响"(肖超,2016:36)。

　　地理译著作为教材不仅丰富了中国地理教学的内容,还激发了国人自编地理教材的意识,促进了新式地理教科书产生。随着外国地理教科书的编译与应用,中国地理学家认识到外国人编撰的教科书存在对中国地理知识的扭曲,所以发起了以中国为本位的地理教科书编写。京师同文馆等外语专门学校编写了一批地理教科书，上海广学会、南洋公学译书院、商务印书馆、开智编译社、国立编译馆等翻译或出版机构同样编译了一批地理教科书，如《小学地理教科书》《最新初等小学地理教科书》等。新地理教科书的编写是译者对地理新知的回应和对国外教材的扬弃。

（二）地理翻译家作为地理教材的编写者

19世纪90年代国人自编教科书的问世"标志着中国教科书向着近代化的方向迈出了重要的一步"（熊月之，2011：539）。20世纪之后，由于大批日文西书的译介和中国有识之士的努力，"中国新式教科书的体系才真正建立起来"（同上）。

中国近现代地理翻译史中的典型现象是译者身兼二任，译者教师化是地理翻译中的特殊现象，地理翻译家既翻译教材又自编教材。这一群体包括屠寄、谢洪赉、张相文、盛叙功、葛绥成、王勤堉、竺可桢、王均衡、张其昀、任美锷、谌亚达、谷钟秀、李长傅等（表8－2），如葛绥成翻译了《人种地理学》《近代地理发见史》《世界文化地理》，编写了《高中本国地理》《新中华外国地理》。地理翻译家不仅意识到地理教育的重要作用，还通过借鉴国外教材促进本国教材编写。正是"在充分学习外国地理教科书编写经验的基础上，我国自编地理教科书逐步规范"（韦志榕、高俊昌，2021：52）。

表8－2　晚清至民国地理翻译家编译教材

序号	翻译家	编译地理教材/译著	编撰、校对地理教材及出版时间
1	张相文	《小学地理教授法》(1902)、《地文学》(1908)	《初等地理教科书 上中下》(1902)、《蒙学中国地理教科书》(1903/1907/1910)、《蒙学外国地理教科书》(1903)、《最新地质教研书》(1909)
2	谢洪赉	《瀛寰全志》(1904)	《最新中学教科书瀛寰全志》(1903/1904/1907)、《最新地理教科书第4册》(1905/1910)、《最新高等小学地理教科书1—4》(1906)
3	屠寄		《中国地理学教科书》(1905)
4	王均衡	《高中教科书自然地理学原理》(1932)	《初中本国地理教科书 上下》(1933—1934)

续　表

序号	翻译家	编译地理教材/译著	编撰、校对地理教材及出版时间
5	葛绥成	《人种地理学》(1937)、《最新世界殖民史》(1930)、《世界文化地理》(1935)、《近代地理发见史》(1935)等	《最新本国地图》(1930)、《新中华外国地理》(1930,与杨文洵合编)、《新中华本国地理》(1931、1932)、《高中本国地理　上中下》(1934—1936)、《新编高中本国地理　上中下》(1937—1946)等
6	盛叙功	《农业地理》(1931)、《交通地理》(1931)、《河川》(1939)	《高中外国地理　上下》(1934)、《高中外国地理　上下》(1937—1946,与丁绍桓合编)
7	王勤堉	《自然地理学》(1940)、《世界气候志　上下》(1945)、《地球进化之历史》(1931)、《近代地理学》(1933)、《地理学史》(1938)等	《新标准初中教本本国地理》(1934)
8	竺可桢		《地理学通论》(1920)、《气象学》(1923)、《战后新世界》(1927)、《我们的地球》(1933)
9	张其昀	《战后新世界》(1927)、《人生地理学》(1930)等	《新学制人生地理教科书　上中》(1925)、《新学制高级中学教科书本国地理　上下》(1926—1931)、《外国地理　上中下》(1933—1935,与李海晨合编)、《外国地理　上下》(1936,与胡焕庸合编)等
10	任美锷	《人地学原理》(1935,与李旭旦合译)、《苏彝士运河》(1941)、《台维斯地貌学论文选》(1958)、《高级小学地理　第1—4册》(1947)	《初级中学地理(1—6)》(1945—1948)、《初级中学地理》(1947—1948,与夏开儒合编)
11	李旭旦	《人地学原理》(1935)等	
12	谌亚达	《地形学　上下》(1936)、《人文地理学》(1933)	《高中本国地理》(1932、1934)、《谌氏初中本国地理　1—4》(1935)
13	谷钟秀	《最近统合外国地理》(1907)	《最新外国地理　上中下》(1917)
14	李长傅	《地理政治学》(1938,和周宋康合译)、《人文地理学》(1937,和周宋康合译)等	《初中外国地理教本　上下》(1937—1948)

续　表

序号	翻译家	编译地理教材/译著	编撰、校对地理教材及出版时间
15	张资平	《中国地史》(1939)、《生物地理概说》、《世界地体构造上中下》(1936)等	《外国地理》(1938)
16	王谟	《地球 下》(1935)	《最新初中外国地理教科书 上下》(1932—1933)
17	邓启东	《世界气候区述略》	《高级中学本国地理　上中》(1947)

中国高等院校的地理翻译家也是中国地理系的创建者和地理分支学科的引领者。竺可桢、王勤堉、胡先骕、葛绥成、张其昀、胡焕庸等都是中国地理学家、教育家,深知中国地理教育发展需求,且大多数曾留学国外,了解外国地理教育状况和前沿地理知识,因而促成了其译者身份。他们从翻译外国地理著作着手,将所学知识融入教学,投身于中国地理学科的创设。竺可桢在教授"地学通论"课程时参考了西方著作,如《自然地理学》《数理地理学》《天文学》《地质学》《地图投影法》,日文著作和中文译著(张九辰,2003:117),自编讲义。翻译是助力地理学科建设的重要媒介,高校地理学教师通过地理翻译实践,以译促教,以译助研。翻译有益于地理教学内容的体系化与专业化,更新地理学知识,促成了中国地理学科的可持续发展。

三、地理翻译促进了中国地理学科现代化和学术研究的开展

地理翻译不仅丰富了中国地理教育的内容和教材种类,也促进了中国地理学科的现代化。中国传统地理学注重地理沿革的考订,而忽视地理环境的各种形态及其变化规律。在"结构性地理知识"和"重构性地理知识"的影响和冲击之下,中国地理学逐渐摆脱传统,走向现代。19 世纪中期的域外国家地理翻译对中国地理学现代化产生了重要影响。肖超(2016:8)认为,19 世纪中期至 20 世纪初,西方地理学的翻译"为中国地理学近代化打下坚实的基础"。曹婉如、孔关龙(2002:505 - 506)指出鸦片战争时期的地理翻译促使中国近代地理学在 19 世纪中至 20 世纪初步入快速发展期。而 20 世纪 20 年代以后西方地理学著作的译介则推动了中国地理学的现代化发展。地理翻译促进地理学的科学性质和学科建设受到重视。翻译是追求和建构现代性的工具,翻译的现代性促

进了科学的现代性。五四运动之后,中国翻译思想发生了巨大变革,具体表现在"中国翻译学者开始从民族国家角度思考翻译之用,从现代知识分类角度探索翻译之学,并以世界眼光看待翻译与多元文化"(蓝红军,2019:88 - 92)。这种现代性同样体现在地理翻译中。中国地理学家通过翻译促成地理学分支体系的逐渐细化,推动中国地理学与外国地理学的互鉴。地理翻译通过对学科话语的传播、本土化发展,拓展了地理学研究领域,为中国地理学知识体系与研究方法的更新提供了丰富内容,加快了中国地理科学的现代转型。地理翻译帮助中国地理学实现了话语新型化、研究国际化、理论本土化。

地理学科的现代化首先体现在学术话语体系的形成。地理翻译为中国地理学引进了大量的概念和术语,如"世界""纬度""地壳""子午线""海湾""自转""赤道""五带""大西洋""北回归线""高原""海岸线"等,丰富了地理学话语体系。据邹振环(2000:234)统计,晚清文献中流行的自然地理学新词多达 138个。张其昀首次把"Regional Geography"译为"方志学"。而《数理地理学》《自然地理学气候编》《自然地理学》《新地学》等译著则丰富了现代地理学的本质、内容以及价值体系。其中,《新地学》由竺可桢、张其昀、胡焕庸、李玉林、王学素、张其春 6 人合译,于 1933 年在南京钟山书局出版。张其昀(1933:7 - 9)为这本译著作序,结合西方地理学特征,详细阐述了发展科学的、本土的、国际的以及多学科交融的地理学科的必要性,提出地理学家应"常与外国诸同志之思想相接触,则于新时代事业做适当准备机会,更为广博矣"。这种前瞻性指明了地理学现代化发展的途径,在社会功用层面彰显地理学话语。

地理翻译是地理学术组织化发展和期刊前沿化追求的重要组成内容。1895 年,邹代钧创立中国地理学最早组织"译图公会",规范中外地图译绘。1909 年,张相文在天津创立第一个地理学术团体"中国地学会","标志着近代地理学在中国的兴起"(赵荣、杨正泰,2006:8)。学会认为"地理旧籍不足用,科学还处萌芽时期,尚极幼稚,引入东西学理是构建新知识的前提"(谢皆刚,2016:76)。通过翻译外国地理著作、创办会刊《地学杂志》,"刊文以国际为尚,意欲引入外来学理,兼通中西"(谢皆刚,2016:76),刊登引介国外著作、理论等的译文多达 230 篇(中国科学技术协会,2004:7),推动了中国地理学的近代化。1913 年,中华地学会在上海创立,1932 年创办《地学季刊》,注重刊载外国地理学新方法、新理论译文,如盛叙功的《科学的经济地理学》(1932)、楚国南的《近代地理测绘术及地图学之发达》(1935)等,成为地理学前沿探讨的重要学术平台。1934年,中国地理学会主办《地理学报》,专门开设"书报评论/介绍"栏目,引进了当时最新外国地理学著作与学术动态。

地理翻译使国人了解到西方著名地理学家及其思想,继而在融会贯通、互鉴互学中推进了中国地理学的现代化进程。胡焕庸大力推介法国地理学思想,他仿效白吕纳的人地关系研究方法,制作出中国雨量图、地形图、人口分布图(杨吾扬,1989:135),发表的《中国人口之分布》一文成为中国人口地理学走向成熟的标识(丁金宏等,2021:1317)。不少学者根据翻译内容,加以研究,撰写新著作。1934年,董爽秋将德国学者第尔斯的著作《植物地理学》译为中文。继而在1936年,他出版了专著《植物的生活》。"通过翻译,一方的知识体系以及思想文化会在异质的体系中进行交融和互动,从而促进异质文明在本土的融合、生长和发展。"(张必胜,2023:100)西方地理学思想在中国的传播是不断得到验证、扬弃、本土化的过程。如20世纪20至30年代,地理环境决定论在中国经历了由肯定到否定的演化。中国地理学者正是在对西方地理学知识认同、反思、借鉴过程中丰富了中国地理学的话语体系。

学科建制包括五方面:一是实施学术研究和人才培养的基础组织;二是跨机构、跨地区甚至跨国的学科共同体;三是学科研究成果的评价与发表平台;四是人才培养规格及其管理制度;五是学术研究和学科水平的评价、奖励及资源配置制度(何明,2022:43)。可以说,地理翻译参与了地理学科建制的关键环节。在地理科学内部史和地理科学外部史发展过程中,翻译引进了西方地理学理论,促进地理理论本土化,丰富了地理学科实践和地理学学术思想。由此,翻译在地理学科的建设过程中,在地理人才培养、地理系创设和地理学术研究方面始终发挥着知识创新作用,因而对中国地理学的发展影响深远。

结　语

中国地理学科发展与地理翻译活动的开展息息相关。中国近代以来地理翻译经历了四个重要时段,分别是西方地理知识的早期译介与中国近代地理教育的萌芽、西方国别地理的系统译介与中小学地理教材的译写、地理学理论翻译与中国高等地理学科建制的创设、苏联地理学在中国的译介。在此过程中,西方地理学得以源源不断地被引入中国。这一历史阶段的地理翻译特征鲜明，对中国地理学科发展产生了重要影响，不仅促成了中国地理课程的设置，使地理教材实现了由传统向近现代转型，也推动了中国地理学科现代化和学术研究的开展。

— 参考文献 —

［1］艾素珍. 清末自然地理学著作的翻译和出版［J］. 中国科技史料，1995(3)：16 - 25.

［2］艾素珍. 清末人文地理学著作的翻译和出版［J］. 中国科技史料，1996(1)：26 - 35.

［3］艾昕，段玉山，牛超. 清末民初地理教科书的历史嬗变与镜鉴价值［J］. 天津师范大学学报(基础教育版)，2023(2)：74 - 80.

［4］蔡运龙. "当代地理科学译丛"序言［A］. //(荷兰)让·博西玛，(英)让·马丁. 演化经济地理学手册［C］. 李小建，等，译. 北京：商务印书馆，2016：i - iii.

［5］蔡宗夏. 译者前言［A］. //(法)梅尼埃. 法国地理学思想史［M］. 蔡宗夏，译. 北京：商务印书馆，1999：1 - 5.

［6］曹婉如，孔关龙. 中国地理学史［A］. //中国大百科全书总编辑委员会. 中国大百科全书地理学［C］. 北京：中国大百科全书出版社，2002：500 - 507.

［7］陈椿年. 世界殖民地斗争地图［M］. 上海：新亚书店，1937.

［8］陈尔寿. 中国学校地理教育史略［M］. 北京：人民教育出版社，2013.

［9］陈国达. 中国地学大事典［M］. 济南：山东科学技术出版社，1992.

［10］谌亚达. 译者序［A］. //(法)布留诺. 人文地理学［M］. 谌亚达，译. 上海：世界书局，1933：1 - 2.

［11］丁金宏，等. 胡焕庸线的学术思想源流与地理分界意义［J］. 地理学报，2021(6)：1317 - 1333.

［12］范用. 爱看书的广告［M］. 北京：生活·读书·新知三联书店，2015.

［13］方梦之，傅敬民. 振兴科学翻译史的研究［J］. 外国语(上海外国语大学学报)，2018(3)：67 - 75.

［14］方晓东，等. 中华人民共和国教育史纲［M］. 海口：海南出版社，2002.

［15］付雷. 中国近代中学生物学教科书研究［M］. 南宁：广西科学技术出版社，2021.

［16］郭敬辉. 中译本序［A］. //(苏)达维多夫. 苏联水文地理［M］. 周恩济，等译. 北京：科学出版社，1958：1 - 2.

［17］郭双林. 西潮激荡下的晚清地理学［M］. 北京：北京大学出版社，2000.

［18］郭忠华，陈奕锟. 中国现代国家建构中的地理想象——基于清末地理教科书的分析［J］. 学术月刊，2021(9)：203 - 216.

［19］何明. "学科性学术"与"问题性学术"的张力及其消解［J］. 开放时代，2022(1)：41 - 48.

［20］贺爱军，侯莹莹. 中国近代地理翻译及其对地理学科的影响［J］. 上海翻译，2024(2)：75 - 80.

[21] 胡焕庸. 白吕纳人地学原理译本序[J]. 地理杂志,1935(1&2):30-37.

[22] 胡志良. 新中国建立初期的科学改造活动研究:以地理学为例[J]. 自然辩证法通讯, 2015(2):75-81.

[23] 侯仁之. 怎样自学地理[A]. //中国青年出版编辑. 怎样自学——和青年谈学习文化科学知识[M]. 北京:中国青年出版社,1957:51-60.

[24] 侯莹莹,韩辉. 法国地理学在20世纪中国的译介及其影响[J]. 法语国家与地区研究, 2024(1):72-82.

[25] 金则人. 世界情势图解[M]. 上海:光明书局,1935.

[26] 鞠继武. 清代地理学家魏源及其《海国图志》——纪念魏源诞生200周年[J]. 地理研究, 1994(1):100-103.

[27] 蓝红军. 五四运动与中国现代性翻译思想的发生[J]. 外国语(上海外国语大学学报), 2019(5):87-95.

[28] 黎难秋. 近代杰出史地学、宗教学翻译家冯承钧[J]. 上海翻译,2017(1):58-61+72.

[29] 李孝迁. 民国时期中西交通史译著述评[J]. 中国图书评论,2012(6):84-91.

[30] 林柄全,叶超. 艰难时世中的地理创造——张相文的地学生涯与学术贡献[J]. 地理科学进展,2022,41(8):1542-1552.

[31] 林超. 中国现代地理学萌芽时期的张相文和中国地学会[J]. 自然科学史研究,1982 (2):150-159.

[32] 刘超. 以苏联为蓝本:建国初期北京大学地理专业之设置[J]. 自然科学史研究,2017 (4):535-547.

[33] 刘超. 建国初期地理期刊对苏联地理学的译介——以《地理学报》为例[J]. 广西民族大学学报(自然科学版),2019(1):13-15.

[34] 柳和城. 孙毓修评传[M]. 上海:上海人民出版社,2011.

[35] 罗文干. 罗序[A]. //汤尔和. 东省刮目论[M]. 上海:商务印书馆,1930:1.

[36] 潘公昭. 译者弁言[A]. //潘公昭. 现代美国[M]. 上海:中国科学图书仪器公司,1946: 1-2.

[37] 覃江华. 翻译与现代知识话语建构——以谢无量的翻译活动为例[J]. 上海翻译,2022 (3):21-26.

[38] 任美锷,李旭旦. 译者序[A]. //(法)白吕纳. 人地学原理[M]. 任美锷李旭旦,译. 南京: 钟山书局,1935:13-14.

[39] 沈殿成. 中国人留学日本百年史1896—1996[M]. 沈阳:辽宁教育出版社,1997.

[40] 盛叙功. 农业地理[M]. 上海:商务印书馆,1931a.

[41] 盛叙功. 交通地理[M]. 上海:商务印书馆,1931b.

[42] 孙俊,等. 中国高校地理学系概览1912—1949[M]. 北京:科学出版社,2020.

[43] 汤尔和. 东省刮目论[M]. 上海:商务印书馆,1930.

[44] 王建军. 中国近代教科书发展研究[M]. 广州:广东教育出版社,1996.

[45] 韦志榕,高俊昌. 中国百年教科书史:地理卷[M]. 北京:人民教育出版社,2021.

[46] 吴雁南.《瀛环志略》浅议——纪念《瀛环志略》刊行150周年[J]. 贵州社会科学,1999 (2):106-108+105.

［47］肖超.翻译出版与学术传播:商务印书馆地理学译著出版史［M］.北京:商务印书馆,2016.

［48］谢皆刚.中国地学会与科学地理的构建(1909—1911)［J］.中山大学学报(社会科学版),2016(4):73-82.

［49］熊宁.我国近代(1840—1949年)人文地理学的发展概况［J］.地理研究,1984(2):1-13.

［50］熊月之.西学东渐与晚清社会［M］.北京:中国人民大学出版社,2011.

［51］徐士珍.地理学的任务和方法论问题［M］.北京:商务印书馆,1952.

［52］许逸超.译者序［A］.//Emm De Martonne.气候学原理［M］.许逸超,译.新化:亚新地学社,1944:1.

［53］徐永康,郭建.海国图志魏源［A］.//中国学术名著提要编委会.中国学术名著提要(合订本)第5卷清代编下［M］.上海:复旦大学出版社,2019:379-380.

［54］寻霖,龚笃清.湘人著述表［M］.长沙:岳麓书社,2010.

［55］杨丽娟.地质学在中国的传播与发展:以地质学教科书为中心(1853—1937)［M］.杭州:浙江古籍出版社,2022.

［56］杨勤业.中国地学史近现代卷［M］.南宁:广西教育出版社,2015.

［57］杨吾扬.地理学思想简史［M］.北京:高等教育出版社,1989.

［58］杨尧.中国近现代中小学地理教育史(上册)［M］.西安:陕西人民教育出版社,1991.

［59］喻旭东,傅敬民.翻译知识的三重形态初探［J］.当代外语研究,2022(5):22-30.

［60］元青,等.中国留学通史民国卷［M］.广州:广东教育出版社,2010.

［61］张必胜.科学史中的翻译与翻译史中的科学——以明清数学为对象的探蠡［J］.中国外语,2023(4):95-103.

［62］张九辰.竺可桢与东南大学地学系——兼论竺可桢地学思想的形成［J］.中国科技史料,2003(2):112-122.

［63］张平.邹代钧与中国近代地理学的萌芽［J］.自然科学史研究,1991(1):81-90.

［64］张其昀,等.战后新世界［M］.上海:商务印书馆,1927.

［65］张其昀.人生地理学［M］.上海:商务印书馆,1930.

［66］张其昀.序［A］.//竺可桢,等,译.新地学［M］.南京:南京钟山书局,1933:1-13.

［67］张相文.新撰地文学［M］.上海:文明书局,1908.

［68］张旭,肖志兵,魏源［A］.//方梦之,庄智象.中国翻译家研究历代卷［C］.上海:上海外语教育出版社,2017:463-482.

［69］赵厚勰,陈竞蓉.中国教育史教程第2版［M］.武汉:华中科技大学出版社,2018.

［70］赵荣,杨正泰.中国地理学史(清代)［M］.北京:商务印书馆,2006.

［71］赵旭沄.质朴坚毅地理学家赵松乔［M］.北京:商务印书馆,2016.

［72］郑永福.中国近代史通鉴1840—1949鸦片战争［M］.北京:红旗出版社,1997.

［73］中国科学技术协会.中国科学技术专家传略理学编地学卷3［M］.石家庄:河北教育出版社,2004.

［74］中国科学院地理研究所.内容提要［A］.//(苏)萨莫依洛夫.地理学和地理教育问题［M］.中国科学院地理研究所,译.北京:商务印书馆,1959.

［75］ 周尚,周安. 今日之印度[M]. 重庆:商务印书馆,1944.

［76］ 周尚意,戴特奇,张华. 民国时期北京师范大学人文地理学教材建设回顾[J]. 地理教学,2022(11):8 - 11.

［77］ 周尚意,江道敏. 在时空框架中理解中国大学人文地理教学特色及其成因[J]. 地理研究,2023(2):580 - 596.

［78］ 周振鹤. 一度作为先行学科的地理学[A]. //邹振环. 晚清西方地理学在中国[M]. 上海:上海古籍出版社,2000:1 - 7.

［79］ 邹韬奋. 读《东省刮目论》[A]. //邹韬奋. 韬奋全集 3[M]. 上海:上海人民出版社,1995:423 - 425.

［80］ 邹代钧. 译印西文地图工会章程[A]. //张静庐,辑注. 中国近代出版史料二编[C]. 北京:中华书局,1957:71 - 76.

［81］ 邹振环. 晚清西方地理学在中国——以 1815 至 1911 年西方地理学译著的传播与影响为中心[M]. 上海:上海古籍出版社,2000.

［82］ 邹振环. 麦都思及其早期中文史地著述[J]. 复旦学报(社会科学版),2003(5):99 - 105.

［83］ 邹振环. 影响中国近代社会的一百种译作[M]. 南京:江苏教育出版社,2008.

［84］ 邹振环. 蒋友仁的《坤舆全图》与《地球图说》[J]. 北京行政学院学报,2017(1):111 - 121.

［85］ CHEN Z H. The frontier crisis and the construction of modern Chinese geography in Republican China(1911 - 1949) [J]. Asian Geographer, 2016(2):141 - 164.

［86］ DELISLE J, WOODSWORTH J. Translators Through History [M]. Amsterdam/Philadelphia: John Benjamins Publishing Company, 2012.

［87］ SUN J, et al. Foreign impact on geography in China through translation over the past 100 years [J]. *Area*, 2020(1):105 - 115.

翻译与中国传播学

■ 本章导读 ■

　　传播学最早形成于美国,在未成为学科之前,以"传播研究"(communication studies)或"媒介研究"(media studies)来指代,而后逐渐融合社会科学视角建制,"传统的英语系中的修辞演讲方向,加上新闻研究,再加上形成于19世纪末20世纪初的社会学、政治学、社会心理学等社会科学,杂糅而成"(刘海龙,2019:107)。以多学科多领域知识交叉为特征的传播学,在经历了跨地域、跨语言和跨文化的传播之后,进入了中国。先期的中国传播学经几次西方传播学思想与理论的引进与吸收,呈现鲜明的西学东渐特质,其后经历了几代学者的广泛学习、应用与反思,进入本土化创新发展阶段。

　　在传播学在中国的建立与发展过程中,翻译起到了至关重要的作用。具有新闻传播或语言文学研究背景的众多译者引进了大量基础性和交叉性的西方理论和研究内容,为推动中国传播学学科的建立作出了不可磨灭的贡献。通过翻译,传播学的各个关键概念和基础理论进入中国并广为认知,其间不同名词术语、分支学科等不同译名的争议引发了广泛讨论,也促使中国学术界反思西方理论在中国土壤应用的适切性,以及中国传播学学科发展的自主性,成就了中国传播学学科的形成与发展。

第一节　翻译传播视角下中国传播学发展的历史演进

　　西方传播学理论对中国传播学的生成与发展影响深远。1925年,社会学家孙本文在其博士论文《美国媒体上的中国》中借鉴西方传播学方法,开展大众传播研究。20 世纪 50 年代中期,复旦大学新闻系主办的内部刊物《新闻学译丛》第三期和第五期,分别发表了介绍大众传播(mass communication)的文章,刘同舜和郑北渭分别在文章中将这一传播学概念翻译为"群众交通""群众思想交通"。在对"传播"这一概念的理解不断演进与对 communication 的多种阐释探索中,中国传播学开始萌芽,通过对西方传播学理论的译介、理解、重构,经历了理论奠基、应用和本土化三个阶段,最终形成具有中国特征的传播学话语体系与学科体系。

一、理论引进的奠基阶段

中国学者对西方传播学研究的翻译与评述开启了传播学西学东渐的旅程,学科观念与研究视角的引进为中国传播学的产生奠定了理论基础。1978 年,复旦大学新闻系的郑北渭教授翻译了华伦·K. 艾吉(Warren K. Agee)等人所著的《公众传播工具概论》和《美国资产阶级新闻学:公众传播》,发表在《外国新闻事业资料》第一期。郑北渭在译文前的按语中评价"公共传播工具"是"垄断资产阶级控制舆论,制造舆论,毒害人民,奴役人民的宣传工具"(陈力丹,2005:20)。这项重要的翻译活动被认为是传播学走入中国的起源。早期引介传播学的另外一位重要学者——复旦大学新闻学系陈韵昭教授同年翻译了美国传播学家埃德温·埃默里(Edwin Emery)的文章《公众传播的研究》并刊登在《外国新闻事业资料》第二期上。该文介绍了公众传播的研究意义和研究类别,同时提到了公共传播学跨学科研究的必要性,成为中国学者对传播学进行跨学科研究认知的起点(王怡红、胡翼青,2010:9)。1980 年起,中国人民大学张隆栋教授以及姜克安、范东升、洪允息、黄林、王志兴、张黎、王泰玄、苑子熙等学者陆续翻译发表了一批西方传播学研究成果,大量译介的传播学研究成果不断出现在新闻传播学的各类学术刊物上,新生的学科内容和研究视角引发了学者们的广泛关注与思考讨论。

早期传播学译介很大程度上受到新闻传播学国际学术交流活动的影响和推动。国内学者纷纷赴美等国学习进修,引进国外传播学观点。1981 年,张黎从美国回国后组织翻译迈克尔·M. 埃默里(Michael M. Emery)等著的重要作品《美国新闻史》,并请翻译家董乐山先生领衔校译。该译本为"不大规范的传统新闻学提供了多种规范,如编辑主任、煽情主义、新式新闻事业等译名的确立"(中国新闻传播教育年鉴编委会,2021:853-858)。译本遵从翻译规范与习惯,对新词、人名报刊等专有名词、重要术语等翻译均作原文对照,对有明显历史文化差异的名词典故采用增译方法逐一加注。1984年,张黎基于《创新扩散》(*Diffusion of Innovations*)一书翻译引介美国传播学者埃弗雷特·M.罗杰斯(Everett M. Rogers)的创新扩散理论。由此,国内的传播学者开始关注其扩散机制与社会发展和社会创新之间的互动关系。

20世纪80年代初,何道宽先生赴美访学,时值跨文化传播在美国传播学界掀起研究浪潮。访学回国后,他发表了两篇重要文章——《介绍一门新兴学科——跨文化的交际》和《比较文化之我见》,中国的传播学者开始从跨文化的视角进行传播学与人类学、社会学、外交学、语言学等学科的交叉研究。1983年,郭庆光赴日本东京新闻系研究所留学,四年后,她在《新闻学论集》发表《大众传播学研究的一支新军——欧洲批判学派评介》一文,概述了传播学欧洲批判学派的主要观点。北京、上海等地不断派出新闻传播学研究学者赴美等地访学进修,戴元光评价说:"短短几年,中国新闻传播学者的国际交流次数和人数超过改革开放前的几十年。"(戴元光,2001:100)同时,随着中美关系升温,以美国学者为主的众多传播学者访华,频繁的学术交流活动为中国传播学带来了崭新的知识种子。1982年,著名美国传播学家、对早期中国传播学兴起产生显著影响的学者威尔伯·L.施拉姆(Wilbur L. Schramm)访问了北京、上海、广州等地的大学和研究机构,此次访华成为中国传播学发展的催化剂,很大程度上推动了中国传播学的蓬勃兴起与飞速发展。

20世纪80年代中后期,包括沃纳·J.赛佛林(Werner J. Severin)等学者在内的多位美国新闻传播学者以及多个大学新闻传播学研究系所负责人等来到北京、上海等地,介绍和讲授传播学内容,为进一步进行学术交流奠定基础。广泛的交流互鉴使得中国传播学在这一时期充分拓展研究领域与研究主题,学术视角也不断更新,呈现出一片欣欣向荣之势。

新兴学科在引介的过程中,无法避免要经历核心概念的思辨与移植重生。传播学中如"传播"等关键术语的翻译引发了学者们对学科理论建构的思考与讨论。communication 的"交通""思想交通"(刘同舜、郑北渭等译)、"通讯"(张隆栋译)、"传播"(郑北渭、陈韵昭等译)、"传通"(余也鲁译)、"沟通"(颜建军等译)等汉译名先后出现。汉译是否能够表达行为的目的性和方向性成为学者们争论的一大主题。1982年,第一次全国传播学研讨会召开,会上对许多西方传播学的关键概念和学科的初步认识进行了热烈讨论。基于对 communication 中文阐释的争议，有学者认为，汉语中相似概念的生长环境不同于西方传播学的理论，强化发展中国"沟通学"本土化特征、建立中国特有的沟通学理论框架是未来该学科的研究重点。有关这一主题，会议提出了对待西方传播学"系统了解、分析研究、批判吸取、自主创造"的"十六字方针"。对于界定中外学科内涵、建设本土理论体系的发展方向，1986 年 8 月，第二次全国传播学研讨会上提出了不同的学科发展主张。以孙旭培为代表的学者提出，传播学研究应该与中国的新闻改革实际相结合，主要关注作为研究主体的传播学与新闻学的相互关系。此前新闻研究与传播研究混为一体，以新闻传播代替传播，在此之后则更强调传播的主体性及其与新闻学的互动作用。

总体而言，翻译活动成为中国了解、学习西方传播学的肇始，紧随而来的对学科自主发展的方向选择则催生了对学者们对传播学理论引进主题深化、视角多元的需求。西方传播学究竟能否在中国的这片土地上扎根、应用并解决实际问题，成为中国学者们进行理论研究需要回答的问题。

二、理论应用的发展阶段

1990 年前后，传播学的翻译与阐释出现新的转向。与之前研究与引进学科基础理论相比，学者们开始聚焦具体研究方向和研究内容的译入与应用，并通过探索社会问题，拓展新的研究领域。学者们开始用西方的传播理论研究中国社会传播现象与问题，丰富了我国传播学的研究，为中国传播学的建立与发展创造了条件。

中国的传播学者开始译介传播学更为具体的话题，以此开拓研究视角。译入过程中，中国学者不断对西方传播理论进行创新、补充与验证。1989 年，陈复庵、范东生、王怡红、黄煜等译者们在《国际新闻界》摘录发表了包括赫伯特·I. 席勒（Herbert I. Schiller）的《思想管理者》（*Mind Managers*）、本·H. 巴格迪坎（Ben H. Bagdikian）的《传播媒介的垄断》（*The Media Monopoly*）、大卫·L. 阿什德（David L. Altheide）的《传播媒介统治权》（*Media Power*）等在内的美国传播学批判学派的学术观点，并介绍了媒介议程设置的研究内容与实践应用。其后，潘忠党将译介的"议程设置"章节发表在《广播电视新闻研究》上。1994 年，郭镇之进一步翻译了有关议程设置的许多评述性观点与思考。媒介议程设置理论成为最广泛被使用和研究的理论之一，也成为国内传播研究的重要主题。

此外,林珊在 1989 年《国际新闻界》第 1 期编译发表文章《论新闻学与人类学的交叉点》,开始了早期对新闻传播与人类学互动作用的关注;1991 年,李晨辉等编译出版《美国大众传播学教育概况》一书,是中国早期引进的系统介绍西方传播学学科教育的著作,为中国传播学教育提供了参考。曹静生、黄艾禾翻译的美国学者丹尼尔·J. 切特罗姆(Daniel J. Czitrom)的著作《传播媒介与美国人的思想——从莫尔斯到麦克卢汉》,讨论了自电报发明以来美国传播思想史的演进,是中国引进的第一部传播思想史和传播观念史著作,对后来中国的西方传播思想史研究产生了较为重要的影响。卜卫牵头翻译了美国学者凯特·穆迪(Kate Moody)的《电视的影响与儿童电视病》,开启了我国进行青少年与媒介使用研究的历程。1989 年,殷达、宋晓亮、王江龙、刘建荣、孟小平等一批学者开始关注西方关于人际交往与传播学的相关研究,翻译出版了《人际交往和理解》《人际沟通论》《人际传播:社会交流论》《无声的语言》《非言语交流》等一批人际传播学的重要著作。从社会文化与传播的视角理解人际关系和沟通成为当时传播学较为新兴的研究主题,传播学的译介主题也开始摆脱大众传播研究一家独大的情况。

与此同时,随着发展传播学的出现,利用传播学回应国家发展的问题也是传播学关注的话题之一。20 世纪 80 年代末,有中国传播学者将研究重点放在发展传播学的理论译介与实践探索上,开始关注传播学与国家发展的相互关系。刘燕南摘译了美国学者罗杰斯的《传播事业与国家发展研究现状》,发表于《国际新闻界》1988 年第 4 期(总第 39 期),并在徐耀魁先生的指导下完成了以"大众传播与农民观念现代化"为题的学位论文。次年,蒋俊新摘译了格德温·C. 丘(Godwin C. Chu)的《2000 年的发展传播学——未来趋势和发展方向》,发展传播学理论逐渐引起国内学者的广泛关注。

三、理论反思的本土化阶段

学科的发展多经过理论的跨地域跨文化传播,呈现理论创生、传播引介、对抗互动、重构融合四个阶段的发展历程。20 世纪末的传播学由先期大量的翻译活动引入中国,经历学者们的批判式学习与语境化应用,开始融入中国的本土场域并充分发展。中国传播学由美国传播学的土壤移植而来的现实引起了国内学者的忧虑与讨论。如何划定传播学本土化的发展方向、平衡学科发展的本土化与国际化等问题渐成学者们广泛探讨的主题。

1991 年,刘海贵的《传播学在中国大陆的历史沿革及走向》开始了对中国传播学的回顾与反思,认为彼时的中国传播学研究弊端有二:其一是引进片面化,译介著作以美国传统学派为主要内容,由于语言鸿沟与西方学术研究内容获取方式的单一,传播学研究仍有大幅领域未被触及,中国传播学研究者难以全面理解与认知全球传播学研究整体情况与多元观点;其二是内部理论研究同质化情况较多,相关学习与发展流于表面,对西方理论的深度依赖黏性造成研究主题、研究框架甚至研究结果的高度相似,从而限制了中国传播学发展的深度和广度。如何形成开阔的研究视野,并将理论创新性运用于本土成为中国传播学者解决当下学科发展问题的方向。

1993 年,第三次全国传播学研讨会召开,集中讨论了传播学在中国的本土应用和理论新生问题。张隆栋在会上指出:"现在可以说,我国正在从分析译介外国传播学理论的阶段,结合中国国情进行研究,向建立具有中国特色的传播学体系的阶段迈进。"(王怡红、胡翼青,2010:107)经翻译活动催生的中国传播学开始处理"自我"与"他者"的二元关系。以孙旭培、邵培仁等为代表的一派学者明确提出传播需要本土化,提出建立中国传播学的方式应该是通过"大量挖掘中国文化(包括传统文化和现代文化)传播方面的财富",最终建立"集东西方文化精华之大成的"中国传播学。而以明安香、吴文虎、朱立等为代表的另一类学者则认为,每一种研究都应该且必然扎根其客观环境,中国特色是传播学在中国的发展中自然而然生长发生的,对于本土化、中国化的过于强调会影响对西方传播学的批判吸收。建立中国特色的传播理论体系,要"从中国实际出发,为中国实践服务,研究和借鉴外国传播理论,概括和总结中国的传播观念和实践……要持实事求是的态度,既不可一概否认,也不宜乱贴标签"(王怡红、胡翼青,2010:107 - 108)。对比关于中国传播学发展"本土化"的不同争论,两派的共识是理论都应扎根中国语境这一研究土壤,而不同的则是对待"传播学"这一异乡者的视角。前者更强调"自我",以我为主、以我出发、为我所用,后者则是从应用层面对"本土化"意义的理解进行了从"他者"视角的肯定与实践。然而从实践层面出发的本土化构想似乎难以摆脱以中国实践为西方理论做注脚的倾向。

进入本土化发展阶段后,更好地平衡国际化与本土化是中国传播学要面对的一大主题。推进中国传播学国际化发展的重要内容是借助这一成长于西方理论的学科内生特点,在充分认知外国传播发展的前提下寻求共识,获得认可。为更好地了解外国新闻传播发展史全景,中国人民大学新闻学院编译出版教材《外国新闻传播史》,选取世界上 23 个国家的新闻传播史,其中土耳其、沙特、阿根廷、印度尼西亚、尼日利亚、肯尼亚、西班牙、新西兰等 8 国的完整新闻传播史首次被纳入教学内容。同年,《英国新闻传播史》编译出版,世界各地的新闻传播学史成为学者们关注的研究内容。

　　随着信息技术的发展和语言教育的普及,中国传播学的翻译活动已经不再以简单的著作译介为主要内容。除了以著作翻译形式编辑为丛书的知识引介形式,中国传播学者更多地直接接触理论内容,重点转向翻译理解后的即时反思批判。针对理论引介与应用的讨论中,有学者重新解读了哈罗德·拉斯韦尔(Harold Lasswell)的旧文《社会传播的结构与功能》,论证了拉斯韦尔 5W 模型与拉斯韦尔传播观念之间的辩证关系。也有学者提出,对许多美国传播理论应该抱持批判态度、反思学习。直接套用美国等西方传播效果理论来应用于中国本土问题解决的路径建构,会降低中国本土传播学的创造性与生命力,影响中国传播学理论的健康发展(胡翼青,2009:38-41)。关于传播学概念的翻译方面,张允若认为,我国传播学已经从引介、反思进入独立自主创建学科体系的阶段,这一过程中对基础概念的辨析应该从最初对西方理论的借鉴转向系统梳理和界定的工作中。他通过重新梳理对传播、信息、媒介等概念,为传播学本土化建立提出了可能的发展方向。

　　概而述之,中国传播学的发展以对西方传播学理论的吸收和学科本土化的发展为特征,呈现系统性理解理论、批判性接受新知、反思性发展自我的历程。中国传播学始于对西方,尤其是美国传播学理论内容的译介引入,其后理论在中国土壤上不断被学习、实践与应用,其有效性、适用性和合理性不断被争论与反思,进而激发了传播学本土化和建构本土化传播学的动力。中国传播学学者通过了解他者,更为理解自我、认知自我、重构自我。"他者"与"自我"的互动开启了建构中国本土化传播学的新时期。

第二节　中国传播学名词翻译与学科发展

　　术语作为概念表达的意义符号,经过规范化、标准化的释义,勾勒出学科的意义边界和内涵价值。西方传播学中的关键术语由翻译传入中国,历经广泛学术论争和实践之后,明晰并确立了中国传播学的学术内涵与边界。通过术语的翻译、阐释与应用,传播所涉及的载体、对象、机制等核心问题得到了精细化和规范化的定义,进而勾勒了传播学学科的基本图景,并见证了学科本土化的反思式发展,从而推动形成了中国传播学的话语体系。

一、传播学的定义与内涵:研究对象的译介之争

汉语中的"传播"一词由 communication 一词转译而来。communication 出自拉丁语词源 communis,由词根-cum 和 munus 构成,前者指与别人建立一种关系,后者意味着产品、作品、功能、服务、利益等,因此"communication"意指"普及于大众""传授"的行为(雷蒙,2005:73)。

communication:传播/沟通

在中国传播学的引介与发展历程中,communication 一词的翻译与阐释切中学科所为与何为的核心,一直是学界关注与讨论的焦点。20 世纪 50 年代中期,刘同舜、郑北渭、张隆栋等学者将 communication 译作"交通""思想交通""通讯",这些措辞"反映了当时中国对转译过来的传播的理解依然是建立在传播的传递观基础之上"(陆绍阳,2019:132),对 communication 的译法更多是从思想与信息上通畅交流的角度来阐释的。1977 年,余也鲁先生在翻译《传学概论——传媒、信息与人》(*Men, Messages and Media: Understanding Human Communication*)一书时,将 communication 一词翻译为"传理""传",认为该词作为现象应译为"传通",作为学科则译为"传学"(宣伟伯,1985)。1978 年,郑北渭、陈韵昭将 mass communication 译作"公共传播"。陈韵昭认为,传播是一个过程,"信息顺利到达目的地,立刻激起了预期的反应。'传','通'了。"(陈韵昭,1982:26 - 28)"凡传,必求通。传者对准的目标是妥方,其愿望是通过某个信息的传递,使受方建立起与自己一致的认识。"(宣伟伯,1985)可见,学者们对 communication 的翻译与阐释立足社会行为的目标意图,对该词进行更全面系统的理解与分析,相比于"交通","传""传播"的阐释更全面地覆盖了 communication 所指行为的目的性与社会性,包含了行为的过程性,同时表述出行为散播、扩散的意图,更强调信息传递的互动。

1982 年,第一次全国传播学研讨会召开,会议对包括 communication 在内的传播学关键概念的中文译名进行了阐释理解和初步讨论。会议提出,对

communication 等传播学重要概念的翻译应该充分置于实际的应用场景中,在应用中理解实际所指,从而进行翻译。会上针对传播学的关键概念整理了中英译名,其中 communication 被正式译为"传播"(刘海龙,2014:114)。

1987 年,颜建军在《新闻学刊》撰文讨论了"传播"的汉译问题,认为从传播目的来看,传播意在传而通畅、传而通晓,译为"沟通"其实更能够呼应传播行为的目的性和方向性,更能完整地表达这一社会活动的行为效果与行为过程的双向互动。1988 年,刘力群在文章《论我国传播学研究之得失及新的突破》中,从 communication 一词的理解出发,认为中国传播学者需要发展自己的理论研究,要突破"传播"观念,树立"沟通"观念,摆脱美国传播学牵制,创立中国式的沟通学。"传播"与"沟通"代表了两种不同的观念和思维方式,传播学者在翻译 communication 一词上"应进行一次认真的抉择"(王怡红、胡翼青,2010:78)。

在新闻学与传播学名词审定委员会第三次审定会议上,何道宽、居延安两位学者围绕 communication 的汉译作出了讨论。何道宽先生认为,传播学的汉译名既已定名,就不必再排斥名异实同的各种汉译,对大陆地区之外的"传学""传理学"应继续抱持开放态度;communication 一词已然广泛应用于各类学科中,大众用语建议译作"交际""传播""交流""传通",工程技术领域建议译作"通信""通讯",文史学科领域内建议译作"交流""交通",语言学翻译学和外语教学中建议译作"交际",公共关系和人际交流译为"沟通"。可见关于 communication 这一关键概念的翻译论争关乎对概念单向传递和双向互动的理解侧重,而置于实际应用场景进行理解则是不同阐释视角的共识。

随着学科引介内容不断扩大,"mass communication""interpersonal communication""intercultural communication""international communication"等分支学科的译介陆续展开,对这些分支学科的译名处理均需要形成系统而精准的理解,以避免概念混淆和错置。

二、传播学的工具与手段:载体介质的认知之别

译介 communication 一词帮助明晰了传播学的内涵与学科边界,其后"传播什么""以怎样的符号形式和渠道载体传播"则成为传播学译入引介的另一基本问题。媒介这一渠道介质将传播的三要素——信源、讯息和信宿(Wilbur,1954)彼此联结并融合,传播"意义和符号、精神内容和物质载体之统一体的信息"(郭庆光,2012:3)。因此,"信息""媒介"等相关术语的翻译也成为传播学奠

基的焦点议题。

message & information:讯息与信息

message 和 information 这一对含义相近的名词是传播学名词译介中的重要内容。在传播学研究与实践过程中,在学术研究地区、实际使用场域等不同的情况下,二者的译名欠缺规范,且存在误用、滥用的情况。information 一词内地(大陆)多译作"信息",港台地区译作"资讯""讯息",message 多译为"讯息"。部分电视、自媒体等从业人员也会在实际场景中混淆二者的使用。实际场景中的使用情况虽然不太影响沟通目的与效果,但区分二者的名实能从信息属性上更好地理解"传播"这一概念。

在 message 和 information 相近概念的区分上,郭庆光认为,讯息(message)是信息的一种,其意指范围要小于信息(information),具有"能表达完整的意义"(郭庆光,2012:54)的特点,更强调意义传达的完整互动。何道宽将 message 译为"讯息",information 译为"信息"或"资讯"。与之关联的是马歇尔·麦克卢汉(Marshall McLuhan)的著名观点:"The medium is the message",其汉译对应为"媒介即讯息",而非"媒介即信息"(新闻学与传播学名词审定委员会秘书组,2016:121)。陈力丹认为信息由讯息这一载体传递,是"人这个主体对客体变化或客体间相互关系和差异表征的感应"(陈力丹,2015:52),概念含义更为宏观。而讯息相对信息则更为具体,是以文字、声音、图像等形式存在的具象信息,所以各类媒体中经常提到的"信息"其实用"讯息"来指代才更为精准合适。从传播学的视角来看,相对于讯息,信息是更加客观、更加独立于传播行为的存在。由于传播的互动性,流动、传递、有沟通目的的信息则是讯息,是有传播目的、互动属性的意义符号。传播的过程是信息的传递与互动,目的是传递意图、建立共识,通过不同形式的信息来达成交际目的,过程中利用的各类形式、依托的各种讯息都是信息的不同样态。简而言之,讯息是载体,信息是本质。

media:媒介/媒体

传播学的另外一个核心概念 media 有"媒介""媒体""中介""媒质"和"介质"多种译法。众多译名大致分为两种倾向,或是倾向于 media 作为具象的载体,或是将 media 理解为抽象的介质。有学者认为 media 的"媒介""媒体"等多种译法及其在构成合成词时,应该翻译成"媒介法""媒体法"还是"传媒法",应根据具体使用情况进行界定和区分(新闻学与传播学名词审定委员会秘书组,

2016：119)。也有学者认为区别媒体与媒介意义不大。对于媒介范围大于媒体、媒介是物理载体、媒体是传播机构与技术等说法,陈力丹认为,鉴于 media 与中译名并不能完全对应,一味追求明确中文对应词会引起混乱;同时媒体本身的分类界限原就多样,由于技术发展,媒介和媒体的界限已经逐渐模糊,媒介发挥媒体作用的案例越来越多,"因此可以把媒体和媒介相统一,互相通用"(陈力丹、易正林,2009：112)。

作为媒介理论的创始人,麦克卢汉所说的"media"并非该词一般意义中指代的报纸、广播、电影等主要媒介形式,而是广义上的媒介,即广泛的制造物与用于传播的技术。何道宽将麦克卢汉的著作 *Understanding Media: The Extensions of Man* 译为《理解媒介:论人的延伸》。此处 media 为"媒介",相比于"媒体",更能够传达作为"人的延伸"的传播介质。他的"媒介即信息"理论将此前传播学将信息内容及影响作为本质对象转向了媒介技术本身及其对社会文明的作用上。与传递的信息相比,传递信息的媒介及其作用才是传播研究的内核。这种观点将技术与社会文化联结得更加紧密。如今,技术推动的各种媒介形式的发展已经不仅仅改变了原本的传播形态,催生了新的信息产业,同时对人们的生活方式与认知习惯产生了深远的影响,媒介与人的关系更加显化,更为复杂,愈发紧密。

随着技术发展迭代,传播介质开始产生新的变化,新的媒介与原有媒介共同作用,承担传播功能,媒介融合(media convergence)成为新闻传播学界业界共同关注的焦点,成为推动建立政府形象甚至国家形象的方法之一。convergence 原意指趋于统一,中文译为"融合"则增添了融化、结合含义,更倾向于合为一体的结果。融合(convergence)这一概念最早与传播学产生联结是由美国麻省理工学院的尼古拉·尼葛洛庞蒂(Nicholas Negroponte)提出的,指不同工业趋于融合,而媒介融合则是将各种技术与媒介形式进行融合。2005年,蔡雯将"媒介融合"的概念译入中国,她认为媒介融合是媒体业与各相关产业通过合作、并购、整合等各类型的"融合"手段实现媒介内容、传播渠道、媒介终端三个方面融合的过程(蔡雯、王学文,2009：87)。随着技术的深化与各学科对该问题的日益关注,有学者将媒介融合分类为媒介技术、媒介业务、媒介所有权及媒介政府规制的融合。这一分类的变化跳脱了从媒介本身来实现融合,而是更加强调媒介与技术、经济、政治等社会要素的互动,进一步将传播根植深化于社会结构与人类活动的发展过程中。

Media Ecology：媒介生态学/媒介环境学

如前所述，对传播学多个分支学科的译名争论主要集中于对 communication 以及延伸的翻译，而关于 media ecology 中文译名的争论则是中外学者从不同视角看待 media 这一概念的具体体现。

Media ecology 一词最早由麦克卢汉提出，之后被美国学者尼尔·波兹曼（Neil Postman）引述，进而演变成为继经验学派和批判学派后形成的重要传播学派之一。该学派把媒介作为环境，将媒介与人类社会及环境的互动作用、媒介及传播技术对社会文化的影响作为研究的主要内容。进入 21 世纪，media ecology 走入中国学者研究视野，随后学界对于如何翻译这一概念开始论争。关于 media ecology 的译名主要存在"媒介生态学"和"媒介环境学"两种译法，其中对于"媒介生态学"存在两种不同的理解与阐释。

1996 年，尹鸿教授提出"文化媒介生态意识"（尹鸿，1996：38），提出将电视媒介作为生态环境，注重其在社会环境中的重要作用影响。2003 年，崔保国在《媒介是条鱼——理解媒介生态学》一文中将 media ecology 翻译为"媒介生态学"（崔保国，2003：24）。与媒介作为环境的观念不同的是，他认为应该将媒介视为有生命的事物，将媒介生态视作社会环境这一大生态系统中的子系统，以生态的观念维持、保护、赋予媒介生命力。这一观念下的媒介生态指的是媒介所处的生态环境，是滋养、影响、塑造媒介的社会背景。

2002 年，邵培仁提出媒介生态的整体观、互动观、平衡观、循环观和资源观五大观念，提出以传播生态学（communication ecology）视角将媒介与环境作为二元关系，建立正确的媒介生态观念，以保证媒介健康和信息系统的整体协调平衡（邵培仁，2002：10），是中国学者自觉关注的媒介生态学。中国式的媒介生态学是从政治、经济因素影响媒介的视角提出的媒介生态学，并非受到西方的媒介生态研究观念影响，关注的是媒介的生存发展环境维护与培养；理论提出与研究问题根植于中国媒介环境的生存发展现实，与西方媒介机构所处环境并不相同，是关注中国本土传媒环境问题的理论研究。

2006 年，何道宽第一次提出"媒介环境学"概念，就国内传播学界对该学科的认知阶段作以梳理，提出了媒介环境学派。媒介环境学将媒介视为符号环境、感知环境与社会环境，将媒介作为背景角色研究（Baker，2015）。媒介环境学观念下的媒介是环境本身，滋养、影响、塑造媒介环境中的对象，"媒介环境学视野中的'鱼'是人而非媒介"（陈力丹、毛湛文，2013：36）。何道宽将 media ecology 译为"媒介环境学"的另外一个原因是,早在将该学派引入中国之前,中国学者就开始提出"媒介生态学"这一概念,但其与北美的媒介生态学内涵并不相同。经过何道宽、李明伟、丁未和美国媒介环境学会副会长林文刚、中国台湾政治大学陈世敏等对 media ecology 的能指、所指、意指的讨论,以"媒介环境学"而非"媒介生态学"为译名,来表述北美 media ecology 研究。

简而言之,基于以上差异,按照直译,media ecology 应翻译为媒介生态学,但早在 media ecology 的完整观点正式引入国内之前,学者们已经提出与之并不相同的"媒介生态学",媒介环境学由此应运而生。

三、传播学的目标与对象:时代发展的流变之证

除了对"communication"这一基本概念以及对于"media"这一中介渠道的翻译论争之外,传播的终端与对象"audience"一词的翻译与应用呈现出鲜明的时代性。

audience:受众

audience 词源来自拉丁语 audire,意为"倾听,情趣",词根"au"意为"感知"。"受众"(audience)是对"接受者"(receiver)的总体指称,是"一个或另一个媒介渠道、这一类或那一类媒介内容或表演的读者、听众或观众"(麦奎尔,2006:2)。从传播媒介的发展视角来看,受众经历了从口语传播的体育比赛、哲人演讲、戏剧音乐表演的观众,到文字传播的报刊等书本的订阅者、读者,到媒介技术发展催生的广播、电视节目的听众、观众,再到如今互联网时代的全民网友的变迁。在传播学中,该词今多译为"受众",在部分地区的传播学研究中,有学者们对 audience 一词的译名进行修正。如中国台湾地区对 audience 一词"阅听人"的译法呼应传播在新的时代背景下的双向互动特征(黄裕峰,2021:7)。作为传播学研究中的重要概念,有学者在对中国大陆常用的 20 本传播学教材进行关键词统计时发现,"受众"(audience)出现 4 547 次,为大众传播相关关键词词频数量最高(胡翼青、梁鹏,2015:118)。

1982 年第一次全国传播学研讨会上,有学者认为将 audience 译为"受众"不足以涵盖其内涵:在汉语规范下和中国的不同传媒场景的语境中,对应的实为读者、听众、观众等,汉语中起初并不存在与之完全对等的"受众"概念。对于受众究竟指代哪一类主体、受众特征等,一直存在诸多理解与冲突,其主要原因也来源于"无论在人文科学还是社会科学领域,传播研究中受众一词的所指对

象(referent)正在消解"(Abiocca, 1988:127)。换言之,我们仍在沿用熟悉的词语去指称事物,而事物原本的概念却正在变迁消逝。作为"社会环境和特定媒介供应方式的产物"(Mcquail, 1997:2),受众群体数量不断增大,种类不断增多,与技术手段联系越发紧密,受到的影响和作用更为复杂,群体内部类型交融,呈现多元化特征,成为经验性研究的一个重要对象。2006 年,刘燕南等翻译了丹尼斯·麦奎尔(Denis McQuail)的《受众分析》(*Audience Analysis*),是较早的全面系统介绍西方受众理论的译著。书中麦奎尔梳理了"受众"概念的内涵与演进,归纳了西方的受众研究理论的发展脉络和理论流派,在克劳斯·B. 詹森(Klaus Bruhn Jensen)和卡尔·E. 罗森格伦(Karl Eric Rosengren)受众研究理论基础上,根据研究目的、受众观和研究方法的差异,将受众研究分为结构性、行为性和社会文化性三类。

因研究内容对社会环境与社会对象的较高相关性,中国的受众研究从一开始就呈现高度本土化的特征。中国最早的受众研究是在 1982 年由中国社会科学院新闻研究所发起、陈崇山主持的北京受众调查。该次针对"北京地区读者、听众、观众调查"(陈崇山,2001:13),采用多层抽样调查方法研究受众(读者、听众、观众)的媒介行为,首次用电子计算机进行统计分析,调查结果于 1983 年 1月 30 日在《中国日报》发表并受到新华社新闻稿(英文版)、香港《文汇报》及美联社转发。对比西方传播学的受众研究思想,这次中国最早的受众研究实践其实是以党报群众路线为思想指导,借用了传播学理论作为工具。而后受此影响掀起的舆论调查研究、媒体服务研究,也都并非是在对西方受众理论的借用或对西方受众理论的简单注脚,而是将受众研究思想结合中国社会现实,进行本土化的应用研究。在技术发展的推动下,媒介技术逐渐发生本质性的迭代与转变,媒体形式不断更新,对受众的研究反向赋予了这一内涵新的意义。新的媒体形式的出现和电子终端的普及扩大了受众的范围,社交媒体受众、手机受众等类型的出现新增了受众这一概念的内容类型,也赋予了其新的基本特征。

第三节 传播学建立与发展中的译者贡献

"我国近现代新兴学科的发展路径,从引进到借鉴,由仿效而创立,在一定程度上有赖于翻译。"(方梦之、庄智象,2016:3)纵观中国传播学的发展史,是极具翻译传播特征的思想文化交流史,传播学翻译史的研究映照了这一典型西学东渐的人文社会科学在中国的知识引进、学科创立和本土发展。

翻译史学家安东尼·皮姆(Anthony Pym)认为,翻译史研究的主要对象不是译本,也不是译本的社会语境,更不是语言特征,而是译者,因为只有译者负有对社会因果的责任(Pym, 1998: xxiii - xxiv)。作为翻译史研究的关键核心,译者回应着翻译这一社会活动受到的社会影响和历史效应。研究传播学发展历程中的主要译者,可以窥见传播学发展的整体图景和重要时刻。在中国传播学科的翻译历史中,一代代译者为推动传播学扎根中国、繁荣发展,在翻译中不断开创引进,通过译介为早期中国传播学研究勾画了学科蓝图,帮助传播学者建立宏观整体的视角,审视传播学与其他学科及社会语境的互动关系与学科格局,为传播学发展作出了重要贡献。

一、通过译著勾画学科图景

传播学刚进入中国时,学者们对传播研究内容的认知起始于新闻传播研究学者的译介活动。早期的传播学译者主要聚集于北京的中国社会科学院新阳研究所(现为新闻与传播研究所)、中国人民大学、北京广播学院(现中国传媒大学)、新华社以及上海的复旦大学等地,以复旦大学的郑北渭、陈韵昭,中国人民大学的张隆栋、姜克安、林珊,中国社会科学院新闻研究所的张黎、徐耀魁、明安香等为代表,在其他地区进行学术研究的传播学者以余也鲁、居延安、祝建华等为代表。第一批传播学译者规模较小,因为传播学本身具备的跨学科研究特点,部分译者虽有半路"转行",但是几乎都是从事国际新闻研究或国际新闻史研究,能够从日常研究工作中获取较为前沿的西方传播学研究原著及一手资料,均具备较好的语言功底,具备对西方传播学基本理论理解、翻译、阐释理解的学术能力。同时,他们多数在学界具有相当学术召集力,能够汇聚、带领青年学者进行翻译工作,以展江、王海、周黎明、刘海龙、郭镇之、嵇美云、史安斌、谢新洲、徐耀魁等为代表,共同推动国外新闻传播学译介进入了繁荣发展阶段(周蔚华、杨石华,2019:127 - 146)。

传播学译著出版早期,传播学译者个人的对外交流活动和较为优秀的外语水平推动以教材为代表的传播学译著的引进,成为中国传播学者理解西方传播学的重要素材。其时翻译书目数量有限,译介内容呈零散化,译著出版方多集中于翻译类专业出版社、各地人民出版社、文艺出版社等。进入中国最早的译著要追溯到 1984 年，新华出版社出版施拉姆、威廉・E. 波特（William E. Porter）的著作《传播学概论》（*Men, Women, Messages and Media: Understanding Human Communication*），由陈亮等进行翻译。1985 年，余也鲁先生修订出版该书中译本《传学概论：传媒、信息与人》，其中增加了适合中国传播学研究者学习的内容。该书帮助中国传播学研究学者建立了美国传播学的认知框架，为中国传播学开启了理论研究的大门。1985 年，陈韵昭翻译引介了美国学者赛佛林、小詹姆士・W. 卡德（James W. Tankard, Jr.）合著的《传播学的起源、研究与应用》（*Communication Theories: Origins, Methods and Uses in the Mass Media*）。书籍后由郭镇之几次重译出版，目前已更新至第五版。该书系统性介绍了传播学发端以来具有较大影响力的理论及其衍变与发展趋势。1989 年，颜建军等翻译出版美国社会学家梅尔文・L. 德弗勒（Melven L. Defleur）与埃弗雷特・E. 丹尼斯（Everette E. Dennis）所著的《大众传播通论》（*Introduction to Media Communication*）。2009 年，以该书原著为蓝本，结合中国社会实际和学科前沿发展，增添中国相关主题内容与美国或欧洲实例进行对比，由三位美国学者杰伊・布莱克（Jay Black）、詹宁斯・布莱恩特（Jennings Bryant）、苏珊・汤普森（Susan Thompson）与中国学者张咏华合著，于 2009 年删改更新后出版《大众传播通论》。1990 年，祝建华、武伟翻译的英国学者麦奎尔、瑞典学者斯文・温德尔（Sven Windahl）的著作《大众传播模式论》（*Communications Models for the Study of Mass Communications*）出版。书籍通过评述传播学研究的"模式"将一系列传播理论进行全景式的概括，通过对"模式研究"方法的凸显从外部视角呈现传播学理论。

20 世纪 90 年代前后，译著出版进入繁盛阶段，译者们纷纷引进对于传播学关键话题与分支学科的各种论述。在译介公众舆论、新闻媒介、社会受众等议题方面，林珊引介了美国新闻评论家、传播学者沃尔特・李普曼（Walter Lippmann）的《舆论学》（*Public Opinion*），黄煜、裴志康翻译出版中国大陆第一本批判学派专著《权力的媒介》（*Agents of Power*），张国良、赵伯英、孟春等学者翻译出版日本、英国传播学者具有社会学特征的传播学媒介研究著作。在对传播学分支学科的译介活动中，21 世纪初，袁军、陈德民、陶庆、薛梅、白春生、王秀丽、张璟等学者翻译出版了关于组织传播的多本译著，如《组织传播：方法与过程》（*Organizational Communication: Approaches and Processes*）、《组织传播：平衡创造性和约束》（*Organizational Communication: Balancing*

Creativity and Constraint）等著作。1988 年,陈南、龚光明引进了美国学者拉里·A. 萨姆瓦(Larry A. Samovar)、R. E. 波特(R. E. Porter)、雷米·C. 简恩(Nemi C. Jain)合著的《跨文化传通》(*Cross-Cultural Communication*),后由闵惠泉、王纬、徐培喜修订翻译该书第四版并将中译本定名为《跨文化传播》。1991 年,刘建荣翻译出版了美国人类学家爱德华·T. 霍尔(Edward T. Hall)的重要译著《无声的语言》(*The Silent Language*),该书后由何道宽于 2010 年翻译再版。早期的传播学译介随机性较大,学者们多依赖于零星知识,散点式引进西方传播学理论,为中国传播学的启蒙奠定了基础。随着改革开放的逐渐深化,学界对传播学的引介更为全面系统,并开始注重对于传播实践的理解与运用。各种译著大量出版,为中国传播学勾画了较为完整的学科版图。

二、通过译丛审视互动关系

20 世纪末的传播学译著出版达到高峰,在这一阶段,许多大学出版社也开始引进传播学著作,通过选题策划、出版译丛等手段,对传播学进行有选择、有计划的译介。对于学科发展的理论与实践反思推动学者们从更宏观的视角观察、审视传播学研究内容与研究意义,从中国现实出发,大量翻译出版各种译著与译丛,不断深化并扩展传播学研究视角与理论体系,建立与其他学科之间的互动与协同,以求系统解决学科建制与现实挑战。

1998 年,第一部中国传播学中文译丛"传播与文化"由中国社会科学出版社陆续出版,由常昌富担任主编,顾宝桐、关世杰、麦永雄、陈德民等译者共同参与;引进内容覆盖修辞学、跨文化传播、影响研究、组织传播、电视文化等具有社会科学特征的跨学科主题。丛书系统性地介绍梳理以美国为主的西方传播学理论内容与研究成果,为推动中国传播学的建设开启了教材系统引进的阶段。

相比于第一套译丛,1999 年商务印书馆开启出版的"文化和传播译丛"则从更为鲜明的文化视角,立足电子媒介冲击下的社会环境,审视媒介与传播的关系。丛书由周宪、许钧担任主编,译者多为语言文学研究背景。丛书站在文化的角度看待媒介与传播,呈现媒介文化作用于传播与文化的动态过程,深化理解媒介文化之于传播与社会的影响作用。

进入 21 世纪,在社会科学文化热的背景下,华夏出版社推出高校经典教材译丛。其中传播学卷由传播学者刘继南担任主编,译者的研究背景更多集中于新闻传播方向,译丛涉及主题广泛,研究主题不再局限于大众传播领域内,涵盖研究方法、媒介伦理、组织传播、国际传播等内容，既有一般传播学的知识，又有批判学派的名著。丛书出版标志着传播学教材的译介工作达到高峰。

译丛的出版帮助中国传播学者从社会、文化等视角审视传播学的学科定位及与其他影响要素的互动关系。不过，这一阶段的译介多停留于对理论的概述和简介，未能深入研究传播学的方方面面。面对这一现实，潘忠党在第五次全国传播学研讨会上提议，应该系统译介理论名著、实证研究经典、全面勾勒学科领域的论著和论文集这三类经典著作，将传播学的译介与研究推向新的高度。计划列出了 24 本专著，包括文化批判学派、社会行为学派等各学派有代表性的重点著作。在该提议下，"传播·文化·社会译丛"于 2003 年出版，黄旦任丛书主编，丛书多数译者从事新闻传播学研究。该译丛是国内传播学译著出版的一个转折点，意味着中国大陆传播学译著从教材转向专著，从学科转向领域，从一般的知识性介绍转向问题研究。译丛试图通过这一转向帮助我国传播界研究者提升对西方传播观念的批判性认识，以深厚的知识文化素养进行传播学观察与研究，推动中国传播学科的建设与发展。

此外，2003 年由中国人民大学出版社出版的"大师经典系列·新闻传播学译丛"是这一转向发生的另一大标志。丛书由展江、何道宽担任主编，引进重点为古典传播学经典著作。该译丛跳出美国视阈，引进了加拿大、意大利等国学者的相关理论。

系统性的译丛出版降低了因译者选择译介主题的随意性对学科引介产生的影响。译丛有组织的出版活动将传播学研究者们以更大规模、更成体系地聚集起来，丰富了传播学及相关学科研究者的研究视野，也将传播学研究置于更为广阔的研究视角，形成了更加完整、更成体系的学科认知。

三、译者推动中国传播学学科发展

译者是传播学在中国生根成长的重要推动力。在众多译入传播学的译者中，何道宽为代表性人物。管窥何道宽的译介内容和译介思想，可翔实照见中国传播学的发展历程。2023 年 4 月，何道宽荣膺翻译家最高荣誉奖项——"翻译文化终身成就奖"。在所有曾获此殊荣的一众翻译家中，何道宽凭借其在学术翻译，尤其是传播学理论与知识的译介中的长期实践与杰出贡献独树一帜。何道宽是引介麦克卢汉传播学思想、跨文化传播和媒介环境学的先驱，其翻译活动开拓了中国传播学的研究内容与研究视角，为中国传播学学科体系建立与发展作出了重要贡献。纵观何道宽的译介历程,透视其生平经历、翻译活动、翻译思想、译著分析等,其对推动中国传播学发展贡献彪炳。

何道宽幼时熟读四书五经,自小接受的国学经典熏陶使之获得了良好的国学修养。1959年,何道宽入读四川外国语学院英文系;1978年,入读南京大学攻读研究生,英语语言文学的专业背景给予了他融通中西的文化底蕴。1980年下半年,何道宽赴美国印第安纳州戈申学院(Goshen College)做访问学者,自此开启了他从事学术译介与研究的历程。1983年,何道宽在《读书》杂志上发表《比较文化之我见》一文,从人类学和社会学的角度向国内读者介绍了美国的"跨越文化的交际"(何道宽,1983:108),这也成为他译介活动的开始。

自20世纪80年代起,何道宽涉猎广泛,译作学科跨文学、史学、哲学、人类学、心理学、社会学、传播学等。截至2023年4月,何道宽共出版译著100部,其中11部为退休前所译;2002年退休后到2023年4月,共出版译著89本,其中传播学译著67部。除了引进麦克卢汉的作品外,还翻译了媒介环境学派的代表人物哈罗德·亚当斯·伊尼斯(Harold Adams Innis)、波斯曼、保罗·莱文森(Paul Levinson)等人的书。

何道宽进行译介活动时,正值传播学在中国蓬勃发展。全面、系统、广泛地引介西方传播学各流派是彼时中国传播学学科发展的需要。何道宽以译介以麦克卢汉为代表的媒介环境学派为重点,改变了相关研究在中国相当滞后的局面。纵观他的发展历程,可以说英语专业与跨文化研究的专业素养和学术积淀为他的翻译引介活动打下了坚实的基础。如他所译成的《理解媒介:论人的延伸》是媒介环境学派的经典著作,原作旁征博引、用典艰深(何道宽,1983:104 - 111),且有大量的文化双关语和作者自创词,晦涩难懂,翻译难度大。正是因为他深厚的英语功底才使得媒介环境学等理论与知识走进中国传播学界。

在众多传播学译者中,何道宽的英语水平斐然,这使得他的翻译严谨准确,译文读来令人趣味盎然。在句式处理上,他打散复杂长难句,增译连贯词,擅用四字格,兼用灵活变换的散句格式和修辞手法,赋予译文舒适的阅读节奏感和生动的表达风格。在他的众多译本中,附有大量译者对原著和原作者的相关研究,这些内容或是作为译著中"前言""后记""译者序""译者的话"等序跋形式,或是大量作为译者注的"注释的注释"形式的副文本,或是以论文形式发表其对所译内容研究的学术观点。这些内容有效帮助读者克服学术和文化上的疏离,积极为读者扫除障碍,增进理解与思考。此外,部分何道宽的译本是对已有译本之外的重译。这些重译本或是修订、补充了关键概念的翻译，或是改变了之前译本的翻译风格，为尽量重现和传达原著内容而努力，正如他本人所说，"希望奉献力所能及的最佳译本，为学术繁荣尽绵薄之力。"（李思乐，2022）

何道宽的《裸猿》《超越文化》《理解媒介》《传播学概论》《媒介环境学》《麦克卢汉精粹》《数字麦克卢汉》等一众译著忠实准确，文辞达畅，文采斐然。在出版大量译著的同时，他还发表了许多引介理论的评析内容，尤其是有关麦克卢汉的研究，帮助读者形成更加完整、客观的学术认知。如著作《"天书"能读——麦克卢汉的当代诠释》（2003）、《麦克卢汉的学术转向》（2005）、《麦克卢汉研究的三次热潮和三次飞跃》（2012）等，从麦克卢汉的著作内容、学术转向和对麦克卢汉本人的相关研究等角度，系统梳理了全球麦克卢汉研究的三次研究热潮与进展，全方位地为读者勾勒了麦克卢汉研究的概貌，提出对麦克卢汉及其学派的研究路径，并为传播学均衡发展和本土化建设提供参考。

何道宽通过介绍麦克卢汉和伊尼斯二人"延伸论""讯息论""冷热论""偏向论"和"帝国论"的学术贡献与治学方法的异同，为理解媒介环境学的发轫与进展提供了更全面的视角。他对媒介环境学的另一代表人物尼尔·波斯曼的介绍填补了当时从奠基人视角挖掘媒介环境学发展的研究缺憾。除了对麦克卢汉等人研究做出评述外，何道宽还发表了《媒介环境学辨析》（2007）、《媒介环境学：从边缘到庙堂》（2015）、《异军突起的第三学派——媒介环境学评论之一》（2006）等文章，讨论了媒介环境学与媒介生态学的差异，梳理了陈卫星、胡翼青等人关于传播学研究"三大派系"的说法，认为继经验学派、批判学派后，媒介环境学派成为传播学研究的第三学派。长期的传播学著作译介以及发表的一系列论文专著都为中国传播学者更好地理解跨文化传播和媒介环境学等提供了重要参考，帮助中国传播学学科发展构建了更加完整的版图。

王佐良先生曾提出中国翻译家的三大独特传统：一是有高度的使命感，为了国家民族的需要不辞辛苦地去找重要的书来译；二是不畏艰难，不怕难书、大书、成套书；三是做过各种实验：直译、意译、音译、听人口译而下笔直书等（王佐良，1989）。这也精准地总结了何道宽的翻译精神和翻译特质。对于外界对其"翻译独行侠"的评价，何道宽认为，学术翻译既苦又难。要杜绝翻译流水线的形式，避免粗制滥造的"劣币"译著流通于出版市场，要用经得起反复推敲和审视的"良币"译本培养、影响学术译著市场。"对于学术，我甘坐冷板凳，坐得下来"，他还建议年轻的译者要从头、从小、从基础做起，在进行学术翻译、经典翻译之前,要深读、细读相关内容,多发表文章,再去尝试经典翻译。

作为国内引进麦克卢汉第一人,何道宽成功译介了媒介环境学派,帮助国内的传播学研究者建构了更加完整的中国传播学学科体系。他将自己在传播学的探索与实践历程划分为五个阶段,"学习跨文化传播(交际)、引进跨文化传播(交际)、翻译麦克卢汉、翻译传播学经典和名著、研究传播学及其学派之一的媒介环境学"(何道宽,2010:626-630),其系统性的翻译实践为从事翻译的众多学者树立了良好的榜样;长期的学术译介与研究经历则使他成为传播学的重要学者,为国内学者带来西方重要的传播学理论与研究方法,为融通中外学科发展、促进学术跨文化互动提供了桥梁和纽带,为推动中国传播学的国际化与本土化进程、建立与发展中国传播学学科体系作出了重要贡献。

结　语

"翻译,在其根本意义上,是跨文化的交流活动,是社会发展、人类进步的重要推动力,在人类文明的交流与发展史中,发挥着不可替代的作用。"(许钧,2017:59)纵观传播学在中国的萌芽与壮大,与西方理论的翻译引介息息相关,与一代代传播学者对学科建制与发展的探索与反思息息相关。翻译的阐释消弭了传播学西学东渐过程中的文化与认知差异,从而使其在中国语境中得到良好的理解与接受。众多译者、学者、出版社等通过翻译、解读与应用,帮助传播学这一学科在理论旅行之后在本土生长。从译介过程来看,引介大量西方传播学理论的同时,也融入了译者、学者的经验与认知,使之在本土环境中与社会环境、文化背景等互动交融。随着时代发展,译者活动从个体性、无组织的翻译行为走向群体性、系统性的有组织译介,译著和译丛出版成为窥见中国传播学发展的重要维度,对于"communication""media""audience"等关键术语的翻译争论也逐步明晰并确立。这些发展脉络与研究内容构成了传播学在我国的生长轨迹,推动形成了具有中国特色、中国风格、中国气派的传播学。

— 参考文献 —

[1] 蔡雯,王学文.角度·视野·轨迹——试析有关"媒介融合"的研究[J].国际新界,2009

(11):87－91.

[2] 陈崇山. 中国受众研究之回顾(上)[J]. 当代传播,2001(1):12－14.

[3] 陈力丹. 中国传播学研究的历史与现状[J]. 国际新闻界,2005(5):20－23.

[4] 陈力丹,易正林. 传播学关键词[M]. 北京:北京师范大学出版社,2009:112.

[5] 陈力丹,毛湛文. 媒介环境学在中国接受的过程和社会语境[J]. 现代传播(中国传媒大学学报),2013,35(10):35－40.

[6] 陈力丹. 传播学的基本概念与传播模式[J]. 东南传播,2015(3):50－53.

[7] 陈韵昭. "传"务求"通"[J]. 新闻大学,1982(3):26－28.

[8] 崔保国. 媒介是条鱼:理解媒介生态学[J]. 中国传媒报告,2003(3):17－26.

[9] 戴元光. 20 世纪中国新闻学与传播学. 传播学卷[M]. 上海:复旦大学出版社,2001:100.

[10] 丹尼斯·麦奎尔. 受众分析[M]. 刘燕南,李颖,杨振荣,译. 北京:中国人民大学出版社,2006:2.

[11] 方梦之,庄智象. 翻译史研究:不囿于文学翻译——《中国翻译家研究》前言[J]. 上海翻译,2016(3):1－8＋93.

[12] 郭庆光. 传播学教程[M]. 北京:中国人民大学出版社,2012.

[13] 何道宽. 比较文化之我见[J]. 读书,1983(8):104－111.

[14] 何道宽. 异军突起的第三学派——媒介环境学评论之一[J]. 深圳大学学报(人文社会科学版),2006(6):104－108.

[15] 何道宽. 架桥铺路、沟通中西是我的梦想[C]//王怡红,胡翼青. 中国传播学 30 年. 北京:中国大百科全书出版社,2010:626－630.

[16] 胡翼青. 对"魔弹论"的再思考[J]. 国际新闻界,2009(8):38－41＋66.

[17] 胡翼青,梁鹏. 词语演变中的"大众传播":从神话的建构到解构[J]. 新闻与传播研究,2015,22(11):118－125.

[18] 黄裕峰. 海峡两岸新闻传播术语定名探析[C]. //唐旭军. 新闻学与传播学名词规范化研究[M]. 北京:科学出版社,2021:7.

[19] 雷蒙·威廉斯. 关键词:文化与社会的词汇[M]. 刘建基,译. 北京:生活·读书·新知三联书店,2005:73.

[20] 李思乐. 跨文化传播中国化的历史钩沉与中国跨文化传播的现实镜鉴——何道宽教授访谈录[J]. 新闻界,2022(4):23－31＋75.

[21] 刘海龙. 中国传播学 70 年:知识、技术与学术网络[J]. 广州大学学报(社会科学版),2019,18(5):106－114.

[22] 刘海龙. 中国语境下"传播"概念的演变及意义[J]. 新闻与传播研究,2014,21(8):113－119.

[23] 陆绍阳. 中国新闻传播学 40 年[M]. 北京:商务印书馆,2019:132.

[24] 邵培仁. 论媒介生态的五大观念[C]//中国传播学论坛. 中国传播学:反思与前瞻——首届中国传播学论坛文集[M]. 上海:复旦大学出版社,2002:10.

[25] 王怡红,胡翼青. 中国传播学 30 年[M]. 北京:中国大百科全书出版社,2010.

[26] 王佐良. 翻译:思考与试笔[M]. 北京:外语教学与研究出版社,1989.

[27] 新闻学与传播学名词审定委员会秘书组.新闻学与传播学名词审定委员会第三次审定会议纪要[J].新闻与传播研究,2016,23(1):111–125.

[28] 许钧.主持人语[J].中国翻译,2017,(4):59.

[29] 宣伟伯.传学概论——传媒·信息与人(最新增订本)[M].北京:中国展望出版社,1985.

[30] 尹鸿.电视媒介:被忽略的生态环境——谈文化媒介生态意识[J].电视研究,1996(5):38–39.

[31] 周蔚华,杨石华.新中国70年来国外新闻传播学图书的引进及其影响[J].国际新闻界,2019,41(9):127–146.

[32] 《中国新闻传播教育年鉴》编撰委员会.中国新闻传播教育年鉴(2021)[M].武汉:武汉大学出版社,2021:853–858.

[33] ABIOCCA F. The breakdown of the "Canonical Audience"[J]. Annals of the International Communication Association, 1988(11):127–132.

[34] BAKER W. Perspectives on culture, technology and communication: the media ecology tradition [C/OL]. 2015. https://api. semanticscholar. org/CorpusID:149036453.

[35] MCQUAIL D. Audience Analysis [M]. London: Sage, 1997:2.

[36] PYM A. Method in Translation History [M]. Manchester: St. Jerome Publishers, 1998.

[37] WILBUR S. How Communication Works, the Process and Effects of Mass Communication [M]. Urbana: University of Illinois Press, 1954.

翻译与中国翻译学

本章导读

中国近现代发展起来的学科知识体系与翻译存在着不同程度的关联。翻译学也不例外。然而,中国翻译研究界长期以来都以一种精英主义的态度对待西方的翻译理论著述,认为阅读原著是了解原著的最佳途径,遮蔽了系统、完整翻译原著的价值。以翻译为研究对象的翻译学以介绍、评述国外的翻译研究成果为主要路径,对于国外翻译研究著述的系统完整翻译则明显不足。据不完全统计,新中国成立以来,我国翻译出版国外翻译研究著述完整本的总数不超过70部(种),与此同时,引进国外翻译研究著述则超过了100部(种)。这个数据说明,较之其他学科动辄一年就翻译国外相关文献超过100部(种)来说,翻译学在其建设、发展过程中对翻译自身学术著述的系统翻译,实在令人感到有些茫然与遗憾。

毋庸置疑,翻译以及有关翻译的论述,中国具有丰富的文献资源可利用,据此发展出相应的学科体系、话语体系和学术体系未必不可行。然而,几千年的翻译实践以及相关论述实际上并未形成系统的翻译学,毕竟学科理念来自西方。中国的传统译论零散地流落于各种论述之中。罗新璋提出的"案本-求信-神似-化境"之说,其中存在着传统的延续性,可以构成中华译学理论体系的重要组成部分,但从翻译学系统建设而言,却很难说足以构成翻译学学科体系。事实上,中国翻译学学科体系是在中外文明互鉴、学术相参的过程中逐渐发展而成的,以中国传统翻译思想为基础,积极借鉴吸收了国外翻译研究成果。本章所关注的正是中国翻译学与国外翻译研究著述汉译之间的关联,所主张的观点可以概括为:国外翻译研究经典著述的汉译是中国开拓、建构中国特色翻译研究以及丰富翻译研究内涵不可缺少的重要环节。本章的主要内容涉及以下几个方面：①中国翻译学发展历程；②国外翻译研究著述汉译状况；③国外翻译研究著述汉译对中国翻译学的影响。

第一节　中国翻译学发展历程

粗略地划分中国翻译研究史，可以分为四个阶段或时期：20 世纪以前的散论期、20 世纪初至 70 年代的中国翻译学萌芽期、20 世纪 80 年代至 90 年代的初创期、21 世纪以来的发展期。但是，如果从翻译学学科发展的视角来看，其历程仅涉及后面三个时期。本节的主要内容涉及：中国翻译学的兴起源于何时？它究竟是原创的还是外来的？它在兴起与发展过程中经历了哪些重要事件？

一、中国翻译学的萌芽

中国的翻译历史悠久，翻译研究的历史也可以追溯到遥远。而对于是否存在内在的体系化发展逻辑，有两种不同的看法。其一，"我国的译论，原作为古典文论和传统美学的一股支流，慢慢由分而合，逐渐游离独立，正在形成一门新兴的学科——翻译学。而事实上，一千多年来，经过无数知名和不知名的翻译家、理论家的努力，已经形成我国独具特色的翻译理论体系。……据此，案本-求信-神似-化境，这四个概念，既是各自独立，又是相互联系，渐次发展，构成一个整体的；而'化境'或可视为传统译论发展的逻辑终点。而这个整体，当为中华译学理论体系里的重要组成部分。"（罗新璋、陈应年，2021：19－20）其二，"中国传统译论如果说有体系，也是在整体上而言，而不是就某一单独的理论部分而言，因为大部分单独的论点尚未发展到卓然成一体系的完备状态。因此，我们的任务就是将这些尚未完备的译论观点和说法，加以系统的现代的诠释，使其向着现代的系统的理论形态过渡或完成。"（王宏印，2003：2－3）

本节认为，中国的优秀翻译传统及其译论，有其一脉相承的演变逻辑。不过，大部分译论散落于不同的史料（《出三藏记集》《高僧传》《续高僧传》《大唐内典录》《开元释教录》《全唐书》《全晋文》等），主要表现为翻译实践者对于翻译的体验式、感悟性认识，也有一部分人是从翻译的某个层面所做的论述，翻译理论建设自觉意识阙如,并不具有现代意义上的学科性。毋庸置疑,它为翻译学的兴起与发展奠定了坚实的基础。系统科学的翻译研究(学),无论中外,都是 20 世纪以后发生的事情,因而翻译学学科的历史并不长。

依据现有的历史文献,我国以"翻译学"命名的著述最早出现于 1927 年,即蒋翼振编著出版的《翻译学通论》。蒋翼振在编撰该书之际,"曾搜罗各家讲述翻译学的著作,经过几次阅读后,心中实有所感;正如骨鲠在喉,不得不发。⋯⋯方寸间总觉得我国出版界正缺少一部中国翻译研究的书籍"(蒋翼振,1927:5-7)。同样,由于该书并未附有参考文献,因此,所谓的"各家讲述翻译学的著作"并未有明确的书目,但从其章节安排来看,"各家"应该是我国先贤,如梁启超、严复、胡适、傅斯年等人的翻译论述。全书共分十二章,蒋翼振本人对于翻译学的认识主要体现在首尾两章,中间十章均直接刊用"各家"之译论片断,每章前都附有"各家"简介,章尾还附有思考题若干。对于何为翻译学,蒋翼振做如是定义:"用乙国的文字或语言去叙述甲国的文字或语言;更将甲国的精微思想迁移到乙国的思想界里,不增不减本来的面目;更将两国或两国以上底学术作个比较研究,求两系或两系以上文明的化合,这个学术,叫作翻译学。"(蒋翼振,1927:5)显然,这一"翻译学"定义与现代翻译学的概念相比,略显简单。不过,正如杨自俭先生所指出的:"作者已有了较明确的学科思想、名称、定义和文学翻译标准。那个时代能把这几个重要问题阐释到这个水平实属有远见卓识,世界领先。"(杨自俭,2011:36)因此,我们可以将 1927 年作为我国翻译学萌芽的标志。

但是,如果据此就认为中国的翻译学发轫于自身的翻译论述传统,未受西方翻译思想之影响,这种判断似乎过于武断。

1921 年,郑振铎在《小说月报》上发表了一篇题为"译文学书的三个问题"的文章,在论及第二个问题"译文学书的方法如何?"时,详细地介绍了 A. F. 泰特勒(A. F. Tytler)的那本《翻译原理》(*Essay on the Principles of Translation*,1790)。这是最早介绍西方翻译思想的文章。张翼振是否读过泰特勒的原著或郑振铎的文章,我们自然不能断定。但是,我们也不能就此断定郑振铎的文章没有对其他人产生影响。杨镇华于 1935 年编写的《翻译研究》同样介绍了泰特勒的翻译三原则。一个显而易见的事实是,20 世纪 40 年代前的中国学人对于西方的翻译以及译论是有所了解的。陈西滢在《论翻译》(1929)中论及阿诺德的《论荷马的翻译》;而曾虚白于 1930 年发表的《翻译中的神韵与达》一文则引用了阿诺德、纽曼、蒲柏等人的翻译观。其后,源自西方的译学概念时有见于相关论文著述。这些都说明西方译论在那个时候已经为我国学者所了解。

1933 年,林语堂在《语言学论丛》上发表《论翻译》,以"翻译为艺术"作为立论基础,探讨"译学有无成规""忠实""译者对本国读者之责任"等问题,认为"所谓'规矩准绳'实则是老学究对于真正艺术自隐其愚的手段,太相信规矩准绳的人,也就上了老学究的当……忠实的程度可分为四等,就是直译、死译、意译、胡译。"他指出:"译者所应忠实的,不是原文的零字,乃零字所组者的语意。忠实的第二义,就是译者不但须求达意,并且须以传神为目的。"(罗新璋、陈应年,2021:496,499)值得注意的是,林语堂在该文中旁征博引,一方面认为翻译是艺术,另一方面认为相关的问题可以归结为语言文字和心理问题,可以看出他的思想受国外相关理论思想的影响很深,其观点是在借鉴西方相关理论思想的基础上,再结合自身的认识发展而成的。

1935 年,杨镇华出版《翻译研究》一书,该书是"民国丛书"(第三辑)中的一部,另外两部为 1940 年由黄嘉德编著的《翻译论集》和张其春撰写并于 1949 年出版的《翻译的艺术》。《翻译研究》全书共分七章:翻译的困难、怎样算是好翻译、直译法和意译法、翻译的五步法、诗的翻译、名的翻译、译才与译德。书后有一篇附录:外国专名汉译问题之商榷。作者在前言中说:"这书内容理论方面比较少,方法方面较详,目的是求其切与实用。其中我自己的意见并不多,因为有些话在这书里不必说。其余多参考别人的意见,在每一章后面,我都把作者篇名出处列出,以示不敢掠美,并可便于读者查考。"这是我国最早以《翻译研究》为名的著述。虽然杨镇华说他多参考别人意见,但每一章内容都融合了他个人的许多见解,比蒋翼振的更进一步。在第二章"怎样才算好翻译"中,他借鉴了泰特勒的观点:"原作的好处完全移注在另一种文字里面,使得译文文字所属国的土著能够和用原作文字的人们同样明白地领悟,并且同样强烈地感受。"

1951 年,董秋斯提出建议:"经过一定时期的努力,随着全国翻译计划的完成,我们要完成两件具体的工作,写成这样两部大书:一、中国翻译史;二、中国翻译学。这两部大书的出现,表明我们的翻译工作已经由感性认识的阶段,达到了理性认识的阶段,实践了'翻译是一种科学'这一个命题。"(罗新璋、陈应年,2021:612)遗憾的是,该文没有标注参考文献,因此我们无法知道董秋斯的观点是原创还是借鉴的。在董秋斯发表论文之际,中苏关系紧密,相互之间的学术交流频繁，因此，董秋斯的观点很可能受到了苏联当时一些学者，如费道罗夫等人的影响。尽管费道罗夫的成名之作是 1953 年出版的《翻译理论概要》，但在此之前，他就与其他人合作，分别于 1933 年和 1940 年出版了《翻译的艺术》和《论文学的翻译》。况且，十月革命后的苏联对于翻译十分重视，翻译研究十分活跃，并且于 20 世纪 50 年代率先开创了语言学翻译研究，视翻译研究为语言学分支加以科学研究。不过，系统性翻译研究还在孕育之中，国际译学界对翻译学的建构也还处于朦胧状态，似乎还未出现"翻译是一种科学"的命题①。因此，董秋斯能够在那个时候就提出"中国翻译学"，实在难能可贵，可惜后来并没有及时地推进。

中国翻译学萌芽期跨度较大，大致可以包括 19 世纪末到 20 世纪中期。然而，说这一段时期是萌芽期，并非说这个时期已然具有严格意义上的学科建设意识。这个时期，即此前的各类翻译论述，虽然已有"译学""翻译学"之谓，却并非现代学科意义上的译学或翻译学。参与讨论翻译的学者大多没有现代意义上的翻译学学科意识，来自不同学科的学者（尤其是具有翻译实践经验的学者）依据各自的翻译体验提出相应的观点。这个时期，由于相关的翻译基础文本大多来自欧美、日本和苏联，因此，相关译论也在不同阶段受到来自不同地域所活跃的思潮的影响，但这种影响主要体现于不同学科的相关思想内容方面，与持相关译论的学者从事的翻译实践内容有密切关系，或者与论者所从事的研究领域有关。同时，这个时期的译论总体上并未摆脱对于翻译的感悟性认识，只是逐渐意识到对翻译问题的探讨是一门学问。但是，学问并不等于学科。1968 年，赵元任在《论翻译中信、达、雅的信的幅度》一文中指出："眼前的翻译学的状态只能算是在有些正式学门里所谓尚未系统化的阶段，换言之，里头说的都还是些半吊子未成熟的观念，美其名曰 pre-systematic stage 而已。"（罗新璋、陈应年，2021：825 - 826）这一观点可以为中国翻译学的萌芽期做一简单脚注。值得注意的是，在中国翻译学萌芽期，我国就翻译出版了来自苏联的翻译研究著述。（参见附表）

二、中国翻译学初创期

广义上说，中国翻译学初创期的源头应该从中国香港地区和台湾地区谈

---

① 谭载喜（2000：8）认为，"早在 20 世纪初，英语翻译理论界就出现了 the science of translation（翻译科学）的提法。"但是并没有给出具体由谁在什么时候提出的。

起。中国内地(大陆)在 20 世纪 60 年代至 70 年代末,人文社会科学的学术发展受到一定程度的荒废,有些原本已经制度化的独立学科,如社会学、宗教学都被取消,而未有学科地位的翻译学更是萧瑟凋零、停滞不前。与此同时,中国香港和中国台湾地区则在翻译研究方面有所发展,在引进、评介、借鉴西方翻译研究成果方面做了不小的努力。不过,翻译研究作为独立的学科,离不开国家政策制度的支撑与确定,因此,本章所谈论的中国翻译学发展以中国内地(大陆)的研究状况为基础。就此而言,本章将 20 世纪 70 年代末至 90 年代末作为中国翻译学学科的初创期,时间跨度大约为 20 年。

初创期的重要标志之一就是现代意义的学科诉求逐渐增强,并集中体现于全国性翻译学学科建设会议。一般认为,中国译学界关于"翻译作为研究翻译的科学,应不应该享有独立学科地位"的问题,是 1987 年夏在青岛召开的"全国第一次翻译理论研讨会"上首次提出来的。因为正是在该次会议上明确提出了要"推进我国翻译理论建设,交流翻译理论研究成果,探索建立中国翻译学的途径"。在全国会议上明确提出建设翻译学,标志着我国译界学科意识的增强,相关研究开始走出经验式、感悟式、总结式的微观研究的藩篱,逐渐走向体系化建构中国翻译学的道路,唤起了我国译界强烈的学科理论意识。自此,建立翻译学成为我国译界的重要话题之一。方梦之(2023:3)认为,该次会议对"翻译学"的对象、任务、结构、方法的探讨相对集中,提供这方面主题论文的有:周清波的《翻译学的本体论、方法论、实践论》、王士燮的《从翻译标准到翻译学》、金隄的《翻译学刍议》、张健的《关于建立"翻译学"和培养翻译人才的一些问题》、阿文华的《加强译学理论研究》、方梦之的《发展与完善我国的译学研究体系——谈建立中国翻译学》、谭载喜的《试论翻译学》、田菱的《翻译学的本质论》、高烈夫的《"翻译学"是一门科学》。"以上论文从不同角度探讨翻译学的要旨、建构和方法。还有题目中没有'翻译学'的字样、而实际研究翻译学的,如刘宓庆的'中国翻译理论建设基本原则刍议'、盛学茂的'盼翻译的共核理论早日建立'等。现在看来,这些论文有的青涩,有的老到;有的不够严密,有的备证细心;但在当时翻译学的一片荒芜之中不免有拓荒之功。"(同上)

事实上,在这次会议之前,即 1987 年 5 月,南京大学举办过"中国首届研究生翻译理论研讨会",来自 27 所高校的 35 名在读研究生提交了论文。其中,有 7 人讨论的话题是有关翻译学的,包括"创建一门新的学科——翻译学""谈谈翻译学的学科性质""从翻译思想的发展到翻译学的建立""民族语文翻译学初探""建立翻译学的具体条件与突破口""论翻译学的语言学基础""翻译的本体论、实践论和方法论——兼论普通翻译学的理论结构"（许钧，2018：24）。

在这次会议召开之前，我国已经有一些学者着手翻译学的建设。1984 年初，王德春发表《论翻译学与翻译的实质》一文，认为"翻译学是应用语言学的一门重要分科，它研究翻译这种语际转换过程，研究语言单位在话语中的对应规律，研究在语际转换过程中话语信息的传递效果"。并且，"我国的翻译理论，正如整个语言学理论一样，一方面有自己的学术传统，一方面又受到国外学说的影响。"1984 年，《翻译通讯》第 8 期发表了董宗杰的《发展翻译学，建立专业队伍》一文，探讨了翻译学内容及其与其他学科的关系；1986 年，桂乾元在《中国翻译》上撰文《为确立具有中国特色的翻译学而努力》，较为系统地论述了何为翻译学、为何要建立翻译学、如何建构翻译学等问题。

1987 年青岛会议之后，中国的翻译学学科建设正式步入初创期，一大批具有远见卓识的学者为之奔走，或举办会议，或著书立说，如刘重德、林戊荪、罗进德、杨自俭、方梦之、桂乾元、黄振定、谭载喜、许钧、王东风等，并且形成了一批对于后世颇具影响的研究成果。

1988 年，黄龙撰写出版了专著《翻译学》。该书除了序言以中文撰写之外，其余各章均以英语撰写，因此在国内的影响并不大。但其在中国翻译学初创期间的重要贡献却不能抹杀。黄龙在书中指出："作为一项独立科学，翻译学有其完整之理论体系与相应之实践手段。寻芳书林，访翠文薮，论译史者有之，论译法者有之，论专题翻译者亦有之；然多偏而不全，简而不赅，芜而不精。堪叹系统阐述翻译学之专著，迄今尚付阙如。我不揣简陋，荟萃诸家，博采众议，并抒刍荛，以充续貂，姑名之曰 Translatology。"（黄龙，1988：序）陈福康（1992：457/461）对该书评价甚高，认为该书是"代表较新水平的翻译学专著"，其"主导思想、论述内容与格局，正是当代翻译学的指导原则、研究对象与范围"。

在中国翻译学发展历史中，我们不能忽视杨自俭所发挥的作用。他不仅本人撰文著说，发表了《谈谈翻译科学的学科建设问题》（1996）、《对译学建设中几个问题的新认识》（2000）、《我对当前译学问题讨论的看法》（2001）及《我国译学建设的形势与任务》（2001）等文章，还以他的人格魅力和学术包容凝聚了一批学者。他借助中国英汉语比较研究会的平台，在 1996 年将翻译学科建设作为当年中国英汉语比较研究会的年会主题提出来，积极推动了我国翻译研究学科意识的确立以及学科系统的建设。他还多次组织、主持召开了以学科建设为主题的研讨会。2001 年在青岛召开的全国译学学科建设专题讨论会"标志着中国译学开始了独立建设阶段""催生了中国翻译研究的学科意识"。也就是在这次会议上，杨自俭通过深刻的反思之后明确提出："译学作为一个学科来建设，必须有 5 个支柱，这 5 个支柱是：①中国传统译学的继承性研究；②外国译学的借鉴性研究；③翻译实践（包括教学实践）中新问题的探索性研究；④相关学科的吸融性研究；⑤方法论的多层次研究（包括本学科的、相关学科的、系统科学的、哲学的多个层次）。"毋庸置疑，他为中国翻译学学科的体系化建设提出了框架性路径，特别是将"方法论的多层次研究"纳入学科系统建设，不仅高瞻远瞩，而且具有远见卓识。

"我国的翻译研究学者中，要论几十年如一日，孜孜不倦地'钟情'于翻译学学科理论研究者，非谭载喜莫属。"（许钧，2018：39）谈论中国翻译学建设，无论从哪个方面来说，谭载喜都是绕不过去的学者。他于这个时期发表多篇相关论文，如《必须建立翻译学》（1987）、《论翻译学的途径》（1987）、《论翻译学的任务与内容》（1987）、《试论翻译学》（1988），不仅旗帜鲜明地主张建构独立自治的翻译学学科，而且身体力行地绘制翻译学蓝图。显然，其贡献不仅限于中国翻译学的初创期，而且在后来的发展中也发挥了重要作用。

"对于一门学科而言，一批高水平、有特色的学术期刊是必不可少的。"（蓝红军，2014）在这个时期，1980 年，《翻译通讯》创刊（1986 改版为《中国翻译》）；1985 年，《语言与翻译》创刊；1986 年，《上海科技翻译》创刊（2005 年改版为《上海翻译》）；1988 年，《中国科技翻译》创刊；1994 年，《外语与翻译》创刊。这 5 本我国翻译研究的重要学术刊物为中国翻译学的创建提供了坚实的学术讨论平台，"追求理论创新，开展国际学术交流，推进学科发展是学术期刊的宗旨，翻译学术期刊反映和记录了整个翻译学发展的历程。学术期刊的建设关系到学科的学术生态环境的塑造和形成，对学科的形成、定位及走向起着至关重要的作用。"（转引自蓝红军，2014）

可以说，在我国翻译学初创期，学术共同体的形成功不可没。相应的学术共同体的形成是学术范式革命及相关专业学科形成的重要表现。只有在学术共同体内形成基本统一的认识，才能形成合力，对社会认知产生影响，使得社会认识到相关学术研究的重要性，认同相关专业学科的独立创建。任何学科的创建都需要得到社会其他力量的支撑，需要得到相关机构的确认，否则就只能局限于某个学术圈的自娱自乐，无法具有持续长久的生命力。因此，在 20 世纪

80 年代至 90 年代，中国译协、中国翻译研究院以及全国范围内的地方性翻译类组织机构的相继成立无疑为中国翻译学的建立提供了制度性保障。

任何专业和学科的建设都必然要转化为人才培养体制才能得到长期的发展。1979 年，北京对外贸易学院和上海海运学院开始招收翻译方向的硕士研究生；1984 年，国务院学位委员会批准北京外国语学院和上海海运学院作为"翻译理论与实践"的硕士研究生学位授予单位；1992 年，国家技术监督管理局发布的《学科分类与代码》中，"翻译学（740 - 3560）"成为语言学下属的应用语言学中的三级学科。20 世纪 90 年代中期，北京大学和南京大学开始培养翻译研究的博士生；1997 年，广东外语外贸大学率先成立翻译系，把翻译作为独立的专业进行教育教学。这些举措无疑为中国翻译学的建设提供了体制化确立的地位，标志着中国翻译学初创期的正式到来。

显而易见，翻译研究学术共同体对中国翻译学认识上的统一并非一蹴而就的，其中经历了一系列针锋相对的理论话语交锋，如翻译单位、翻译技巧、翻译教学、可译性、主体性等问题的探索，不过，最为热点的话题还是主要围绕建构翻译学的必要性与可能性、翻译学的学科性质及学科框架以及中国特色翻译学的特色。鉴于本章的主旨，对此不予展开讨论，具体的相关内容可以查阅相关资料。在此需要指出的是，在初创期，对于国外翻译研究成果的评介力度明显增加，大部分流行于国外的翻译理论都在不同程度上被引介进入我国并对我国的翻译学发展走向产生了巨大影响（详见本章第三节）。

三、中国翻译学发展期

将中国翻译学发展历程划分为不同时期只是为了我们探讨的方便，实际上并没有清晰明确的界线。许多在创建期发挥作用的学者在发展期仍然是中坚力量。当然，随着翻译学学科意识的普及，越来越多的学者加入（或者从其他学科转入）翻译研究领域，翻译研究共同体日益庞大，在我国翻译学初创时期的活跃学者，如许渊冲、刘宓庆、罗新璋、杨自俭、方梦之、孙致礼、林克难、罗进德、李亚舒、张柏然、潘文国、王宏印、曹明伦、桂乾元、郭建中、黄振定、吕俊、廖七一、谭载喜、罗选民、许钧、王克非、穆雷等，逐渐成为发展期的核心人物。后续加入这一行列的学者，如谢天振、冯庆华、黄友义、黄国文、刘和平、曾利沙、王东风、王岫庐、李长栓、黄忠廉、周领顺、杨平、赵彦春、查明建、屠国元、袁筱一、任东升、任文、蓝红军、李正栓、范武邱、张法连、韩子满、屈文生、吴赟、刘云虹等，也都成为中国翻译学发展的中坚力量,在各自不同的领域耕耘,促进中国翻译学发展。

中国翻译学的发展期,具体的起始时间很难确定。鉴于21世纪以来我国翻译学得以迅猛发展,我们将21世纪以来视为中国翻译学的发展期。

继1987年在青岛召开第一次翻译学学科建设会议之后,2001年12月,由中国英汉语比较研究会举办的"全国译学学科专题讨论会"在青岛召开,由时任该会会长的杨自俭先生主持。会议议题是:①翻译学学科建设的基本理论观念问题;②翻译学学科建设的基础与条件。会议深化了1987年会议的内容,进一步讨论了学科概念、标准、对象、范畴、方法等问题和我国译学学科建设的有利条件与不利条件。这次会议如一幅简笔画,勾勒出我国译学的整体蓝图,进一步唤起了我国译界的学科意识,在我国翻译研究路上树立起新的里程碑。

2003年,中国翻译工作者协会和上海大学外国语学院联合主办了首届全国应用翻译研讨会,在这次会议上,方梦之首次在我国翻译界提出了"应用翻译"这一概念,开启了我国应用翻译研究之历程。迄今为止,全国应用翻译研讨会已经成功举办了十届,已然成为我国重要的翻译学术会议之一。20年来,应用翻译研究不断深入发展,构成我国翻译研究不可分割之重要部分,其内涵与外延也在历时的发展中得到不断的拓展,已经不仅仅囿于应用翻译文体、文本的研究,同时也涉及翻译行业发展,如翻译服务、本地化服务、翻译技术、翻译咨询、翻译培训、翻译竞赛、翻译项目管理、多语术语与语料库建设等,基本形成以应用翻译产品、应用翻译过程、应用翻译功能及应用翻译效果为核心的研究体系,不断建构与完善应用翻译史、应用翻译批评、应用翻译研究理论等学术话语体系。这次会议对于我国翻译学发展,尤其是应用翻译研究,同样被认为具有里程碑意义。

2009年4月,"翻译学科理论系统构建高层论坛"在中国海洋大学召开,旨在回顾、总结30年来我国译学研究的路径和成果,为我国翻译学科的系统教育、教学出谋划策,为我国翻译学科走向成熟做思想准备,其中心议题是"翻译学学科理论系统的建设",分议题包括五个方面:①中外译学学科理论系统研究现状、成绩、问题;②中外译学学科基本范畴研究现状、成绩、问题;③我们要构建的翻译学的研究对象、性质、学科定位、相关学科、方法论;④我们要构建的翻译学理论系统(厘清各部分之间的关系和各层次之间的关系);⑤翻译学在研究生教育学科目录中的位置、级别及其分支学科。方梦之认为,"这次论坛总结和

检阅了我国改革开放 30 年来翻译学科建设的成果，展望并描述了今后我国翻译学科的发展。"(任东升，2010：iv)

2015 年 3 月，首届"何为翻译？翻译的重新定位与定义"高层论坛在广东外语外贸大学召开，与会学者就新时期翻译的重新定位与定义展开讨论，旨在从各种不同角度重新认识翻译本质、功能和在新形势下翻译形态的变化，"触发译学界对翻译基本问题的深入思考，引导人们深化对翻译的发展性、复杂性和历史性的认识，进而调整当今社会的翻译理念和翻译教学理念，回应翻译现实发展对翻译研究所提出的描写和解释新的翻译现象的需要，拓展翻译认识的维度，延伸译学理论的发展空间。"2016 年 5 月，第二届"何为翻译？翻译的重新定位与定义"高层论坛在上海交通大学举办。这两次会议对于我国新时期重新认识翻译学学科逻辑及其发展形态起到了非常重要的作用。

第二节　国外翻译研究著述汉译状况

中国翻译学发展经历了萌芽期、初创期和发展期。即使在萌芽期，也不乏对国外翻译研究成果的借鉴。中国翻译学根植于中国本土传统翻译文化，学科意识的萌芽较早。但是，由于中国传统翻译文化中缺乏现代意义的学科概念，因此，虽然中国的翻译学意识萌芽早，但并未能及时推进。改革开放以来，我国的翻译研究迅猛发展，在体系化建设中国翻译学的进程中，借鉴、吸纳国外翻译研究成果都是其应有之义，尤其是翻译学的学科基本概念和框架体系，基本上承接了国外翻译理论思想。值得关注的是，我国翻译学在借鉴国外翻译研究成果之际，基本上以阅读、评介原著或论文为主，国外翻译研究著述的系统汉译工作一直都未能全面系统地展开，实际状况堪忧，相关问题的研究也未得到译学界的应有重视。

一、国外翻译研究著述汉译简史

有学者认为，1949 年以前，几乎没有国外译论资源渗入我国的翻译研究领域(杨柳，2012)。也有学者认为，"改革开放之前，由于我国与西方各国的学术关系还没有正常化，国内对西方翻译理论的系统研究几乎为空白。"(许钧，2018：133)这与事实并不相符。有史料表明，早在晚清之际，西方的翻译思想就已经影响到我国的翻译研究(具体可参见郑振铎、杨镇华的相关论文)。但是,我国对国外翻译研究著述的汉译则肇始于 20 世纪 50 年代。"新中国成立以后,从 1955 年开始,苏联的译论进入中国,占主要地位。"(杨柳,2012)"早在建国初期,我国正处于'向苏联学习'时期,苏联翻译理论的两大流派——语言学派和文艺学派——的翻译思想,早于西方欧美国家率先被引进我国翻译界和教育界。"(王秉钦,2018:218)

第一本全文汉译的国外翻译研究著述是译自俄语的《翻译理论概要》,作者是费道罗夫。该书是费道罗夫一生中最重要的一本著作,出版于 1953 年,原文为俄语。其后,他不断修订第一版书中的观点,1983 年推出了该书的第四版修订本,更名为《翻译理论基础(语言学问题)》。1955 年,李流等人将《翻译理论概要》译入汉语。原书本来有八章,但译本只包含了前六章。译者认为,"至于原书第七、八章,因谈到翻译的时间问题,引用例子多属英、德、法文与俄文的对译,译成中文时颇难处理,故略而未译。"(费道罗夫,1955:译者序)2008 年,谢天振主编的《当代国外翻译理论导读》中收录了郑敏宇翻译的《翻译理论基础》第一章第二节,使得我们可以大致地了解到,费道罗夫的翻译理论思想从其第一版到第四版已经发生较大的变化。比如,在第一版《翻译理论概要》中,"翻译理论的任务就是要把研究各个区别翻译现象所得的结论总结起来,并用作翻译实践的理论根据;这种理论根据要能作为翻译实践中找寻和挑选必要的表现形式的指南,而且使译者在实践时能够从这种理论根据中找到能对具体问题作出一定解决方案的理由和论据。"(费道罗夫,1955:15)但在第四版《翻译理论基础》中,"翻译理论的任务就是要探究原文和译文之间的相互关系的规律,就是要运用科技数据来验证从一些具体个别的翻译现象中所得出的结论,从而间接地促进翻译实践;而翻译实践为了它所找寻的所需的表达手段,也可从理论中获取论据的例证,并借助理论明确解决某些具体问题。"(谢天振,2008:559)迄今为止,《翻译理论基础》仍然未能全文汉译进入中国译学界,这是非常遗憾的,因为费道罗夫的翻译理论思想对我国新中国成立之后的翻译研究影响至深。当下我国翻译研究学者在谈论翻译学建设之际,不少人往往以欧美翻译理论为主,强调欧美翻译理论,尤其是奈达、卡特福德、纽马克等学者对我国翻译研究的影响,这与欧美翻译研究学者未能有效关注苏联在翻译研究方面的先驱性贡献有关。实际上,在欧美国家的翻译研究崛起之前,苏联的翻译研究成果斐然,"在世界的翻译理论中占有十分突出的地位"(蔡毅、段京华,2000:1)。但由于欧美学者往往只注重英语著述，因此，来自中国、苏联的翻译研究成果都未引起他们足够的重视。

20 世纪前半叶，世界翻译研究中心并不在欧美，而是在苏联。在 20 世纪 50 年代至 70 年代初，影响我国翻译研究的主要是苏联的翻译理论，其中又往往以俄语著述为主，以英语撰写的著述，如罗曼·雅各布森（Roman Jakobson）的 *On Linguistic Aspects of Translation* 等，在当时并未引入我国（参见本章第三节）。除了费道罗夫的《翻译理论概要》，我国在 20 世纪 50 年代还翻译了索伯列夫的《翻译的基础》（1958）、莫洛佐夫的《文学翻译问题》（1959）以及托贝尔等人的文集《文艺翻译问题》（1959）。但是，汉译的《翻译的基础》实际上只是索伯列夫所著的《俄译法教程》的第一章，并非《俄译法教程》的全文翻译。1958 年 3 月第一版印刷时，也并未标注译者名字；1958 年 12 月第二次印刷时，译者郑昌荣的名字才出现于版权页。值得注意的是，以上几本从俄语汉译过来的著作销量很大、很快，几乎都是隔了几个月后就再次印刷，说明我国当时对于这类翻译过来的翻译研究著作需求旺盛。而初版于 1975 年的巴尔胡达罗夫所著的《语言与翻译》则迟至 1985 年才得以汉译，首次印刷数就高达 2 万册。

中国的改革开放政策敞开了中国走向世界的大门，各种人文哲学社会科学学术思想、思潮被引入中国，"国外翻译理论资源涌入中国，使中国翻译理论研究的类型发生了转变，中国翻译理论资源的构成也由此发生了质的变化，纯粹中国化的理论系统中融入了国外异质。"（杨柳，2012）但是，21 世纪之前，我国翻译研究领域还处于与外来理论的不断接触、评介、借鉴与交融的过程，"这一时期对外翻译理论的引进是不完整的，或者说基本上只有零星的介绍文章。"（许钧，2018：134）在系统翻译引进西方翻译理论著作方面并不突出，不仅数量有限，而且涉及面较窄，"主要突出翻译技巧、翻译标准或书评等方面的探讨，但正是这些译介文章让国内学者了解到国外翻译界的研究状况，起到了不可忽视的发轫作用。"（许钧，2018：134）。欧美翻译研究著述的汉译是我国改革开放之后才出现的。最早汉译进入中国的是达尼卡·塞莱斯科维奇的《口译技巧》（1979），译者是孙慧双。该书原著初版于 1968 年，原名为《国际会议上的口译人员》（*L'interprete dans les Conferences Internationales*），内容涉及口译概论以及口译理解、知识、表达及实践等问题。作者达尼卡·塞莱斯科维奇是成立于 1953 年的"国际口译工作者协会"创始人之一，因此本书一经出版就得到了欧美国家翻译研究界的高度认可，迅速从法语翻译到其他语言。汉译本的初版印刷数也高达 5 万册,至今仍然在我国口译研究领域发挥重要贡献。

如前所述,谭载喜对我国翻译学学科建设发挥了极大的作用,是我国改革开放以后译介国外翻译理论的先行者。他除了著书立说、倡导建立翻译学之外,另外一项重要贡献就是对西方翻译理论的译介,尤其是对奈达翻译理论思想的译介。1984 年,他基于奈达和查尔斯·泰伯(Charles Taber)合著的《翻译理论与实践》(The Theory and Practice of Translation,1969)一书,对奈达的翻译理论加以编译,出版了《奈达论翻译》。编译过程中参考了《翻译科学探索》(Toward a Science of Translating, 1964)、《奈达论文集》(Language Structure and Translation: Essays by Eugene A. Nida,1975)等其他著述,其编译原则为"以理论介绍为主,略去不太适合我国读者的部分,尽量采用原例说明,力争使编译本既简明扼要、通俗易懂,又保持原作者的理论的系统性、完整性"(谭载喜,1984:iv)。该书于 1999 年修订后重版,在我国早期引介国外翻译理论方面发挥了巨大作用,也使得奈达的翻译理论成为最早系统进入我国的西方翻译理论。

在此期间,蔡毅等人对苏联翻译理论的译介工作不可忽视,其中巴尔胡达罗夫的《语言与翻译》和加切奇拉泽的《文艺翻译与文学交流》分别于 1985 年和 1987 年汉译进入我国。其他的译著还有让·艾赫贝尔(Jean Herbert)的《口译须知》(1982)、乔治·斯坦纳(George Steiner)的《通天塔——文学翻译理论研究》(1987)、让·德利尔(Jean Delisle)的《翻译理论与翻译教学法》(1988)、玛丽·斯内尔-霍恩比(Mary Snell-Hornby)的《翻译研究:综合法》(1988)、沃尔拉姆·威尔斯(Wolfman Wilss)的《翻译学——问题与方法》(1989)、塞莱斯科维奇和勒代雷(Marianne Lederer)合著的《口译理论实践与教学》(1990)、卡特福德(J. C. Catford)的《翻译的语言学理论》(1991)、塞莱斯科维奇和勒代雷合著的《口笔译概论》(1992)等。(详见附录)

"真正对国外译论进行较大规模译介的时间节点是 20 世纪 90 年代中后期。"(许钧,2018:141)这不仅体现在对国外翻译理论的评介,也体现在对国外翻译研究著述的汉译。但直到 21 世纪前,国外翻译研究著述的汉译基本上都处在无序的状态,很少有系统性,往往是某个出版社根据需要引进某部著作或者某个译者自行与作者联系后由出版社予以购买版权翻译出版。2005 年出版的"当代西方翻译研究译丛"是我国第一次有意识地、成规模地系统翻译国外翻译研究著述。该译丛由香港理工大学翻译研究中心资助发起,朱纯深、王克非

具体负责,最初拟翻译出版 10 本:

(1) *Translation and Translating: Theory and Practice*

(2) *Translating and Relevance: Cognition and Context*

(3) *Discourse and the Translator*

(4) *Translating as a Purposeful Activity: Functional Approaches Explained*

(5) *Translation in Systems*

(6) *Descriptive Translation Studies and Beyond*

(7) *Dictionary of Translation Studies*

(8) *Translation Studies: An Integrated Approach*

(9) *The Translator's Invisibility: A History of Translation*

(10) *Basic Concepts and Models for Interpreter and Translator Training*

这套译丛对国外翻译研究成果在中国的传播与接受起到了非常大的作用。但是,其中 *Translation in Systems*、*Descriptive Translation Studies and Beyond* 和 *Basic Concepts and Models for Interpreter and Translator Training* 这三本书并没有得到及时的翻译出版。

值得特别一提的是杰里米·芒迪(Jeremy Munday)的 *Introducing Translation Studies: Theories and Applications*。该书初版于 2001 年,由劳特里奇出版社出版了第一版。全书包含 11 章。2008 年,劳特里奇出版社又出版了该书的第二版,增加第 12 章进行总结与展望。2012 年,劳特里奇出版社又出版了第三版,修订的幅度较大。之后又于 2016 年和 2022 年分别出版了第四版和第五版,在全球范围内都极有影响。2007 年,李德凤牵头组织了该书的汉译工作并由香港中文大学出版社和北京的商务印书馆先后出版了汉译本繁体字版和简体字版。繁体字版出版后便在中国香港的各大高校广获采用,简体字版也被中国内地的许多高校作为翻译专业教材,是我国目前最受欢迎的翻译教材以及翻译研究参考书之一。

2001 年,上海外语教育出版社开启了"国外翻译研究丛书"的原版著述引进项目,历时十余年,引进书目达 40 多种,"几乎涵盖了国外近半个世纪以来有关翻译理论的精华书目"(许钧,2018:155)。2018 年,上海外语教育出版社启动"翻译研究经典著述汉译丛书",拟从之前该出版社引进过的"国外翻译研究丛书"中选取一部分著述进行汉译。目前已经翻译出版了四本:《翻译模因论》《翻译路线图》《当代翻译理论》及《翻译研究》;有三本正在编辑出版中;另外还有七本正在翻译进程中。相信该项目的推进必将助力我国翻译事业的健康发展。

除了对国外翻译研究著述完整版本的汉译之外，其他一些基于国外翻译研究的学术论文或者选译著作中的某个章节予以汉译的文集，我们也不能不加以关注，如蔡毅编译的《外国翻译理论评介文集》，刘和平编译的《法国释意理论：译介、批评及应用》，吴克礼编译的《俄苏翻译理论流派述评》，谢天振编译的《当代国外翻译理论导读》，许宝强、袁伟编译的《语言与翻译的政治》，陈永国编译的《翻译与后现代性》等，都在我国译学界流传甚广，影响较著。

二、国外翻译研究著述汉译存在的问题

总体来说，我国在翻译国外翻译研究著述方面着力不够，据不完全统计，现有的国外翻译研究汉译著述不足 70 本，其中还包括了某些著述的重译。这个数量对于一门学科来说显然过于惨淡。导致这种迟缓状态的原因自然是多方面的：①从事翻译研究的人大部分都是有外语背景的，能够阅读外语原文本，具有直接阅读原著、了解国外翻译研究成果的基础；②出版机构错误地判断翻译这类理论书籍不会有好的市场效应，因此宁愿花钱购买原版书也不愿意花费财力、精力促进这类书籍的汉译；③翻译总是不可能与原作保持各方面的一致，总会失落一些东西，不可能完整地再现原作的信息；④也不排除有些人对于外来翻译理论的排斥，认为西方译论虽然拓宽了我们的视野，却导致我们对自己传统译论记忆的淡薄，担忧外来理论会束缚中国特色译论的原创动力，或者认为西方翻译理论话语对中国翻译理论建设与实践指导的意义不大；⑤翻译研究本身的学科地位模糊，翻译国外的翻译研究著述在成果鉴定、学科归属方面都会面临一系列的尴尬，使得愿意从事这方面翻译的人才也比较匮乏；⑥翻译质量导致的问题。毕竟，翻译学科本身就是新兴起来的，很多人并未接受过系统的翻译研究学习，因此缺乏对于翻译研究术语概念的正确理解和有效表达，导致不少翻译过来的国外翻译研究著述在国内受到冷落。

冷落翻译研究著述汉译，带来了极其不利的后果。

第一，没有将外国翻译研究著作翻译成中国学者都能看得懂的文本，无疑使得我国掌握不同语种的翻译研究者难以有效沟通。毕竟，从事翻译研究的学者并非都是学英语的，而且国外翻译研究著述也并非都是以英语出版或者翻译进入英语世界，这就使得不同语种的翻译研究学者难以得到平等对话的平台，

使得国外翻译研究思想难以真正融入我国的翻译研究话语体系,进而阻碍了翻译研究学科的系统性发展。不同语种的翻译研究学者往往囿于自身所掌握的语种,钟情于各自语言范围内异域翻译研究著述的了解,不能或者不愿去了解其他语种的翻译研究成果,甚至排斥其他语种的翻译研究成果,"这种强调本土特殊性的观点,并不太利于翻译理论的发展、融合与创新"(许钧,2018:160)。

第二,有些人认为学外语的就必定能够看得懂用外语书写的学术著作,或者说在借鉴国外资源的时候必须阅读国外原著。毋庸置疑,要想真正了解原著的思想,直接阅读原著显然是最佳的路径。但是,如果据此认为对国外翻译研究状况的了解只能通过阅读原著,这种观点不仅缺乏科学依据,而且对于翻译价值的认识也显然不足。且不说学术有专攻,任何人都不可能对于国外的翻译研究成果了如指掌。单就外语水平本身来说,也必然有一个循序渐进的过程,不可能一开始就具备专家、学者的水平。记得本人在读研究生的时候,恰逢教我们翻译理论的邱懋如老师刚从英国回来,给我们带来了英国翻译理论家彼得·纽马克的最新翻译研究著作《翻译教程》(*A Textbook of Translation*),并以该书作为我们的教材。坦率地说,当时我们那些研究生能够真正读懂这本书的并不多。虽然邱老师对文本有所解读,但大部分同学都是在一知半解的情况下囫囵吞枣地修完了翻译理论这门课,学习效果并不理想。如果当时有该书的汉译本,相信我们能够学得更好。可惜没有! 即使在今天,本人在阅读该书时,时常还有费解之处。因此我们又怎能要求目前在读的研究生真正读懂它呢? 更何况其他语种的读者要想了解该书的内容,也必须通过将其译成汉语后才能做到。21世纪以降,翻译研究已然成为热门课题。仅中国就有大约十几万人在学习和研究翻译,光目前在读的翻译专业硕士生就有2万多人。这些人当中,有来自不同语种、不同学科的,有半路出家转行进入翻译研究领域的,有初涉翻译领域的。无论哪一类人,直接阅读翻译研究原著对于他们来说都是有一定困难的。不是说翻译专业的学生不要研读翻译研究原著,非得要看汉译本才行。但是,如果有好的汉译本,无疑对于初学者是个福音,有助于他们更好地理解原著。况且,不同的语言有自身独特的表达方式、表达系统,表面上相似的两个词语,在不同的语境中有其不同的含义。事实上,"由于引进的西方翻译理论术语与中国传统翻译理论中的术语并行不轨地使用,翻译理论术语使用的不一致导致歧义丛生,严重影响研究的规范与表述。"(转引自许钧,2018)术语的统一,不能只是停留在原著层面,对于目的语世界来说,更是具有非常重要的意义,但这必须以翻译为前提。通过翻译后逐渐地统一术语,是翻译所面临的重要任务。

第三,学术研究不仅需要中外会通,也需要学科融合与借鉴。翻译研究学科需要借鉴其他学科的研究成果,其他学科自然也希望从翻译研究学科的研究中获得学术养分。王宁曾经指出:"对于我们专门从事翻译研究和理论建构的学者来说,我们的任务不仅是要对本学科的建设做出应有的贡献,而且还要以自己的理论创新和建构对整个人文学科的建构做出自己的贡献。既然翻译理论从其他学科借鉴了不少现成的理论,为什么翻译学就不能向这些学科提供我们自己的理论或最新的研究范式呢?"(王宁,2009:241)刘军平也认为:"翻译理论译著应该不仅仅是翻译研究者阅读的内容,也应该成为其他学科可资借鉴的学术资源……翻译研究不能把目光局限于翻译自身,而要立足于翻译,放眼于相关学科的发展。"(许钧,2018:155,177)翻译研究对于其他学科的贡献,不能只是局限于我国翻译研究自身的成果,也应该包括来自国外的翻译研究成果。但是,我国其他学科的研究者,愿意或者能够直接阅读国外翻译研究成果的会占据多大的比例呢? 不难发现,从目前我国翻译研究从其他学科的国外研究成果借鉴情况来看,大部分有赖于这些学科对国外学术研究成果的翻译。推而言之,其他学科也势必对于国外翻译研究成果的汉译本翘首企盼。通过相关译著来了解相关内容,无疑大有裨益。况且,借鉴他山之石与挖掘本土资源并不矛盾。翻译研究至今在其他学科看来缺乏思想,与翻译研究领域自身对于相关成果的翻译未能予以充分的重视有关。

第四,国外翻译研究著述汉译缺乏系统性。国外针对翻译研究的系统性科学研究无疑要比中国早些,相关的研究成果也较为丰富,却也难免良莠不齐。如果不予以妥善的甄别,难免会产生泥沙俱下的现象,势必导致诸多问题的出现,比如系统性不足、代表性不强、重复翻译、译者能力欠佳、不同语种相似著作的撞车、某个翻译理论家著作被重复汉译等。系统性不仅体现在对于国外翻译研究成果的系统性翻译,同时也涉及如何针对具体翻译理论流派以及代表性翻译家著述的系统汉译。总体而言,无论是翻译理论的系统汉译还是著名翻译研究者的代表性著作的汉译,现在都做得很不够。至于将来如何进行系统化汉译国外翻译研究著述,我们在此提出一些具体的原则:①系统性原则;②经典性原则;③理论与实践相结合原则;④借鉴与融合原则;⑤变译与全译相结合的原则。

第五,国外翻译研究著述汉译机制不健全。建立相关机制,不只是针对国外翻译研究学术著作的汉译,其实涉及整个翻译行业。我们时常听到有人抱怨,目前的翻译质量不如人意,有人甚至认为看译文不如去看原著。于是总有人将翻译理论研究与翻译质量直接挂起钩来。问题是,翻译质量的不如人意,其责任是不是应该由翻译理论界来承担?翻译理论界是否有权决定哪些著作值得译、应该译、必须译?是否有权决定哪本著作由谁来译?相关部门是否针对译者及其翻译成果给予了相应的保障?翻译质量差强人意,译者队伍建设以及翻译伦理建设自然很重要,但翻译机制的建设也是应有之义,监督管理及其批评话语机制不能缺席与失语。而建立并完善相应的机制,其中至少涉及以下几个方面:引进并翻译翻译研究学术著作的审核机制;译者资格的审核机制;出版机制;翻译质量的监督批评机制;译者及翻译成果的知识产权保障机制。翻译质量的问题,归根结底是制度保障的问题。总是把翻译质量低下归于翻译研究界,是有失公允的。而要切实地构建有关译者的保障机制,以下几方面亟待解决:①译者资格;②译者身份定位;③译者的责任、权限与利益。

第三节　国外翻译研究著述汉译对中国翻译学的影响

"由于中国现代的思想传统肇始于翻译、改写、挪用以及其他与西方相关的跨语际实践,所以不可避免的是,这种研究会以翻译作为其出发点。"(刘禾,2008:352)对于翻译的功能我们还是缺乏系统全面的认识。国外翻译研究著述汉译对我国翻译学建设必然产生了影响。但是,它究竟产生了怎样的影响,在何种程度上产生了影响,对哪些群体产生了影响,这些问题其实很难具体回答。一方面,国外翻译研究成果对我国翻译学的影响源自多方面因素,如直接阅读原著、对国外翻译研究著述的评介、摘译等,同时由于我国对国外翻译研究著述的汉译经历了不同时期的起伏,即新中国成立初期的苏联翻译研究著述汉译及改革开放以后的欧美翻译研究著述汉译,因而暂时缺乏科学有效的数据。另一方面,翻译本身的功能也是多维的。除了交流信息之外,翻译还发挥着形塑译者主体、修正甚至构建目的语话语体系、作为抵御外来文化的策略工具等功能。我们无法否认,国外翻译研究著述汉译对于在中国普及国外翻译研究理论知识、深入系统了解国外翻译研究成果、规范统一翻译研究术语的汉语表达以及我国翻译教材建设等,都发挥了巨大的作用。与此同时,我们不能只是片面地强调其积极的影响,也需要正确认识其负面的影响。

一、翻译学的术语统一

术语是学科的基本要素。学科的构建与发展离不开相应的术语做支撑。概念只有通过术语才能得到呈现,并以相应的形态得以传播和为人接受。概念的增加意味着术语的丰富。中国翻译学建设进程中,相关术语体系呈现出双重的翻译研究特性:一方面,中国翻译学以中国传统翻译思想为底色登场,另一方面则以借鉴与融合国外翻译研究成果为成色发展。毫无疑问,在创建中国现代翻译学学科体系中,源自国外的术语占据着主导性地位,但源自国外的术语如何以汉语呈现则是不容回避的问题。

如何在不同语言之间构建共通的术语体系,本身就是一个重要的话题。一种语言所承载的思想,如果只是以该语言方式呈现,必然难以与其他语种的相关思想彻底融合。英语有英语的思维方式,汉语有汉语的思维方式。英语的思想只有转化为汉语才能真正地融入汉语世界。"当代西方翻译研究丛书"曾经指出:"我们不能只指望懂外语的人从外文了解外域思想。外域思想只有被翻译成本国语言文字,也就是说,本国的语言文字中已有词汇可以表达新的思想、新的概念,这种新思想概念才真正化为我们自己的东西,为我们所吸收、所运用,激发我们的研究。"这是很有见地的认识。刘禾从跨语际实践的视角,也提出过诸多问题:"当语词、范畴或者话语从一种语言向另一种语言'旅行'时究竟发生了什么?""当欧洲文本被翻译成非欧洲语言时,究竟有什么事情在发生?""20世纪的中国人究竟如何命名他们的生存状态? ……究竟是什么样的修辞策略、话语组成、命名实践、喻说以及叙事模式冲击着中国人感受现代时的那些历史条件?"(刘禾,2008:27/33/38)她先借用巴赫金对于16世纪欧洲白话文翻译的描述:"不同语言之间频繁的相互定位、相互影响和互相澄清,便发生在(翻译)这个阶段。两种语言直率地、热烈地凝视着对方的面孔,每一种语言都通过另一种语言对自身有了更为清晰的意识,意识到它自己的可能性与局限性。"(刘禾,2008:26)然后她明确指出:"当概念从客方语言走向主方语言时,意义与其说是发生了'改变',不如说是在主方语言的本土环境中发明创造出来的。"通过翻译,"客方语言在那里被迫遭遇主方语言,二者之间无法化约的差异将一决雌雄,权威被吁求或是遭到挑战,歧义得以解决或是被创造出来,直到新的词语和意义在主方语言内部浮出地表。"(刘禾,2008:36)由是观之,一种语言书写的理论术语如何翻译进入另外一种语言,对于该理论在目的语中流传、接受及其影响都是至关重要的。毕竟,"社会世界是争夺词语的斗争的所在地,词语的严肃性(有时是词语的暴力)应归功于这个事实,即词语在很大程度上制造了事物,还应归功于另一个事实,即改变词语,或更笼统地说,改变表象,早已是改变事情的一种方式"(布尔迪厄,1997:136-137)。从外语经由汉译进入汉语世界的术语,随着语言符号的改变,制造了事物,也改变了事情。"为了传播知识,你不得不使用为了征服和建构这个知识必须破坏的那些词语。"(同上,137)翻译是争夺事物命名权力的一种最为有力的实践。"新词语和新词语的建构是有关历史变迁的极好的喻说,因为创造新词语旨在同时表述和取代外国的词汇,而且由此确立了自己在语言张力场中兼具中外于一身的身份。"(刘禾,2008:55)对此,中国的翻译学自身并未引起足够的重视。

汉译术语的统一并不是一锤定音那么简单。国外翻译研究著述的汉译对于相关术语在汉语中的移植与建构需要从两个方面来认识。一方面,经过对著述的整体汉译,对于该著述的术语统一产生了一定的影响,另外一方面,有些著述的汉译在翻译过程并未能采用以前约定俗成的表达形式,甚至在单一著作的汉译时也未能遵循术语一致的原则,加之有些著述出现多个译本,撇开其中的翻译质量不谈,相互之间的术语不统一,反而导致相关术语在汉语中的混乱。比如源自英语的 equivalent 进入我国译学,就以"对等""等同""等值"等术语存在于翻译研究话语体系中,导致了我国译学界对 equivalent 理论的不同理解与应用。再比如对英语 translation studies 的汉译,有"翻译研究"和"翻译学"。但有学者认为"用 translation studies 来称呼'翻译学'是名不符实。因为'翻译研究'并不等于'翻译学',前者注重实务研究,它可能是微观的、个案的;而后者重整体性学科研究,强调整合性、系统性、科学性及全局性"(刘宓庆,2005:197)。但无论是霍尔姆斯还是图里,有谁说过 translation studies 就是汉语的"翻译学"呢?用"翻译学"来对应 translation studies,本身就是我国译界的一个错误。诚然,西方有许多学者主张用 translation studies 来指代翻译研究这一学科,但它与汉语"翻译学"并不是一回事。即使在汉语语境中,"翻译研究"与"翻译学"也并非同一术语,将"翻译研究"与"翻译学"混用,导致人们对这两种事物产生错误的认知。事实上,"翻译研究"与"翻译学"和"翻译理论"之间虽然有许多重叠之处,但其间的差异也不言而喻,各自具有内涵与外延。它们的关系应该是"翻译研究"＞"翻译学"＞"翻译理论"。所有与翻译有关的事实都可以纳入"翻译研究"，只要以翻译为研究对象的研究都是"翻译研究"，但并非所有的翻译研究都属于翻译学学科范畴。

二、中外翻译研究的会通

任何关于概念、文本和科学学科的跨时空或跨文化交流与本体化研究都涉及多种因素，而其中的首要问题则是如何翻译。一本以外语书写的翻译研究著作如果不经过汉译，是否能与中国的翻译研究会通？这是一个值得人们思考的问题。如果换一个角度来思考这个问题，或许人们就会有不同的认识。比如，如果我们不从事中国文化外译，奢谈中国文化走出去，其结果会怎样？现代西方翻译研究学者其实对中国翻译研究成果知之甚少，大部分都是通过张佩瑶编译的《中国翻译话语读本（英文版）》（Cheung, 2006）才得以了解中国的翻译研究思想，这些不都说明了翻译对于会通思想的重要性吗？

有些人也许会说，通过阅读原著也能实现会通。实际上，阅读外语原著与阅读译文并不是一回事。"无论是语言差异而导致译作不可能等同于原作，还是由于文学翻译过程中种种主观和客观因素的影响而出现的创造性叛逆现象，译作都不可能是原来意义上的外国文学作品"（谢天振、查明建，2004：6）。事实上，阅读不同语言所得到的信息与感受并不完全一样，阅读体验也不尽相同。即使在同一种语言中，尽管题材相似，但语言修辞风格不同，也会给阅读者带来不同的感受。一种思想停留于一种语言之中，给读者的体验只能是由该语言引起的，换一种语言，导致的阅读感受就会不太一样。因此，严格意义上的思想会通，必然需要在同一语言层面才能真正实现。这既是国际交流需要英语作为通用语言的原因，也是国际传播交流离不开翻译的原因。

诚然，国外翻译研究著述汉译对中国翻译学的影响不能等同于西方翻译理论对中国翻译学的影响。也就是说，西方翻译研究对我国的影响并不完全依赖于翻译。因为大量的西方翻译理论进入我国，并非通过系统翻译其著述来实现，而是通过引进原版的著述或者通过对西方翻译理论著述予以介绍、评述的方式。总体而言，西方翻译理论迄今为止鲜有被系统地汉译进入我国的翻译研究领域，即使是对我国译学界影响较大的奈达翻译思想，其代表性著作 *Toward a Science of Translation*、*Translation Theory and Practice* 以及 *Translation and Culture* 都未见完整的汉译本。其他在我国译学界耳熟能详的理论,如文化翻译理论、多元系统理论、目的论、语料库翻译批评等,其相关著述的汉译都很薄弱。但是,这些理论都已经在我国得到了一定程度的传播与接受。

任何一种来自不同语言的外来思想进入另外一种语言世界时,都首先要经历两个过程:语言本色化和语言本土化。语言本色化是指甲语言符号在乙语言中找到对应的语言符号,同时在乙语言中生根发展,为乙语言世界所接受的整体过程及遭遇。西方的翻译理论思想在中国的传播如果仅仅停留于外来语言,那么其翻译理论思想不可能得到本色化。然而,用汉语所表述的西方翻译理论思想是否还是原本的西方翻译理论思想,则很值得怀疑,因为其中只有通过本土化才能实现。翻译理论思想的本土化即为两种源自不同语言文化传统的翻译理论思想相互激荡之后,外来翻译理论思想在本土文化中逐渐演变,彻底变成本土翻译思想的一部分。只有经历了本色化、本土化,我们才能说达到了会通。而无论本色化还是本土化,翻译都是其中的前提。

就目前在我国流传的外来翻译理论思想而言,能够得以本色化、本土化会通的并不多,往往出现"夹生饭"现象。总体而言,20世纪50年代我国对苏联翻译思想的翻译,改革开放以来对欧美以及其他一些国家地区翻译理论思想的翻译,其实都不够系统充分,相对而言,已经有著作汉译的国外翻译研究学者,如奈达、纽马克、劳伦斯·韦努蒂(Lawrence Venuti)、杰里米·芒迪、克里斯蒂安·诺德(Christiane Nord)、莫娜·贝克、玛丽·斯内尔-霍恩比、西奥·赫曼斯(Theo Hermans)等,在我国的接受效果比较好,影响也比较广泛。近年来,安德鲁·切斯特曼(Andrew Chesterman)的《翻译模因论》和《翻译路线图》被译入汉语,其在国内的影响力显著上升。而在国外较为活跃的其他一些翻译研究学者,如道格拉斯·罗宾逊(Douglas Roinson)、安东尼·皮姆、沃夫冈·洛歇尔(Wolfgang Lorscher)则由于缺乏相应著作的汉译,尽管在我国译界也很知名,但对于其理论思想则了解有限,更不用说相关理论思想的会通。

三、翻译研究学者成长

探讨翻译与专业发展之间的关系,本身就是本书的主旨。本章一直着力于强调这种关系的复杂性。毋庸置疑,就专业学科发展来说,围绕本专业学科对相关的外来学术成果的翻译,不仅能够为目的语中的专业学科引入新知,拓展或者修正目的语的专业学科知识结构,发展民族语言,"利用原文维护或修正目的语各学科和专业中的主流概念范式、研究方法论、实践操作等"，它还"可以被称为一种文化政治活动，使异域文化身份的构建或批判打上意识形态的烙印，肯定或逾越目的语文化的价值标准和制度性限制"（韦努蒂，2009：19）。值得注意的是，无论翻译发挥怎样的功能，就经由翻译过程生产译文或译本的进程而言，都是通过译者来实现的。因此，我们可以从翻译与翻译队伍的建设方面来看看其中的关系。作为从事翻译研究的学者，虽然未必一定要有丰富的翻译实践经验，也未必一定要翻译翻译研究著述，但是具有丰富的翻译实践无疑会对翻译有更为切肤的认识。古往今来，在翻译研究领域有所建树的学者都在不同程度上参与过翻译实践工作。在中外翻译史中，因翻译他人的翻译学术著作而闻名于翻译研究领域的大有人在。G. C. 斯皮瓦克（G. C. Spivak）因英译 J. 德里达（J. Derrida）的法文本《文字学》而成为解构主义翻译研究的主将，C. 诺德（C. Nord）于 2013 年英译 K. 莱斯（K. Reiss）和 J. J. 弗米尔（J. J. Vermeer）合著的德文版《翻译行为的通用理论》，提升了她在英语世界翻译研究学者中的地位。韦努蒂编译了《翻译研究读物》而牢固地树立了其国际知名翻译研究学者的地位。我国这类例子也不少。

尽管要具体地指出翻译与学者的成长之间的关系并不容易，但还是可以从以下几个方面来探讨翻译翻译研究著述对于翻译研究者成长的影响。

首先，译者通过翻译翻译研究著述，得以深入透彻地了解所译著述的思想内涵。"译作始终是译者的一种解释"（韦努蒂，2009：344）。翻译是了解他人思想的最为有效的途径之一。译者在翻译过程中，需要不断地回溯到原文，不断地反思原文的意义，通过深思熟虑整体地把握原作，并且不断地参考与原作有关的学术资源。而这则是止步于阅读的一般性理解原作所缺乏的。如前所述，有的人以为自己阅读了原著，就想当然地以为自己了解了原作的思想。这种想法与事实不符。有的人读过一本书很多遍，但可能仍然未能有效地把握住该著作的思想。等到要着手翻译之际，许多原本以为懂了的却仍很模糊，也无法用汉语有效的表达，出现"难以言表""词不达意"或"言不由衷"的窘迫。某种程度上说，在目的语中"难以言表"的窘迫往往肇始于译者对于原文意义或思想缺乏清晰透彻的理解与把握。在译者对自己先前的译作进行重译时，如果译者不参考自己先前的译作，那么就很可能会产生新的、与旧译完全不同的译作。这固然与译者的知识结构等方面的不断更新拓展有关，但与译者更为深刻地理解原作也不无关系。

其次,促使译者熟悉翻译研究话语形态。刘禾(2008:27)认为,"跨文化研究必须考察其本身的可能条件。这种研究作为一种跨语际的行为,其本身就进入了词语、概念、范畴和话语关系的动态历史中,而不是凌驾于其上。要想弄清楚这些关系,就必须在常识、词典的定义甚至历史语言学的范围之内,严格对待这些词语、概念、范畴和话语。"任何一门专业或者学科,都拥有其不同于其他专业或学科的概念体系和话语体系。进入一门新的专业或学科,意味着进入一种新的话语体系。"任何翻译都不能作为原文的透明表征来讲授,即使这是当今普遍流行的做法。任何从翻译而来的信息都不可避免地会以目的语的形式呈现"(韦努蒂,2009:348)。对于其他学科的译作我们总是感觉到陌生,不容易理解。这自然与我们对于该学科的概念或者知识储备不足有关,但是,它也必然与我们对于该学科的话语形态不熟悉有关。因此,从事翻译研究著述的翻译,必须对于翻译研究话语有一定的了解,这不仅仅在于对原文的理解,同时也是为了译者能以翻译研究所具有的话语形式来呈现译文。但这并非说在翻译翻译研究著述中完全不能运用其他学科的话语形态,也不是说翻译不能引入新的表现形式,而是说翻译可以促使译者对于所译学科的话语形态有更清晰的认识,并且尽可能地以翻译研究学科的话语来呈现译文,维护并促进翻译研究的话语体系建设。毕竟,正如尼南贾纳所认为的,"由翻译所肇始的种种遏制之策为一系列的话语所用,致使我们可以把翻译称为殖民压迫的一项重要技术手段"(转引自许宝强、袁伟,2001:133)。对此,不仅大部分译者似乎并未有深刻的认识,翻译研究也似乎未能充分意识到应该对话语关系做出一番解释。

再次,有利于翻译研究者明确自己的研究方向。翻译研究的领域极为宽泛,很多有意从事翻译研究的人往往面对复杂的翻译问题感到无所适从。翻译是译者与原文作者对话的过程。事实上,从事翻译研究,如果能亲自翻译一本国外翻译研究的经典著述,无疑会促使译者更为准确地判断自己的所长所短,更好地选择自己未来的研究方向。任何一本具有学术价值的翻译研究经典著述,不仅体现在学术思想的体系化,也是研究方法的有效运用,其本身就是一位很好的学术导师。翻译需要译者仔细地研读,洞悉原作的意义,领悟其中的思想,理顺其中的逻辑,这无疑会有效地帮助译者了解原文作者的研究思路和研究方法。如果所译的著述恰好是自己所感兴趣的领域,对于译者在翻译研究道路上的前行无疑会起到更大的作用。但是,译者所译的材料未必是由译者自己选择的。当下的译者在选择翻译材料方面并没有人们所想象的那样具有充分的自由。翻译自己并不感兴趣的著述也未必一定是坏事,通过对原作的批评也可以提升自己的学术研究能力。不过,译者在从事翻译研究著述的翻译时,应尽量注重所译文本与自己研究兴趣之间的关系,避免翻译那些自己不感兴趣且不太熟悉的著述。

── 参考文献 ──

［1］布尔迪厄. 文化资本与社会炼金术［M］. 包亚明,译. 上海:上海人民出版社,1997.

［2］蔡毅,段京华. 苏联翻译理论［M］. 武汉:湖北教育出版社,2000.

［3］陈福康. 中国译学理论史稿［M］. 上海:上海外语教育出版社,1992.

［4］方梦之. 我国翻译理论系统研究的发轫——忆第一次全国翻译理论研讨会(1987)［J］. 上海翻译,2023,(5):1－5＋95.

［5］费道罗夫. 翻译理论概要［M］. 李流,等,译. 北京:中华书局,1955.

［6］黄龙. 翻译学［M］. 南京:江苏教育出版社,1988.

［7］蒋翼振. 翻译学通论［M］. 上海:美利印刷公司,1927.

［8］蓝红军. 学术期刊、理论创新与学科发展——翻译学术期刊暨翻译国际研讨会综述［J］. 中国翻译,2014(5):55－57.

［9］劳陇. 丢掉幻想联系实践［J］. 中国翻译,1996(2):39－42.

［10］刘禾. 跨语际实践——文学,民族文化与被译介的现代性(中国,1900—1937)［M］. 北京:三联书店,2008.

［11］刘宓庆. 中西翻译思想比较研究［M］. 北京:中国对外翻译出版公司,2005.

［12］罗新璋,陈应年. 翻译论集(修订本)［C］. 北京:商务印书馆,2021.

［13］任东升. 翻译学理论的系统构建——2009 年青岛“翻译学学科理论系统构建高层论坛”论文集［C］. 上海:上海外语教育出版社,2010.

［14］孙艺风. 翻译学的何去何从［J］. 中国翻译,2010(2):5－10.

［15］谭载喜. 奈达论翻译［M］. 北京:中国对外翻译出版公司,1984.

［16］谭载喜,Eugene A. Nida. 论翻译学的途径［J］. 外语教学与研究,1987,(1):24－30＋79.

［17］谭载喜. 必须建立翻译学［J］. 中国翻译,1987,(3):2－7.

［18］谭载喜. 试论翻译学［J］. 外国语(上海外国语学院学报),1988,(3):24－29.

［19］谭载喜. 翻译学［M］. 武汉:湖北教育出版社,2000.

［20］王秉钦. 近现代中国翻译思想史［M］. 上海:华东师范大学出版社,2018.

［21］王德春. 论翻译学和翻译的实质［J］. 浙江师范学院学报,1984,(2):49－56＋44.

［22］王宏印. 中国传统译论经典诠释——从道安到傅雷［M］. 武汉:湖北教育出版社,2003.

［23］王宁. 翻译研究的文化转向［M］. 北京:清华大学出版社,2009.

［24］韦努蒂. 译者的隐形——翻译史论［M］. 张景华,等,译. 北京:外语教学与研究出版社,2009.

［25］谢天振,查明建. 中国现代翻译文学史(1898—1949)［M］. 上海:上海外语教育出版

社,2004.

［26］谢天振. 当代国外翻译理论导读[M]. 天津:南开大学出版社,2008.

［27］许宝强,袁伟. 语言与翻译的政治[M]. 北京:中央编译出版社,2001.

［28］许钧. 改革开放以来中国翻译研究概论(1978—2018)[M]. 武汉:湖北教育出版社,2018.

［29］杨柳. 国外翻译理论资源在中国的影响力研究:1998—2011[J]. 江苏社会科学,2012(4):157 - 164.

［30］杨自俭. 翻译学[A]. 方梦之. 中国译学大辞典[Z]. 上海:上海外语教育出版社,2011.

［31］中国翻译工作者协会《翻译通讯》编辑部. 翻译研究论文集[C]. 北京:外语教学与研究出版社,1984.

［32］CHEUNG P Y. An Anthology of Chinese Discourse on Translation Volume 1: From Earliest Times to the Buddhist Project [M]. Manchester: St. Jerome, 2006.

国外翻译理论著述汉译

	译著名称	作者	译者	出版社	出版时间
1	翻译理论概要	费道罗夫	李流等	中华书局	1955
2	翻译的基础	索伯列夫	郑昌荣	北京俄语学院	1958
3	文学翻译问题	莫洛佐夫	北京外国语学院俄语系翻译教研组	外国语学院教材出版社	1959
4	文艺翻译问题	托贝尔等	李石民	商务印书馆	1959
5	口译技巧	塞莱斯科维奇	孙慧双	北京出版社	1979
6	口译须知	让·艾赫贝尔	孙慧双	外语教学与研究出版社	1982
7	语言与翻译	巴尔胡达罗夫	蔡毅等（编译）	中国对外翻译出版公司	1985
8	文艺翻译与文学交流	加切奇拉泽	蔡毅、虞杰	中国对外翻译出版公司	1987
9	通天塔——文学翻译理论研究	乔治·斯坦纳	庄绎传	中国对外翻译出版公司	1987
10	翻译理论与翻译教学法	让·德利尔	孙慧双	国际文化出版公司	1988
11	翻译学——问题与方法	沃尔拉姆·威尔斯	祝珏、周智谟	中国对外翻译出版公司	1989

	译著名称	作者	译者	出版社	出版时间
12	口译理论实践与教学	塞莱斯科维奇、勒代雷	汪家荣等	旅游教育出版社	1990
13	翻译的语言学理论	卡特福德	穆雷	旅游教育出版社	1991
14	口笔译概论	塞莱斯科维奇、勒代雷	孙慧双	北京语言学院出版社	1992
15	释意学派口笔译理论	玛利雅娜·勒代雷	刘和平	中国对外翻译出版公司	2001
16	话语与译者	巴塞·哈迪姆、安·梅森	王文斌	外语教学与研究出版社	2005
17	译有所为——功能翻译理论阐释	克里斯蒂安·诺德	张美芳、王克非	外语教学与研究出版社	2005
18	翻译与翻译过程:理论与实践	罗杰·贝尔	秦洪武	外语教学与研究出版社	2005
19	翻译研究词典	沙特尔沃思、考伊	谭载喜	外语教学与研究出版社	2005
20	翻译研究:综合法	玛丽·斯内尔-霍恩比	李德超、朱志瑜	外语教学与研究出版社	2006
21	翻译学导论——理论与应用	杰里米·芒迪	李德凤等	商务印书馆	2007
22	口译训练指南	塞莱斯科维奇、勒代雷	闫素伟、邵炜	中国对外翻译出版公司	2007
23	笔译训练指南	达尼尔·吉尔	刘和平等	中国对外翻译出版公司	2008
24	译者的隐形——翻译史论	劳伦斯·韦努蒂	张景华等	外语教学与研究出版社	2009
25	翻译者手册(第六版)	莫里·索夫	马萧等	武汉大学出版社	2009
26	口译研究概论	弗朗茨·波赫哈克	仲伟合等	外语教学与研究出版社	2010
27	翻译与冲突——叙事性阐释	莫娜·贝克	赵文静	北京大学出版社	2011

续　表

	译著名称	作者	译者	出版社	出版时间
28	统计机器翻译	科恩	宗成庆等	电子工业出版社	2012
29	当代翻译理论纵横	埃德温·根茨勒	王敬钦	中国社会科学出版社	2013
30	职业翻译与翻译职业	达尼尔·葛岱克	刘和平、文韫	外语教学与研究出版社	2013
31	翻译的文本分析模式:理论、方法及教学应用	克里斯蒂安·诺德	李明栋	厦门大学出版社	2013
32	学习机器翻译	古特等	曹海龙等	科学出版社	2014
33	翻译学导论——理论与应用(第三版)	杰里米·芒迪	李德凤等	外语教学与研究出版社	2014
34	翻译与身份	迈克尔·克罗宁	朱波	苏州大学出版社	2014
35	翻译与本地化项目管理	凯瑞·J.邓恩、埃琳娜·S.邓恩	王华树等	知识产权出版社	2017
36	数字化时代的翻译	迈克尔·克罗宁	朱波	外语教学与研究出版社	2017
37	法律翻译新探	苏珊·沙切维奇	赵军峰等	高等教育出版社	2017
38	翻译行为与跨文化交际	藤涛文子	蒋芳婧等	南开大学出版社	2017
39	翻译与规范	克里斯蒂娜·谢芙娜	傅敬民	外语教学与研究出版社	2018
40	历史上的译者	珍·德莱斯勒、朱迪斯·伍德沃斯	管兴忠等	中译出版社	2018
41	机器翻译	蒂埃里·波贝	连晓峰等	机械工业出版社	2019
42	翻译之耻:走向差异伦理	劳伦斯·韦努蒂	蒋童	商务印书馆	2019

	译著名称	作者	译者	出版社	出版时间
43	秋列涅夫论翻译	秋列涅夫	胡谷明	武汉大学出版社	2019
44	翻译模因论——翻译理论中的观点传播	安德鲁·切斯特曼	傅敬民	上海外语教育出版社	2020
45	你耳朵里有鱼吗?——翻译及万物的意义	大卫·贝洛斯	韩阳	商务印书馆	2020
46	翻译的理论问题	乔治·穆楠	王秀丽	社会科学文献出版社	2020
47	通天塔之后:语言与翻译面面观	乔治·斯坦纳	孟醒	浙江大学出版社	2020
48	声音中的另一种语言	伊夫·博纳富瓦	许翡玎、曹丹红	广西人民出版社	2020
49	世纪见证人:伟大的译员达尼卡·塞莱斯科维奇	安娜-玛丽·魏德伦-凡蒂尼	刘和平	外语教学与研究出版社	2021
50	异域的考验:德国浪漫主义时期的文化与翻译	安托瓦纳·贝尔曼	章文	三联书店	2021
51	口译研究概论(第二版)	弗朗茨·波赫哈克	仲伟合等	外语教学与研究出版社	2021
52	亚洲翻译文化传统	孔慧怡、朱迪·若林	马会娟等	中译出版社	2021
53	翻译研究方法论	萨尔达尼亚、奥布莱恩	林意新等	外语教学与研究出版社	2021
54	路线图——翻译研究方法入门	珍妮·威廉姆斯、安德鲁·切斯特曼	韩子满	上海外语教育出版社	2021
55	当代翻译理论	埃德温·根茨勒	傅敬民	上海外语教育出版社	2022

续　表

	译著名称	作者	译者	出版社	出版时间
56	保罗·利科论翻译	保罗·利科	章文、孙凯	生活·读书·新知三联书店	2022
57	神经机器翻译	菲利普·科恩	张家俊等	机械工业出版社	2022
58	翻译与创造性	科斯滕·马尔姆克亚尔	张倩	陕西人民出版社	2022
59	近代早期日本之翻译文化史	丽贝卡·克莱门茨	邓晓宇等	中译出版社	2022
60	跨语际实践	刘禾	宋伟杰	生活·读书·新知三联书店	2022
61	翻译与多模态	莫妮卡·博里亚、安赫莱斯·卡雷拉斯	王汐	陕西人民出版社	2022
62	翻译理论	斯多布尼科夫、彼得罗娃	郑文东、张栋、王璐瑶	武汉大学出版社	2022
63	翻译研究	苏珊·巴斯内特	吴苌弘	上海外语教育出版社	2022